日本語 教育의 理論과 方法

저자 **李德奉** 동덕여대 외국어학부 교수
교원 임용고사 출제위원

시사일본어사

개정판 서문

먼저 본서의 초판을 애독해 주신 독자 여러분께 깊이 감사 드립니다. 일본어 교육의 역사와 학습자 수가 세계에서 가장 많은 한국에서 교육에 관한 독자적인 이론서 한 권 없던 차에 지난 98년에 발간된 본서의 초판에 대해 보여주신 독자 여러분의 성원과 격려는 필자와 제작진에게 커다란 힘이 되었습니다.

최근 몇 년 사이 한국의 일본어 교육계에는 많은 변화가 일고 있습니다. 그리하여 한국 일본어 교육의 정책적 변화를 비롯하여 교육 현장의 빠른 변화 등은 국내외의 주목을 받기에 이른 것입니다. 먼저 대표적인 변화로서는 중등학교 제7차 교육 과정이 완전히 기능(機能) 중심으로 재편되어 실시되기에 이른 것을 들 수 있습니다. 같은 맥락에서, 중학교의 생활 일본어 교육이 의사 소통 기능과 문화 이해라는 방향에서 교육 계획과 교재가 제작되어 2001년부터 사용되게 되었습니다. 그리고 대입 수능이 부활하여 의사 소통 중심의 문화 교육을 위한 출제 기준이 정립되었습니다. 본고 필자에 의해 개발된 바 있는 외국어 교육법 오픈 메소드가 일본의 일본어 교육 전문지인 月刊日本語(2000. 3)에 대대적으로 소개되어 한국에서 개발된 교수법이 본고장에 도입되기도 하였습니다. 그리고 2000년 11월에 한국일본학회와 일본의 일본어교육학회가 공동 주최한 바 있는 일본어 교육 세계대회에서는 세계 7개국에서 1200여 명의 연구자가 모여 규모와 수준면에서 세계 초유의 행사가 되어 괄목할 만한 성과를 거두기도 하였습니다. 이 대회에서 표방한 '종합적 일본어 교육'이라는 키워드는 본서 필자가 제창 주도한 것으로서 21세기형 일본어 교육의 모델로서 제시되었던 것이었습니다.

이 개정판에서는 초판에서 부실하게 처리된 바 있는 평가 관련 이론과 문화 이해 교육 분야를 대폭 보완하였습니다. 그리고 새로 시행된 대입 수능의 출제 기준을 면밀하게 분석 소개하고 기존의 교원 임용 고사 문제와 모범 답안을 상세히 소개하였습니다.

이 개정판을 통해 독자 여러분의 일본어 교육에 대한 이해가 보다 깊어지고 한국 일본어 교육의 질적 향상에 기여할 수 있게 되기를 바라마지 않는 바입니다.

2001 년 2 월 22 일
芙蓉齊에서 이덕봉

차 례

··· 일본어 학습 환경의 특수성과 시대적 특성

　일본어는 대표적인 외국어임에도 불구하고, 다른 외국어와는 달리 한일 관계의 특수성으로 인하여 일본어 학습자들은 남다른 갈등의 과정을 거치게 마련이다. 대일 피해 의식과 반일 감정으로 점철된 국민 정서를 바탕으로 하고 있는 학습자들에게 일본어를 교육함에 있어 다른 외국어에서는 볼 수 없는 어려움이 따르는 것도 이러한 심리적 요인 때문이다. 일본 제국주의가 사라지고 조국의 국권을 회복한 지도 반세기 이상 지났지만, 스스로의 과거 청산의 과정을 갖지 못한 일본의 민족주의와, 유구한 역사를 유린당한 치욕의 상처를 치유받지 못한 한국의 민족주의는 여태까지 제국주의와 독립 운동의 심리적 갈등만을 되풀이하고 있는 실정이다.

　이러한 정치적 환경 때문에 한국에 있어서의 일본어 학습은 곧 친일과 일본 문화의 유입으로 간주되곤 한다. 이러한 국민 정서와는 달리 한일 양국은 정치·경제적으로 상호 협력의 매우 밀접한 관계에 있는 것 또한 현실이어서 실생활에 있어서의 일본어의 필요성은 매우 높다. 이러한 모순적 이중 심리를 바탕으로 한 일본어 교육을 효율적으로 실시하기 위해서는 단순히 기존의 교육 이론만을 적용하는 것보다 학습자의 일본어 학습의 목적을 분명히 해서 일본어 학습관을 확립시키는 작업이 선행되어야 할 것이다. 학습자에게 확실한 학습 동기를 부여한다는 것은 어떠한 최신 교수법보다 효과적이기 때문이다. 필자가 몸담고 있는 대학에서도 신입생들에게 이러한 동기 부여를 거친 학년과 그렇지 않은 학년 사이에는 4년 후의 학습 효과가 크게 달랐음을 직접 체험한 바 있다. 실제로 일본어는 언어 구조상 대부분의 학습자가 1년 반 정도(700시간 정도) 학습하면 중상급의 수준에 올라야 하는데도 현실은 그렇지 못하다. 여기에는 여러 요인을 생각할 수 있겠지만, 학습자의 심리적 갈등에서 오는 학습의 준비성 부족으로 인한 경우가 많다. 이러한 점에서, 일본어를 가르치는 초기 단계에서 학습자의 일본어 학습관 정립을 위한 지도 과정은 매우 중요하다 하겠다.

종래의 외국어 교육의 주된 목적을 보면, 19세기까지의 외국어 교육은 선진국의 사상을 학습하고 문학을 감상하기 위한 것이었다. 20세기 산업화 시대에 들어서는 선진국의 제반 정보를 습득하기 위한 것이 목적이었을 것이며, 20세기 후반에 들어서는 경제 교류에 있어 서로의 상품을 판매하기 위한 설득 수단으로서의 외국어가 필요하였다. 국제화 시대에 들어서는 상호 이해를 위한 외국어 교육이 필요하게 되었고, 정보화 시대를 맞아 인터넷에 의한 정보 교류가 활발해진 것이다. 이처럼 종래의 외국어 학습은 선진 문물의 수입 그 자체였지만 앞으로의 목적은 상호 이해와 교류를 전제로 한 외국어 학습이 되어야 할 것이다. 그러한 맥락에서 일본어 교육 또한 자국의 이익만을 위한 목적이 아니고, 상호 교류의 관점에서 서로를 이해하고 아끼는 목적으로 변화되어야 할 시점에 와 있다고 하겠다.

이미 유행어가 되어 버린 「국제화」라는 용어는 확실한 정의가 정착된 건 아니지만, 21세기를 특징짓는 대표적인 표현이라 할 수 있다. 국제화의 의미는 몇 갈래로 나누어 생각할 수 있는데, 물건, 돈, 사람, 정보가 국경을 넘어 이동하는 데에 기인한 블럭화, 다국적 기업 등과 같은 세계 경제의 상호 의존성을 칭하기도 하고, 한국이나 일본과 같은 민족주의적 성

향이 짙은 국가들의 폐쇄성을 극복하여 타문화를 받아들이는 데에 유연
해야 한다는 개방 시대에 초점을 맞추어 사용되기도 하며, 지역 사회 레
벨의 세계 교류와 개인 레벨의 세계 진출을 의미하기도 하는 등, 사용자
에 따라 다양하게 쓰이고 있다. 본래「internationalize」라는 단어는 타동
사로서, 타인을 자기의 관리하에 둔다는 뜻이므로, 선진국이 자국의 문화
를 옹호하고 퍼뜨리는 침략적 발상의 용어였다.

경제적 보더리스 시대라는 국제적 동일화의 관점에서 볼 때 영어는 가
장 효율적인 언어임에 틀림없다. 그러나 지금의 세계는 경제적 통합화 일
변도의 국제화만이 진행되고 있는 것이 아니고, 가치의 다원화에 따른 개
별화의 강조 또한 함께 일고 있어서, 국제화에는 동일화와 개별화의 양면
성이 있음을 간과해서는 안 된다.

요즘의 국제 정세는 전체주의가 몰락하고 민주주의가 확산됨과 맥락을
같이 하여, 국제화의 양상에 있어서도 종래의 국가 중심의 국제화에서 지
역 사회 중심의 국제화, 개인 중심의 국제화로 활동 주체가 이동하고 있
다. 1994년 5월 10일 대통령 자문 기관인 21세기위원회가「21세기 한국
외교의 방향과 원칙」으로「세계화」와「지역 협력의 다원화」를 제시한 것
도 바로 이러한 지역 및 개인 레벨의 국제화와 맥락을 같이 하는 것으로,
국제화를 영어화만으로 인식하는 국내 일각의 동향을 생각해 보게 한다.
세계화(globalization)란 국제화가 국경을 인정하고 있는 것과는 달리 국
경을 무시하고 세계가 하나가 되어 함께 경영과 시장에 참여하는 것을 이
상으로 하는데, 한국에서는 시장의 완전 개방이라는 일반적인 의미에서
가 아닌, 현지인 중심으로 경영되는 현지 기업 형태로서의 기업의 해외
진출이라든지 우리 문화의 세계 진출 등 독자적인 개념으로 쓰이고 있는
용어이다.

··· 외국어의 서열은 필요한가

우리는 언제부터인가 영어는 제1외국어, 그 밖의 외국어는 제2외국어로 서열짓는 일에 길들여져 있다. 언어의 서열화는 다른 나라에서도 흔히 있는 일이지만, 대개는 서열 기준을 학교별, 분야별, 개인별로 다양하게 설정한다는 점이 우리와 다르다. 예를 들면, 모어를 제1언어, 그 다음으로 잘하는 언어를 제2언어로 부르는 것과 같은 예가 그것이다. 언어의 서열화가 우리와 흡사한 일본의 경우 1886년에 영어를 제1외국어, 독일어·프랑스어를 제2외국어로 정한 적이 있다. 1899년에 서열 매기기를 취소하였으나, 이미 학습된 의식은 1세기가 지난 오늘날까지도 관습처럼 남아 있다. 이런 식의 분류 방식은 서양 문물 유입의 초기 단계에 행해졌던 기준이라 하겠다. 외국어 교육의 필요성은 시대적 요청에 따라 달라져 왔고, 언어의 서열 또한 그러한 맥락에서 설정되는 것이므로, 21세기의 시대적 필요성에 따라 외국어의 위상 또한 달라져야 할 것으로 생각된다.

선진 정보의 수집이 급선무였던 산업화 사회에 있어서는 정보력이 뛰어난 영어를 습득하는 것이 가장 효율적이었다. 그러나 이제는 정보의 홍수 시대를 맞아 오히려 정보의 다양화가 요구되고 있다. 따라서 다양한 언어 채널이 필요하게 되었고, 개인 레벨의 교류 증대로 외국어 학습 또한 개념 전달의 차원을 넘어 정서 교류 차원의 커뮤니케이션 능력의 배양에 목표를 두는 시대가 되었다. 정서적 교류 차원의 커뮤니케이션은 국제적 공용어가 아닌 현지 언어에 의해 행해질 때에 가장 효과적이라는 것을 감안하면, 영어로 커뮤니케이션을 성공시킬 수 있는 대상 인구는 영어를 공용어로 삼고 있는 세계 인구의 15%에 불과하다. 게다가 정보 수집과 의사 소통만의 외국어 기능은 자동 번역기와 통역기의 개발로 이미 해결되었으니, 개념 전달 차원의 외국어 교육은 그 필요성을 상실해 버린 셈이 된다. 따라서, 앞으로도 굳이 선진국을 따라가기 위한 수동적 교육만을 지향하겠다면 몰라도, 선진 대열에 함께 서는 나라가 되기 위해서라면 적극성과 이해를 전제로 한 정서적 교류 차원의 외국어 교육이 행해져야 할 것이다. 대상 언어도 중국어, 에스파냐어, 힌두어, 러시아어, 아라비아어, 벵골어 등의 다인구 언어는 물론이거니와, 지역간 국제 교류를 위해서는 각 나라의 방언까지도 교육되어야 할 것이다.

영어의 정보력은 효율적인 것임에 틀림없지만, 영어만에 의한 정보 편식은 이미 한국 사회의 다양화를 저해하고 있다. 정보의 수동성과 편중성을 극복하고 문화간의 능동적 교류를 증대시키기 위해서는, 외국어를 국가적 차원에서 제1·제2식으로 획일화하기 보다, 지역이나 학교 또는 개인별로 기준을 달리하여, 그 개인이 가장 잘 구사하는 외국어를 제1외국어로 인식하는 의식 전환과 함께, 여러 종류의 외국어 구사 능력자가 양성되도록 교육의 내용과 방법의 전면적 개선이 따라야 할 것이다. 그것만이 인력이 가장 큰 자산인 한국이 세계 곳곳에 진출하여 능동적으로 활약할 수 있는 세계화의 초석이 될 것이기 때문이다.

영어 이외의 외국어를 총칭하는 용어로서라면 「제외국어(諸外國語)」라는 용어를 사용할 것을 권장한다.

그러나 1996년부터 시행된 고등학교 6차 교육 과정에 영어의 시간 수가 대폭 늘고 국민학교 교육에 영어과가 신설되는 등 영어 교육의 비중이 커진 것과는 대조적으로 여타 외국어의 학습 시간이 줄어든 것을 보면, 한국의 외국어 정책이 본고 필자의 주장과는 다른 방향으로 흘러가고 있지는 않나 하는 의구심이 든다. 이는 우리나라 학교 교육에 있어서의 영어 교육의 낙후성을 단순히 시간 수를 늘리고 학습 시기를 앞당기는 것만으로 해결해 보고자 하는 시행 착오에 불과한 정책이라 할 수 있다. 아무리 시간 수를 늘리고 학습 시기를 빨리 해도 현재와 같은 입시 도구로서의 영어 교육은 그 학습 결과가 뻔하기 때문이다.

··· 영어화와 세계화의 허상

.교육부가 세계화를 위해 영어 교육에 힘쓰고자 한다면 영어에 의한 의사 소통 능력의 신장을 꾀해야 할 것인데, 정작 교육 프로그램에 반영된 것은 영어 학습 시기를 앞당긴 것과 시간 수를 늘린 것밖에 없다. 한국인은 단어는 알고 있으나 의미가 통하지 않는 영어를 한다는 얘기를 외국인으로부터 자주 듣는다. 즉 외국인의 언어 행동에 대한 이해가 없이 단순히 기호만을 암기한 결과, 영어권의 사람과 친교를 맺을 수 있는 영어가 되지 못하고 있는 것이다. 이러한 점에 대한 교육적 노력은 아직 시도마저 되질 않고 있다. 설령 영어 학습이 성공한다 하더라도 세계에서 영어를 공통어로 채택하고 있는 인구 수는 지구 전체의 15%에 불과한 것을 감안하면 영어만으로 세계화를 달성하기는 요원한 일이다. 대표적인 예로 인도는 영어를 공통어로 사용하는 나라이므로 영어가 통할 것으로 생각하기 쉬우나, 8억 인도인 중 영어로 의사 소통이 가능한 사람은 단 2.5%에 불과하다. 또한 세계화의 첫걸음은 인근 지역과의 친교를 통한 지역화부터 추진하는 것이 순서일진데, 우리의 이웃들인 중국과 일본은 영어가 안 통하기로 유명하다. 대만의 경우도 일본이나 우리와 마찬가지로 오랫동안 대학 입시 과목으로 채택하고 있는 외국어는 영어뿐인데, 대만만큼 영어가 안 통하는 나라를 찾기도 힘들 것이다. 즉 시험용 영어를 학습하는 나라치고 영어 회화가 가능한 나라는 없는 것이다. 이들 인접 국가들은 전문인 중심의 영어 교육에 치중하고 있어서, 전문 분야 종사자의 영어 실력은 대단하지만 일반인의 영어 실력은 미진하기 그지 없다. 우리처럼 전 국민을 상대로 영어 교육만을 활성화할 때, 자칫하면 영어 입시 시장을 넓혀 영어 산업만을 번창시키는 결과를 초래할 수 있다.

따라서 6차 교육 과정은 물론이고 7차 교육 과정의 취지를 살리고자 한다면 수능 시험에서 영어 과목을 삭제하거나, 여러 외국어를 함께 출제하지 않으면 안 된다(2000년부터 제2외국어는 수능의 선택 과목으로 편입됨). 학습 부담이 걱정된다면 영어 시험을 삭제하면 된다. 영어가 삭제되면 시험 수요에 의한 영어 일변도의 기형적 외국어 학습 경향도 사라지고 학습자 개개인의 필요와 소신에 의한 외국어 선택이 가능할 것이다. 다만 외국어에 대한 관심이 떨어지는 것을 방지하고 구사 능력을 신장시키기 위해서 점수 도구로서의 영어가 아닌 외국어 구사 능력 자격제를 실시하여, 일정 수준 이상의 자격 소유자를 대학 단위, 학과 단위로 요구하게 되면 실질적인 목표를 훌륭히 달성할 수 있을 것이다. 그리고 학교 교육에 있어서도 언어 그 자체만을 가르치는 데에 모든 시간을 쏟을 것이 아니라 여러 문화에 대한 이해력을 높일 수 있는 교육이 보다 강조되어야 할 것이다. 그리하여 다양한 문화권에 대한 흥미를 유발하여 다양한 언어에 대한 학습 욕구를 불러 일으켜야 할 것이다. 이는 곧 인력만이 최대의 자원인 한국인이 전세계에 진출할 수 있는 지름길이 될 것이다. 단순히 여행을 즐기기 위한 것이라면 영어만으로 충분하겠지만, 세계 어떤 나라이든지 그 곳 주민들과 친숙해지고 한국과의 인적 교류를 성립시키기 위해서는 영어로는 불가능하고 현지어로서만이 가능하다는 것을 외국어 정책 입안자들이 하루빨리 인식해야 할 것이다. 진정한 세계화를 위한 외국어 정책은 전 국민의 영어화가 아닌 전 국민이 더 많은 외국어에 능통해질 수 있는 것이어야 한다.

제1장

중간언어의 교육관

1. 오용의 교육관

1996년부터 시행되고 있는 고등학교 제6차 교육 과정 교수·학습 방법 10항을 보면 '학생의 의사 소통 의욕을 높이기 위하여 오류의 즉각적인 수정을 피하도록 한다'라고 명기되어 있다. 정확성을 강조하던 기존의 일본어 교육과는 달리 유창성에 중점을 두도록 한 6차부터 설정된 두드러진 특징이라 할 수 있는 항목이다. 종래에는 정확한 발음, 정확한 어휘 선택, 정확한 문법 구사 등에 중점을 두어 가르친 결과, 학습자 중에는 일본어에 대한 자신과 흥미마저 잃게 되어 역으로 학습 성취도가 떨어지는 경우마저 있었다.

「오용(誤用)」이란 문자 그대로 용법이 틀린 것을 의미한다. 그러나 이 용어가 일본어 교육에서 어떠한 의미로 해석되느냐에 따라 서로 다른 두 가지 교육관을 배경으로 갖게 된다. 그 중 하나가 정확성을 강조하는 경우이다. 정확성을 강조하는 경우에 오용은 반드시 수정되어야 하는 대상이며, 교육의 내용에서도 오용의 수정은 학습 목표 및 평가의 중요한 부분이 된다. 이렇듯 일본어 교육관에서 사용하는 오용이란 반드시 수정되어야 할 부정적인 성격을 띠는 교수 용어가 된다. 본래 오용이라는 용어 자체도 「잘못」이라는 마이너스적 평가가 포함된 용어라는 점에서 이러한 교육관에 입각한 용어임을 알 수 있다. 따라서 오용을 대하는 교사나 학습자 모두 오용의 경험을 부진하고 부끄러운 것으로 인식하게 되는 것이다.

오용은 그 성질에 따라 크게 두 가지로 나눌 수가 있다. 「오류(errors)」와 「실수(mistakes)」가 그것이다. 오류는 체계적으로 나타나지만, 실수는 우발적이어서 언어 수행 과정과 관련되는 경우가 많다. 오류는 모어의 간섭이나 과잉 일반화에 의한 경우에 많고, 실수는 일시적인 착각 또는 리듬 상실 등으로 인해 의도하지 않은 표현이 튀어 나오는 경우이다. 실수에 의한 오용은 정정의 대상으로 거론하지 않는 것이 옳다. 학습자를 부끄럽게 할 따름이기 때문이다. 대화의 과정에서 나타나는 오류 중에는 지식으로서 알고 있으면서도 모어의 간섭이나 습관 때문에 반복해서 나타나는 것들이 있는데, 구두 표현을 중시하는 교육에서는 이러한 것들은 실수로 처리하는 것보다 오용으로 분류하는 것이 타당하다. 제6, 7차 교육 과정에서는 오류를 거론하고 있으며, 오류도 즉각적으로 직접적인 정정을 하지 않도록 하고 있는데, 여기에서 말하는 오류 속에는 오용과 실수가 모두 포함된다.

오용을 학습자의 개인적 책임에 의한 마이너스적인 것으로 보는 교육관은 세계적으로 1940년대 초에서 1960년대 중반까지 통용되었지만, 한국의 경우에는 제5차 교육 과정기인 1995년까지 오랜 기간 동안 영향을 미친 셈이 된다.

2. 중간언어의 교육관

오류에 대한 또 하나의 교육관은 언어 학습의 중점을 의사 전달에 두는 경우이다. 이러한 교육관에서는 오류를 중간언어로 간주하며 정확성보다는 유창성을 중시하여 지도하게 된다. 이러한 움직임은 1960년대 중반부터 태동하기 시작하였는데, 외국어 학습자의 오류는 학습자의 잘못에 있지 않고 문법 발달의 과정으로서 나타나는 것이며, 외국어에 대한 불완전한 지식에서 유발되는 것으로 해석된다. 외국어 학습자는 새로운 언어 환경에 창의적으로 적응하고자 노력하며, 체계적인 학습 단계를 거쳐 목표언어에 대한 새로운 체계를 습득해 간다. 따라서 학습 단계에 따라 오류는 필연적으로 발생되는 학습 발달의 과정인 것이다. 이러한 교육관을 배경으로 학습자의 오류를 오류로 보지 않고 과도기 목표언어 체계, 즉 「중간언어(interlanguage)」로 간주하는 새로운 시각이 등장한다.

「중간언어」라는 용어는 1972년 Selinker에 의해 사용되기 시작하였다. 오류를 포함하고 있는 중간언어의 체계는 목표언어의 바른 체계를 최종 목표로 하여 언어 체계를 수정하고 재확립해 가는 연속적이고 동적(動的)인 과정이다. 중간언어는 의사 소통의 기능을 수행할 수 있는 언어 체계로서, 학습자는 소통 과정에서 전달 내용을 삭제하고 회피하거나, 변경·축소·확대·대체 등에 의한 말바꿈으로 나타내기도 하며, 목표언어의 규칙을 과잉 일반화시키는 양상을 보인다.

3. 중간언어의 구조

중간언어의 발생 원인과 관련하여 Selinker는 중간언어에 작용하는 주요 과정을 다음과 같이 정리하고 있다.

① 모어의 간섭에 의한 언어 전이
② 목표언어 규칙의 과잉 일반화
③ 교수 과정상의 전이
④ 목표언어의 학습 방법
⑤ 목표언어의 의사 소통 전략

이러한 중간언어의 단계는 외국어 학습자에게 필연적으로 일어나는 과정이므로 외국어 교사는 중간언어의 규칙 체계에 대한 바른 이해가 있어야 한다. 중간언어의 규칙 체계는 목표언어의 규칙과 모어의 규칙에 학습자가 과잉 일반화한 제3의 규칙이 첨가되어 이루어져 있다. 다만 이 체계는 고정되어 있지 않고 목표언어의 바른 체계를 향하여 접근해 가는 과도기적 체계인 점이 특징이다.

한국어 학습자에게 중간언어인 일본어의 체계를 구성하고 있는 것은 음운적인 것, 문자적인 것, 어휘적인 것, 문법적인 것, 화법적인 것, 발화 태도적인 것 등 여러 레벨에 걸쳐 있다. 한국인 학습자의 일본어 중간언어 체계의 유형 중 우리말의 간섭에 의한 것들을 몇 가지 들어 보기로 하겠다.

① 먼저 문자 레벨을 보면 가타카나인 「ク」의 필순이 한글 「ㅋ」의 필순의 영향을 받기 쉬운 것과, 한자 표기가 한국식 정자를 사용하게 되는 것 등을 들 수 있다. 한자 읽기에 있어서도 사용 빈도가 높은 한음(漢音)으로 읽어 버리는 과잉 일반화라든지 한국식 음독을 참고한 발음이 나타나기 쉽다.

② 음성 음운 레벨은 모어의 간섭에 의한 것이 많은데, 청탁음과 장단음의 구별이 잘 되지 않는 문제와 악센트상의 문제, 한국식 억양 등이 대표적이다. 단음 단위의 발음 시간이 일본어보다 길어짐에 따라 말이 느린 것도 모어 간섭의 하나로 볼 수 있다.

③ 어휘 선택에 있어서는 외우기 어려운 고유 일본어보다는 발음의 전이만으로 사용할 수 있는 한자 숙어의 사용 비율이 높아지기 쉬운 점을 들 수 있다. 「いる, ある, おもう, かんがえる」와 같은 우리말에 없는 유사어 구별상의 혼란도 많이 나타난다.

④ 문법상의 간섭으로서는 복합동사의 적절한 사용, 수동표현식, 가능 및 경어표현, 피해의 수동표현, 겸양표현 등의 사용에서 한국식 표현이 나타난다. 텐스·어스펙트·모댈리티상의 이해와 사용에 있어

학습 현실은 대부분의 학습자들이 중간언어의 최종 단계까지 가지 못한 채 도중에서 화석화해 버리는 경우가 많다. 이는 학습자 스스로는 중간언어 규칙을 체계적으로 수정해 갈 수 없기 때문이다. 따라서, 일본어 교사는 한국인 학습자의 일본어 중간언어의 체계에 대한 바른 이해와 체계적인 지도를 통해 학습자의 언어 레벨을 보다 높은 단계에까지 끌어올릴 수 있어야 한다.

이상에서 본 바와 같이 6차 교육 과정의 오류 수정에 관한 항목은, 오류는 학습자의 잘못이 아닌 학습 과정으로서의 중간언어의 발현이므로 즉각 수정하여 흥미와 자신감을 떨어뜨리지 말고 별도의 학습 계획에 반영하는 형태로 지도하라는 의미로 받아들여야 할 것이다.

제 **2** 장

일본어 교육의 역사

1. 세계의 일본어 교육

세계 최초의 일본어 교육 기관은 조선 사역원(왜학)이라 할 수 있다. 서양에서는 1705년 러시아 페테르부르크의 일본어 학교 개설을 시작으로 19세기 후반 들어 유럽 각국에 일본어 학교가 설립된다. 일본에 의한 일본어 교육은 침략의 형태로 전개되는데, 1895년 대만의 식민지화를 비롯하여 중국, 한국 등지에서 강제적으로 실시된 바가 있다. 현대에 들어 외국어로서의 일본어 학습이 재개되고, 1984년 이후 학습자 수가 급증하게 되는데, 지역별 일본어 학습자 현황은 〈표 2-1〉과 같다.

동아시아의 학습자 수 114만여 명 중 한국의 학습자가 82만 명(71%)으로, 국가 단위로 보면 한국이 세계에서 가장 많다. 한국인 일본어 학습자의 80% 정도는 고등학교 제2외국어 수강자가 차지한다. 한국에 이어 일본어 교육이 활발한 국가로는 호주와 중국을 들 수 있는데, 특히 중국의 확산 속도는 괄목할 만하다.

2. 한국의 일본어 교육

1) 시대별 추이

<표 2-1> 지역별 일본어 학습자 수 (1993)

지역	학습자 수	백분율(%)
동아시아	1,146,520	70.6
동남아시아	121,559	7.5
남아시아	4,707	0.3
대양주	207,644	12.8
북미	67,014	4.1
중남미	31,230	1.9
유럽	42,795	2.6
중동/아프리카	1,986	0.1

(1) 갑오경장 이전

세계 최초의 일본어 학습서로 알려진 조선 사역원 간행의 『이로파(伊路波)』(1492)를 비롯하여 『첩해신어(捷解新語)』(1618, 1670), 『인어대방(隣語大方)』(1790)과 같은 학습서와, 일본어 사전인 『왜어류해(倭語類解)』(1703) 등 일본어 관계 도서들의 활발한 간행으로 보아 조선 시대에도 적극적인 일본어 학습이 이루어지고 있었음을 알 수 있다.

1876년 한일 수교 이후 일본의 내정 간섭이 시작되면서 1891년 6월에는 조선 조정에 의해 한성에 「일어학당」이 설립되나, 설립의 직접적인 동기는 당시 일본 공사 오토리 게이스케의 권고에 의한 것이었다 한다.

(2) 갑오경장 이후 한일 합병까지

1895년 갑오경장 이후 일본의 간섭은 심해지고, 일본의 해외 교육 단체인 대일본해외교육회(大日本海外敎育會)에 의해 1897년에 「경성학당」이 설립된다. 그 후 1898년 일본의 동아동문회(東亞同文會)가 관여하기까지 6개교, 노일 전쟁이 끝나는 1905년까지 23개교, 1910년 한일 합병까지 5개교 등 총 34개 일본어 학교가 설립된다. 설립 주체별 내역은 <표 2-2>와 같다.

<표 2-2> 개화기 일본어학교의 설립 주체별 분포

설립 주체	학교 수
조선 조정	2
동아동문회	3
대일본해외교육회	2
東本願寺	4
기타 민간 설립	17
설립자 미상	6
계	34

　1906년 조선 통감부가 설립되면서 그 때까지 일본의 동아동문회에 의해 운영되어 왔던 일어학당이 조선 통감부로 이관되고 관립학교로 바뀌게 된다. 경성학당은 「관립제2일어학교」로 개칭되었다. 이어 보통학교령과 고등학교령, 외국어 학교령(1906. 8) 등이 반포되면서 보통학교 및 고등학교의 1, 2, 3, 4학년에 일본어 시간이 주 6시간씩 국어 시간과 같은 비중으로 편성된다. 각급 학교의 교과서는 일본의 것을 번역하여 간행되었는데 1909년의 교과서 발행 부수 중 국어 독본 38,726권, 일본어 독본 37,896권이었던 것으로 보아 이미 일본어의 강제적 교육이 시작되고 있었음을 알 수 있다.

(3) 일제 강점 시대

　합병 후 1차 조선 교육령이 반포되면서 일본어는 국어로 분류되고, 교육령이 바뀔 때마다 일본어 교육 비중은 조선어보다 커지게 되는데, 일제 시대의 일본어 시간과 조선어 시간의 변화는 <표 2-3>과 같다.

　<표 2-3>과 같이 일본어 교육을 강압적으로 실시한 결과 1943년 말에는 일본어를 이해하는 조선인이 전 인구의 22.15%에 달했다고 하며, 특히 대도시에서의 보급률이 높았다.

〈표 2-3〉 교육령 개정 시기별 보통학교의 조선어와 일본어 시수

시기	언어	1년	2년	3년	4년	5년	6년	계
1차	일본어	10	10	10	10			40
1911	조선어+한문	6	6	5	5			22
2차	일본어	10	10	10	10	9	9	58
1920	조선어+한문	6	6	5	5	4	4	30
3차	일본어	10	12	12	12	9	9	64
1922	조선어	4	4	3	3	3	3	20
4차	일본어	10	12	12	12	9	9	64
1929	조선어	5	5	3	3	2	2	20
7차	일본어	10	12	12	12	9	9	64
1938	조선어	0	0	0	0	0	0	0
8차	일본어	11	12	9	8	7	7	54
1940	조선어			2	2	2	2	(8)

(4) 해방 후

해방 후 일본어 교육은 완전 공백기를 맞는다. 60년대에 들이 대학에 전공 학과가 개설되고 미미하나마 학원 일각에서도 일본어 교육이 재개된다. 1965년 국교 정상화 이후 일본어 학습이 본격적으로 전개되기 시작하여 1973년에 고등학교의 외국어 과목으로 편입되면서부터 학습자 수는 폭발적으로 늘게 된다. 이후 입시 제도의 영향, TV·라디오 강좌의 시작, 기업체별 연수원 교육 등 일본어 학습의 장이 넓어지면서 세계 최다의 학습자 수를 기록하게 된다(표 2-4 참조).

〈표 2-4〉 제 2 외국어 채택 학교 수 및 학생 수 (1996. 3. 각 I 권)

구분	학교 수	학생 수
독일어	666	493,349
일본어	1053	310,583
프랑스어	470	292,174
스페인어	38	10,142
중국어	149	57,645

(1996년 4월 교육부 집계)

2) 교육 기관별 추이 및 현황

(1) 고등학교

고등학교 일본어 교육은 실시 첫해인 1973년에 130개교가 채택한 이래 1981년에는 272개교(학습자 199,198명), 1996년에는 1,053개교가 채택하여 제2외국어 중 가장 높은 채택률을 기록한다. 학교별로 보면 80% 이상이 실업계 고등학교에 편중되어 있는 것이 특징이다.

1984년부터는 외국어를 전문으로 하는 외국어고등학교가 등장하면서 일본어과가 개설되었고 1998년 현재 전국에는 15개의 외국어고등학교가 있다.

일본어 교과서는 3차(1974) 때는 국정 교과서 시기로 단 한 가지의 교과서가 사용되었고, 4차(1982) 때부터 검인정 교과서 5종이 채택되어 3차 때 사용하던 국정 교과서와 함께 6종이 사용되었다. 5차(1988) 때는 8종으로 늘었다가, 6차(1996) 때부터는 검인정은 실시하되 종류의 제한을 철폐하고 자유 경쟁 체제로 전환하였다. 그 결과 1996년에는 10종이 선정되었고 재심에 의해 2종이 추가되어 1997년에는 12종이 사용되게 되었다. 교과서의 체제는 6차 때까지 상하 2권에 국판 크기의 흑백 인쇄 양식이 계속되었다. 6차 때의 교과서에는 단원의 도입을 듣기부터 실시하도록 구성되어 있어서 교과서마다 녹음테이프가 첨부되게 되었다.

한편 1996년부터 1997년에는 본고 필자의 기획하에 외국어고등학교의 일본어 교재로서 독해Ⅰ·Ⅱ, 회화Ⅰ·Ⅱ, 문법Ⅰ, 작문Ⅰ, 문화Ⅰ, 청해, 실무 일어 등 7과목 9권의 국정 교과서가 발간되었다.

고등학교 외국어 학습 방향에 가장 민감하게 영향을 미쳐온 것은 대학 입시로 대표되는 평가 제도라 할 수 있다. 1976년에 대학 입학 예비고사 외국어 과목에 일본어가 추가되면서 중요도가 높아졌으나 대학별 본고사에서 영어가 필수였으므로 제2외국어의 선택은 미비했다. 1980년 본고사 폐지와 함께 1981년부터는 대학 입학 학력고사가 실시되면서 영어를 포함한 5개 언어 중 택일하도록 되어 1985년까지 일본어 선택률은 5%에서 17% 선이었다. 1986년부터 제1외국어와 제2외국어를 분리하게 되자, 제2외국어 중 41.63%가 일본어를 선택하게 된다. 1987년부터는 제2외국어와 실업 과목을 동일 선택군으로 묶어 수험생이 선택하게 됨에 따라 일본어 지원자는 0.82%에 불과하였다. 1988년부터는 외국어 및 실업 과목의 선택권이 대학에 넘어감에 따라 2.35~3.75% 선을 유지해 왔다. 1994년부터는 대학 수학능력시험으로 바뀌고 제2외국어 과목 전체가 입시에서 제외되면서 제2외국어 과목의 침체 현상이 두드러지게 된다. 단, 1997년부터 종래의 내신 성적과 함께 종합 생활기록부가 입시에 반영되게 되고 2000년부터는 제2외국어가 수능의 선택 과목으로 편입되게 됨에 따라 일본어 학습자의 수는 다시 증가할 것으로 예측된다.

(2) 대학 및 전문대학

대학의 일본어 교육은 한국외국어대학교의 일본어과(1961년), 국제대학교(현 서경대학교)의 일어일문학과(1962년)가 신설되면서부터 시작되었다. 1973년 이후 대학의 일본어 관련 학과가 급증하여 1998년 현재 93개 대학에 128개 학과가 개설되어 있다. 학과의 명칭은 일어일문학과, 일어교육과, 일본어과, 일본학과, 일본어학과, 관광일어과, 일어일본학과 등 15종류에 이르지만 일어일문학과가 가장 많다. 한편 전문대학의 일본어 전공 학과는 1980년에 부산여자전문대학과 경북전문대학에 관광통역과가, 신일전문대학, 인천전문대학, 장안전문대학 등에 일어과가 신설되면서부터 시작된다. 1994년 현재 142개 전문대학 중 29개 대학 36개 학과(정원 2,629명)에 일어과 또는 일어통역과가 개설되어 있고 56개 대학 123개 학과에 관광과, 관광통역과, 무역과, 항공운항과 등 일본어 관련 학과가 개설되어 있다.

교재는 대학마다 기초 일본어 교재가 자체 개발되어 있을 정도로 다양하나 전체적인 특징은 언어의 4기능 달성을 위한 기초 종합 교재의 성격을 띤 것들이다. 기초 이외의 교재는 전무한 상태에 가까워서 대부분 일본어 원서에 의존하고 있다. 전문대학 교재의 경우도 독자적인 교재가 없이 대부분 4년제 대학의 교재를 사용하고 있는 실정이다.

(3) 기타 교육 기관

기타 교육 기관으로는 대학원, 학원, 연수원, 방송 등을 들 수 있다.

대학원 석사 과정의 경우 1973년에 한국외국어대학교에 개설된 이래 1998년 현재 21개 일반 대학원과 20개 교육 대학원, 통역·관광의 2개 특수 대학원이 있다. 박사 과정은 1981년에 한국외국어대학교에 개설된 이래 1989년에는 한양대학교와 중앙대학교, 1996년에는 동덕여자대학교, 1997년에는 고려대학교와 부산외국어대학교에 개설되는 등 총 6개 대학에 개설되어 있고 국내에서도 1994년에 최초의 일문학 박사가 배출된 바 있다.

사회 교육 기관에서 최초로 일본어를 가르치게 된 것은 1904년 YMCA의 일어특별과를 들 수 있다. 해방 후 학원에서 일본어가 교육되기 시작한 정확한 기록은 알 수 없으나 1950년대에 설립된 「외국어학원」, 「성립영어학원」, 「대구ECA학원」 등의 영어학원에서 취급되었을 가능성이 있다. 1964년부터 제2외국어 전담 학원이 설립되기 시작하는데, 일본어학원으로서는 1967년에 설립된 「시사일본어학원」이 그 효시이다. 1998년 현재 약 3천 개의 학원이 개설되어 있다. 학원에서 영어와 일본어는 필수적인 과목이므로 일본어를 취급하고 있는 학원 수도 대체적으로 유사하리라 추측된다. 그 밖에 각 대학 부설 어학 연수원과 기업체의 연수원, 일본 대사관 공보 문화원 등에서도 일본어 교육이 실시되고 있다.

1990년대에 들어서는 일본에 있는 일본어 학교로의 유학이 급증하고 있는 것도 두드러진 특징이라고 할 수 있다. 1993년에 일본내에서 일본어를 학습하고 있는 한국인 학습자 수는 12,046명으로 중국인에 이어 두 번째로 많은 숫자를 기록한 바 있으나, 1998년에는 IMF의 영향으로 약간 감소되었다.

사회 교육 교재로서 가장 널리 사용되었던 것으로는 1933년에 나가누마 나오에(長沼直兄)가 지어 1950년에 개정 출판한 『표준일본어독본(標準日本語讀本)』이 1961년에 박성원에 의해 번역 편집되어 1980년대 말까지 국내 학원가의 중심 교재로 사용되었다. 1991년에 일본의 분카외국어학원에서 개발한 『문화일본어(文化日本語)』가 시사일본어사에 의해 한국에 소개되면서 빠른 속도로 학원가에 번져 나가누마의 교재는 자취를 감추게 되고 30년만에 교재의 세대 교체가 실현되게 된다.

한편 방송의 경우 KBS 3TV 방송 시작과 함께 1981년 2월 4일부터 TV에서의 일본어 강좌가 시작되어 1990년 12월 27일 교육방송으로 독립하면서 일본어 강좌는 교육방송에서 취급하고 있다. 강좌는 기초 단계부터 1년 단위로 신행되며 교재 구입자 수는 매달 2, 3만 명 선으로 추산되고 있다. 또한, 90년대 중반부터는 케이블TV에서도 독자적인 일본어 교육 프로그램을 방영하고 있어 좋은 호응을 얻고 있다.

3) 일본어 교육 연구 현황

일본어 교육 분야의 연구는 한국일본학회(1972)의 「일본학보(日本學報)」, 한국일어일문학회(1979)의 「일어일문학 연구(日語日文學研究)」, 한국일본어교육학회(1984)의 「일어 교육(日語教育)」, 한국외국어교육학회

(1994)의 「Foreign Languages Education」, 대한일어일문학회(1994)의 「일어일문학 연구(日語日文學硏究)」, 한국일본어문학회(1995)의 「일본어문 연구(日本語文硏究)」, 한국일본문화학회(1996)의 「일본문화 학보(日本文化學報)」 등 전국 규모의 학회와 한국외국어대학교의 「일본연구(日本硏究)」, 계명대학교의 「일본학지(日本學誌)」, 동덕여자대학교의 「동일어문연구(同日語文硏究)」, 한양대학교의 「한양일본학(漢陽日本學)」, 동국대학교의 「일본학(日本學)」, 중앙대학교의 「일본연구(日本硏究)」 등 대학별 연구지들을 중심으로 활발하게 전개되고 있다. 교육 관계 연구 실적은 1980년대에 들면서 급증하게 되는데, 초기에는 학습 지도를 위한 한일어 대조가 주종을 이루었으나 90년대 들어서는 교수 요목(syllabus)이나 교육 과정 등 교수 이론에 관한 연구도 등장하게 된다.

제3장
교육 과정

 고등학교 일본어 교육 과정의 변천

1. 교육 과정의 개념

교육 과정이란 영어의 Curriculum을 번역한 것으로 시대에 따라, 목적에 따라, 그리고 교육관에 따라 그 개념이 매우 다양한 용어이다. 교육 과정이란 법규적인 관점에서의 개념과 교육학적인 개념으로 나눌 수 있는데, 먼저 교육법에 명시된 법규적인 개념은 다음과 같다.

〈교육법 155조〉

대학, 사범대학, 교육대학, 전문대학, 각종 학교를 제외한 각 학교의 학과 및 교과는 대통령령으로 교육 과정은 문교부 장관이 정한다(교육법 155조).

〈교육법 시행령 119조〉

① 대학의 교과는 일반 교양 과목과 전공 과목으로 하고 이를 다시 필수 과목과 선택 과목으로 구분한다.

② 일반 교양 과목이라 함은 지도적 인격을 도야함에 필요한 과목을 말하며, 전공 과목이라 함은 그 학과의 전문 학술 연구에 직접 필요한 과목을 말한다(전문대학:160-2).

　교육법상의 교육 과정은 교과를 중심으로 언급되어 있고 그 구성은 교양, 필수, 선택으로 단순화되어 있다. 그리고 전공 과목이란 전문 학술 연구에 직접 필요한 과목이라고만 언급하고 있어서 외국어 계열과와 같은 기능 과목을 겸비한 학과의 경우의 기능 과목들은 「전문 학술 연구에 직접 필요한 과목」으로 취급할 수 있는 것인지도 의문이다. 어쨌든 전공 과목의 규정으로 보아 대학 교육의 목표는 학문 연구에 두고 있다는 것이 법규적 정의의 성격이라 하겠다.

　한편 교육학적인 관점에서의 정의로는 종래의 교육 과정에 관한 제학설의 변천 과정을 중심으로 다음의 3가지로 요약할 수 있겠다.

① 교과 중심 교육 과정 : 초기의 교육 과정으로, 가르칠 교과 내용의
　　　　　　　　　　　　제목 및 요목의 나열을 교육 과정으로 취급.
② 경험 중심 교육 과정 : 학교에서 행해지는 학습자의 모든 생활 경
　　　　　　　　　　　　험을 교육 과정으로 취급.
③ 학문 중심 교육 과정 : 학문의 구조화된 지식 체계를 교육 과정으
　　　　　　　　　　　　로 취급.

　한국에 있어서의 초기 교육 과정은 교과 중심 교육 과정이었기 때문에 교과 과정이라는 용어가 쓰여 오다가, 1960년대부터 교육 과정이라는 용어가 일반화되었다. 교과 중심 교육 과정은 교사 중심의 권위주의적·지식 주입적 성격의 교육 과정이라는 특성이 있고, Bruner 등에 의해 제창된 학문 중심 교육 과정은 후일 제창자 자신이 취소한 바 있으나, 교과 중심 교육 과정과 결합하여 지금까지 한국의 교육 과정관에 커다란 영향력을 미치고 있다.

　특정한 학설에 구애받지 않고 일반적인 의미에서의 교육 과정의 개념을 정리하여 보면, 교육 과정이란 교육 목표와 교육 내용을 학습자의 발달 단계에 맞게, 학교 및 지역 사회의 실태를 감안하여 수업 시수별로 조직하고, 교재의 선택 및 학습 활동과 평가 방법을 편성하여, 무슨 목적으

로, 무엇을, 언제, 어디서, 어떻게 가르치고 학습할 것인가를 종합적으로 체계화한 교육 계획이라고 할 수 있겠다.

교육 과정의 내용에 대한 견해가 어떠한 것이든, 교육 과정은 교육 목적에 따라 조직되며 조직된 교육 과정에 입각하여 교재가 편찬되고 교육 방법이 설정되며 평가가 실시되는 것이므로, 교육 과정은 단순한 서류적 수단으로서의 형식적인 과정이 아니고 전체 교육 과정(敎育過程)의 중심적 부분임에 틀림없다. 따라서 외국어 교육에 있어서도 교육 과정의 정립은 외국어 교육의 모든 것을 제시하고 있다는 점에서 매우 중요하다 하겠다.

2. 고등학교 교육 과정의 변천 과정

고등학교의 교육 과정은 교육부 주도로 여러 차례 주기적으로 개편 과정을 거쳐 왔는데, 현재 6차 개편안이 1996년부터 시행되고 있으며 2000년부터는 제7차 교육 과정이 시행될 예정이다. 그 동안의 개편 과정 및 특징을 살펴보면 다음과 같다(중학교 : 2001년, 고등학교 : 2002년).

1) 교수 요목기(1946-1954)

미군정청 하무구 교수요목 제정위원회에 의한 임시방편직 교수 요목을 제정하고 교과서를 제작했다.(영어, 영문, 독어)

분과주의를 채택하고 교과의 지도 내용을 상세히 표시하였으나, 각 교과별로 가르칠 주제를 열거하는 데 불과하였고 내용과 수준이 학생의 지적 발달 단계에 비춰 너무 어려웠다.

2) 제1차 교육 과정기(1954-1963)

1954년 4월 20일 교육 과정 시간 배당 기준령 및 각급 학교 교과 과정이 정해졌다.

교육 과정 시간 배당 기준령 2조 본령에서 '교육 과정이라 함은 각 학교의 교과목 및 기타 활동의 편제를 말한다'라는 규정과 문교부령으로 발표된 교육 과정 곳곳에서 교육 과정이란 용어 대신 「교과 과정」이란 용어를 사용하고 있는 것으로 보아 교과 중심 교육 과정이라 할 수 있다. 지적 체계 중심의 교육 과정이긴 하나, 생활 중심 교육 과정의 개념도 반영되어 있다.

기본적으로 읽기의 능력에 중점을 두되 4기능을 고르게 학습한다는 것이 전개 방침이다.

3) 제2차 교육 과정기(1963-1974)

1963년 2월 15일 문교부령 121호로 공포되었으나, 학제 개편 논의 관계로 일시 폐기되었다가 1968년 3월 1일부터 시행, 이후 3차례 부분적으로 개정되었다.(영어1・2, 독일어, 프랑스어, 중국어, 1차 1969년 에스파냐어 추가. 2차 부분 개정. 1973년 일본어 추가)

경험 중심 교육 과정으로, 교육 과정이 교과 활동뿐 아니라 학교 교육의 모든 활동과 관련되는 교육 과정(敎育過程)의 전체 구조에 의한 계획으로 비로소 교육 과정다운 체계를 갖추게 된 셈이다.

독해, 문법, 작문은 별도로 지도하지 않고 종합 지도함으로써 산 언어 지도가 되도록 해야 한다고 명시되어 있다.

4) 제3차 교육 과정기(1974-1981)

1974년 12월 31일 문교부령 350호로 공포되었다.

학문 중심 교육 과정이고, 일본어과 최초의 교육 과정이다.

목표는 다음과 같다. ① 표준적인 현대 일본어의 기본 어법을 익히게 하여 듣기, 읽기, 말하기, 쓰기의 기초적인 기능을 기른다. ② 일본인의 생활과 그 나라의 문화, 경제 등에 대한 이해를 증진시켜, 국제적 협동심과 안목을 기르고 우리 스스로의 발전에 도움이 되도록 한다. ③ 일본어를 통하여 우리나라의 문화와 현황에 대한 개략적인 소개를 할 수 있는 기초적 능력을 기른다.

초기 단계에서는 구두 훈련을 통한 언어 학습을 중시하며, 불가피한 경우를 제외하고는 문법 용어의 도입을 피하도록 한다.

5) 제4차 교육 과정기(1982-1987)

1981년 12월 31일 한국교육개발원에서 개발했다. 종래의 교과 중심, 경험 중심, 학문 중심의 입장이나 접근 위에 변화나 미래에 대한 인식을 강조한 미래 지향형 교육 과정이며, 최초의 연구 개발형 교육 과정이다.

각급 학교별 교육 목표를 교육 과정에 신설, 제시했다.

목표는 일본어 사용 능력을 기르고, 일본인의 문화를 이해시킴으로써 우리 문화 발전에 기여하게 하는 것이다. ① 일상 생활과 일반적인 화제에 관한 비교적 쉬운 말을 듣고 말하고 읽고 쓰는 능력을 기른다. ② 일본인의 생활 및 문화에 관하여 폭넓게 이해한다.

6) 제5차 교육 과정기(1988-1995)

경험주의적 교육 과정과 교과 중심 교육 과정의 절충형이다.

목표는 다음과 같다. ① 일상 생활 및 주변의 일반적인 화제에 관한 쉬운 말을 들어 이해하고 간단한 대화를 나눌 수 있게 한다. ② 일상 생활 및 주변의 일반적인 소재에 관한 쉬운 글을 읽어 이해하고 쓸 수 있게 한다. ③ 일본인의 생활 양식과 사고 방식을 폭넓게 이해시킨다.

의사 소통을 중시하되 언어의 4기능을 고르게 발달시킨다는 것이 특징이다.

7) 제6차 교육 과정기(1996-2001)

목표는 다음과 같다. ① 일상 생활과 관련된 쉬운 말과 글을 이해할 수 있게 한다. ② 일상적인 화제와 관련된 내용을 간단하게 표현할 수 있게 한다. ③ 일본인의 일상 생활과 관습을 이해시킨다.

언어의 정확성보다 유창성을 강조하고, 이해 기능과 표현 기능의 2분법을 채택했다.

8) 제7차 교육 과정기(2002-)

목표는 다음과 같다. ① 일상의 의사 소통 기능의 수행 과정에서 사용되는 쉬운 일본어를 알아들을 수 있고, 일본어 듣기 학습의 중요성을 깨달아 듣기 학습 활동에 능동적으로 참여하는 태도를 갖는다. ② 일상의 의사 소통 기능 수행 과정에서 사용되는 쉬운 일본어를 원어민이 알아들을 수 있고, 일본어 말하기 학습의 필요성을 깨달아 말하기 학습 활동에 적극적으로 참여하는 태도를 갖는다. ③ 일상의 의사 소통 기능 수행 과정에서 사용되는 쉬운 일본어를 읽어 그 뜻을 알 수 있고, 일본어 읽기 학습의 중요성을 깨달아 읽기 학습을 위해 스스로 노력하는 태도를 갖는다. ④ 일상의 의사 소통 기능 수행 과정에서 사용되는 쉽고 간단한 일본어를 글로 쓸 수 있고, 일본어 쓰기 학습의 필요성을 깨달아 쓰기 학습 활동에 스스로 참여하는 태도를 갖는다. ⑤ 인터넷을 통해 일본어에 의한 정보 검색의 기초적인 방법을 알고, 정보 검색에 흥미를 갖는다. ⑥ 일본의 일상 생활 문화에 대해 깊은 관심을 갖고, 일본 문화를 이해하고자 하는 자세를 기르며, 일본과의 국제 교류에 적극적으로 참여하는 태도를 갖는다.

교육 과정의 구조를 의사 소통 기능 중심으로 듣기, 말하기, 낭독, 읽기, 쓰기로 구성했다. 문화 이해를 강화하고, 의사 소통 활동에 참여하는 태도를 평가한다. 정확성보다 유창성을 강조하고, 인터넷에 의한 일본어 정보 검색 활동도 신설했다.

이상의 고등학교 교육 과정 변천의 특징은 다음과 같이 정리할 수 있겠다. 교수 요목기와 제1차 교육 과정기까지는 읽기 중심의 외국어 교육기로, 특히 교수 요목기에는 문법 번역식 지도법이 권장되었다. 제1차 교육 과정기에는 문법 번역식 교수 방법을 지양하도록 했지만, 구조주의적 분석법 도입에 따른 언어의 구조 문형 등의 분석적 접근으로 문법 교육이 더욱 강화된 셈이어서 실효를 거두지 못하고 더욱 악화된다. 2차 교육 과정기부터 언어의 4기능 중심의 접근과 타문화 이해를 목표로 하는 기본 패턴은 그 후 계속해서 변함이 없다. 다만, 4기능 중 중시하는 능력의 배열이 달라져 왔을 뿐인데, 2차 교육 과정기부터 「듣기, 말하기, 읽기, 쓰기」 등 언어의 4기능에 의한 접근이 시작되었으나, 목표의 서술을 보면 「읽기, 듣기」의 순이고, 3차 교육 과정기에는 「듣기, 읽기, 말하기, 쓰기」의 순서로 현행 6차의 순서와 같으며, 4차 때는 「말하기, 듣기, 읽기, 쓰기」, 5차 때는 「듣기, 말하기, 읽기, 쓰기」의 순으로 비중이 바뀌어 왔다. 교육 목표상으로는 지식 중심의 교수 요목기를 제외하고는 줄곧 의사 소통과 상대국 문화의 이해를 중시하고 있다. 다만 2차 때까지는 「읽기」에, 3차는 「듣기, 읽기」에 중점을 두어 3차까지는 이해력 중심의 교육 과정이었고, 4차 때는 「말하기, 듣기」, 5차 때는 「듣기, 말하기」로 음성 언어 중심의 교육 과정으로 발전한다. 이는 오디오링걸 메서드(Audio-Lingual Method)의 보급 영향으로 생각된다. 6차에 들어 다시 「듣기, 읽기」의 이해 우선형으로 바뀌게 된다. 다만, 6차에 들어 처음으로 언어의 정확성보다는 유창성에 목표를 두는 커뮤니커티브 어프로치(Communicative Approach)적 교육 과정이 실현을 보게 되었다. 7차에서는 다시 언어의 4기능 중심으로 구성이 바뀌지만, 말하기와 읽기의 사이에 낭독 과정이 설정되어 있어서 음성 언어에서 문자 언어 학습으로 옮겨 가는 과정에서 일어나는 발음 학습의 퇴보를 방지하고 있다. 특히 7차에서는 교육 과정 구성과 내용이 모두 의사 소통 기능 중심으로 일관성 있게 편성됨에 따라 명실공히 의사 소통 기능 중심 학습 체제를 구축하게 된다. 그에 따라 교사 중심이 아닌 학생 중심의 수업이 되도록 개편되었다는 점은 괄목할 만한 발전이라 하겠다.

교육 과정이 이처럼 줄곧 언어의 4기능과 음성 언어를 중시하는 교육 과정을 펼쳐 왔음에도 불구하고, 고등학교 교육 현장의 현실은 문법 번역식 교사 중심의 수업으로 일관되어 온 이유는 무엇인가. 이는 입시 출제 경향에 맞춰 분석식 수업으로 일관해 온 것이 가장 큰 원인이 될 것이지만, 교육 목표 또한 4기능의 고른 지도와 정확성을 강조한 나머지 교사 중심 수업을 조장한 것으로 생각된다. 국가 중심의 획일적 교육 과정에 의한 경직성이 입시의 획일화를 초래하였고 그에 따른 평가의 획일화에서 입게 된 피해가 큰 것을 감안하면, 국가 중심 교육 과정의 병폐가 근본적인 원인이 된다고 할 수 있겠다.

일본어의 교육 과정은 언어의 4기능 접근이 시작된 3차 교육 과정기부터 시작되는데, 3, 4차는 국정교과서 시기이므로 매우 획일적 성격이 강했고, 5차부터 검인정 시기에 들어서게 되어 약간은 선택이 자유로와진다. 이러한 배경에서 3, 4차 시기를 4기능 중심 통제기, 5차 시기를 4기능 중심 교재 선택기, 6차를 이해 기능 중심 학생 자율기로 볼 때, 2002년에 적용되는 7차부터는 학습 목적에 따라 보다 다양한 교육 과정이 편성되어 교재의 선택과 학습자의 자율성이 보다 강조되는 방향으로 정착될 것이다.

대학 일본어 계열 학과의 현행 교육 과정 구성

1. 분석 방법

대학 교육 과정의 분석 방법은 과목을 크게 나누어 말하기, 듣기, 읽기, 쓰기 등 4기능과 문법을 묶어 언어 기능 과목으로 분류하고, 그 밖의 과목은 언어 이론 과목, 근대·현대 문학 과목, 고전 과목, 일본학 과목, 일본어 교육 과목으로 크게 나누었다. 언어 기능 과목의 내용을 알 수 있도록 다시 기초 종합, 말하기, 읽기, 듣기, 쓰기, 문법으로 나눈 뒤, 한자 학습은 기타로 나누었다. 그리고 번역 실습은 언어 기능의 읽기, 쓰기 및 문학 등 종합적인 성격을 갖고 있다고 보아 논문과 함께 기타에 분류하였다.

과목 분류의 구체적인 내용은 다음과 같다. 기초 일본어, 일본어1·2, 초급 일본어 등 종합 기능을 전제로 한 초급 교재는 기초 종합에 분류하였다. 중급 일본어와 강독, 독해 등은 읽기에, 회화는 말하기, 청해, 실습, LL은 듣기에, 작문은 쓰기에 분류하고, 기초 일문법, 문법은 언어 기능을 위한 문법에 분류하고, 문법론, 어학 개론, 어휘론, 문장론, 음성학, 음운론, 의미론, 어학사, 일본어 연구 연습 등은 언어 이론에 분류하였다. 그리고 현대 한자 읽기와 관용 표현, 실용 일본어, 상업 일본어, 무역 일본어 등은 기능쪽의 기타 과목에 분류하고, 한자론, 한문은 고전 문법, 고전 문학, 중세 문학, 근세 문학, 고전 강독과 함께 고전에 분류하였다.

교육 과정 분석의 수치화는 시수를 기준으로 하였는데, 이는 대학에 따라 시수의 개별차가 커서 백분율에 의한 비교보다는 실질적인 교육 시수가 의미있다고 보았기 때문이다.

 분석 대상으로 삼은 대학은 1991년부터 1992년까지 한국의 일본어 교육 기관 실태 조사에 응한 대학을 대상으로 하였으므로, 몇몇 신설교를 제외한 전 대학을 대상으로 하였다고 할 수 있겠다.

2. 전문대학 일본어 계열 학과의 교육 과정

 분석 대상 전문대학은 11개 일어과, 3개 일어통역과, 6개 관광일어통역과 등, 총 20개 대학을 대상으로 하였다. 전문대학의 교육 목표는 주로 직업인을 양성하는 데에 두고 있는데, 참고로 부산성심외국어전문대학과 경남전문대학 일어과의 교육 목표는 다음과 같다.

〈부산성심외국어전문대학 일어과〉
일본과의 경제적, 문화적 교류가 증대됨에 따라 탁월한 일본어 구사력을 갖춘 인재를 양성하기 위하여 일본어의 말하기, 듣기, 읽기, 쓰기의 능력을 배양시켜 실무 수행 능력을 겸비한 중견 직업인을 양성한다.

〈경남전문대학 일어과〉
한국, 일본 양국간의 경제 및 문화, 사회 전반에 걸쳐 교류가 증대되고 있고, 특히 그 창구 역할을 하고 있는 부산의 지역적 특수성에 비추어 지역 사회가 필요로 하는 일본어 능력자의 공급을 위해 일본어의 커뮤니케이션 능력 및 언어 능력을 숙달시키는 한편, 일본의 경제, 문화, 사회 전반에 걸쳐 일본 사정을 이해하게 하는 교육 과정을 이수시켜, 변천하는 산업 사회에 있어서 능률적으로 대처하고 적응할 수 있는 중견 직업인을 양성함을 목적으로 한다.

〈표 3-1〉 교수 요목별 시수 배정 기준 전문대학의 분포 (숫자는 대학 수)

시수배정	관광일어	기초종합	말하기	듣기	읽기	쓰기	문법	기타	어학이론	고전	근대문학	일본학	일어교육	기타
0	5	1		5		2	1	2	19	20	11	8	20	16
1														
2	2	1			1	1	2	3	1		2			
3			1	1	3	4	2				2			2
4	6	1			4	8	7	5			3			
5					1							5		
6	2	2		5		3	4	1				1		
7					1									
8		1	2	3	4	1	1	1						1
9		2	2	1	2			1						
10	1	1		2				1						1
11	1	2	1											
12	2	3	1	2	2	2		1			1			
13		1												
14		2			1									
15		1	1		1									
16		1	3	1				1			1	1		
17		1												
18	1	1	2		1									
19														
20							1							
21														
22			1											
23														
24			3				1							
48			1											
개설대학	15	19	20	15	20	18	19	18	1	0	9	12	0	4
시수계	103	193	344	126	157	93	78	137	2	0	51	50	0	24
평균시수	5.2	9.7	17.2	6.3	7.9	4.7	3.9	6.9	0.1	0	2.6	2.5	0	1.2

〈그림 3-1〉 전문대학 일본어계 학과의 교과 구성

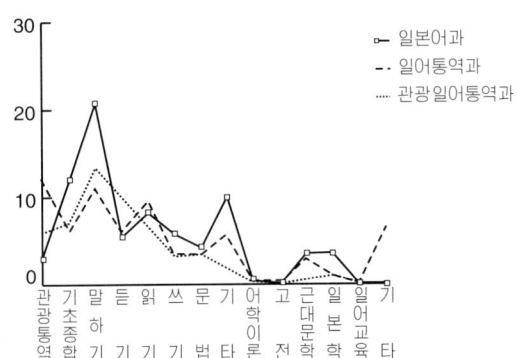

전문대학 11개 일본어과에 개설된 일본어 관계 강좌의 평균 시수는 77.1시간이고, 일어통역과는 66시간, 관광일어통역과는 51.8시간으로 대학별로 상당한 차이를 보이고 있다. 특히 인천전문대(118시간)와 진주전문대(146시간)의 경우는 개설 시간이 4년제 대학의 평균 개설 시간을 능가하고 있는 점이 특기할 만하나, 그 밖의 경우는 70시간 안팎이 대부분이다.

각 전문대학별 교과목별 시수를 분류하여 시수 배정을 기준으로 해당 대학의 분포 상태를 보면 〈표 3-1〉과 같다.

〈표 3-1〉에서 보는 바와 같이 전문대학 일본어계 학과는 언어 기능 과목을 중심으로 편성되어 있는 것을 알 수 있어서 2년이라는 짧은 기간임에도 불구하고 기능 교육에 매우 충실함을 알 수 있다. 다만, 이들 언어 기능 과목들이 체계적인 교육 과정에 의한 것이 아니고 과목의 나열에 의한 것이어서 연계성을 갖고 있는 것으로는 보이지 않는다.

과목 구성을 학과별로 알아보기 위해 과목별 평균 시수 구성을 보면 〈그림 3-1〉과 같다.

〈그림 3-1〉에서 알 수 있듯이 전문대학의 경우 대체적으로 말하기 교육에 가장 역점을 두고 있음을 알 수 있다. 「기타」의 경우, 일본어과는 한

자 학습이, 통역과는 번역 및 통역 과목이 주된 내용이다. 전문대학의 경우 평균 68시간의 학과목이 개설되어 있으므로 연간 16주의 수업을 통해 1,088시간을 이수하는 셈이 된다. 20개 전문대학에 개설된 총 1,358시간의 강좌 중 언어 기능 관련 강좌가 1,231시간으로 90.6%에 달하므로, 평균 수업 시간으로 환산해 보면 986시간의 언어 기능 과목을 이수하는 셈이 된다. 언어 기능 과목 986시간이라는 시간은 중상급 레벨에 이를 수 있는 720시간보다 훨씬 많은 시간이므로, 상급에 도달할 수 있는 충분한 수업 시간이라고 할 수 있다. 다만 각 과목이 체계화되어 있지 않다면 학습 효과는 투입한 시간만큼의 성과를 기대하기는 어려울 것이다.

　참고로 미국 FSI의 언어 연구 학교의 연구 결과에 의해 발표된 외국어 습득 수준과 학습 시간과의 관계를 소개하면 다음과 같다.

〈표 3-2〉 유사한 계통의 모어 사용자의 영어 학습 능력 (독일어, 프랑스어 등)

학습 시간	최소 수준	평균 수준	최고 수준
8주 (240시간)	1	1/1$^+$	1$^+$
16주 (480시간)	1$^+$	2	2$^+$
24주 (720시간)	2	2$^+$	3

〈표 3-3〉 계통이 전혀 다른 모어 사용자의 영어 학습 능력 (한국어, 일본어 등)

학습 시간	최소 수준	평균 수준	최고 수준
16주 (480시간)	0$^+$	1	1
24주 (720시간)	1	1$^+$	1$^+$
44주 (1320시간)	1$^+$	2	2$^+$
80~92주 (2400~2760시간)	2$^+$	3	3$^+$

　이 레벨 평가는 영어 학습의 경우에 해당하므로 일본어 학습에 그대로 적용하는 데는 문제가 없지 않으나, 유사한 언어끼리의 관계를 감안하면

한국어와 일본어는 앞의 유사 언어 사용자에 해당될 것이므로 언어가 다를지라도 결과는 매우 근사할 것으로 생각된다. 따라서 본고에서는 이 연구 결과를 기준삼아 중상급인 2$^+$ 수준에 달하는 데 필요한 학습 시간을 720시간으로 설정한 것이다.

3. 4년제 대학 일본어 계열 학과의 교육 과정

4년제 대학의 교육 과정 분석 대상은 4년제 대학 일어일문학과 40, 일본어과 5, 일어교육과 7, 일본학과 3, 일본어학과 2, 일어통역과 2 등 총 59개 학과를 대상으로 분석하였다.

4년제 대학의 경우도 교과 중심 교육 과정으로 일관되어 있음은 마찬가지이고, 학과에 맞는 구체적인 교육 목표가 없고 심지어는 교육 목표가 전혀 설정되어 있지 않은 대학도 있었다. 그 중에서 비교적 자세히 명기된 몇몇 대학의 교육 목표를 소개하면 다음과 같다.

〈동덕여자대학교 일본어전공〉
가. 일본어 상용 한자 및 기본 어휘 3천 단어 이상의 의미와 용법을 이해하고, 일본어 능력시험 1급 이상의 기능을 취득한다.
나. 일상적, 사무적, 전문적인 화제에 관한 대화 및 통신을 효과적으로 수행할 수 있고, 의견의 근거 제시, 설명, 가설 정립 등이 가능하며, 일본인의 언어 행동상의 특징을 알고 표현할 수 있다.
다. 인쇄, 영상 등 각종 매체에 의한 일상적, 문화적, 전문적인 일본어의 독해와 청해가 가능하며, 문학 작품의 주제와 작가의 표현 의도, 일본인의 정신 세계를 파악할 수 있다.
라. 한국과 일본의 문화에 대한 깊은 이해와 관심을 갖고 양국의 우호 증진과 교류에 적극적으로 참여하는 태도를 갖는다.

〈덕성여자대학교 일어일문학과〉

본 학과는 일본어 및 일본 문학 연구를 통해 일본 문화를 이해, 수용하며 한국 문화와 비교, 분석함으로써 동양 문화의 발전에 기여하도록 한다. 따라서 본 학과는 확대되어 가는 일본과의 경제적·문화적·학문적 교류에 있어서 주도적인 역할을 담당할 수 있는 인재를 양성하는 데 필요한 교과 과정을 이수하도록 한다.

〈건국대학교 일어교육학과〉

일본어 및 일본 문화의 학습을 통하여 능숙한 일본어의 구사 능력을 고취시킴과 동시에 일본 관련 분야에서 전문인이 될 수 있는 자질을 함양한다.

그리고 학과의 종류에 따라, 대학에 따라 개설 강좌에 커다란 차이가 있었는데, 각 학과별 개설 강좌 시수는 〈표 3-4〉, 교수 요목별 해당 대학의 분포는 〈표 3-5〉와 같다.

〈표 3-4〉 학과별 개설 강좌 평균 시수

학과	일어일문학과	일본어과	일어교육과	일본어학과	일본학과	통역과
시수	104.3	· 113.6	91.1	113.5	92.3	77.5

〈표 3-5〉에서 알 수 있듯이 59개 일본어 관계 학과의 전공 과목 개설 총수는 5,795시간이므로 대학당 평균 강좌 시간은 98.2시간이다. 이 중 언어 기능 관련 과목이 2,611시간이므로, 전체의 45.1%를 차지하는 셈이 된다. 고전과 근대 문학을 합한 1,864시간은 전체의 32.2%를 차지한다.

한편 언어 기능의 기타 항목은 한자 읽기가 주된 과목이고 전체의 기타는 번역이 주된 과목이며, 근대 문학과 고전 또한 읽기를 주로 하는 과목으로 볼 수 있으므로, 이들 과목을 읽기와 문법 과목과 함께 모두 읽기

〈표 3-5〉 교수 요목별 시수 배정 기준 4년제 대학의 분포 (숫자는 대학 수)

시수배정	기초종합	말하기	듣기	읽기	쓰기	문법	기타	어학	고전이론	근대	일본문학	일어학	기타교육
0	1		18	1		3	24	2	4	1	5	40	47
1													
2	1		3			3	4				1	6	1
3	3	2	8	4	6	31	15	2	5	1	13	5	10
4	2	1	6		4		1				1	6	
5					1	1	2		1		3	1	
6	4	5	11	10	25	18	9	2	13	1	11		1
7	2	1	1	3	1						1		
8	4	4	3		2				1	1	1		
9	2	1		15	9	2	3	11	18	1	15	1	
10	7	4	1		4	1		2	1		1		
11		2	1	3	2			1					
12	7	16	2	7	2		1	9	9	2	2		
13	1	2		1									
14	1	2	1	1					1				
15		2		10	2			14	6	6	2		
16	2	6						2		1			
17			1	1						1			
18		2		1				4		4	1		
19		1											
20								1		2			
21		2						1		8			
22	2	1											
23								1					
24		1						2		5			
26								1		2			
27				1						5			
29										1			
30					1			1		5	1		
33										4	1		
36								1		3			
42										3			
45										1			
개설 대학	58	59	41	58	59	56	35	57	55	58	54	19	12
시수 계	380	562	246	584	439	240	160	796	484	1,380	421	65	38
평균 시수	6.4	9.5	4.2	9.9	7.4	4.1	2.7	13.5	8.2	23.4	7.1	1.1	0.6

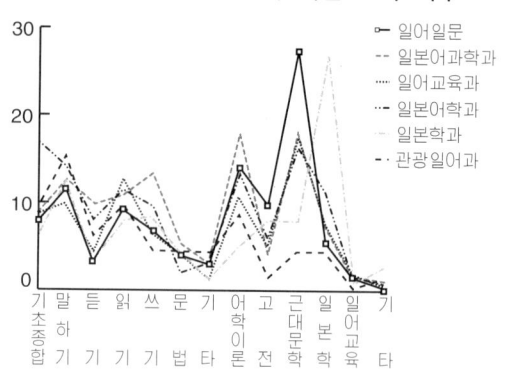

〈그림 3-2〉 대학 일본 관계 학과 개설 교과 시수

를 위한 관련 과목으로 볼 때 2,958시간이 되어 전체의 51%에 달하게 된다. 이는 곧 한국 4년제 대학 일본어 관련 학과에서는 아직도 읽기의 비중이 가장 큰 교육을 행하고 있음을 알 수 있다.

언어 기능 강좌는 앞에서 언급한 바와 같이 2,611시간이므로 각 대학 평균 44.25시간에 해당되어 16주를 곱하면 708시간이 된다. 즉 4년제 대학의 언어 기능 관련 수업 시간은 전문대학의 986시간에 비해 278시간이 적은 셈이다. 기능 과목 708시간은 중상급에 필요한 720시간에 약간 못 미치는 시간이지만, 시간적으로는 중상급에 거의 육박하는 시간이라 할 수 있겠다. 720시간이라는 시간은 체계적인 교육이 행해지는 것을 전제로 한 시간이므로, 이처럼 전혀 체계를 갖지 못한 현행 교육 과정하에서 720시간에도 못 미치는 학습량의 교육을 실시하고 있다는 것은 이들 전공 과목을 이수하고 배출된 학습자들의 학습 수준이 어느 정도일 것인가 충분히 짐작할 수 있을 것이다.

학과의 특성에 따른 교과 구성을 알아보기 위하여 학과 종류별로 교과 시수 구성을 보면 〈그림 3-2〉와 같다.

〈그림 3-2〉를 보면 대부분의 일본 관계 학과는 2분의 1에 가까운 강좌를 어학 기능 과목에 할애하고 있어서, 언어 구사 능력 신장에 주력하

<그림 3-3> 한국 4년제 대학 일본어 계열 학과의 중점 교과 과목

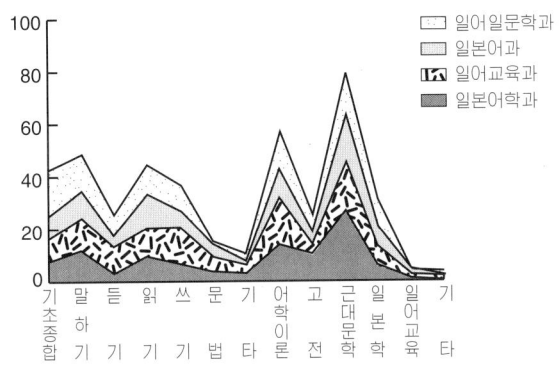

고 있음을 알 수 있다. 또다른 주력 부분은 언어 이론과 문학 교과로, 이 세 분야가 주력 교과가 되어 있음을 알 수 있다. 학과 종류별로는 일어 일문학과의 문학 교과와 일본학과의 일본학 관련 교과의 비중이 큰 점과, 통역과의 문학 강좌 비중이 낮은 점을 들 수 있는데, 그 밖에는 전체적으로 일어일문학과와 거의 비슷한 구성을 보이고 있다. 즉 학과의 특성을 제대로 살리지 못하고 있다는 얘기가 된다. 이는 학과 나름대로의 확실한 목표를 설정하지 않고 있는 것과 무관하지 않는 것으로 생각된다.

어학 기능 교과는 말하기와 읽기에 치중되어 있으나, 모든 교과가 독립적으로 개설되어 있어서 시간 수에 걸맞는 효과를 거두기는 어려울 것으로 보인다. 그리고 커뮤니케이션 성립을 위해 필요불가결한 문화 이해부분이 매우 미약한 점도 문제점이라 하겠다. <그림 3-3>의 누적도에 나타나 있듯이 한국의 일본 관계 대학에서 가르치는 내용은 근대 문학, 말하기, 어학 이론, 읽기, 기초 일본어, 일본학의 6개 분야에 고루 중점이 주어져 있다고 하겠고, 특히 말하기와 문학에 높은 비중이 주어져 있다고 하겠다. 이는 학습 시간과 학습의 효율성은 고려하지 않고 모든 학습자에게 가르치고 싶은 모든 것을 가르치고자 하는 데서 기인한 것으로, 교수 중심의 교과 교육 과정이 초래한 병폐가 잘 드러난 셈이 된다.

이상에서 살펴본 전문대학과 4년제 대학의 일본어 관계 학과의 교육 과정상에 나타난 문제점들을 정리해 보면 다음과 같다.

① 시대적 변화에 따른 교육 목표의 변화가 보이지 않을 뿐만 아니라, 학습자의 요구에 따른 다양한 목표가 반영된 곳이 하나도 없고, 구체적인 교육 목표가 설정되어 있지 않은 대학도 많다.

② 교육 목표 구현을 위한 방편으로서의 체계화된 교육 과정이 없이 단순한 교과목만을 나열해 놓은 교과 중심 교육 과정이어서, 지식 전달 중심, 교수 중심으로 편성되어 있다.

③ 교과간의 연계성이 결여되어 있어서 교육 효과적인 측면에서 보아 매우 비능률적이다. 특히 학문적 이론 과목과 기능적 어학 과목간의 연계성이 애매하여 비능률적이다.

④ 교과의 편성이 교양 과정, 전공 필수, 전공 선택 등 획일적이고 단순하며 그 틀이 너무 경직되어 있다.

⑤ 학습자의 요구가 반영되지 않은 경직된 교육 과정이다.

⑥ 초급, 중급, 1·2등급 등 각종 레벨에 대한 규정이 모호하다.

⑦ 교사 양성 기관인 대학 교육의 문제점 때문에, 고등학교 교육에서 교육 과정은 바뀌었어도 교사의 적응력 결여로 실제 수업은 구태의연하게 실시되고 있다. 교사 채용 시험의 전공 과목이 일본어학과 일문학인 것을 보아도 교육부 스스로가 교육 과정을 실제 교육 현장에 효율적으로 적용시키지 못하고 있음을 알 수 있다.

⑧ 전문대학과 4년제 대학을 막론하고 일본을 이해하기 위한 문화 관련 강의가 미비하다. 특히 전문대학의 경우는 미비함이 두드러졌다.

⑨ 개설한 교과목의 명칭에 있어서도, 1906년의 고등학교령, 1911년의 조선교육령, 1937년의 청주공립고등보통학교 등에 명시된 당시의 고등학교 과목명과 같은 것이 많다. 즉, 당시의 과목들은 독법, 해석, 회화, 받아쓰기(書取), 작문, 암송, 문법, 일어 강독, 한문 강독, 습자

등으로, 많은 기능 과목명이 당시의 명칭 그대로 지금까지 구태의
연하게 쓰이고 있음을 알 수 있다.

⑩ 각 교과 실러버스에 대한 내용이 너무 포괄적이고 애매하다.

1991년 12월에 한국대학교육협의회의 연구 보고로 발표된 「일어일문
관련 학과 교육 프로그램 개발 연구」는 대학 일본어 계열 학과의 교육 과
정 개발을 위한 최초의 연구라는 점에서 매우 의의있는 연구라 하겠다.
개발팀에 의해 제시된 모형 교과 과정은 다음과 같다.

학년	1학기			2학기		
	과목명	학점수	시간수	과목명	학점수	시간수
1학년	일강독 1A	3	3	일강독 1B	3	3
	일회화 1A	3	3	일회화 1B	3	3
	언어 실습 1A	3	3	언어 실습 1B	3	3
2학년	일강독 2A	3	3	일강독 2B	3	3
	일회하 2A	3	3	일회화 2B	3	3
	언어 실습 2A	3	3	일어 실습 2B	3	3
	일작문 1	3	3	일작문 2	3	3
	일본어 문법 1	3	3	일어학 개설 2	3	3
	일문화사 1	3	3	일소설 강독	3	3
				일문화사 2		
3학년	일회화 3			일회화 4	3	3
	시사 일어			일한문 강독	3	3
	일작문 3			일본어 문법 2	3	3
	일본어 음성음운론	3	3	일본어 어휘론	3	3
	일본어 고전문법	3	3	일본 근대문화사	3	3
	일본 고진문학사	3	3	일본 문학기론	3	3
	한일 관계사			일본어 교수법	3	3
	일본어 교육 개론	3	3			
4학년	일본어사	3	3	한일 양국어대조연구	3	3
	일어학 연구입문	3	3	일어학 특강	3	3
	일본어 의미론	3	3	일본 근대문학연습 2	3	3
	일본 시가연습	3	3	일본 고전문학연습 2	3	3
	일본 근대문학연습 1	3	3	일어 지도연습	3	3
	일본 고전문학연습 1	3	3			
	일본 사상사	3	3			
	일본어 교재연구	3	3			
	교육 실습	3	3			

〈그림 3-4〉 한국대학교육협의회 교육 과정 모형 개발안의 교과 구성

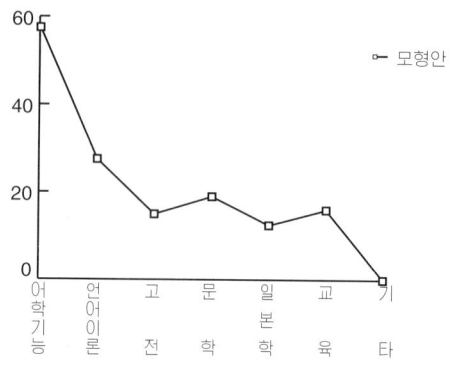

이 모형안은 무엇보다도 대학 교육 과정 개발 연구를 위한 최초의 시도라는 데에 높은 가치가 있다고 하겠으나, 기존의 교과 중심 교육 과정과 기본틀이 같고 체계화되었다기 보다는 기존의 교과목들을 고루 안배하고 있다는 인상이 짙다.

몇 가지 점을 구체적으로 짚어 본다면, 먼저 교과목에 사용된 일본어의 명칭이 「일-」, 「일어-」, 「일본어-」, 「일언어-」, 「양국어-」 등 5가지로 다양하게 쓰이고 있고, 일본어 문법 2를 배우기 전에 일본어 고전 문법을 배우게 되며, 문화 관계 강좌가 모두 역사적 내용으로만 구성되어 있다.

전체적인 시간 구성을 보기 위하여, 모든 교과가 3학점 3시간으로 통일되어 있으므로 시간 수가 명기되어 있지 않는 곳에 3시간을 할당하여 본고의 기준대로 교과 구성을 분석해 보면, 언어 기능 과목 57시간, 언어 이론 27, 고전 15, 문학 18, 교육 15, 문화 12로 〈그림 3-4〉와 같은 구성이 된다.

이 모형안의 구성을 45개 일어일문학과와 5개 일본어과의 기존 교육 과정과 구성비를 비교해 보면 〈표 3-6〉과 같다. 단 이 표는 45개 일어일문학과의 평균 시수는 104.4시간, 5개 일본어과의 평균 시수는 113.6시간, 모형안은 144시간으로 설정된 것을 학습자가 실제 이수 가능한 시수

〈표 3-6〉 **모형 교육 과정과 기존 교육 과정과의 교과 구성 비율**(%)

	일어일문학과	일본어과	모형 교육 과정
어학 기능	43.73	55.81	39.58
어학 이론	13.66	15.85	18.75
고전	9.47	3.52	10.42
근대 문학	26.29	16.20	12.5
일본학	5.32	6.34	8.33
일어교육	1.05	1.23	10.42
기타	0.48	1.06	0

인 100시간으로 환산하여 그 구성비를 산출한 것이다.

모형안의 특징을 보면 고전과 일본학, 일어교육, 어학 이론 과목이 대폭 강화되고 어학 기능과 근대 문학의 비율이 크게 축소되었다. 일어일문학과의 경우 어학 기능 과목의 시간이 48.65시간으로 졸업시까지 778시간의 수업을 받을 수 있고, 일본어과의 경우는 63.4시간으로 총 1,014시간의 어학 기능 강좌를 이수할 수가 있다. 그와는 달리 모형안은 57시간의 어학 기능 과목이 개설되어 있어서 강화된 것처럼 보이나, 전체 144시간 속의 구성이므로 백분비로 보면 실제로는 총 633시간을 이수하는 것에 불과하다. 이는 중상급 레벨에 도달하는 데에 필요한 720시간에 크게 못 미치는 시간이다.

그리고 일본어 문법 1, 2와 고전 문법까지를 어학 이론에 분류한다면 36시간이 되어, 어학 기능은 566시간으로 더욱 줄고 언어 이론은 25%로 늘게 된다. 이 모형안은 학과의 성격에 따라 재안배할 수 있다고는 명기되어 있으나, 이상과 같은 구조적 성격을 종합해 볼 때, 어학 이론 중심의 성격이 강화된 교과 과정이라 할 수 있겠다.

끝으로 학부제하의 동덕여자대학교 외국어학부 일본어 전공의 교과 구성과 그 체계도를 소개하면 〈표 3-7, 그림 3-5〉와 같다. 교과의 구성은 4개의 분야와 3단계의 레벨에 의한 2원 체재로 구성되어 있으며, 언어 기능 강좌가 55%, 문학, 어학, 문화 강좌가 각각 15%씩 짜여져 있다.

〈표 3-7〉 동덕여자대학교 일본어 전공의 교과 구성

구분	전공		
학부필수	외국어의 이해	3학점/3시간	☆
학부선택	기초일본어	3/3 (일본어 전공 인정)	☆
	생활일본어 입문	3/3 (일본어 전공 인정)	☆
	시청각일본어실습	3/3 (일본어 전공 인정)	☆
	기초일본어문법	3/3 (일본어 전공 인정)	☆
전공필수	일본어 문법 3/3	◆	
전공선택	초급생활일본어 3/3 ☆ 중급생활일본어 3/4 ☆ 일본어청취실습 2/3 ☆ 일본어독해연습 3/3 ☆ 기초문형연습 3/3 ☆ 고급생활일본어연습 3/4 ★ 고급일본어청취연습 3/3 ★ 일본어학의 이해 3/3 ◆ 일한번역의 이론과 실제 3/3 ◆ 스크린일본어 3/3 ★ 문화간 커뮤니케이션연습 3/3 ★ 시사일어연습 3/3 ★	20세기일본소설 3/3 ◆ 20세기일본작가의 세계 3/3 ★ 일본문화의 이해 3/3 ◆ 일본문학과 사회 3/3 ◆ 일고전명작연습 3/3 ★ 일본생활문화의 이해 3/3 ◆ 일본정신문화의 이해 3/3 ◆ 일본사개설 3/3 ◆ 일본학특강 3/3 ★ 일본의 정치와 경제 3/3 ★ 인터넷일본어 3/3 ★	
계	86학점 (89시간)		

① ☆은 초급 교과, ◆은 중급 교과, ★은 고급 교과
② 학부 선택 과목에는 독어, 프랑스어, 중국어 등 여러 외국어 강좌가 함께 개
  설되어 있다.

〈그림 3-5〉 동덕여자대학교 일본어 전공의 교과 체계도

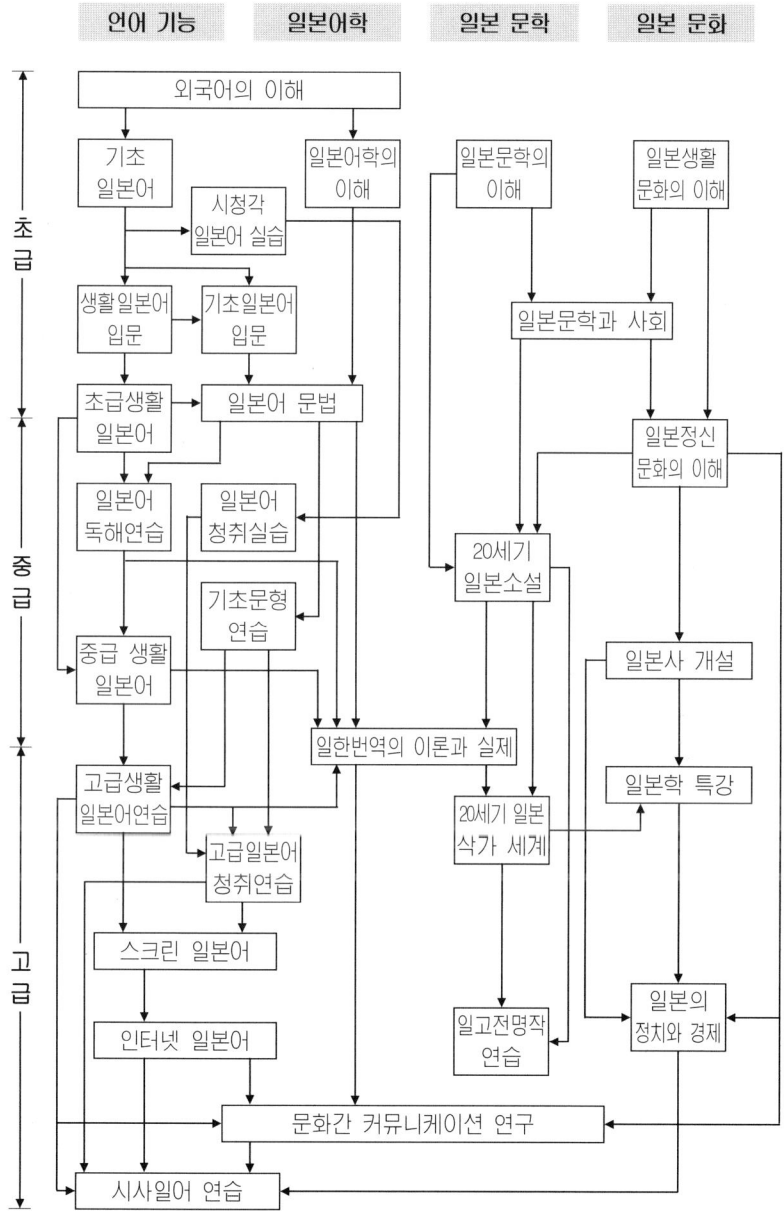

3 제 6 차 일본어과 교육 과정의 특징

1996년부터 고등학교 일본어를 위한 새로 개정된 교육 과정이 시작되었다. 제6차 교육 과정은 이제까지의 교육 과정과 상당히 다른 것으로, 세계화를 표방하고 나선 앞으로의 외국어 교육에 대한 방향 제시가 될 것이라는 점에서 6차 교육 과정에 대한 올바른 이해는 매우 중요하다 하겠다. 본고에서는 6차 교육 과정의 성격 설정, 목표 체계를 중심으로 핵심적 특징을 소개하기로 하고, 내용 및 평가 등에 관해서는 향후 취급할 각 해당 항목에서 언급해 가기로 한다.

1. 제6차 일본어과 교육 과정 개정안의 핵심

한국 최초의 일본어과 교육 과정인 제3차 교육 과정에서 제6차 교육 과정에 이르기까지 교육 과정의 골격은 기본적으로 달라진 것이 없다. 즉, 말하기, 듣기, 읽기, 쓰기의 언어 4기능을 고루 습득하는 것을 중심으로 한 목표의 전개와 일본 문화의 이해를 중시하는 기본적인 골격은 달라진 것이 없다. 다만 4기능 중 어느 기능을 중시하느냐에 따라 기능의 배열 순서가 달라져 왔을 뿐이다. 즉, 3차 때에는 듣기, 읽기 등 이해에 중점을 두었고, 4차 때에는 말하기, 듣기의 음성 언어 중 말하기에, 5차 때에는 듣기, 말하기로 음성 언어 중 듣기에 중점을 두어 왔다. 6차에 이르러서는 이해는 이해끼리 묶고 표현은 표현끼리 묶어 이해를 우선으로 하며 그 중에서도 듣기를 우선으로 하고 있다. 그리고 5차까지의 교육 과정에서는 일본어 I · II를 따로 구분하지 않았으나, 6차에서는 I · II를 구분하여 보다 세부적인 교육 과정을 구성한 점도 새로운 변화라 하겠다.

제6차 교육 과정의 두드러진 특징은 다음과 같다.

① 교사 위주가 아닌 학생 중심의 일본어 교육
② 목표보다는 과정을 중시하는 교육
③ 정확성보다는 유창성을 중시하는 교육
④ 학생의 자율 학습을 중시하는 교육

6차 교육 과정의 가장 두드러지는 특징은 학생의 자율 학습을 중시한 점과 정확성보다 유창성을 중시한 점에 있다. 여기서 말하는 유창성이란 정확한 일본어를 모어 사용자처럼 거침없이 말하는 것을 의미하는 것이 아니고, 발음과 문법상의 오류에 개의치 않고 대화의 속도에 자신의 사고 속도를 맞춰 자연스럽게 대화에 참여하는 것을 의미한다. 즉, 정확한 일본어에 우선하여 대화의 흐름을 중시하고 대화에 보다 적극적으로 참여할 수 있도록 하는 데에 중점을 둔 점이 이제까지의 일본어 교육 방향과 크게 달라진 점이라 하겠다. 이러한 변화는 이제까지 바람직하지 않은 오류 또는 중간언어로만 여겨 왔던 한국인적 일본어, 즉 KOPANESE마저도 개의치 않고 유창하게 대화에 참여할 수 있도록 하는 데에 더 중점을 두는 것이라고 해석할 수 있다.

2. 고등학교 일본어과의 성격과 특성

제6차 교육 과정에는 종래에는 없던 교과의 성격 항목을 신설하여 교과에 대한 시대적 요구 및 학습자의 요구 등을 반영함으로써 보다 효과적인 교과 목표를 설정할 수 있도록 하고 있다. 고등학교 일본어과의 성격에는 다음과 같은 사항들이 포함되어 있다.

① 일본의 국제적 지위에의 대응과 상호 협력, 지속적인 교류에 도움을 주는 과목으로서의 일본어.
② 이해 기능과 표현 기능을 고르게 기르되, 듣기와 말하기에 중점을 두어 의사 소통 능력을 신장하는 기초 과정.
③ 일본어Ⅰ에서는 듣기와 말하기에 중점을 두고, 일본어Ⅱ에서는 읽기와 쓰기에 중점을 둠.
④ 일본어와 일본에 흥미를 갖도록 돕는 과목.
⑤ 단순한 의사 소통의 도구로써만이 아니고 자신의 생각과 느낌 등을 일본어로 표현할 수 있는 기초 능력을 기름.
⑥ 건전한 사고 방식을 가진 민주 시민으로 자라는 바탕을 배양.
⑦ 일본 문화의 이해를 통하여 국제화 시대에 능동적으로 대처할 수 있는 기초적 역량을 배양.
⑧ 실업계 학생도 선택 과목으로 이수할 수 있도록 함.

이상 열거한 일본어과의 여러 성격 중 중요한 부분이라고 할 수 있는 것은 일본어와 일본에 「흥미」를 갖고, 자신의 생각을 「표현」하며, 국제화 시대에 「능동적」으로 대처할 수 있는 기초적 역량을 배양하는 점이다. 궁극적으로는 「국제화 시대에 능동적으로 대처할 수 있는 능력 배양」이 가장 중요한 성격으로 제시되었다고 할 수 있다. 이는 종래의 일본어 학습이 일본의 정보 흡수를 목표로 하여 수동적 학습으로 일관되어 왔던 것과는 달리, 구어 중심의 학습을 통해 인적 교류 및 국제화에 능동적으로 참여할 수 있는 능력 배양에 과목의 성격을 설정한 것이다.

3. 일본어과의 목표

일본어 I	일본어 II
· 일상 생활과 관련된 쉬운 말과 글을 이해할 수 있게 한다. · 일상적인 화제와 관련된 내용을 간단하게 표현할 수 있게 한다. · 일본인의 일상 생활과 관습을 이해하게 한다.	· 일반적인 화제와 관련된 글을 이해할 수 있게 한다. · 일반적인 화제와 관련된 내용을 표현할 수 있게 한다. · 일본인의 생활과 문화를 이해하고 올바른 가치관 형성에 도움이 되게 한다.

고등학교 일본어 교육의 우선적인 목표는 일상 회화에 있어서의 의사 소통 능력을 기르는 데에 있다. 의사 소통 능력이란 기계적인 언어 능력 이외에 언어의 실행 가능성, 적합성, 실용성을 포괄하는 개념이다. 즉, 때와 장소, 대화 상대, 화제 등의 제반 상황에 어울리는 언어 행위까지를 포함한 개념인 것이다. 종래의 일본어 교육은 문법 이해 및 구문 분석을 중심으로 한 지식 중심의 교육으로 일관되어, 사용(use)보다는 용법(usage) 중심의 교육에 집착해 온 경향이 짙었다.

참고로, Rivers는 외국어 교육의 일반적 목표로서 다음의 일곱가지를 들고 있다.

① 외국어 학습을 통해 학생의 지적 능력을 키울 수 있다.
② 외국의 문학 작품, 과학 서적 등을 읽어 교양을 함양할 수 있다.
③ 외국어 학습을 통해 언어가 어떻게 그 기능을 다하는가에 대한 이해를 증진시켜, 모어의 기능을 보다 잘 이해할 수 있다.
④ 외국어 독해 능력을 키워줌으로써 외국에서 이루어진 최근의 저술, 연구 결과 및 기타 제반 정보에 접할 수 있다.
⑤ 학생들이 또 다른 언어적, 문화적 틀(framework) 속에서 자기 자신

을 표현해 보는 경험을 가질 수 있다.

⑥ 외국어를 상용하는 국민들의 문화 양식, 사고 방식 등에 대한 이해
를 증진시켜 국경을 넘은 유대 관계를 이룰 수 있다.

⑦ 외국어를 통해 다른 나라 사람들과 구두 또는 서신으로 의사 소통
을 할 수 있는 능력을 길러 준다.

종래의 구태의연한 외국어 교육에서는 이와 같은 제반 목적 중 ①②③
④항목에 치중해 왔다고 한다면, 6차 교육 과정에서 가장 중점을 두고 있
는 것은 ⑤⑥⑦항목이라고 할 수 있다. 앞으로의 외국어 학습의 궁극적
인 목표는 타문화에 대한 이해와 교류에만 그치는 것이 아니고, 타문화의
체험을 통해 스스로의 사고 패턴을 넓혀 학습자 자신이 국제화되는 데에
있다고 할 수 있다. 이러한 취지에서 볼 때 문화의 이해 및 소개라는 정
의적 목표는 궁극적인 목표임에 틀림없으나 그러한 목표를 달성하기 위
한 초기 학습 단계에서는 정의적 목표보다 기능 목표인 의사 소통 기능
함양을 우선해야 한다는 것이 6차 교육 과정의 취지이다. 그렇다고 정의
적 목표가 무시된 것은 물론 아니다. 왜냐하면 정의적 목표는 태도 양성
에 해당되는 행동 교육적 항목이라 할 수 있는데, 상황에 맞게 일본어를
구사하기 위해서는 일본인의 언어 행동에 대한 이해가 선행되어야 한다
는 점을 감안하면 문화의 이해 또한 기능 항목으로서 강조되어 있다고도
볼 수 있기 때문이다. 따라서 앞으로 일본어 교육을 성공적으로 수행하
기 위해서는 교사들의 일본 문화에 대한 이해의 필요성이 매우 중요하다.

일본어과 교육 과정의 목표에 나타난 중요 사항을 정리해 보면 다음과
같다. ① 일본어의 정확성보다 유창성을 강조하여 일본어를 이해하고 생
각과 느낌을 유창하게 표현하는 기본 언어 능력을 배양하며, ② 의사 소
통 능력의 신장을 위하여 일본어의 이해력과 표현력을 배양하되 이해력
(듣기, 읽기)이 학습의 기초가 되며, ③ 학생의 흥미 유발을 통하여 학생
중심의 수업이 이루어지기를 권장하고 있다. 따라서 기존의 수업에서처

럼 발음과 문법의 정확성을 강조한 나머지 일본어 학습에 대한 흥미와 관심을 잃게 해서는 안 된다. 기호나 구문 레벨의 정확성보다는 상황에 맞게 자연스럽게 의사 소통이 될 수 있도록 하며, 학생들의 관심과 흥미를 유발할 수 있도록 배려하는 것이 중요하다.

5차 교육 과정과 달라진 6차 교육 과정의 중요한 특징 중의 하나는 ②의 '듣기와 읽기를 하나로 묶어 이해 기능을 우선적으로 지도하고, 말하기와 쓰기를 그 뒤에 지도하도록 되어 있는 점'이다. 이는 언어 습득 과정의 이해가 먼저 이루어진 다음에 표현력이 습득된다는 습득 이론에 바탕을 둔 것으로, 외국어 습득에 있어서도 이해를 우선으로 하려는 취지를 반영한 것이다. 다만 이 점은 자칫 위험성 또한 숨겨져 있다. 왜냐하면 듣기를 통한 이해는 청각을 통한 음성 언어의 이해이므로 말하기 능력 신장에 도움이 될 수 있겠지만, 읽기를 우선하는 것은 시각을 통한 문자 언어의 이해라서 자칫 말하기 능력 신장에 걸림돌이 될 가능성 또한 짙기 때문이다. 말하기 기능은 청각 영상을 훈련해야 하는데도 읽기와 같은 시각 영상을 훈련하게 되면 인간의 인지 속성상 인지하기 쉬운 시각 영상에만 치중하게 되어 오히려 청각 영상의 훈련이 방해받을 수도 있기 때문이다. 6차 교육 과정의 시행에 있어 이러한 문제점이 극복될 수 있도록 상당한 주의를 요하는 점이라고 하겠다.

4. 제6차 교육 과정의 체계

제6차 교육 과정의 체계를 목표, 내용, 방법, 평가별로 나누어 각각의 특징을 요약해 보기로 한다.

1) 목표 체계

제6차 교육 과정의 목표 체계는 「기능 목표」와 「정의적 목표」로 구성되어 있다. 기능 목표는 이해 기능과 표현 기능으로 나누어 이해 기능의 신장을 기반으로 표현 기능을 개발하도록 되어 있다. 그 중에서도 특히 강조하고 있는 기능은 의사 소통 기능이다.

정의적 목표로서는 일본 문화의 이해와 타문화에 대한 능동적 자세 확립, 우리 문화를 소개하는 능력 배양, 올바른 가치관 확립 등으로 설정되어 있다.

기능 목표를 좀더 구체적으로 살펴보면, 일본어 1권에서는 일상 생활의 쉬운 말과 글을 이해하고 표현할 수 있도록 하고 있고, 2권에서는 일반적인 화제의 말과 글을 이해하고 표현할 수 있도록 하고 있다. 정의적 목표는 일본인의 생활과 관습 문화를 이해하고 올바른 가치관을 형성하는 것으로 되어 있다.

(1) 기능 목표
　① 이해 기능을 기반으로 한 표현 기능 신장
　② 일상 생활의 말과 글을 이해(1, 2권)
　③ 일상 생활의 말과 글을 표현(1, 2권)
　④ 의사 소통 기능 신장

(2) 정의적 목표
　① 일본 문화에 대한 이해
　② 타문화에 대한 능동적 자세 확립
　③ 올바른 가치관 확립

이들 두 목표 체계의 내용 중 핵심 목표가 되는 것은 기능 목표에 있어서는 의사 소통 기능 신장을, 정의적 목표의 경우는 일본 문화에 대한 이해를 꼽을 수가 있겠다.

〈그림 3-6〉 의사 소통 중심 교육 과정의 내용 구성

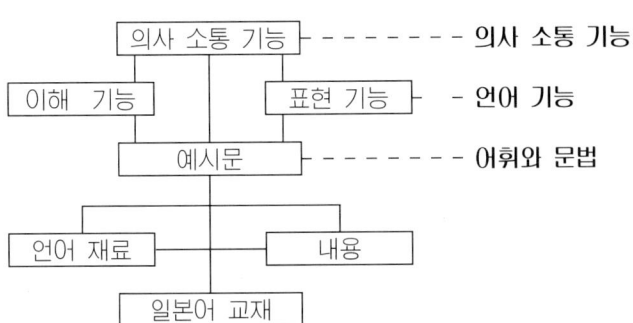

2) 내용 체계

내용 체계는 크게 나누어 언어 기능, 의사 소통 기능, 언어 재료로 구성되어 있다. 일본어과의 주된 목적이 의사 소통 능력 개발에 있으므로 의사 소통을 극대화할 수 있는 내용으로서 언어 기능, 의사 소통 기능, 언어 재료가 〈그림 3-6〉과 같은 모형에 입각하여 상호 관련지어져 있다.

이 모형은 의사 소통 능력을 개발하고 유창성을 기르는 것을 최종 목표로 하고, 의사 소통 활동에 필요한 이해와 표현 등의 언어 기능을 학습의 골간으로 하고 있음을 나타낸 것이다. 언어 기능은 어휘와 문법 등의 언어 형태로 구현되므로, 이에 필요한 사항을 예시문으로 제시하고 이에 따라 발음, 어휘와 문법, 소재 등의 언어 재료를 선정하여 교재가 제작되도록 하고 있다.

그리고 의사 소통 기능 내용에 대해서도 36항목을 구체적으로 제시하고 있다. 의사 소통 기능에 관한 서술은 연구자에 따라 다양한데, 몇 가지 예를 들면 다음과 같다. Halliday는 의사 소통 기능을 도구적, 규정적, 묘사적, 상호적, 개인적, 발견적, 상상적 등 7가지 범주로 분류하였고, Wilkins는 양상, 도덕률, 권고, 논의, 이성적 탐구, 개인적 감정, 정서적 관계, 대인 관계 등 8가지 범주로 분류하였다. 또한, Finochiaro는 개인적, 대인적, 행동 지시적, 참조적, 사상적 등 5가지로, van Ek는 언어 행동의 관점에서 사실적 정보를 밝히고 추구하기, 지적 태도를 표현하고 알기, 정서적 태도를 표현하고 알기, 도덕적 태도를 표현하고 알기, 권고, 사회화의 6가지로 분류한다. 이와 같이 의사 소통 기능 항목에 대한 이해는 같지만 그 범주를 구분하는 방법과 제시 순서는 각기 다르며 다양하다.

6차 교육 과정에는 종래와는 달리 36항목의 의사 소통 기능을 제시한 다음 각각의 기능에 해당되는 예시문을 함께 제시하고 있다. 교육 과정에 제시된 예시문은 Canale & Swain이 제시한 다음의 기준에 입각하여 학습자의 수준을 고려하여 의사 소통 기능별로 언어 형태가 제시되어 있다.

① 문법적 복잡성
② 의사 소통 기능과 관련된 발화의 투명성
③ 다른 의사 소통 기능으로의 일반화 가능성
④ 다른 언어 형태 습득으로의 용이성
⑤ 인지 전략적 수용 가능성
⑥ 유표성의 정도

의사 소통 예시문에 나타난 특징은 문법적 내용이 포함되었지만 문법 용어가 전혀 사용되지 않고 있다는 점이다. 외국어 학습에 있어서 문법을 가르치는 것은 중요하지만, 문법의 지도를 위한 문법이 되어서는 안 되며 의사 소통을 통해 자연스럽게 깨닫게 되는 문법 지도가 되어야 함을 나타낸 것이다.

6차 교육 과정에 제시된 내용 체계를 이해 기능, 표현 기능, 의사 소통 기능으로 나누어 정리해 보기로 하자. 먼저 이해 기능의 내용을 보면 다음과 같은 내용으로 구성되어 있다.

① 문자 이해(1권)
② 말을 들어 알고 행동하기(1권)
③ 대화 내용 이해하기(1권)

④ 말과 글의 대의 파악하기(1, 2권)

⑤ 질문이나 대답 이해하기(1, 2권)

⑥ 글을 읽고 이해하기(2권)

⑦ 말과 글의 전개 과정 이해(2권)

한편 표현 기능의 내용은 다음과 같다.

① 문자 발음(1권)

② 간단한 말로 표현하기(1권)

③ 그림 보고 대화(1, 2권)

④ 질문이나 대답(1권)

⑤ 말 받아쓰기(2권)

⑥ 우리말을 일본어로 번역하기(2권)

⑦ 일상 생활을 말과 글로 표현하기(1권)

의사 소통 기능은 다음 10가지 범주에 따라 36개의 하위 항목을 제시하고 있다.

① 개인의 생각

② 개인의 느낌

③ 친교 활동

④ 일상적 대인 관계

⑤ 권유와 의뢰

⑥ 지시와 명령

⑦ 정보 교환

⑧ 의견 교환

⑨ 문제 해결

⑩ 창조적 활동

끝으로 언어 재료는 소재, 문자, 발음, 어휘로 구성되어 있으나, 연구 방법에서 밝힌 바와 같이 본고에서는 소재에 중점을 두어 분석해 보고자 한다. 언어 소재에 대해서는 다음과 같은 사항이 요구되고 있다.

① 일상 생활에 관한 소재
② 의사 소통 기능 지도에 도움이 되는 것
③ 일본인의 일상 생활 이해에 도움이 되는 것
④ 건전한 사고와 협동 정신을 기르는 데 도움이 되는 것

3)방법 체계

교육 과정에 제시된 일본어과의 방법은 교수 학습 계획과 지도 방법에 관한 항목이므로, 교과서에 대한 직접적인 언급은 없다. 그러나 이러한 방법이 가능하도록 교과서가 구성되어 있는가 하는 문제는 매우 중요하다 하겠다. 교육 과정에서 제시하고 있는 방법상의 주요 내용은 다음과 같다.

① 듣기와 말하기에 중점을 둔다.
② 언어 기능과 의사 소통 기능을 나선형으로 구성한다.
③ 학생 중심의 활동이 가능하게 구성한다.
④ 역할 놀이 게임 등 재미있는 내용으로 구성한다.
⑤ 작문은 통제 작문에서 자유 작문의 순으로 지도한다.
⑥ 개별 학습과 자율 학습이 가능하도록 한다.

4)평가 체계

평가는 1권에서는 듣기와 말하기에 중점을 두도록 되어 있고, 2권에서는 읽기와 쓰기에 중점을 두도록 되어 있다. 특히, 단편적이고 지엽적인 문법 지식 중심의 평가를 피하고 언어 능력을 종합적으로 평가하는 통합 평가를 실시하도록 강조하고 있다.

4 제 7 차 일본어과 교육 과정의 특징

1998년 2월 교육부는 제7차 교육 과정을 고시하였다. 제7차 교육 과정은 중학교는 2001년, 고등학교는 2002년부터 시행된다. 특히 제7차 교육 과정에서는 중학교에서도 재량 선택 과목으로서 제외국어(諸外國語)를 학습할 수 있게 된 점이 특기할 만하다. 여기에서는 고등학교 일본어 교육 과정을 중심으로 소개하고자 한다.

1. 제7차 교육 과정의 특징

1) 기본 정신
제7차 교육 과정은 의사 소통 기능을 중시하는 6차 교육 과정의 기본 정신을 계승, 강화하였다. 예를 들면, 6차에서는 의사 소통 기능 예시문을 제시하고 있으면서도 학습 목표의 기술은 어휘·어구·문장 등 구조적 학습 단계에 맞춰 기술하였던 것과는 달리, 7차에서는 학습 목표를 의사 소통 기능의 달성을 중심으로 기술하고 있어서 명실상부하게 의사 소통 기능 중심의 교육 과정 체재를 갖추게 된 것이다.

2) 독자적 교육 과정 원년
제7차 교육 과정의 가장 획기적인 변화로 들 수 있는 것은 교육 과정

사상 최초로 일본어만의 독자적인 교육 과정을 만들게 된 점이다. 종전의 제외국어 교육 과정은 영어와 제외국어과가 함께 교육 과정 개발팀을 편성하여 한 해 먼저 만들어진 중학교 영어 교육 과정을 따라 만들었기 때문에 교육 과정의 체재가 영어의 아류를 벗어날 수 없었던 것이 사실이다. 그러나 7차에는 영어과와 제외국어과가 별개의 팀을 편성하여 개발하게 됨에 따라 영어와는 독자적으로 제외국어끼리 전체적인 구성 체재를 조정한 뒤 교육 과정의 모든 내용은 과목별로 자유롭게 작성하게 된 것이다.

3) 내용 체재의 특징

7차 교육 과정의 내용 체재 중에 두드러진 특징은「의사 소통 활동」항목이 신설된 것이다. 6차 교육 과정에서는 학습 목표를 제시한 뒤 내용 부분에 언어 기능, 의사 소통 기능, 언어 재료 등 언어 재료성 내용만을 제시하였으나, 7차에는 목표에 이어 내용 부분에 그 목표를 달성하기 위한 언어 활동 내용으로서의 의사 소통 활동 항목을 추가한 것이다. 학습 목표와 언어 활동을 기술하는 데도 종전처럼 작은 언어 단위로부터 큰 언어 단위로 학습해 가는 구조주의적 기술 방법을 지양하고 의사 소통 기능 항목을 중심으로 기술하였다.

또 하나의 특징은 1, 2권 모두 음성 언어 중심의 교재로 편성되었다는 점이다. 종전에는 1권은 말하기 중심, 2권은 읽기 중심으로 나뉘어 있었고, 2권의 수준이 너무 어려워 현실적으로는 활용되는 경우가 드물었다는 문제점을 해결하기 위하여 2권도 1권과 같은 말하기 중심의 체재를 취하게 한 것이다.

6차에서는 듣기와 읽기를 묶어 이해 과정으로 설정하여 학습하도록 하고 있다. 그러나 이는 수업 진행 방법상의 문제점이 많을 뿐만 아니라, 듣기 다음에 읽기 단계를 설정함에 따라 말하기와의 인지적 단절을 초래하게 되는 비능률적 학습 단계라 판단되어 7차에서는 대폭 수정하였다. 언

4. 제7차 일본어과 교육 과정의 특징 71

어 학습은 통합기능적으로 지도할 때 가장 효과적이라는 이론에 따라 듣기와 말하기를 묶어 함께 학습하고, 청각 영상과 문자 영상의 결합 과정으로서의 발음 연습 단계를 읽기의 초기에 설정한 뒤, 읽기와 쓰기 단계로 넘어가도록 하였다. 즉, 듣기와 말하기에 중점을 두고 발음을 위한 과도 단계를 거쳐 읽기와 쓰기를 가볍게 학습하도록 한 것이다. 표면상으로는 종전의 언어 4기능별 단계로 되돌아간 듯이 보이지만, 일본어의 경우 통합 기능과 과도 단계의 설정, 읽기와 쓰기는 분리 학습을 하도록 한 점 등이 과거의 것과는 크게 다르다.

4) 문화 이해의 강조

앞에서 언급한 바와 같이 앙케트 조사 결과, 학습자들의 강한 요구 중 하나는 일본 문화에 대하여 좀더 자세히 알고 싶다는 것이었다. 이는 의사 소통 기능을 강조하고 있는 7차 교육 과정의 정신과 맥을 같이 하는 것으로, 진정한 의사 소통을 위해서는 상대의 행동 양식에 대한 이해가 필수적이므로 일본 문화에 대한 이해를 강조하지 않으면 안 된다. 문화의 이해는 언어 행동과 일상 생활 문화를 중심으로 취급하도록 하였다.

5) 어휘 조정 및 한자 사용 제한 신설

6차의 사용 어휘 수는 상권 600어, 하권 800어로 1400어여서, 현행 10종 교과서에 사용되고 있는 실제 총 어휘 항목 수는 5,000어를 상회하고 있다. 학습 시수에 비해 어휘 수가 지나치게 많다고 판단되어, 7차에서는 상권 500어, 하권 400어 등 총 900어로 축소하였다. 6차의 기본 어휘 771어 중 최근 발표된 일본의 어린이 도서용 기본 어휘 목록 중 빈도 수가 높은 어휘를 추가하였고, 6차의 10종 상권 교과서 중 단 한 종류의 교과서에만 사용 사례가 있는 저빈도 어휘를 삭제하고, 학생들의 관심 어휘, 시대적 특징을 반영하는 어휘, 문화 어휘 등을 추가하여 823어를 설정하였다. 특히 7차 교육 과정에서는 교육 과정상 최초로 사용 한자 수를 제한하기 위하여 902자의 표기용 한자를 별도의 표에 제시한 점은 주목할 만하다. 종전에는 일본의 상용 한자 범위에서 사용하도록 하였기 때문에 한자 사용량이 너무 많아 학습자들의 어려움이 많았다. 그에 따라 7차에서는 일본의 학습용 한자 1,004자 중 초등학교 5학년 과정까지 학습하는 한자와 교육 과정 기본 어휘에 사용되는 한자를 합하여 902자의 한자를 표기용으로 제시하였다. 다만 표기용 한자는 표기 범위를 한정하기 위한 것이므로 반드시 전체를 학습하기 위한 것이 아니라는 점에 유념하여야 할 것이다.

6) 의사 소통 기능 항목 갱신

제6차 의사 소통 기능 항목의 경우 외국어의 종류에 상관없이 천편일률적인 기능 항목을 적용하였고, 기능 항목의 설정에 있어서도 분류 기준이 중복되는 등의 문제점이 있었다. 그러나 7차에서는 언어별로 해당 언어의 특성에 맞는 의사 소통 기능 항목을 독자적으로 설정하게 되었다. 참고로 일본어의 경우 커다란 항목으로는 인사 기능, 정보 전달 기능, 의사 및 태도 전달의 기능, 요구의 기능, 담화 전개의 기능 등 5개의 항목을 설정한 뒤 각각 하위 세부 항목을 설정하였다.

7) 교수 학습 방법

교수 학습 방법 중 7차에 추가된 새로운 사항은 멀티미디어 시설을 이용한 교수법의 권장과 인터넷 체험 등을 들 수 있다. 이는 현재 전국 초·중·고교의 멀티미디어 시설 확보를 위해 적극적으로 지원하고 있는 교육 정책을 반영한 것으로, 2000년대의 학습 환경에 맞춘 부분이다. 교수법의 기본 자세에 있어서도 교사는 말의 생산법을 가르치는 것보다 말의 사용법을 가르쳐서 말의 생산법은 학습자 스스로 체득하고 발견하도록 한 점이 특징이다. 따라서 학생 중심의 학습과 자율 학습이 더욱 강조되는 것이다.

8) 평가 항목 보완

종전의 평가 항목은 그 기술이 간단하였으나, 7차에서 학습 목표에 입각하여 구체적인 평가 목표와 방법을 제시하였다. 특히 말하기 평가를 중시한 점과 말하기에 적극적으로 참여하는 태도까지 평가하도록 한 점은 언어 교육을 창의성 교육의 레벨에까지 확대시킨 것이라 하겠다.

9) 교과서 개발 심의 기준 신설

7차 교육 과정에 새롭게 추가된 항목의 하나에는 교재의 개발 및 심의 기준이 있다. 이는 교육 과정의 취지를 잘 반영한 교재를 개발할 수 있도록 하기 위하여 교재를 개발하고 심의하는 데에 필요한 사항을 제시한 것이다.

2. 제7차 교육 과정기를 위한 대비

7차에는 중학교에서도 제외국어 과목을 재량 선택 과목으로 4단위 개설하게 되고, 각급 학교의 선택 과목에서 학생의 선택권이 확대되게 됨에 따라 교사들의 기능과 노력에 따라 과목의 수요가 영향을 받게 된다. 따라서 보다 쉽고 재미있고 유용한 일본어 교육이 되시 않으면 안 될 것이다. 그러기 위해서는 기본적으로 교사 자신의 일본어 구사 능력의 향상과 멀티미디어 시설의 사용 능력을 갖추어야 할 것이며, 멀티미디어 시스템에서 사용할 수 있는 부교재의 확보 내지는 개발에도 적극적으로 참여하여야 할 것이다. 학교 내에서는 어학 전용 교실의 확보를 추진하는 것도 바람직할 것이다. 언어 학습에 가장 크게 영향을 미치는 요인은 평가로 알려져 있다. 따라서 7차 교육 과정의 정신이 효과를 거두기 위해서는 수능 레벨의 평가에서부터 매시간의 형성 평가에 이르기까지 말하기, 듣기를 중심으로 한 평가법의 개발에 전념하여야 할 것이다.

5 외국어 교육의 낙후성

1. 외국어 교육 후진성의 근원은 대학에

앞에서 이미 확인한 바와 같이 고등학교의 교육 과정은 나름대로 외국어 교육 이론의 세계적 추세에 맞춰 꾸준히 개선되어 왔음을 알 수 있다. 그러나 교육 과정의 개선에도 불구하고 고등학교 외국어 교육의 현실은 구태의연한 데에 한국 외국어 교육 실태의 불가사의가 있다. 최근의 보도 자료에 의하면 한국인의 TOEFL 성적이 세계 131위라는데, 우리나라의 영어 학습 시간이 다른 나라에 비해 적지 않음은 물론 입시에서의 비중으로 인한 영어 학습열을 생각하면 오히려 영어밖에 모르는 나라라 할 수 있을 텐데도 이러한 결과는 충격이 아닐 수 없다. 우리의 두뇌는 자칭 세계적으로 뛰어나다 하므로 두뇌 문제는 아닐 것이고 학습 시간도 충분하므로 이는 오로지 학습 방법에 원인이 있다고밖엔 달리 생각할 길이 없다. 영어의 위상 때문에 영어 교육 방법이 다른 외국어 교육에 미치는 영향 또한 적지 않음을 감안할 때 이러한 충격적인 결과는 다른 외국어의 경우에도 유사할 것이라는 짐작을 하기는 어렵지 않다(물론 언어의 구조적 유사성의 정도에서 오는 상대적 난이도는 논외로 할 경우).

한국의 외국어 교육이 이토록 낙후성을 면치 못하고 있는 것은 대학 입시 제도에 가장 큰 원인이 있다고 얘기되고 있으나, 반드시 그것만은 아닌 것 같다. 왜냐하면 평가는 학습법을 좌우하게 되고 전 국민이 광적으로 대학 입시에 열중하고 있으므로 입시의 평가법이 제대로 되어 있다면 입시 때문에 영어 실력이 더 향상된다고는 할 수 있을지언정 입시 때문에 저해된다고 할 수는 없을 것이기 때문이다. 그렇다면 대입 출제에 문제가 있다는 것이 되고 출제는 대학의 영어과 교수들의 손에 의해 작성되는 것이므로 결국은 대학 쪽에서 영어 교육을 오도하고 있다는 얘기가 된다. 결국 대학내의 영어 교육에 대한 인식이 평가법에 반영되고 있다는 것으로 미루어 대학 자체의 영어 교육에 문제점이 있음을 알 수 있다. 최근 교육부에서는 영어 능력의 낙후성을 조기 교육으로 해결하고자 하고 있지만, 지도자 양성 기관인 대학의 교육이 먼저 해결되지 않는 한 별다른 효과를 기대하기는 어려울 것으로 보인다.

따라서, 외국어 교육 후진국이 된 원인이 대학에 있을 것이라는 전제 하에 4년제 대학의 일본어 전공 교육과의 교육 과정에 나타난 문제점을 분석해 보기로 하겠다.

2. 어떤 유형의 교육 과정이 채택되고 있는가

각 대학의 교육 과정을 보고 가장 먼저 놀라게 되는 것은 교육 과정에 반드시 명시되어 있어야 할 교육 목표가 없다는 사실이다. 모든 내학의 외국어 전공 학과가 학과의 성격만 명시되어 있거나 심지어는 학과의 성격마저도 없는 대학이 꽤 있었다. 이는 곧 대학이 외국어 전공 교육에 대한 확실한 목표가 없이 매너리즘에 빠져 있음을 드러낸 것이라 하겠다.

또 하나의 문제점은, 대학의 교육 과정이 전문대학과 4년제 대학을 막론하고 해방 후 현재까지「교과 중심의 교육 과정」만을 채택해 오고 있는 점이다. 교과 중심 교육 과정이란 해방 전의 초기 교육 과정 이론에 입각한 유형의 하나로, 지식 중심, 교수 중심형 교육 과정인 것이다. 이러한 유형의 교육 과정은 부족한 교수 인력 때문에 과목의 필요성보다는 재

직 교수에 맞춰 과목을 개설하게 되며, 그 결과 과목간의 유기적인 관계
가 유지되기 어려운 단점이 있다. 따라서 교육 자체가 계획과 체계를 갖
출 수도 없을 뿐더러, 교육 방법 또한 학생 중심이 아닌 교수 중심의 일
방적인 교수법이 채택되게 된다. 오늘날 대학 교육의 대부분이 교수 중
심으로 일관되고 있는 것도 이러한 교육 과정에 기인하는 것이다. 교육
과정의 체계 또한 천편일률적으로 교양, 필수, 선택의 3분법에 의존하고
있어서 다양성을 띠지 못하고 있는 등, 현대의 교육 과정이 갖고 있는 여
러 가지 장점들이 전혀 반영되어 있지 못하는 실정이다.

3. 무엇을 가르치고 있는가

기존 대학들의 영어 · 프랑스어 · 독일어 · 일본어과의 교육 과정을 보
면 하나같이 문학 관계 강좌가 많은 반면 문화 관계 강좌가 적은 점을 특
징으로 들 수 있다. 특히 영어과의 경우, 전 교과의 46%를 문학 관계 강
좌가 차지하고 있다. 강좌 구성을 시대적으로 보아도 60년대부터 80년대
후반에 이르기까지 교과 구성에 거의 변함이 없다. 이는 대학 교육 내용
이 시대적 변화에 아랑곳하지 않고 설립 초기의 교육 내용을 그대로 고
수해 오고 있다는 얘기가 된다. 특히 외국어에 대한 사회적 요청은 문학
감상 중심에서 의사 소통 내지는 국제 이해로 크게 달라졌는데도 대학의
교육 과정이 변하지 않았다는 것은 교육 목표가 60년대 이래 달라지지
않았다는 얘기가 된다.

이제 일본어 계열 학과의 교육 내용을 보기로 하자. 먼저 교육의 양을
알아보기 위해 앞에서 소개한 바 있는 국내 59개 대학의 일본어 계열과
의 평균 강좌 개설 시수를 보면, 학과의 종류에 따라 대학별 개설 강좌에
커다란 차이가 있었다.

〈표 3-8〉에 나타난 개설 시수는 학점 기준 시수이므로 16주를 곱하면

<표 3-8> 일본어 관련 학과별 개설 강좌 시수

학과	시수	학과	시수
일어일문학과	104.3	일본어학과	113.5
일본어과	113.6	일본학과	92.3
일어교육과	91.1	통역과	77.5

<표 3-9> 일어일문학과와 일본어과의 과목 내용 구성비 (%)

	일어일문학과	일본어과
어학기능	43.73	55.81
어학이론	13.66	15.85
고전	9.47	3.52
근대문학	26.29	16.20
일본학	5.32	6.34
일어교육	1.05	1.23
기타	0.48	1.06

전체 학습 시간이 산출된다. 전체 59개 일본어 관계 학과의 전공 과목 개설 총수는 5,795시간이므로 대학당 평균 전공 강좌 시간은 98.2시간이 된다. 즉, 4년산 총 1,571시간의 전공 강좌가 개설되어 있는 것이다. 참고로 교사 양성을 전제로 하는 일어교육과의 경우는 1,457시간으로 일반계 대학보다 110여 시간이 적다. 여러 일본어 계열 학과 중 문학 비중이 높은 일어일문학과와 언어 기능의 비중이 높은 일본어과의 과목 내용 구성비를 보면 <표 3-9>와 같다.

예상대로 두 계열은 문학 강좌와 언어 기능 강좌에 있어 10% 정도의 차이를 보이는 것 외에 전체적인 구성에 있어서는 매우 비슷하다. 전체적으로 볼 때 2분의 1에 가까운 강좌를 어학 기능 과목에 할애하고 있으나 그 내용을 보면, 회화, 강독, 기초 일본어가 가장 큰 비중을 차지하고 있다. 회화를 제외하고는 문법 설명용 기초 일본어와 읽기 위주의 강독이 차지하는 비율이 커서 말하기보다는 읽기 기능을 위한 과목 구성임을 알 수 있다. 기능 외 과목인 근대문학, 어학이론, 고전, 일본학 등 또한 말하기보다는 지식 중심의 과목임을 감안하면 실질적인 말하기 과목의 비율은 매우 적다고 하겠다. 개설 시수대로 전부 이수되고 있다고는 할 수 없으나 개설 시수 기준으로 계산할 경우 일어일문학과는 전체 평균 시수가 104.3시간이므로 4년간 개설된 어학 기능 강좌는 약 730시간이 되고, 일본어과는 1,014시간의 어학 기능 강좌가 개설되어 있는 셈이 된다. 이러한 개설 시수는 중상급에 이르는 720시간을 모두 초과한 것으로 결코 적은 시수가 아님을 알 수 있다. 다만, 720시간이라는 시간은 체계적인 교육이 행해지는 것을 전제로 하였을 때 중상급에 이르는 시간이므로, 체계와 교수법에 문제점을 안고 있는 현행 교육 과정하에서 일어일문학과의 경우의 730시간은 이들 전공 과목을 이수하고 배출된 학습자들의 일본어 구사 능력이 어느 정도일 것인가는 충분히 짐작하고도 남을 것이다. 이러한 대학 교육의 결과 일본어 구사 능력이 부족한 교사가 양산되게 되고 그 중에서도 이론과 필기 시험만을 통해 채용된 교사가 의사 소통 중심의 새로운 교육 과정에 적응할 수 없었음은 당연한 일이라 하겠다.

4. 어떻게 해결할 것인가

이상에서 언급한 바와 같이 교사의 양성 기관인 대학은 시대의 변화에는 아랑곳없이 교육 과정에 대한 아무런 모색의 흔적도 보이지 않은 채 1950년대식 교과 중심 교육 과정에 의해 구태의연한 교육이 실시되고 있는 것이 현실이다. 이는 대학의 기능이 학문에만 있다는 고루한 생각 때문에 실용성이 경시되어 기능 교과인 외국어 계열 교육까지도 국어국문학과와 비슷하게 계획된 데에 근본적인 원인이 있는 것으로 생각된다. 앞으로 대학 일본어 계열 학과의 교육 과정이 모색하여야 될 금후의 개선

방안으로서 다음과 같은 점들을 제언하고자 한다.

① 시대적 요구에 부응할 수 있고 학습자의 요구를 반영한 구체적인 교육 목표가 설정되어야 한다. 그에 따른 학과 명칭도 재고되어야 한다. 이를테면「일어일문학」이라는 문학형 명칭을 지양하고「일본어」「일본문화」「일본연구」등 언어나 지역학적 학과 명칭으로 개칭하고 그러한 명칭에 걸맞는 목표와 교육 과정이 구성되어야 한다.

② 교육 목표 구현을 위한 구체적이고 체계적인 교육 과정이 편성되어야 하고, 이를 통해 과목간의 연계성이 주어져야 한다.

③ 시간별 교육 내용뿐만이 아니고 교수법과 교재, 평가법 등과의 연계성까지 명기된 교육 과정이어야 한다.

④ 단순한 언어 기능의 달성만을 추구하는 교육 목표를 지양하고 타문화 이해에 대한 교육 내용을 강화함으로써 학습자 스스로가 국제화될 수 있는 곳에 언어 교육의 궁극적 목표를 두도록 하여야 한다.

⑤ 획일적 교육 과정을 지양하고 어학 전공, 문학 전공, 문화 전공, 통역 전공, 번역 전공 등 복수 목표에 따른 다양한 코스가 마련된 교육 과정이어야 하고, 교수와 학생에 따라 다양성을 발휘할 수 있는 자율화 및 개별화를 지향하는 교육 과정이어야 한다.

제4장

수업 지도안의 작성 방법

1. 수업 계획의 필요성

교육 과정에 있어서의 과목별 수업 시수의 할당은 최소의 수준으로 주어진 것이라고 할 수 있다. 학생들의 부담을 줄이기 위하여 과목별 시수를 줄이고자 하는 교육부의 취지와는 달리, 교육 과정 개편 때마다 자기 분야의 과목 시수가 줄어드는 것을 막기 위한 과목 이기주의의 투쟁은 치열하다. 그러다 보니 충분한 시수를 확보한 과목은 있을 수가 없다. 특히 영어를 제외한 제외국어(諸外國語)에 주어진 시수는 언어 구사 능력을 확보하기에는 너무 부족한 실정이다. 10단위 170시간이라는 시수는 실질적으로는 300시간 정도의 수업 시수에 해당되기 때문에, 일본어의 경우에는 중급 수준에 도달할 수 있는 시간이다. 그러나 고등학교 일본어 교육을 통해 중급 수준의 일본어 실력을 달성할 수 있다는 것을 아무도 믿으려 하지 않는다. 언어 계통적 유사성에서 오는 이점이 있음에도 불구하고 이토록 부진한 데는 충분하지 못한 수업 시수를 그나마도 효율적으로 사용하지 못한 데 원인이 있는 것으로 해석할 수밖에 없다. 설령 수업 시수가 충분하다고 할지라도 인생의 가장 혈기 왕성한 시기에 학교에 갇혀(?) 과도한 수업을 강요받고 있는 학습자들을 생각하면, 잠시라도 헛되이 보낼 수 없는 귀중한 시간일 수밖에 없다. 이러한 의미에서 학교 교육에 있어서의 수업 시간은 경제 원리에 따라 최단 시간에 최대의 효과를 올릴 수 있도록 한 시간 한 시간이 계획적으로 짜여져야 하는 것이 원칙이다. 자연히 교사에게는 수업 계획 능력이 요구되고 그 결과물로서의 수업 지도안 작성 능력이 요구된다.

　수업 계획이란 광의와 협의의 의미가 있는데, 광의의 의미로서는 「연간 지도 계획」이나 「단원의 지도 계획」 또는 한 단원 전체의 학습 지도 계획으로서 「목표, 학습 내용, 학습 활동, 자료, 평가」 등의 관점에서 고찰하여 세운 수업 계획을 가리킨다. 협의의 의미로서는 이러한 단원별 지도 계획 중 「학습 활동」으로서 단원내의 학습 내용을 중심으로 한 지도 계획을 가리킨다.

2. 수업 지도안의 기술 내용

　「수업 지도안(또는 교안)」이란 단원의 지도 계획 또는 매시간의 실제 지도 계획을 일정 순서와 항목에 따라 정리 기술한 대본이라고 할 수 있다. 수업 지도안은 기본적으로 교육 과정에 맞춰 작성되는 것으로, 지도 교사의 언어관, 교육관, 교재관의 영향을 크게 받게 마련이다. 수업 지도안의 기본적인 구성은 「학습 목표」, 「학습 내용」, 「학습 활동」, 「자료」, 「평가」의 5항목으로 구성되는데, 앞쪽에 「단원 설정의 이유」와 「전시 학습 내용」, 「단원의 구성」이, 뒤쪽에는 「참고 자료」가 추가되기도 한다. 이러한 수업 지도안에는 반드시 지켜야 하는 양식이 정해져 있는 것이 아니므로 일반적으로 널리 쓰이고 있는 양식을 활용하되, 가르치고자 하는 내용과 방법에 따라 시간마다 다르게 작성할 수 있다. 수업 계획의 스타일에는 크게 나누어 4가지가 있다. 하나는 「교실형」이라는 것으로 교재 연구나 계획이 없이 무조건 교실에 들어가 학생들에게 교과서를 읽힌 다음 생각나는 지도법을 즉흥적으로 구사해 가는 무작정형이고, 또 하나는 「복안형(腹案型)」이라는 것으로 수업 전에 교재를 읽고 지도법을 마음 속으로 정한 뒤에 복안만으로 수업에 임하는 것으로, 교육 현장에서 가장 많이 볼 수 있는 방법이다. 이들 유형은 수업 지도안이라고 할 수 없고 본격적인 지도안으로서는 「세안(細案)」과 「약안(略案)」을 들 수 있다. 세안은 연구 수업에 사용하기 위하여 자세하게 작성한 것이고, 약안은 가벼운 연구 수업이나 일반적인 수업을 위한 것으로, 「단원, 본시 학습의 위치, 본시의 목표, 본시 지도 과정(도입, 전개, 정리)」을 한 페이지 정도로 약술한 지도안이다. 요즘의 교내 연구 수업에서는 약안을 사용하는 경우가 많으나, 연구 수업을 위한 지도안으로서는 세안이 적합하다고 하겠다. 이 책에서는 세안의 작성법을 중심으로 설명하기로 하겠다.

세안에는 수업자의 성명과 단원명, 수업 대상자, 일시, 장소, 시수 등을 적은 다음, 단원 전체에 관하여 단원 설정의 이유, 학습 범위와 정도, 단원의 목표, 단원 지도 계획 등 단원의 개략을 적는다. 이어서 본시의 목표와 학습 지도 계획을 자세히 적게 된다. 이들 항목 중 지도안에 약방의 감초처럼 들어가는 주요 항목을 추려 그 작성 내용을 알아보면 다음과 같다.

1) 단원 설정의 이유

단원 설정의 이유는 교사 자신이 설정한 단원이 아니므로 막연하게 생각하기 쉬우나, 교육 과정과 교과서를 참고하여 교사 나름대로 판단하여 적으면 된다. 교육 과정에 명시된 중등학교 일본어과 교육이 지향하는 커다란 목표와 일본어과의 학습 내용 체계상의 위치, 학습자의 언어 환경, 흥미, 요구, 발달 단계와의 관계 등을 들어 해당 단원 학습의 필요성과 설정 배경 등을 언급한다.

2) 전시 학습 내용

본시 학습 내용의 전체 내용 체계상의 위치를 명기하여 학습자들의 수준을 알 수 있게 하기 위한 것인데, 전시라고 하여 바로 앞의 한 시간만을 가리키는 것이 아니고 최근에 학습한 의사 소통 기능, 어휘와 구문, 문화 등의 내용을 정리, 기술한다.

3) 학습 목표

단원의 학습 목표에는 단원 전체의 목표를 총괄적으로 기술한다. 목표를 설정함에 있어 언제나 일본어과 전체의 학습 목표와 위배되지 않아야 함은 물론 전체 목표의 하위 목표로서 정립되어야 한다. 학습 목표는 기본적으로 「인지적 목표(이해)」, 「기능적 목표(기능)」, 「정의적 목표(태도)」로 구성된다. 정의적 목표를 좀더 세분하여 소그룹별 학습 활동에 대한 사회적 목표로서 「상호 작용적 목표」를 추가하는 경우도 있다. 즉, 두 사람 그룹, 다섯 사람 그룹 등 몇 명 단위의 그룹에서 공동 활동을 할 수 있는가를 나타낸 사회성 발달의 목표를 설정하는 것이다. 목표에는 학습 내용과 활동, 도달 수준 등을 포함하여 기술하여도 상관없으나 추상적인 것보다는 구체적인 기술일수록 바람직하다. 예를 들면, '일상의 인사말을 알고 사용할 수 있다' 라는 애매한 표현보다는

> 아침, 낮, 저녁에 사용하는 인사말의 사용법을 알고, 밝고 자연스
> 러운 음조와 밝은 표정으로 말할 수 있다.

와 같이 구체적으로 기술하여야 한다. 특히 종래의 목표에는 「하게 한다」, 「능력을 기르게 한다」, 「키운다」와 같이 목표의 문말을 교사 중심으로 기술하였으나, 학습자 중심의 수업을 권장하는 요즘은 「안다」, 「알 수 있다」, 「할 수 있다」, 「태도를 갖는다」와 같이 학습자의 입장에서 기술하는 것이 일반적이다. 이러한 목표 기술에는 교사의 학습관과 교육관이 가장 잘 드러나는 곳이기도 하다.

학습 목표는 다음과 같이 목표 구성표를 작성하면 단원에 대한 구조적 이해에 도움이 된다. 목표 구성표는 학습 목표 항목별로 학습 활동 내용을 기록하는 것이다.

〈표 4-1〉 목표 구성표

학습 목표	인지적 목표	기능적 목표	정의적 목표	상호작용적 목표	비고
자기 소개	이름의 일본식 악센트를 안다.	자기 이름을 말한다. 다른 사람의 이름을 듣고 안다.	즐겁게 서로의 이름에 관심을 갖는다.	6~10명씩 그룹을 짠다.	name game
아침 인사					
낮 인사					
저녁 인사					

4) 단원의 구성

한 시간 단위의 교안을 작성하기 전에 단원 전체의 시스템을 파악하는 것이 중요하다. 구성을 파악할 수 있는 것으로는 단원 구성표를 작성하는 것이 바람직하다. 단원 구성표는 「목표 항목」과 「교재 내용」의 이원 구성에 의해 기술한다. 가로축에는 「인지적 목표」, 「기능적 목표」, 「정의적 목표」, 「상호작용적 목표」를 설정하고, 각 목표마다 관련된 구체적인 학습 활동을 열거한다. 세로축에는 해당 단원에서 다루는 교재 내용으로서, 「자기 소개, 아침 인사, 낮 인사, 저녁 인사, 역할 놀이」 등을 나열하여 관련된 학습 활동에 표시를 한다. 구성표 이외에 「단원의 목표 구성표」나 「차시별 지도 계획」을 추가하기도 한다. 특히, 본시의 학습 활동에 들어가기 전에 단원 전체의 「차시별 지도 계획」을 명기하는 것이 일반적이다.

〈표 4-2〉 단원 구성표

학습 목표	인지적 목표	기능적 목표	정의적 목표	상호작용적 목표	비고
학습 내용 교재 내용					
아침 인사					
낮 인사					
저녁 인사					

5) 학습 내용과 활동(본시 지도 과정)

본시의 학습 내용은 「도입」, 「전개」, 「정리」의 3단계로 나누어, 학습 목표 항목과 학습 내용, 학생 활동, 교사 활동, 학습 자료, 지도상의 유의점, 시간 등을 기술하는 것이 일반적이다. 45분 수업의 경우 대개는 도입에 5분을, 정리 단계에 5~10분을 할애하는 것이 일반적이지만 반드시 공식화되어 있는 것은 아니다.

<표 4-3> 지도 과정

	학습 목표 (목표 항목)	학습 내용	학습 활동		학습 자료 및 교구	지도상의 유의점	시간 (분)
			학생	교사			
도입							
전개							
정리							

도입에서는 전시(바로 앞에 배운 내용) 상기나 흥미 유발을 통해 학습 동기의 유발과 본시 학습 목표를 이해하는 데 중점을 둔다. 전개에서는 학습 활동의 전개 과정을 나열하고 정리에서는 학습에 대한 총정리, 형성 평가, 과제 제시 등이 해당된다. 다만 이들 학습 내용은 교수법에 따라 달라지게 되므로 채택한 교수법에 맞춰 기술해야 한다. 학습 자료는 교사와 학습자에게 필요한 자료를 제시 시간에 맞춰 기록하는 곳이다. 이 지도 과정에는 교사의 발문(發問) 내용에서 취급 문형, 교사의 할 일과 학생들의 할 일 등을 시나리오를 적는다는 생각으로 항목별로 알기 쉽게 적되, 자세히 기술하여야 한다.

6) 평가

지도안에 명기된 평가는 형성 평가를 가리킨다. 여기에는 평가 방법을 명기하는 곳인데, 관찰 평가, 발표력, 참여 태도, 의사 소통 기능에 대한 면접 평가나 지필 평가 등 그 시간에 익힌 것을 5분 이내에 간단하게 평가할 수 있는 것이어야 한다. 여기에는 평가 방법만을 명기하고 평가 문항은 뒤의 참고 자료에 소개하면 된다.

7) 참고 자료

참고 자료는 본시의 학습 내용과 관련된 언어 이론적 자료나 문화 자료를 비롯하여 학습자들의 학습에 도움이 될 수 있는 모든 관련 자료를 가리킨다. 언어 사항 설명을 위한 이론적 배경이나 예시문, 언어 문화, 문화적 설명, 시사 자료, 관련 그림이나 사진 등이 대표적인 사례이다.

참고 자료에는 학생들의 실태를 파악한 사전 조사, 특히 학습자의 요구나 일본어의 학습 레벨, 그룹간의 인간 관계 등에 대하여 앙케트나 테스트를 실시한 결과를 객관적으로 기술하는 경우도 있다.

지도안에는 이상 열거한 항목 이외에도 학습 지도자가 필요하다고 생각되는 항목을 추가할 수 있다. 지도안은 교사 자신이 수업을 진행하기 위한 대본임과 동시에 수업 참관자들이 수업의 구성을 알기 쉽도록 하기 위한 것이 목적이므로 구조적이면서도 상세한 기술이 바람직하다.

지도안은 수업 유형에 따라 항목이 조금씩 달라지게 되는데, 몇몇 수업 유형에 따른 지도안 구성의 예를 소개해 보기로 하겠다.

3. 수업 유형별 지도안의 구성

앞에서 열거한 지도안의 기본적인 구성을 바탕으로 수업 지도안의 종류에 따른 구성 사례를 보면 다음과 같다. 아래의 구성 사례는 하나의 사례에 불과한 것으로 반드시 공식화되어 있는 것이 아니므로 이를 참조하여 얼마든지 창의적으로 구성할 수 있다.

대개는 맨 앞에 수업자의 이름을 적게 되는데, 여기에서는 편의상 생략하였다.

1) 단원 전체의 수업 지도안 (Master plan)

① 주제 및 단원명
② 일시
③ 대상 학년 반(남녀 구성)
④ 학습 장소 및 총 시수
⑤ 단원의 개략
　a) 단원 설정의 이유
　b) 학습 범위와 정도
　c) 지도상의 유의점
⑥ 단원 목표
⑦ 단원의 목표 분석
⑧ 단원의 내용 구성
⑨ 차시별 계획
⑩ 단원의 활동 내용
⑪ 단원의 관련 내용

2) 본시 중심 수업 지도안 (Sub-plan)

① 주제 및 단원명
② 일시 및 장소
③ 학습 대상

④ 단원의 차시별 구성과 본시의 위치

⑤ 본시의 학습 목표

⑥ 지도상의 유의점

⑦ 학습 자료

⑧ 학습 전개 과정(지도 과정 : 도입, 전개, 정리)

⑨ 평가(정리 부분에 포함)

⑩ 과제 제시 및 차시 예고(정리 부분에 포함)

⑪ 참고 자료

3) 커뮤니커티브 어프로치형 수업 지도안

① 주제 및 단원명

② 일시 및 장소

③ 대상

④ 학습 조건(총 6시간 : 1시간은 45분)

⑤ 학습 목표

⑥ 지도상의 유의점

⑦ 사전 준비 과정

⑧ 학습 활동

   a) 전체 계획 수립(프로젝트 워크형, 롤플레이, 시뮬레이션, 촌극 등)

   b) 페어 그룹 나누기(롤플레이의 경우에는 화자와 청자의 역할로 나뉘고 프로젝트 워크의 경우에는 가르치는 그룹과 학습하는 그룹으로 나뉨)

   c) 가르치는 그룹은 프로젝트 워크로서 학습자 그룹의 학습 상태를 관찰 기록

   d) 학습자 그룹은 테이프나 비디오를 보며 인터뷰나 롤플레이를 연습

⑨ 평가 I (학습 활동 모습을 촬영한 비디오를 보면서 토론)

⑩ 두 그룹의 역할을 바꿈

⑪ 평가 II

⑫ 정리

⑬ 참고 자료

4) 체험 학습형 수업 지도안

① 주제 및 단원명

② 일시 및 장소

③ 대상

④ 학습 조건(총 8시간)

⑤ 타스크

⑥ 학습 목표

⑦ 본시의 주안점

⑧ 지도상의 유의점

⑨ 사전 준비 과정

⑩ 학습 활동

　　a) 문제 제기 동기 유발

　　b) 모델(비디오) 제시 → 관찰, 의논 → 연습

　　c) 학습자의 체험 비디오 → 관찰, 의논 → 연습

　　d) 재체험 → 관찰, 평가

⑪ 정리

⑫ 참고 자료

5) 완전 학습형 수업 지도안

① 주제 및 단원명

② 일시 및 장소

③ 대상

④ 학습 조건(총 4시간)

⑤ 학습 목표

⑥ 지도상의 유의점

⑦ 학습자 진단(학력 진단)

⑧ 사전 보충 학습 및 준비 활동

⑨ 수업 활동

　연습 1 → 평가 1

　연습 2 → 평가 2

⑩ 정리

⑪ 참고 자료

6) 열린 학습을 위한 수업 지도안

① 주제 및 단원명

② 일시 및 장소

③ 대상

④ 학습 조건(총 3시간)

⑤ 타스크

⑥ 학습 목표

⑦ 지도상의 유의점

⑧ 사전 준비 과정(그룹 편성)

⑨ 학습 활동

　a) 목표 인식 및 과제 선정, 자료 관찰 과정

　　[동기 유발] - [목표 인식] - [과제 선정] - [장면 관찰] - [행동 문화 이해] - [발음 인지] - [듣기에 의한 의미 이해]

    b) 과제 수행 계획 및 자료 분석 과정

      [대화문 자료, 문법 자료, 장면 자료, 문화 자료, 시청각 자료]

    c) 연습 및 체험 과정 I

      [조별로 장면 설계] - [대본 작성] - [대본 교정] - [연습] - [발표]

    d) 평가 및 보완 과정

      [과정 보고 및 학습 내용 설명] - [그룹간 의견 교환] - [자체

      평가 및 보완]

    e) 연습 및 체험 과정 II

      [개선점 협의] - [대본 수정] - [재연습] - [재발표]

    f) 평가 및 보완 과정 II

      [그룹간 의견 교환] - [자체 평가 및 보완]

      (교사의 평가는 수업의 전 과정에 대하여, 또는 그룹별 발전도)

⑩ 정리

⑪ 참고 자료

교재

1 교과서의 종류 및 조건

교재는 교육 과정과 마찬가지로 학습자의 필요에 맞춰 구성되어야 하는 것으로, 종래의 교재는 고등학교와 대학의 교과서 및 학원 교재라는 극히 한정된 학습자를 대상으로 제작된 것들이었다. 그러나 현실의 학습자는 다양한 분야의 기업에 종사하고 있는 학습자, 초급 이후의 하이레벨 학습자, 영어권이 아닌 한국어를 모어로 하는 학습자 등 매우 다양하므로, 이러한 다양성에 맞춘 「개별 교재」가 개발되어야 하는 것이다. 그뿐만이 아니라, 교과서는 학습 목적에 따라서도 읽기 위주의 교재, 말하기 위주의 교재로 다를 수 있고, 교수법에 따라서도 달라져야 하는 것이다. 교재 작성시 고려되어야 할 이처럼 다양한 요인을 반영한 개별 교재가 현재까지 있었는지에 대해서는 회의적이지 않을 수 없다. 현대의 일본어 교재는 대부분이 말하기 위주의 교재를 표방하고 있으므로 본고에서는 말하기 위주형 교재 내용을 중심으로 생각해 보기로 한다.

교재의 유형을 얘기할 때는 교수 요목(syllabus)의 종류에 따라 분류하는 것이 일반적이다. 실러버스에는 문형, 문법, 어휘의 난이도에 따라 배치하는 문법(文法) 실러버스(구조 실러버스), 담화의 장면을 중심으로 필요한 사항을 나열해 실용성을 강조한 장면(場面) 실러버스, 인사, 초대, 의뢰, 거절 등 의사 소통상의 제반 기능을 중심으로 구성되는 기능(機能) 실러버스, 언어의 4기능의 효과적인 습득을 위해 읽기, 쓰기, 말하기, 듣기의 4기능 중심의 내용으로 구성되는 기능(技能) 실러버스, 시간, 양, 빈도, 순서 등 개념을 중심으로 전개되는 개념(槪念) 실러버스, 화제를 중심으로 그 화제에 자주 쓰이는 문법과 어휘 등을 중심으로 전개되는 화제(話題) 실러버스, 언어 교육을 쇼핑, 심부름, 방문 등 실제 생활에서 필요한 구체적인 과제의 수행을 중심으로 전개되는 과제(課題) 실러버스 등 실로 다양한 유형이 있다. 이들 실러버스는 각각의 특징과 장단점이 있어 학습자의 목적이나 수준, 학습 환경 등에 따라 그에 맞는 내용이 선정되어야 한다. 예를 들면, 과제 실러버스는 커뮤니커티브 어프로치를 채택한 학습에 적합하며 일본에서 학습하는 경우가 더욱 큰 효과를 거둘 수 있는 종류이고, 화제 실러버스는 내추럴 메서드와 토론식 학습에 적합하며, 장면 실러버스는 속성 학습에 강하고, 문법 실러버스는 독해식 학습에 강하다는 등 유형들 나름대로의 특징을 갖는다. 그러므로 교과서의 실러버스는 이러한 목적을 전제로 제작되어야 함은 물론이거니와 하나의 스타일보다는 몇 가지 스타일을 혼합한 「다목적 교재」도 바람직하다 하겠다. 교재의 선택에 있어서도 학습자의 상황과 교수법에 맞춰 적당한 실러버스 유형이 선택되어야 함이 당연하다 하겠으나 현재까지 국내에서 출판된 대부분의 교재가 문법 중심 아니면 장면 중심 실러버스로 단조로워서 선택의 여지가 적은 것이 아쉽다.

2 일본어 교재의 변천 과정과 현황

교재란 물론 교과서를 비롯하여 각종 부교재 및 시청각 자료까지를 포함하는 것이다. 그러나 최근에 이르기까지 국내 일본어 교육 분야에 있어서의 교재는 오로지 교과서 일변도에 가까웠던 관계로 본고에서의 교재는 교과서를 중심으로 언급해 보고자 한다.

각 시대별로 본 교재의 특징은 다음과 같다.

1. 한일 합방 이전

조선 사역원에서 간행된 『이로파(伊路波)』(1492)와 『첩해신어(捷解新語)』(1618), 『인어대방(隣語大方)』(1790)과 같은 학습서는 세계 최초의 일본어 학습서로 알려져 있다. 『첩해신어』의 경우 일본어 회화문을 싣고 한글로 토를 달고 해석을 하고 있어서 중세어 연구의 중요한 자료가 되고 있다. 1876년 조일 수교 이후 일본의 내정 간섭이 시작되면서, 1891년 6월 일본 공사 오토리 게이스케의 권고에 따라 조선 조정은 한성에 관립「일어학당」을 설립하게 된다. 1895년 갑오 경장 이후 대일본 해외 교육회에 의해 1897년에 「경성학당」이 설립되는 등 한일 합방 때까지 34개의 일본어 학교가 설립된다.

이 시기의 각종 학교 교과서는 일본내 국어 교과서를 번역하여 간행한 것이 사용되었다. 1909년의 교과서 발행 부수가 국어 독본 38,726권, 일본어 독본 37,896권인 것으로 미루어 보아 이미 일본어 교육의 비중이 매우 컸음을 알 수 있다.

당시 시중에서 사용된 일본어 교재로서는 이봉운과 사카이 마스타로가 공동 집필한 『단어연어일화조전(單語連語日話朝典)』(1895)이 최초의 교재로 알려져 있다. 이어서 일어학당의 독본으로서 학부(學部)가 편찬한 『일어독본(日語讀本)』(1907)을 비롯하여, 회화책인 정운복의 『독습일어정칙(獨習日語正則)』(1907), 임규의 『일본어학음어편(日本語學音語篇)』(1909), 종합 학습서인 박중화의 『정선일어대해(精選日語大海)』(1909), 『고등일문독본(高等日文讀本)』(1910), 남궁준의 『일어정편(日語正編)』(1910) 등이 간행된다. 당시의 교재들은 하나같이 당시 일본 국어 교과서 번역본의 체재를 닮아 단어와 연어를 소개한 뒤, 일본어 표현을 우리말로 번역하는 형식을 취하고 있는 것이 특징이다.

2. 일제 시대

이 시기의 일본어 교육은 국어 교육의 일환으로 실시되었으므로 본고의 취지와 맞지 않아 언급을 생략하기로 한다.

3. 해방 후

해방 후의 일본어 교육은 한일간 정치·경제 교류상의 필요에 의해 학원가에서부터 재개되었고, 60년대 초 대학에 일본어 전공 학과가 개설되면서 외국어로서의 터를 닦기 시작한다. 이어서 1965년 국교 정상화와 1973년에 고등학교 외국어 과목으로 편입되면서부터 학습자 수는 폭발적으로 늘어나게 된다. 이후 TV·라디오 강좌의 시작, 기업체별 연수원 교육 등 일본어 교육의 장이 넓어지면서 단위 국가로서는 세계 최대의 학습자 수를 기록하게 된다. 방송의 경우 KBS 3TV방송 시작과 함께 1981년 2월 4일부터 TV에서의 일본어 강좌가 시작되어, 1990년 12월 27일 교육방송으로 독립하면서 계속 이어지고 있다.

4. 『표준일본어독본』의 공과

한국에 있어서의 일본어 교과서의 역사는 1670년에 간행된 강우성(康遇聖)의 『첩해신어』를 효시로 1790년의 『인어대방』, 19세기 말의 일어학당에서 사용된 교과서, 일제 때의 교과서 등 길고도 다양하다. 그러나 해방 후 외국어로서의 일본어 교과서로서는 박성원 편저 『표준일본어교본(標準日本語敎本)』을 그 대표로 들 수 있겠다. 다 아는 바와 같이 이 교과서는 1933년에 나가누마 나오에(長沼直兄)가 지어 1950년에 개정 출판한 『표준일본어독본(標準日本語讀本)』(이하 『표준』으로 칭하기로 함)을 당시 한국외국어대학교의 박성원 교수가 1961년에 번역 편집한 것으로 해방 후 한국의 대표적 일본어 교과서였다고 할 수 있다. 『표준』은 오랫동안 대학 교재로서는 물론 학원가에서의 채택률도 가장 높았고 현재까지도 사용되고 있는 최장수 교과서이다. 그 동안 성인을 대상으로 한 수많은 교과서가 쏟아져 나왔지만 대부분은 『표준』의 틀을 벗어나지 못한 것들이었다는 점에서 공과(功過)를 불문하고 『표준』이 한국 일본어 교육에 미친 영향은 대단하다. 그러므로 『표준』의 성격이야말로 기존 국내 교과서의 문제점을 대변한다 해도 과언이 아닐 것이다. 나가누마는 1922년에 문부성 어학고문인 H.Palmer(1877~1949)와 함께 영어 교육 연구소를 설립한 뒤 Palmer의 영향을 받아 나가누마식 교수법을 고안한 인물이다. 전시 중에도 일본어교육진흥회 이사, 도쿄일본어학교 교장을 역임하였고, 미군정 치하에서는 일본어 교육자문으로 활약하는 등 당시로서는 가장 활동적인 일본어 교육 전문가였다. 원래『표준』은 나가누마가 Palmer의 오럴 메서드(oral method)의 영향을 받아 구어용 교과서를 전제로 집필한 것이었지만 「독본(讀本)」이라는 이름에도 나타나 있듯이 문형을 지나치게 중시한 나머지 미군정시의 AEP에서도 읽기·쓰기용 교재로 쓰였었다.

한국에서 발간된『표준』은 원저를 변형하여 각 과마다 본문 뒤에 문법 설명과 회화를 첨가함으로써 결과적으로 단어와 문형 및 문법 위주의 이해에 더 많은 시간을 할애하게 되어 원저의 의도와는 달리 이해 중심 교재로 정착되어 버린 셈이다. 그 동안 오래된 단어는 국내 출판사들의 노력에 의해 꾸준히 수정되어 왔지만, 문형 지도에 치중한 나머지 실제 언어 현장에서는 잘 사용되지 않는 인공적 문형이 많은 것도『표준』의 문제점이다. 예를 들면「これはほんです」,「目で見ます」와 같은 성인 학습자의 실제 언어 생활과 동떨어진 예문으로 일관하고 있다는 점에서 회화 교재의 기능을 할 수 없었다. 그로 인해 한국인의 일본어 학습은 「기초 일본어」 교본으로 기초를 학습한 뒤 회화 교본으로 회화를 배우는 일본어 학습 단계가 통념화되어 버렸다. 이후에 제작된 대부분의 교재들이 교본용을 지향하여 본문을 문형 중심으로 배열한 뒤 문형의 문법적인 설명을 붙이고 이어 문법이나 작문의 연습 문제를 제시하는 소위『표준』식 구조로 일관하고 있다. 한국의 일본어 교육이 여태까지 문법 중심으로 일관되고 있는 것은 다름아닌 한국판『표준일본어교본』이 초래한 과오라 하겠다.

5. 앞으로의 교재

1960년대 이래 한국에 있어서의 일본어 학습자는 주로 경제 교류라는 실용적 목적에 따라 일본어를 선택해 왔으나, 실제 교육 현장에서는 일제 때의 국어식 교육의 영향이 남아 문법식 교수법의 틀을 아직 벗어나지 못하고 있다. 특히 오랫동안 언어 사항 중심으로 출제되어 온 예비고사의 영향으로 그 동안의 고등학교 일본어 학습은 입시 대비형 학습이었다. 앞으로는 입시 출제에서 듣기 비중이 커지면서 외국어 학습 전반에 걸쳐 음성 언어 교육이 강조되고 있으므로, 금후 회화 중심의 교육이 필연적으로 강조될 것으로 예측된다.

또한, 대학의 학부제 실시와 고등학교에서의 학습자의 외국어 선택 재량이 커지게 됨에 따라 보다 다양한 목적과 재미있는 내용의 일본어 교재가 개발되어야 할 것이다. 교과서의 크기에 있어서도 현재의 국판 일변도를 지양하고 사이즈 확대와 컬러 인쇄를 통해 학습자의 취향에 맞추어야 할 것이다.

예전에는 교재와 교구의 개념이 분리되어 있었으나, 지금은 교구의 발달과 함께 교재의 개념 속에 교구가 포함되었고, 교재가 다양화됨에 따라 교과서도 교재의 차원에서 생각하게 되었다. 교과서의 양상 또한 이제까지는 종이에 인쇄된 것이라는 관념에 묶여 있었으나, 매체의 발달에 따라 이러한 고정 관념은 깨지고 있다. 그 변화의 대표적인 것으로, 최근 가장 주목을 받기 시작하고 있는 컴퓨터 보조 수업(CAI:Computer Assisted Instruction)용 교재를 들 수 있겠다. CAI 교재는 프로그램 학습이론을 컴퓨터에 의해 실현한 것으로, 개별 지도의 효과가 매우 커서 앞으로 많은 가능성을 지닌 교재이다. 어학 학습용 CAI 교재는 매체의 비인간성을 극복하기 위하여 학습자와의 대화 기능을 늘려감에 따라 이미 개발되어 있는 상호 작용 비디오(IAV:Interactive Video) 기능과의 결합이 진행되고 있다. 어학 CAI로서의 상호 작용 비디오는 현재의 CAI 교재와 비디오 및 CD-ROM을 결합한 복합 교재로, 한일 양국 모두 아직은 초보적 수준이지만, 매체 발달 속도로 보아 이러한 교재가 일반화될 날은 머지 않을 것이다. IAV식 CAI 교재는 영화처럼 화면에 나오는 실제 장면과 함께 학습자의 수준에 따라 학습을 진행시킬 수 있는 것으로, 화면과 학습자의 대화가 가능하다는 점에서 어학 학습의 효과를 극대화할 수 있는 강력한 수업 전달 매체이다. 현장에서 상대역이 있어야만 가능했던 대화의 체험을 교재 안에서 가능하게 한 것이다. 이러한 교재가 일반화됨에 따라 기존의 인쇄형 교과서의 기능이 축소되는 것은 물론이고 교사의 역할 또한 커다란 변화가 일 것으로 예측된다.

학교 교육에 있어서 멀티미디어 시스템이 보급됨에 따라 동화상을 활용한 교재와 인터넷을 이용한 교재 등 앞으로의 교재는 그 형식과 내용이 매우 다양해질 것임에 틀림없다.

7차 교육 과정에서는 초·중등학교와 대학의 교육 체계가 교과목 선정의 권리를 학생에게 주는 방향으로 급선회하고 있기 때문에, 앞으로는 외국어간은 물론 같은 전공의 교사간 경쟁이 전개될 것으로 예상된다. 따라서 교재는 보다 실용적이고 보다 쉽고 재미있지 않으면 안 될 것이다.

3 제6차 교육 과정에서 본 현행 일본어 교과서의 체재 분석

1. 분석 방법

먼저 제6차 교육 과정의 특징을 목표, 내용, 방법, 평가별로 분석, 요약하여 교육 과정의 체계를 정리하여 분석의 기준을 삼기로 한다. 체계를 정리함에 있어서는 본고 필자가 집필한 교육부 간행 『일본어과 교육 과정 해설집』을 참조하였다. 교육 과정 준수 여부를 점검하기 위해서는 내용쪽에 명기된 기본 어휘의 준수 여부를 비롯하여, 한자 사용, 문법 사항, 의사 소통 기능 문형의 반영 등 언어 재료까지 분석하여야 하겠으나, 본고에서는 교육 과정의 전체적인 체계의 측면에서 점검해 보기로 하겠다.

분석 대상은 제6차 교육 과정에 의해 개발, 승인된 검인정 교과서 10종의 일본어 1, 2권을 대상으로 한다. 분석 대상으로 삼은 교과서는 다음과 같다(무순).

장남호, 김우열 (1996) 일본어 1, 2 : 시사일본어사

이현기, 이한섭 (1996) 일본어 1, 2 : 진명출판사

이인영, 이종만 (1996) 일본어 1, 2 : 금성교과서

이숙자, 안병준 (1996) 일본어 1, 2 : 민중서림

이봉희, 쓰네이시 노조무 (1996) 일본어 1, 2 : 교학사

유용규, 전태중 (1996) 일본어 1, 2 : 교학사

유길동 외 2인 (1996) 일본어 1, 2 : 진명출판사

안병곤 외 3인 (1996) 일본어 1, 2 : 성안당

박희태, 최충희 (1996) 일본어 1, 2 : 금성교과서

김효자 (1996) 일본어 1, 2 : 지학사

이하 본고에서는 출판사의 권익을 보호하기 위하여 구체적인 교과서명을 명기하지 않고 무작위 기호(a~j)로 대신하기로 한다.

2. 분석 결과

제6차 교육 과정의 내용을 4항목으로 나누어 정리한 이상의 내용을 현행 10종 교과서에 적용하여 보기로 하자. 적용 순서는 먼저 전체적인 실러버스 유형을 본 뒤, 앞서 제시한 4항목의 순서에 따라 분석해 가도록 하겠다.

먼저 각 교과서의 단원 설정 사이즈와 실러버스 유형을 알아보기로 한다. 실러버스 유형에는 문법 실러버스, 기능(機能) 실러버스, 장면 실러버스, 화제 실러버스, 개념 실러버스, 기능(技能) 실러버스, 과제 실러버스 등이 있다. 그러나 일반적으로 교과서는 단 한 가지 유형의 실러버스에 입각하여 제작되는 경우는 드물고 대개는 몇 가지의 유형이 혼합되어 있는 것이 대부분이다. 분류 방법에 있어서는 문법 실러버스나 기능(機能) 실러버스는 단독으로 나타나는 경우보다 장면 실러버스와 함께 반영되는 경우가 많으므로 장면성이 확실하게 주어진 경우에만 장면 실러버스로 인정하기로 하고 그렇지 않은 경우에는 ( )속에 병기하도록 한다.

〈표 5-1〉에서 알 수 있듯이 전체 교과서가 공통적으로 채택하고 있는 실러버스는 기능(技能) 실러버스임을 알 수 있다. 그리고 장면 실러버스를 바탕으로 문법과 기능을 전개하고 있음을 알 수 있다. 장면 중심 실러버스의 채택은 연속적 사고를 가능하게 한다는 의미에서 매우 바람직한 것으로 생각되나, 전체적으로는 기능보다 문법 쪽에 더 치우쳐 있어서 아

〈표 5-1〉 현행 10종 교과서 『일본어 1』의 실러버스 유형

교과서 번호	총 단원 수	문법 실러버스	장면 실러버스	機能 실러버스	技能 실러버스	개념 실러버스	기타
a	15	4		7	15	2	2
b	15	14		1	15		
c	12	1	7	4	12		
d	15	(12)	12	2	15		1
e	20	9	4	4	20		3
f	22	(20)	20	2	22		
g	13	(10)	12	1	13		
h	14	6	6	2	14		
i	15		12	(5)	15		3
j	20	19		1	20		

(숫자 : 단원 수)

직도 단순한 문형 중심 학습을 유도하기 쉬운 체재라고 할 수 있겠다.

기능(技能) 실러버스로 획일적으로 통일된 까닭은 교과서 집필 지침의 영향으로 보이는데, 교과서마다 사용하고 있는 용어는 다르나 학습 내용, 듣기, 읽기, 말하기, 쓰기, 연습 문제의 순서로 단원을 전개하고 있다. 각 교과서별 단원 전개 과정은 〈표 5-2, 표 5-3〉과 같다.

이 표를 보면 대부분의 교과서는 먼저 학습 기능으로서의 의사 소통 기능을 제시하고 있다. 이어서 언어의 4기능이 듣기, 읽기, 말하기, 쓰기의 순으로 제시되고 있으며, 학습 요점 및 연습 문제의 순으로 짜여져 있다.

1) 목표 체계의 반영 실태

앞에서 요약하였듯이 목표 체계에 있어서는 의사 소통 기능 신장과 일본 문화에 대한 이해 자세의 확립을 그 핵심으로 들 수가 있다. 의사 소통 기능 신장의 경우 1권은 말하기, 듣기에 중점을 두고 2권은 읽기, 쓰기에 중점을 두도록 되어 있으나, 표현 기능 신장에 더 주력하고 있으므로 1권은 말하기에 2권은 쓰기에 더 비중을 두었다고 할 수 있다. 따라

<표 5-2> 현행 10종 『일본어 1』의 교과서별 단원 전개 과정

교과서 번호	단원 전개 과정　(숫자 : 페이지 수)
a	목표＋학습의 핵심, 듣기, 읽기, 말하기, 쓰기, 학습의 길잡이, 연습, (단원정리) 　　　1　　　　　1　　1　　1　　1　　　2　　　3　　(4)
b	의사소통기능＋학습내용, 듣기, 읽기, 말하기, 서로 말하기, 쓰기, 요약, 학습평가 　　　　1　　　　　1　　2　　1　　　1　　　1　　1　　1
c	기능, 듣기, 읽기, 이해활동, 말하기1·2, 표현활동1·2, 쓰기, 보충학습, 자율학습, 역할연습 　1　2　1　　2　　　1　　　2　　1　　　1　　　　　1
d	학습내용, 듣기, 읽기, 말하기, 쓰기, 정리, 의사소통기능, 연습문제, 자율학습 　1　　2　1　　1　　1　　2　　1　　　1　　1
e	의사소통기능, 듣기, 읽기, 말하기, 쓰기, 연습문제, 자학자습 　　1　　　1　　2　1　　1　　2
f	장면기능소개, 듣기, 읽기, 말하기, 쓰기, 연습문제 　1　　　1　　2　1　　1　　2
g	목표, 문형, 듣기, 회화문, 말하기, 역할, 쓰기, 학인문제, 발음, 문법, 종합문제 　1　1　　2　　3　　2　1　1　　1　1-2　　2
h	학습내용, 듣기, 읽기1·2·3, 연습1·2·3, 대화, 쓰기, 문제, 정리 　1　　2　　3　　3　　1　1　　2　1
i	학습내용, 듣기, 읽기, 말하기, 쓰기, 문제, 학습요점, 문화소개 　1　　2　2　　1　　1　2　　1
j	학습내용＋듣기, 읽기, 발음＋말하기＋쓰기＋청취, (롤플레이, 기능문형, 보충문제) 　　1　　3　　　　　　　(1)　　　(1)　　　(2)

<표 5-3> 현행 10종 『일본어 2』의 교과서별 단원 전개 과정

교과서 번호	단원 전개 과정　(숫자 : 페이지 수)
a	목표＋학습내용, 듣기, 읽기, 말하기, 쓰기, 학습의 길잡이, 연습문제 　　1　　　3　　2　1　　2　　　2
b	기능, 듣기, 읽기, 문형, 말히기문형, 대화, 쓰기, 단원유약, 학습평가 　1　1　3　1　　1　　1　1
c	기능, 듣기, 읽기, 이해활동, 말하기, 표현활동, 쓰기, 보충학습, 자율학습, 게임 　1　1　3　　2　　1　　2　1
d	듣기, 읽기, 독해, 말하기, 쓰기, 정리, 의사소통기능, 연습문제, 활동 　1　2　1　1　　2　1　　2　　1　(1)
e	기능＋듣기, 읽기, 말하기, 쓰기, 연습문제, 자학자습, 종합문제 　　1　3　　2　1　4　　(2)
f	듣기, 읽기, 말하기, 쓰기, 연습문제 　1　3　1　1　1
g	학습목표, 문형, 듣기, 읽기, 독해, 대화문, 말하기, 쓰기, 정리, 종합문제, 문화 　1　2　1　1　1　1　1　1
h	학습내용, 듣기, 읽기, 연습, 대화문, 말하기, 쓰기, 문제, 정리 　1　2　2　1　2
i	학습내용, 듣기, 읽기, 말하기, 쓰기, 문제, 정리, 문화소개 　1　6　1　2　2
j	학습내용＋듣기, 읽기, 문형, 문제, 종합문제 　1　2　1　1　(1)

서 말하기의 학습 활동이 듣기, 읽기와 연계성이 주어져 있는가의 문제와, 1권의 말하기와 2권의 쓰기 활동이 충실하게 계획되어 있는가를 기준으로 교육 목표 반영 정도를 가늠할 수 있을 것이다. 1권의 경우 말하기에 4페이지의 분량을 할애하고 있는 교과서는 1종(c), 3페이지 1종(b), 2페이지 3종(a, g, i)으로, 말하기 학습의 분량이 전체적으로 빈약하다. 2권의 경우도 읽기와 쓰기를 강조하도록 되어 있으나, 쓰기를 2페이지 할애하고 있는 교과서는 5종(c, d, e, h, i)이었으며, 2권의 중점 학습 내용의 하나인 독해 학습 활동을 취급하고 있는 교과서는 3종(c, d, g)에 불과하였다.

이러한 점으로 보아 6차 교육 과정 목표를 충실히 이행하고 있는 교과서는 의외로 그 숫자가 많지 않음을 알 수 있다.

2) 내용 체계의 반영 실태

앞에서 언급한 바와 같이 내용 체계 중 특히 소재에 있어서는 ① 일상 생활에 관한 소재, ② 의사 소통 기능 지도에 도움이 되는 것, ③ 일본인의 일상 생활 이해에 도움이 되는 것, ④ 건전한 사고와 협동 정신을 기르는 데 도움이 되는 것 등이 요구되고 있다. 채택하고 있는 소재면에서 보면, 모든 교과서들이 공통적으로 일상 생활에 관한 소재를 다루고 있다. 그러나 〈표 5-1, 표 5-2〉에서 보는 바와 같이 의사 소통 기능에 중점을 둔 소재는 그 숫자가 적다. 또한 일본인의 일상 생활을 알 수 있는 내용을 1, 2권에 걸쳐 비교적 충실히 다룬 교과서도 1종(i)에 불과하며, 건전한 사고와 협동 정신을 기를 수 있는 내용이라고 인정할 수 있는 내용은 극히 드물었다. 따라서 대부분의 교과서가 언어 기능의 학습에만 주력한 나머지 교육의 행동 목표의 측면을 소홀히 하고 있는 것으로 드러났다.

내용 구성면에 있어서 각 언어 기능들이 연계성을 갖고 구성되어 있는가를 살펴보면 모든 교과서가 듣기는 읽기의 도입 정도로 간단하게 다루고 있었다. 읽기와 말하기도 학습 지도상의 체계로서의 연계성이라기 보다 어느 정도의 관련성은 인정되지만, 특히 쓰기의 연계성에 있어서는 부족한 교과서가 많았다.

일본어 1의 내용 중 읽기 부분이 설명문인 것 1종(c)과 설명문과 대화체가 함께 제시된 것 1종(e) 이외의 8종 모두가 대화체를 채택하고 있었다. 설명문을 제시한 교재는 산문의 독해 자료로서 그리고 대화를 위한 얘기 자료로서 설명문을 제시하고 있다고 생각되며, 대화체를 제시한 교과서는 말하기 학습에 필요한 표현을 직접 학습할 수 있도록 대화체를 제시하고 있는 것으로 생각된다. 둘 다 지도 방법 여하에 따라서 장단점이 있을 수 있겠으나, 어느 유형이 더 적합한가는 읽기를 말하기 기능 습득의 기반으로서 제시하도록 한 교육 과정의 의도에 입각하여 판단되어야 할 것이다.

일본어 2의 내용 중 읽기 학습 자료가 대부분 설명문만인 교과서는 5종(a, d, g, h, j)이고, 설명문과 대화체를 섞어 제시한 교과서는 2종(c, i), 대부분의 단원에 대화체를 제시하고 3분의 1 이하의 단원에 설명문을 제시하고 있는 교과서는 2종(b, e), 반대로 대부분 설명문을 제시하고 약간의 단원(4)에 대화체를 채용한 교과서는 1종(f)이었다. 전체적으로 보아 설명문 위주의 교과서가 6종, 대화체 위주의 교과서가 4종인 셈이다 교육 과정에 제시된 일본어 2권의 성격이 독해와 쓰기에 중점을 두고 있는 것을 감안할 때 교과서마다 해석의 차이가 크게 드러난 부분이라 할 수 있다. 그리고 교과서에 따라서는 독해 학습 활동이 전혀 취급되어 있지 않는 교과서가 5종(a, b, e, f, i)이 있었고, 독해 학습 과정을 설정하여 본격적으로 다루고 있는 교재는 3종(c, d, g)뿐이었다. 더욱이 읽기와 말하기, 쓰기 학습 과정의 연계성면에 있어서 읽기 자료의 독해 학습을 주축으로 말하기와 쓰기가 연계성을 갖고 전개된 교재는 하나도 없었다. 모든 교과서가 말하기 학습 부분이 읽기 부분의 내용을 화제 정도로 언급하거나 전혀 관련 없는 내용으로 말하기를 연습하도록 하고 있었다. 특히 말하기에 할애된 분량이 적은 관계로, 단원 첫머리에 학습 사항으로서 제시한 의사 소통 기능의 대부분이 읽기에는 반영되어 있으나 말하기에는 반영되지 않는 것들이 있어서 학습 목표 달성을 어렵게 하고 있는 교과서가 많았다.

모든 교과서가 일본어 1에서 서간문을 취급하고 있는데, 말하기와 듣기에 중점을 두고 있는 1권의 수준을 고려할 때, 1권에서 서간문을 취급하기에는 적합하지 않는 것으로 생각된다.

학습 내용이 재미있는 것으로 구성되어 있는가라는 관점에서 보면, 대부분의 교과서가 종래의 교과서의 이미지에 집착하고 실용적인 장면에 치중한 나머지 재미있는 내용과는 상당한 거리가 있는 것들이었다.

쉽고 재미있는 교과서를 지향하고 있는 제6차 교육 과정의 취지와는 달리 전체적으로 학습 시간에 비해 일본어 2의 수준이 너무 어려웠고, 일본어 1 또한 학습량이 과다한 것도 중요한 문제점의 하나로 지적할 수 있다.

3) 방법 체계의 반영 실태

앞에서 언급한 대로 교육 과정이 교수 학습의 방법 체계에 있어 강조하고 있는 사항은 듣기와 말하기에 중점을 둔다는 것과 학생 중심의 활동이 되도록 재미있게 구성한다는 것, 자율 학습이 가능하도록 한다는 것들이다.

먼저 교과서의 내용이 듣기와 말하기에 중점을 두어 제작되어 있는가를 보기 위하여 할애된 페이지 수를 조사해 보았다. 1권의 경우 듣기를 2페이지 할애하고 있는 교과서는 5종(c d, g, h, i)이고, 말하기를 2페이지 이상 할애하고 있는 교과서도 5종(a, b, c, g, i)이다. 그 중에서도 듣기 학습 활동을 충실히 다룬 교과서는 없었고, 말하기도 역할 놀이와 같은 학생 중심의 활동을 실시하고 있는 교과서는 3종(b, c, g)에 불과하다. 자율 학습과 관련하여 부록이나 단원의 뒷부분에 단어와 문형 설명 등을 첨

〈표 5-4〉 현행 10종 교과서 『일본어 1』의 단원별 평가 기능 항목 취급 내역

교과서 번호	평가 기능 항목					
	듣기	읽기	말하기	쓰기	문법 / 문형	기타
a	1	0.5	1	0.2	0.3	
b	1		0.5	0.5		
c	0.5	0.5	0.5	0.5		
d	1	0.5	0.5	0.5		
e		0.3		0.5	0.3	
f				0.3	1.2	0.5
g	0.5			0.5	0.5	0.5
h	0.5	0.5		1		
i	0.5	1	(0.5)	(0.5)	0.5	
j				1	1	

〈표 5-5〉 현행 10종 교과서 『일본어 2』의 단원별 평가 기능 항목 취급 내역

교과서 번호	평가 기능 항목					
	듣기	읽기	말하기	쓰기	문법 / 문형	기타
a	0.5	0.5	0.5	0.5		
b	1	(0.5)	0.5	(0.5)	0.5	
c	0.5	0.5	0.5	0.5		
d			0.5	0.5	0.5	
e		0.5			0.5	
f			0.5		0.5	
g		0.5		0.5		
h	0.5	0.5	0.5	0.5		
i	0.5	0.5	1			
j	0.5	0.5			0.5	0.5

부하거나 연습 문제를 제시하는 것으로 대신한 경우가 많았다.

2권의 경우 모든 교과서가 읽기를 2페이지 이상 다루고 있지만, 독해 활동을 취급하고 있는 교과서는 3종(c, d, g)뿐이었다. 이는 곧 학생 중심

〈표 5-6〉 현행 10종 교과서의 교육 과정 항목별 반영 실태

교과서 번호	교육 과정 항목 반영 여부				
	실러버스	목표	내용	방법	평가
a	△	△	×	△	○
b	×	△	△	○	△
c	○	○	△	○	○
d	△	△	△	×	△
e	×	△	×	×	△
f	△	×	×	×	×
g	△	×	△	○	×
h	△	×	×	×	△
i	○	○	×	△	△
j	△	×	×	×	×

(○ : 우수, △ : 양호, × : 미흡)

독해 학습을 할 수 있는 바탕 마련과 관련이 깊다는 점에서 중요한 문제라 할 수 있겠다.

4) 평가 체계의 반영 실태

1권에서는 듣기와 말하기에 중점을 두고 2권에서는 읽기와 쓰기에 중점을 두어 평가하도록 되어 있는 평가 항목과 관련하여 교과서별 1권의 평가 내용을 보면 다음 〈표 5-4, 표 5-5〉와 같다. ( )속 숫자는 매단원마다가 아니고 가끔 취급되고 있음을 의미한다.

일본어 1의 경우 듣기와 말하기에 중점을 두었으므로 당연히 듣기와 말하기 위주의 평가가 되어야 함에도 불구하고 듣기 평가를 전혀 다루지 않은 교과서가 3종(e, f, j), 말하기를 전혀 다루지 않은 교과서가 5종(d, f, g, h, j)이나 있었다. 그 중에는 짧은 대화문을 바꾸어 적도록 함으로써 말하기를 대신하는 교과서도 있었으나, 그러한 문제는 문형 변환에 속하는 것이므로 말하기의 문제로 볼 수 없는 것들이다.

일본어 2의 평가 항목 반영 내용을 보면 언어의 4기능을 고르게 다루

고 있는 교과서가 4종(a, b, c, h)이었고, 일본어 2의 주력 내용인 읽기와 쓰기만을 다룬 교과서는 1종(g)뿐이었다. 중점 학습 내용인 읽기를 다루지 않은 교과서가 2종(d, f), 쓰기를 다루지 않은 교과서가 4종(e, f, i, j)이었다. 이 중 1종(f)은 읽기와 쓰기를 전혀 다루지 않은 유일한 교과서이다.

이상의 실러버스 유형, 교육 목표, 학습 내용, 교수 학습 방법, 평가 등 5가지 항목별 반영 여부를 교과서별로 정리해 보면 〈표 5-6〉과 같다. 실러버스의 경우 전체 단원 수의 90% 이상이 장면 및 기능(機能) 실러버스인 경우 ○, 50% 이상 90% 미만인 경우 △, 50% 미만인 경우 즉 문법 중심 실러버스가 많은 경우 ×로 분류하였다. 목표의 경우 1권은 말하기와 듣기를 각각 2페이지 이상 할애하고, 2권은 읽기와 쓰기에 2페이지 이상 할애한 교과서 중 1, 2권 모두 해당되는 경우는 ○, 어느 한쪽만 해당되는 경우는 △, 어느 쪽도 해당되지 않는 경우는 ×로 분류하였다.

내용 체계의 경우 1, 2권 모두 4기능의 연계성 측면에 있어서 적절히 반영된 교과서는 없었으므로, 1권의 말하기 활동을 충실히 다룬 3종(b, c, g)과 2권의 독해 활동을 충실히 다룬 3종(c, d, g)은 △, 그 밖의 교과서는 ×로 분류하였다.

방법 체계에 있어서는 학생 중심의 내용을 잘 반영한 3종은 ○, 말하기 학습 내용을 2페이지 이상 반영한 5종은 △(그 중 3종은 ○), 그 밖의 교과서는 ×로 분류하였다.

평가의 경우 1, 2권에서 모두 언어의 4기능을 고르게 반영한 2종은 ○, 듣기, 말하기, 읽기 기능이 거의 취급되지 않은 3종은 ×, 그 밖의 5종은 △로 분류하였다.

이렇게 교육 과정 관련 항목을 전체적으로 점검해 보면 전 항목을 양호하게 반영하고 있는 교과서는 1종에 불과하였고, 부분적으로는 미흡하나 전반적으로 양호한 교과서는 4~5종이 해당된다. 단, 이러한 방식의 3단계 개별 평가 자료가 곧 교과서의 질을 의미하는 것은 아니다. 이 평가 자료에는 의사 소통의 구체적인 내용과, 문자·어휘·문형 등의 전개와 질, 표현의 적절성, 편집 상태, 삽화 등에 대한 고려가 배제된 상태이기 때문이다. 여기에서는 다만 교육 과정 준수 여부의 전체적인 경향을 파악하기 위한 자료로서의 성격에 국한되어 있음을 밝혀 둔다.

5) 전체적인 특징

이상 본고에서는 제6차 교육 과정 일본어과의 목표와 내용, 교수 방법, 평가 항목 등이 지향하고 있는 사항들이 현행 일본어 교과서에 얼마만큼 충실히 반영되고 있는가를 분석해 보았다. 체재상의 두드러지는 공통점으로서는 모든 교과서가 듣기, 읽기, 말하기, 쓰기의 4기능 순으로 배열된 기능(技能) 실러버스를 취하고 있다는 것으로, 종래의 교과서와 크게 달랐다. 다만 교육 과정의 목표를 달성하는 데에는 반드시 특정 실러버스 유형만이 가능한 것은 아닐 터인데, 이처럼 획일적으로 듣기, 읽기, 말하기, 쓰기 순으로 교과서의 실러버스 유형이 통일되어 있는 점은 바람직한 현상이라고는 할 수 없다. 이처럼 획일적인 체재의 교과서뿐이라면 자유 경쟁 체재에 맞겨 다양한 교과서가 제작될 수 있도록 한다는 원래의 취지를 전혀 살리지 못한 셈이 된다.

목표면에 있어서 학생 중심의 의사 소통 기능 신장에 중점을 둔 교육 과정의 취지를 어느 정도 반영하고 있는 교과서는 절반 정도에 불과하고, 나머지는 교육 과정과는 상관없이 기존의 교과서를 구성만 바꾼 정도의 성격을 띠고 있었다. 특히 교육 과정에서 정확성보다 유창성을 강조하고 있다는 것은 엄격한 형식적 반복 연습에 의한 행동주의적 교육이 아닌, 자연스러운 언어 체험을 통해 익히도록 하는 인지주의적 관점에 입각한 것일 터인데도, 모든 교과서가 엄격한 형식의 반복 연습 형식만으로 일관하고 있었다. 이는 교육 과정과 교재간의 언어 교육관의 차이를 드러낸 부분이라 하겠다.

내용면에 있어서는 대부분의 교과서가 장면 실러버스를 병행하고 있어서 일상 생활을 중심으로 소재를 다루도록 한 교육 과정이 비교적 충실하게 반영되어 있다고 할 수 있다. 다만, 일본인의 생활을 이해할 수 있는 내용이어야 한다는 점에 있어서는 대부분의 교과서가 문화 항목을 참고 사항으로 다루고는 있으나 일부를 제외하고는 미흡한 편이었다.

듣기와 말하기를 중심으로 구성하기로 된 교수 학습 방법면에 있어서는 듣기 활동을 이해 과정으로서의 충분한 학습 내용을 반영한 교과서는 없었고, 말하기의 학습 내용이 학생 중심 활동이 되도록 짜여진 교과서는 4종에 불과하였다.

평가면에 있어서도 듣기와 말하기를 평가 항목에서 다루어야 함에도 듣기와 말하기 평가를 전혀 다루지 않은 교과서가 절반에 가까웠다.

이렇게 보았을 때 의사 소통 중심과 학생 중심의 수업이 될 수 있도록 한 교육 과정의 취지가 어느 정도 반영된 교과서는 절반 정도에 불과하다고 할 수 있겠다. 10종의 교과서 중 절반 가까이가 교육 과정에 제시된 사항을 충실히 이행하지 못하고 있다는 것은 심각한 문제가 아닐 수 없다. 더욱 심각한 것은 기능(技能) 실러버스의 경우 듣기, 읽기, 말하기, 쓰기, 평가 등이 연계성을 갖고 구성되어야 함에도 불구하고 거의 모든 교과서가 수업 활동을 통한 연계성 측면에서 부족하다는 점이다.

교과서의 질이 심각한 문제가 되는 것은 현장 교사들의 교과서 의존도가 너무 큰 교육 현장의 특수 사정에도 커다란 원인이 있다 하겠다. 본디 교과서란 학습 자료의 일부분에 불과한 것이므로 그러한 용도로만 사용한다면 교과서의 질은 별로 문제삼을 것이 못 된다. 교과서에 대한 과다 의존이라는 기현상이 벌어지게 된 데에는 너무 획일적으로 제시되고 있는 정부 주도형 교육 과정과 교과서 검정 제도에도 책임이 돌려져야 한다. 다양한 교육 과정에 의한 보다 다양한 교과서가 보급된다면 교과서에 대한 교사의 의존도 또한 상대적으로 감소될 것이다. 아울러 교원 양성 교육에 있어 교과서에 지배받지 않고 자료로서 사용할 수 있는 학습 지도 능력에 대한 교육을 강화하는 일도 병행되어야 할 것이다. 이러한 문제가 근본적으로 해결되기 위해서는, 유일한 교원 양성 기구인 대학 일본어 관련 학과의 교육 내용이 일본어 교육을 알고 의사 소통 능력과 일본 문화를 알며 멀티미디어를 이용할 줄 아는 교사를 양성할 수 있는 교육 체재로 하루빨리 전환되어야 할 것이다.

현재와 같은 정부 주도형 획일적 교육 과정은 당분간 존속될 것으로 생각된다. 따라서 금후의 교과서 제작자는 교육 과정이 제시하고 있는 취지를 보다 면밀히 분석하여 교육 과정이 지향하는 교육 목표를 충실히 구현할 수 있는 교과서의 체재와 내용이 되도록 제작하여야 할 것이다. 아울러 교과서 심의 또한 자유 경쟁 체재에 맡긴다는 단순 시장 논리에 의존하여 심사 기준을 느슨하게 하는 것보다, 교육 과정의 취지만이라도 제대로 반영된 교과서가 검인정 자격을 획득할 수 있도록 심사에 보다 신중을 기해야 할 것으로 생각된다.

교육 과정과 교재 및 현장 교육이 따로 가는 악순환이 되풀이되는 것은 교육 과정의 취지를 현장에서 충분히 파악하고 있지 못한 데에 커다란 원인이 있는 것으로 생각된다. 교육 과정의 취지가 현장에 전달되지 못한 주요 원인은 교육 과정의 취지가 필자나 현장 교사에게 전달될 수 있는 과정이 없기 때문이다. 따라서 금후 이러한 악순환을 방지하기 위해서는 교육 과정 개정 작업에 참여한 연구진과 필자 및 현장 교사와의 정보 교환의 장이 반드시 마련되어야 할 것이다.

🦋 고등학교 일본어 교과서의 사용법

1. 교과서의 역할

교과서는 「무엇을」 「어떻게」 「어디까지」 가르칠 것인가를 제시해 주는 길잡이라고 할 수 있다. '교과서는 교사가 재구성하여 사용할 수 있다' 는 것은 교육 이론의 상식으로 되어 있다. 그럼에도 실제의 학습 현장에서 그러한 사례가 그다지 많지 않은 까닭은 아무 때나 재구성하는 것이 아니기 때문이다. 교과서는 학습자의 특성과 교육 목표에 따라 역할이 크게 달라진다. 학습자가 동질성이 높은 단순 그룹인가 복합적인 특성을 가진 다양한 그룹인가에 따라 교과서의 역할은 달라진다. 현재의 고등학교나 대학 일어일문학과의 강좌와 같이 학습자의 일본어 학습 목표나 수준이 유사한 경우의 교과서는 「코스 디자인」 그 자체이므로 모든 수업을 교과서대로 진행하면 그만이다. 즉 각본으로서의 교과서에 무엇을 가르칠 것인가가 이미 정해져 있기 때문에 교사는 그것을 어떻게 하면 더 효과적으로 가르칠 수 있는가만 연구하면 되는 것이다. 그러나 학원의 학습자들처럼 다양한 직업의 소유자가 다양한 목적으로 모인 그룹인 경우에는 그에 맞는 교과서를 찾을 수도 없고, 그렇다고 교과서대로만 가르칠 수도 없으므로, 해당 학습자의 수요나 특성에 따라 무엇을 가르칠 것인가를 정하지 않으면 안 된다. 따라서 교재는 코스 디자인의 일부 자료에 불과하게 된다. 한국 고등학교의 경우, 학습자는 다양한 그룹이 아닌 매우 동질성이 높은 그룹인 관계로 교과서에 대한 의존도가 그 만큼 높은 것이 특징이다. 특히 일본어가 입시 과목에 편입되어 있었던 때는 수험용 학습이 계획되었다. 따라서 교과서는 출제 재료이기도 하였기 때문에 더욱더 철저히 분석하여 학습하였고, 교과서 또한 그에 맞춰 문법과 문형 중심의 지도 체계를 따라 제작되었다. 현행 교과서 사용시, 영향을 미칠 수 있는 두 가지 변인을 생각할 수 있다. 하나는 6차 교육 과정의 목표가 기능(function) 중심의 말하기·듣기 학습을 강조하고 있다는 내적 요인이고, 또 하나는 입시 과목에서의 배제로 인해 학습자의 학습 의욕이 크게 저하된 외적 요인이다.

2. 교육 현장에서의 사용 실태

현행 교과서들은 교육 과정이 정한 대로 기능 중심의 실러버스로 구성되어 있다. 따라서 종래와 같이 문형 중심으로 지도하고자 할 때 체계가 없어 매우 당황하게 될 것이다. 현 교과서에 대한 평가 중에는 교과서의 성격이 달라진 것을 무시한 채, 종래의 시각에서 내려진 평가도 적지 않은 것으로 알고 있다. 교육 환경에서도 학습자의 학습 의욕은 저하될 대로 된 데다 종합 생활기록부에 성적을 반영하기 때문에 학생들은 오로지 시험 성적에만 관심을 갖고 있어서, 교사는 학습자의 요구에 맞춰 시험 대비용 교육을 실시하게 된다. 현행 교과서의 체재로는 문형 체계에 따른 지도와 평가가 어려워 교사는 바뀐 교육 목표에 따라 교재를 재구성하지 않으면 안 되는 사례가 많다. 이는 객관적인 구두 언어 평가법이 개발되어 있지 않은 데에도 원인이 있다고 할 수 있겠고, 현행 교과서의 체재에 대한 진정한 이해의 결여에도 원인이 있다고 할 수 있다. 급격히 바뀐 교육 과정으로 인해 현행 교과서에도 많은 문제점이 있는 것이 사실이지만, 종래의 기준에서 내려진 그릇된 평가에서 이해의 부족을 엿볼 수 있다.

면접 평가를 실시할 수 있는 교사의 경우, 오히려 말하기 중심의 쉽고 즐거운 학습을 통해 학습자의 학습 의욕을 불러일으키는 데에 성공한 사례도 적지 않다. 따라서 현행 교과서의 편찬 취지와 구성상의 특징을 바르게 이해하는 것이 무엇보다 급선무라 하겠다.

3. 교과서 검정 제도의 특징

교과서의 검정에는 일정한 기준이 설정되어 있다. 6차 교과서는 5차 때와는 달리 검정 제도 자체에도 상당한 변화가 있었다. 5차 때까지는 5종, 8종 등 선정 수량이 정해져 있어서, 기준 미달의 교과서도 합격되는 경우가 있었고, 경쟁률 때문에 상당한 레벨의 교과서가 탈락되는 경우도 있었을 것이다. 그러나 6차 때에는 교과서 자유 경쟁 체제로의 유도를 위해 일정 기준 이상이면 합격시키는 방향으로 변한 것이다. 따라서 선정 대상이 줄어들 수도 있으나, 현장 교사들의 선정의 폭을 넓히고 교과서의 질에 따른 자유 경쟁을 원칙으로 하고 있어서 가능한 한 다양한 체재의 교과서를 다량 검인정으로 인정하는 쪽으로 검정 방향이 설정되어 있었다. 그 결과 1995년에는 10종의 교과서가 검인정을 취득하였고, 1996년에 2종이 추가되어, 현재 12종의 일본어 교과서가 사용되고 있다.

6차 교육 과정에 의한 교과서 검정의 기준은 공통 기준 5항목과 교과 기준 20항목으로 구성되어 있다. 공통 기준에서는 헌법 정신, 교육 목표와의 일치, 내용 구성의 창의성과 이론의 보편 타당성 등이 포괄적으로 심의되고, 세부적으로는 교과 기준에서 체크된다. 지면의 제약 때문에 교과 기준을 구체적으로 소개할 수는 없으나, 6차 검정의 특성을 파악할 수 있도록 특별히 강조된 점을 몇 가지 들어 보기로 하겠다.

① 내용 선정에 있어 교육 과정에 제시된 교육의 성격, 목표, 내용 등이 효율적으로 구현될 수 있는 내용인가, ② 학생들의 흥미와 관심을 끌

수 있는 내용인가, ③ 문법 중심의 내용보다는 언어 사용 중심의 실용적인 내용인가 등이 선정 기준이 되어 있고, 내용의 조직에 있어서도 ④ 읽기·쓰기보다 듣기·말하기에 더 비중을 두어 조직하였는가가 기준에 포함되어 있다.

여기에서 특히 6차 교과서의 특징을 형성하는 데에 결정적으로 영향을 미친 부분은 ③ '문법 중심의 내용보다 언어 사용 중심의 실용적인 내용인가'라고 할 수 있다.

4. 제6차 12종 교과서의 특징

현행 12종의 교과서는 한결같이 듣기, 읽기, 말하기, 쓰기의 순서로 학습 과정이 설정되어 있다. 이는 6차 교육 과정에 따른 것으로, 교육 과정 내용 부분에서 언어 기능을 예전의 말하기, 듣기, 읽기, 쓰기 등의 4기능으로 나누지 않고, 이해 기능과 표현 기능으로 이원 분류한 것에 기인한다. 6차 교육 과정에서는 언어의 습득 단계를 유아의 모어 습득 과정에 입각하여, 듣기, 읽기와 같은 이해 기능을 먼저 습득한 뒤에 말하기, 쓰기 등 표현 기능의 습득이 가능하다는 가설을 설정한 것이다. 이러한 습득 이론에는 다른 견해가 있을 수 있겠으나, 6차 교육 과정의 취지이기 때문에 모든 교과서들이 이 취지를 반영한 것이라고 생각된다. 다만 현행 교과서들의 경우, 읽기에 해당되는 단계에 하나같이 대화체 문장을 제시하고 있는 점은 교육 과정과는 상관이 없는 특이한 점이라고 하겠다.

앞에서 언급한 대로 검정 기준이 실용적인 언어 사용을 강조하고 있는 관계로 12종의 교재 모두 장면 또는 기능 실러버스의 유형을 취하고 있는 점도 이번 교과서의 특징이라고 하겠다. 각 단원마다 익혀야 할 의사 소통 기능을 제시하고 그 기능을 익힐 수 있는 장면을 중심으로 실러버스를 전개하고 있는 것이다.

또 하나의 특징으로서는 부록 부분을 보완하여 학생들의 자율 학습을 돕도록 한 점을 들 수 있겠다. 이는 학생 중심의 수업을 강조한 교육 과정을 구현한 것이라고 하겠다.

5. 교과서의 사용 방법

앞에서도 언급한 바와 같이 현행 교과서는 언어 습득의 이해를 우선한 뒤에 표현을 학습하도록 설정하고 있다. 입력되지 않으면 표현할 수 없다는 습득 이론에 근거한 것으로, 듣기와 읽기의 이해 단계를 먼저 학습한 뒤, 말하기와 쓰기의 표현 단계를 학습하도록 구성되어 있는 것이다.

현행 교과서를 취급함에 있어, 교육 과정에 명기되어 있는 언어 4기능을 고르게 학습한다는 부분에 대한 해석이 문제가 된다. 왜냐하면 교육 과정에서는 듣기, 말하기를 중심으로 학습하도록 하고 있는 한편 언어의 4기능을 고르게 학습한다는 이율배반적인 표현을 하고 있기 때문이다. 언어의 4기능을 고르게 학습하기 위해서는 듣기, 읽기, 말하기, 쓰기의 학습 비중이 같아야 할 것이므로, 4기능을 고르게 학습하면서 듣기와 말하기를 중심으로 학습한다는 것은 불가능하기 때문이다. 따라서 교육 과정상의 이 표현은 4기능의 균등한 학습을 의미한다기 보다 4기능을 모두 다루되 듣기와 말하기에 중점을 두는 것으로 해석하여야 할 것이다.

듣기·읽기, 말하기·쓰기의 학습 순서에서도 앞부분의 듣기와 읽기는 본격적인 청해와 독해의 학습을 의미하는 것인지, 아니면 말하기의 보조 단계로서 학습해야 되는 것인지도 문제가 된다. 이러한 학습 순서에서 분명히 하여야 할 것은 어디까지나 말하기에 필요한 정보를 입력하기 위하여 학습한다는 점이다. 즉, 듣기와 읽기는 말하기를 위한 사전 준비 단계인 셈이다. 따라서 듣기와 읽기를 본격적인 청해와 독해 학습으로 수업을 진행하게 되면 한 단원의 시간 안배에서 볼 때 학습 분량이 독해에 치중될 것이고, 정작 말하기 단계에서는 학습자의 학습 관심과 집중도가 떨어지게 되어 말하기 학습이 상대적으로 축소된다. 그러므로 현행 교과서의 학습 단계는 언어 4기능을 고르게 학습하기 위한 평등 관계라기 보다, 말하기 학습을 위한 보조 단계로서의 이해 단계로 해석되어야 할 것이다.

교육 현장에서 듣기를 소홀히 하는 경향이 있는데, 이해 단계에서 듣기를 먼저 학습하는 것은 습득 이론상 커다란 의미를 갖는다. 인간의 인지 능력은 시각을 통해서 얻는 정보량이 가장 많고 용이하기 때문에 본능적으로 시각 경로를 이용하려고 하는 경향이 있다. 그러나 말하기 능력은 청각 영상을 뇌에서 이해하여 청각 영상으로 변환시키는 과정인 관계로, 학습의 초기 단계에 청각 영상의 인지 훈련은 매우 중요하다. 시각을 통해 입력된 정보는 학습의 초기 단계에는 청각 영상 자료로 쉽게 활용되지 못하기 때문에, 초기의 이해 능력은 청각에 의한 이해 과정에 상당한 중점을 두어 학습하지 않으면 안 되는 것이다. 듣기 단계를 먼저 설정하게 된 것은 이러한 인간의 인지 능력 이론에 근거한 것이므로 듣기 단계는 생략되어서는 안 되며, 말하기 자료의 준비 단계 정도로 중요 어구 및 표현의 구를 통한 이해와 귀를 통한 장면의 이해에 철저해야 할 것이다. 이렇게 귀를 통해 이해한 것을 눈을 빌어 보완하는 것이 읽기 단계인 것이다. 따라서 듣기 단계를 생략하고 읽기 단계에 치중하는 것은 종전의 문형 중심, 수험 중심 수업을 재연하는 것이고, 현재의 교육 과정이나 교과서와는 전혀 어울리지 않는 변칙적 수업이라 하겠다.

현행 교과서를 평가함에 있어 기본적으로 이해해야 할 것은, 언어 기능에서 「알고 있다는 것」과 「할 줄 안다는 것」은 전혀 다르다는 사실이다. 이는 자전거를 타는 방법을 역학적으로 「알고 있다는 것」과 자전거를 「탈 줄 안다는 것」이 전혀 무관한 것과 같다. 기존의 문형 중심에 의한 수험 대비용 교수법에서는 일본어의 언어 사항에 대한 지식을 습득하는 것이 주된 학습 내용이었다. 그러나 이러한 지식은 일본어의 운용 능력으로 직결되지 않으므로 일본어의 구사 능력과는 무관한 교육이 되어 버렸었다.

현행 교과서는 이러한 체계적인 지식을 가르치기 위한 교재가 아니고 실제의 생활 장면에서 사용되는 언어 표현을 행동으로 익히기 위한 교재라는 점이 기존의 교재와 크게 다른 점이다. 따라서 현재의 교과서는 문형 중심 연습이 아닌 표현 중심 연습을 하도록 구성되어 있으며, 문법 중심 이해가 아닌 장면에의 적용력 중심 수업에 사용되어야 하는 것이다. 기존의 지도법에 익숙한 교사를 위해서는 기능과 문법 체계를 잘 조화시킨 교재가 이상적이라 하겠으나, 현실적으로 실현하기 어려운 요청이라 하겠다.

　현행 대부분 교과서의 가장 큰 약점은 듣기·읽기·말하기·쓰기의 내용이 구조적으로 치밀한 연계성을 갖고 있지 못하다는 데에 있다. 따라서 교사는 듣기와 읽기를 지도함에 있어 교과서에 있는 모든 내용을 지도하려 할 것이 아니라 말하기 연습에 필요한 사항을 취사 선택하여 지도하는 것이 바람직하다. 말하기의 대본으로 제시되어 있는 것이 읽기 부분의 분량이 많기 때문에 읽기 부분을 종전의 본문이라는 관점으로 교과서를 지도하고자 한다면 체계가 맞지 않을 뿐만 아니라 분량도 많아서 제대로 지도할 수 없을 것이다. 따라서 읽기 부분은 해당 장면을 전체적으로 이해하는, 읽고 말하기의 모범 정도로 들려 준 뒤 문형 문법 등의 구체적인 학습은 말하기에 필요한 최소한의 사항만을 골라 지도하면 될 것이다. 현행 교과서처럼 스크립트형 읽기 자료는 듣기 자료로서도 훌륭하므로 읽기 자료를 듣기와 읽기의 자료로 겸용하는 방법도 좋을 것이다. 기존의 듣기 자료는 듣기의 도입 단계가 될 것이고 전반적으로 듣기 우선의 학습 형태로 수업이 재구성될 수 있을 것이다.

제6장

교수법

① 일본어 교수법의 성격과 활용 방안

1. 교수법의 이상과 현실

외국어 교육을 위한 많은 교수법들이 다양하게 개발되어 있는데도 계속해서 새로운 교수법이 모색되고 있는 이유는 무엇인가. 한국의 일본어 교사 중에 교수법의 중요성을 모를 사람이 없을 것임에도 불구하고 구태의연하기만 한 것은 왜인가. 교육 과정은 꾸준히 바뀌어 왔는데도 그 취지와는 아랑곳없이 적절한 교수법의 실천과 모색이 더딘 이유는 무엇일까 생각해 본다.

교수법의 선택은 학습자의 외국어 학습 목적이 의사 소통에 있는가 번역에 있는가에 따라, 그리고 학습자의 연령, 모어, 전문 분야, 학습 지역 등 학습자의 성격과 주어진 학습 시간의 형편 등을 감안하여 종합적으로 결정되는 것이다. 학교 교육의 경우는 교육 과정에 학습 목적과 학습 시간 등이 명기되어 있으므로 교과서의 제작 및 교수법의 선택은 교육 과정에 따라 결정되게 된다.

외국어 교수법의 역사는 매우 길어서, 서양의 경우 16세기까지는 외국어를 모어의 개입 없이 그대로 가르치는 고전적 직접법이 사용되고 있었다. 한국의 경우도 중국의 한문을 그대로 암기하여 배웠고 일본어의 『첩해신어』가 분석 없이 발음만 적혀 있는 것 등으로 미루어 보아 19세기까지의 외국어 교육은 직접법에 의한 것이었다는 것을 알 수 있다. 문법 분석식 학습법은 라틴어 학습이 구어에서 번역 중심으로 바뀌어 18세기에 절정을 이루게 되면서 오늘날까지 영향을 미치고 있다. 그 이후 제 언어의 일상어 학습의 필요와 언어에 대한 연구의 발달로 새로운 30 여 가지의 이론이 개발될 만큼 교수법의 이론적 진보는 대단하다. 같은 명칭의 교수법일지라도 설명자에 따라 차이를 보이는 점을 감안하면 실제로 개발된 교수법의 종류는 더욱 많다고 할 수 있다. 이와 같은 교수법의 눈부신 발달에도 불구하고 한국에서는 문법 중심 교수법 이외에는 전혀 통용되고 있지 않은 것이 현실이다. 대부분의 교사들이 교수법 이론은 피안의 이상론이고 입시와 다인수 교실이라는 현실에서는 실현 불가능한 것이라는 생각으로 포기하고 있는 것이 오늘 우리의 현실이 아닌가 싶다.

2. 교수 이론의 기본 성격

이미 개발된 교수법의 예를 들어 보면, 직접법, 심리법, 자연법, 독서법, 시청각법, 청각언어법, 하버드식 직접법, 인지 학습법, 이중언어법, 청해법, 중간언어법, 집중교육법, TPR, 침묵법, 상담법, 커뮤니커티브 접근법 등 30여 종이 넘는다. 이들 교수법은 18세기에 전성기를 맞는 문법 번역법에 대한 반발로 1882년에 독일의 Wilhelm Victer(18C~1918)에 의해 제기된 신 직접법으로부터 일기 시작하여 최근 백여 년 사이에 제기된 것들이다. 이들 숱한 교수법의 양극에는 17세기 이전의 고전적 직접법과 18세기에 중흥을 본 문법 번역식이 있음을 알 수 있다.

이들 교수법의 성격을 보면, 전자는 감각적 접근형이고 후자는 지적 접근형이라고 할 수 있다. 즉, 언어의 습득을 감각적 채널을 통해 달성하느냐 지적 채널을 통해 달성하느냐의 차이라 하겠다. 바꿔 말하면, 외국어의 능력을 「습득」으로 보는가 「학습」으로 보는가의 차이에 기인한다고 할 수 있다. 언어의 습득이란 자연스러운 실제의 언어 장면을 통해 무의식적으로 언어를 익혀가는 것이고, 학습이란 언어의 규칙을 의식적으로 익혀가는 것을 말한다. 학교라는 인공적인 환경에서 자연스러운 습득에만 의존하기에는 언어 환경의 미비 때문에 시간적 소비가 크고, 규칙을 위시한 학습은 지적으로는 충족시킬 수 있으나, 전달 능력의 양성에는 효과적이지 못하다는 단점이 있다. 규칙 중심 학습도 나중에는 습득에 의해 의사 소통 능력을 양성하여 완성될 수 있지만, 도중에 흥미를 잃고 그만두어 버리는 학습자의 비율이 너무 큼을 우리는 체험을 통해 알고 있다. 그러므로 위에 든 제반 교수법들은 이들 두 교수법의 단점을 보완해가는 과정에서 학교 교육이라는 인공적인 환경에서 어떻게 하면 빠른 시간에 의사 소통 능력을 습득시킬 것인가를 목표로 한 실험적 제안들이라고 할 수 있겠다.

3. 일본어 교수법의 실태

일본어의 교수법은 일찍이 19세기 말엽에 파머의 영향으로 직접법이 도입되어 20세기 초엽에는 일제 치하의 타이완과 조선에서의 일본어 교육에 활용되고 있었다. 그러나 후에 국어로서 학습하게 되면서부터 고전 문법을 위시한 문법 중심의 학습으로 변질되게 되었고, 일제 시대의 어학 학습이 영어나 독일어의 문헌 번역의 필요성에 의한 것이었던 관계로 이후 해방 후의 일본어 교육 또한 그 연장선에 서게 된 것이다. 해방 후 60년대 말에 이르기까지의 외국어 학습은 정보 수집이 주된 목적이었다는 점에서 문법 번역식 교수법은 가장 적당한 교수 방법이었다고 할 수 있다. 그러나 70년대에 들어서는 외국어 학습 목적이 의사 소통으로 바뀌게 되는데도 한국의 외국어 교육은 국력의 신장과는 어울리지 않게 지금까지도 문법 번역식에서 벗어나지를 못하고 있는 것이다. 그 이유로서 흔히들 입시 교육을 든다. 그러나 더 정확히 말하면 입시가 있기 때문이 아니고 입시 출제자들의 출제 성향 때문이라고 해야 옳을 것이다. 교육 과정에서는 아무리 의사 소통 중심의 교육 목표를 설정해 두어도, 문법과 어휘 중심의 입시 문제가 현실적 목표가 되어 있으니 문법 중심의 교육이 일반화될 수밖에 없었던 것이다. 영어 이외의 외국어가 입시 과목에서 배제된 것은 영어 일변도의 정보 채널을 조장하는 시대 역행적 언어 정책임에 틀림없지만, 입시의 잘못된 영향권에서 해방될 수 있다는 점에 있어서는 다행스러운 면 또한 없지 않다. 향후 다시 외국어 과목이 입시 과목에 편입되는 날에는 지금과 같은 출제 방식이 아닌 듣기, 말하기 중심의 평가법이 되거나 자격제 중심이 되어야 할 것이다.

또 하나, 의사 소통 중심 교수법 시행을 어렵게 하는 이유로서 다인수 학급을 들 수 있다. 이는 분명히 저해가 되는 요소임에 틀림없지만, 교사 대 학생의 일대일 수업 즉, 교사 중심 수업만을 고집하지 않는다면 크게 방해될 것도 없다. 예를 들면, 학생 중심의 그룹 학습을 버즈 학습 형태로 이끌어간다면 상당한 효과를 올릴 수 있을 것이기 때문이다.

4. 제6차 교육 과정이 추구하는 교수법

1996년에 발효된 제6차 교육 과정은 의사 소통 능력의 신장에 그 목표를 두고 정확성보다는 유창성에 중점을 두고 있다. 교재의 구성 또한 습득의 원리에 입각하여, 이해를 표현에 선행시키는 내추럴 메서드 중심의 교재를 개발하도록 되어 있다. 내추럴 메서드 즉, 자연 학습법의 기본 원리는 다음과 같다.

첫째, 이해 능력을 표현 능력의 선행 조건으로 한다. 즉 들어 아는 능력이 생긴 다음에 말할 수 있다는 것이다. 그러므로 교사는 항상 일본어를 사용하기를 권하며, 학습자의 흥미를 중시한다.

둘째, 표현 행동은 단계적으로 형성된다. 외국어에 있어서의 오류는 이해 능력의 신장과 함께 발전하므로 학습자의 오류를 가급적 지적하지 않는다.

셋째, 교재의 실러버스는 전달 목표에 맞춰 구성된다. 따라서 수업은 문법 중심이 아닌 화제 중심, 장면 중심으로 전개된다.

넷째, 학습자의 심적 부담을 최소화한다. 학습자로 하여금 꾸준히 향상되고 있다는 희망을 주고 교사로부터 인정받고 있다고 생각하게 함으로써 학습에 대한 자신감을 갖도록 하는 것이다. 즉, 교사가 생활로서의 외국어 습득을 위한 심적 환경을 마련해 주는 것이다. 이와 같은 자연 학습법의 원리는 6차 교육 과정의 정신과 완전히 일치한다. 그리고 1996년부터 사용된 교재들도, 듣기와 말하기에 중점을 두는 상권의 경우 각 단원이 맨 먼저 그림만 보며 듣기 과정이 나오고, 이어 대화체 위주의 본문을 읽어 아는 과정이 설정된다. 즉, 듣기와 읽기라는 이해 과정을 선행시키는 것이다. 다만, 여기에서의 읽기는 이해가 목적이지 독해가 목적이 아님을 유념해야 한다. 그 다음에 말하기 과정이 중점적으로 다루어지고 최종적으로 약간의 쓰기 과정이 주어진다. 가장 중점을 두는 말하기 과정에 있어서는 학생의 활동을 중시하는데, 이는 장면 설정을 중시하는 TPR (Total Physical Response)식의 원리와 상통한다. 즉, 습득을 위해서는 지식적인 설명보다 체험적 활동을 통한 수업이 이루어져야 한다는 것이다. 읽기와 쓰기에 중점을 두는 하권도 기본적인 구성은 상권과 같으나 읽기가 독해 중심으로 전개되는 점이 다르다. 새 교육 과정에는 내추럴 메서드를 기본 바탕으로 요즘 인기 있는 커뮤니커티브 접근법의 성격도 일부 반영되고 있다. 즉, 의사 소통 기능을 설정하여 이들 기능 습득을 위주로 한 수업이 전개되도록 하고 있는 것이다. 그러나 커뮤니커티브 접근법에서처럼 과제 해결 중심의 기능 습득에 치중하는 것이라기 보다는 기능별 문형 제시의 형태를 취하고 있는 점이 다르다.

흔히들 현대에 필요한 교수법은 오로지 의사 소통 중심의 교수법뿐인 것으로 오해하기 쉬운데, 언어 학습의 목적에 따라 교수법이 선택되어야 한다는 원리는 지금도 변함이 없다. 즉, 번역 능력 양성을 목적으로 하는 학습자에게는 문법 번역식이 가장 효과적인 방법인 것은 지금도 마찬가지이다. 모든 학습 목적에 맞는 만능 교수법이란 없는 것이므로 시대적 유행에 따른 획일적 선택이 되어서는 안 되며, 학습자의 학습 목적에 맞는 교수법의 선택과 몇몇 교수법의 적절한 조합만이 최선의 교수법이라는 것을 잊어서는 안 된다.

이제는 한국의 일본어 교실에서도 학습자의 학습 목표를 제대로 살린 교수법의 과감한 시도가 필요하다 하겠다.

2 학생 중심의 일본어 수업

고등학교 6·7차 교육 과정에서 공통적으로 강조하고 있는 사항은 학생 중심 수업의 전개와 자율 학습의 확대이다. 학생 중심 수업은 비록 6·7차 교육 과정에서뿐만이 아니고 거의 모든 교육 과정과 교육 이론에서 끊임없이 강조되어 왔다. 그러나 실제로 학생 중심 수업이 이루어지고 있는 교실 현장을 발견하기란 쉽지 않다.

1. 학생 중심 수업의 실상

모든 외국어과의 6차 교육 과정 교수 학습 계획 항목에는 '학생의 흥미와 동기를 유발할 수 있도록 학생 중심의 학습 활동이 되도록 계획한다'라고 명기되어 있다. 각급 학교에서는 학생 중심 수업으로서 주로 학생의 발표 학습을 실시하고 있는 것으로 안다. 특히 외국어 수업 시간에 있어서는 읽히고 말하게 하는 것이 학생 중심 수업인 것처럼 잘못 인식되는 경우가 많은 것이 현실이다. 한국과 같은 다인구 학급에서 이런 식의 학생 중심 수업을 통해 학습 활동을 체험할 기회가 주어지는 학생은 극히 소수에 불과할 것이므로 이는「일부 학생 중심 수업」이라 명명해야 옳을 것이다.

2. 학생 중심 수업이란

　학생 중심 수업이란 물론 수업 진행의 전체 과정에 있어 학생의 참여를 극대화시키는 것을 말한다. 즉, 학습 내용의 준비, 조사, 정리, 보고, 평가 등을 학생이 직접 행하게 하는 것이다. 앞서 소개한 교육 과정에 의하면 학생 중심의 학습이 마치 학생의 흥미와 동기를 유발하기 위한 과정인 것으로 자칫 오해를 초래할 수 있겠으나, 학생 중심의 학습이 강조되는 이유가 여기에 있는 것만은 틀림없다. 수업이 진행되는 동안 학생이 말하고 움직인 시간이 얼마나 되는가에 따라 학생 중심이었나 교사 중심이었나를 알 수 있다. 교사 중심 학습이 지식의 전달형이라면 학생 중심 수업은 문제 해결 학습이고 체험 학습이다. 지식 전달형 학습은 모든 문제를 교사가 해결하여 그 결과를 지식으로서 전달하면 된다. 그러나 문제 해결 학습은 학습자 스스로가 문제를 해결하여 지식을 터득한다. 특히 외국어 학습의 궁극적인 해결 목표는 표현력을 기르는 데에 있으므로 학생 스스로가 표현하는 학습 활동에 직접 참여하는 것이 학생 중심 수업이 되는 것이다. 지식 전달형 학습에서 교사는 학습 내용을 가르치지만 문제 해결형 학생 중심 수업에서 교사는 학습 방법을 가르친다. 전달형 학습에서는 주의 집중력 유지 정도에 따라 학습 효과가 달라진다. 주의 집중력이 떨어지는 깃을 막기 위하여 교사는 코미디언이 되고 폭군이 되기도 한다. 그러나 한창 때의 학습자가 가만히 앉아 두뇌 인지만으로 주의를 집중할 수 있는 시간은 10분을 넘기기가 어렵다. 그러나 주의 산만하고 시험 성적이 나쁜 학생도 노는 데에는 집중력이 높아 오랜 시간동안 지치지도 않고 몰두한다. 이는 다름 아닌 자신이 하고 싶은 학습을 흥미롭게 직접 체험하고 있기 때문에 집중력이 오래 지속되고 학습 효과 또한 극대화되는 것이다. 따라서 앞서 소개한 교육 과정 중 「학생의 흥미와 동기를 유발할 수 있도록」이라는 표현은 학생 중심 학습의 도달점을 언급한 것이 아니고 그러한 학생 중심 수업을 계획하라는 의미로 해석해야 옳을 것이다. 중고생뿐만이 아니고 젊은 학습자는 설령 재미가 없어 보이는 활동일지라도 함께 모여 움직이는 것만으로도 흥미로워 한다. 직업 코미디언 이상의 웃기는 실력을 가진 교사일지라도 학생이 직접 움직여서 얻는 정도의 집중력을 유지시키는 것은 불가능하다.

외국어 학습에 있어 이러한 직접 체험을 중시한 교수법에 TPR(Total Phisical Response：종합적 육체 반응)법이라는 것이 있다. 이는 언어와 동작을 결부시킨 것으로 교사의 지시에 따라 동작으로 반응을 보이는 것인데, 이는 언어의 이해를 직접 동작으로 표현한다는 의미에서 이해력 증진과 집중력 유지에 매우 효과적인 교수법의 하나이다. 그러나 이 교수법의 한계는 모든 수업의 지시에 있어 교사의 참여 부분이 너무 커서 학생은 수동적이라는 것이 커다란 손실로 이어지는 학습법인 것이다. 따라서 그러한 손실을 최소화하기 위해서는 현재와 같이 교사의 지시에 따라 학생은 동작만 보이는 수업이 아닌, 지시도 학생이 하고 반응도 언어와 동작을 동시에 표현하는 형식으로 수정되어야 진정한 의미의 TPR식 학생 중심 수업이 될 것이다. 이 TPR식 학습법은 최근의 여러 외국어 교수법에 반영되어 있다. 커뮤니커티브 어프로치, 커뮤니티 메서드 등이 그것이다. 그러나 TPR식 원리는 어떠한 형태의 학습법에도 공통적으로 적용할 수 있는 것이다. 심지어는 교사 중심으로 진행되는 수업에서도 교사가 묻는 질문에 학생이 답을 할 때 앉은 채 답하지 않고 일어서서 말하도록 하는 것도 TPR식의 하나라 할 수 있다. 한편 TPR식의 효과를 극대화한것으로서는 시뮬레이션에 의한 촌극이라든지 과제를 부여하여 수행하도록 하는 과제 해결법 등이 있다.

이처럼 직접 몸을 움직이게 하는 학습법이 바람직한 것은 두 가지 이유에 근거한다. 하나는 전술한 바와 같이 학습자의 흥미를 유발하여 학습자가 오랫동안 즐겁게 집중할 수 있게 되는 점이다. 또 하나는 언어 학습이 갖는 총체적 속성 때문이다. 즉 언어란 어휘와 문법만으로 완성되는 것이 아니고 언어에 의한 사유 작용과 발성, 표정, 감정, 제스처 등이 총

동원되어 성립되는 것이어서 이러한 총체적인 기능을 동시에 습득하지 않으면 언어로서 성립되기 어렵기 때문이다. 이러한 총체적인 기능을 습득하기 위해서는 TPR과 같은 동작에 의한 체험 학습이 가장 적합하기 때문이다.

3. 학생 중심 수업으로서의 자율 학습

학생 중심 수업을 극대화하면 자율 학습이 된다. 현재의 학교에서는 자율 학습이 자학 자습의 의미로 축소되어 통용되고 있어 안타깝다. 본래 자율 학습이란 수업의 전 과정에 있어 학생의 참여도를 최고로 높인 수업을 의미하는 것으로, 교사는 학습 방법을 안내하는 역할을 하면 된다. 다음에 소개할 오픈 메서드도 이 자율 학습을 기본 원리로 한 것이다. 교사에 의한 학습을 타율 학습이라 하였을 때 자율 학습과 타율 학습은 다음과 같이 비교할 수 있다.

<표 6-1> 타율 학습과 자율 학습의 비교

	타율 학습	자율 학습
수업 주체	교사	학생
수업 내용	단순한 기존 지식	종합적 기능, 방법, 추론
수업 방법	설명, 지시, 시험, 암기, 명령	직접 체험, 토의, 질의, 조사, 보조
수업 목적	성적 서열화	각자 자기 방식에 맞는 습득
평가 주체	교사	학습자 자신

위의 표에서 보는 바와 같이 자율 학습은 수업의 계획과 선택에서부터 수업의 실시, 평가에 이르기까지를 학습자가 스스로 행하는 것이다. 이 때

교사는 권위자가 아닌 동반자 또는 보조자의 역할을 갖게 되고, 비지시적 (Nondirective Teaching) 지도를 하게 된다. 그리고 학습 환경으로서의 자료 제공과 동기, 흥미 유발, 칭찬, 조언 등이 교사의 중요한 활동 내용이 된다.

현재의 고등학교에서 널리 실시하고 있는 야간 자율 학습은 입시 준비 학습에 있어서만은 자율 학습이 성공적으로 실시되고 있다. 이는 곧 거의 모든 학생들이 단순 지식의 학습으로서의 입시형 자율 학습을 체험하고 있는 셈이 된다. 예나 지금이나 공부 잘하는 학생은 스스로 공부 계획을 세워 스스로 실천한다는 점에서 변함이 없다. 자율 학습은 학습을 통한 종합적인 기능 습득은 물론이고 학교 밖에서의 수업에도 참여하게 되고, 학생의 수준별 학습도 된다. 이러한 자율 학습은 종합 기능으로서의 언어 학습에 가장 적절한 수업 방법임은 아무리 강조해도 지나치지 않을 것이다. 특히, 2001년부터 실시될 중학교에서의 일본어 교육과 고등학교 제7차 교육 과정의 성공적인 실시를 위해서는 학생 중심의 수업 방법이 적극적으로 도입되어야 할 것이다.

3 체험 학습의 효과와 방법

1. 존 · 듀이의 경험주의 학습이론

최근 유행하고 있는 교수법인 커뮤니커티브 메서드, TPR방식, 커뮤니티 메서드 등과 같은 여러 교수법들이 공통적으로 채택하고 있는 학습원리는 「체험 학습」이라고 할 수 있다. 각종 교육에서 경험 내지 체험을 중시하는 교육 이론은 존 · 듀이의 경험주의 교육 이론의 영향에서 비롯되는데, 이러한 이론을 외국어 교육에 응용한 것이 최근의 외국어 교수법들이라고 말할 수 있다.

듀이는 잘 알려진 바와 같이 19세기 말에서 20세기 중엽에 이르기까지 실험적 경험론을 통해 현대 교육에 지대한 영향을 미친 대표적인 교육 철학자이다. 실용주의 철학에 바탕을 둔 듀이의 교육이론은 교사 중심의 주입식 교육을 배척하고 학생 중심의 자유로운 경험에 의한 학습을 지향한다. 듀이의 교육적 경험 방법은 다음과 같이 요약할 수 있다.

① 학생이 흥미를 갖고 있는 일을 실제로 경험시킨다(경험적 사태).
② 실제 경험을 통해서만이 진실한 문제가 제기되고 사고가 자극된다(문제의 발견).
③ 학생 스스로가 문제 해결을 위해 필요한 지식 수집과 관찰을 하도록 한다(자료 수집).
④ 학생 스스로가 문제 해결의 가설을 발전시키도록 한다(가설의 구성).

⑤ 학생 스스로가 기존의 관념을 실제 경험에 비춰 보아 그 진위를 밝
히도록 하여 기존 관념의 확실성을 발견하도록 한다(가설 시험).

듀이의 이런 경험주의 교육 방법은 인식이 이성이나 반성으로 시작되
는 것이 아니고 경험의 구체적 사태로부터 출발한다는 인식론을 바탕으
로 하고 있어서 현대의 외국어 학습이론이 지향하는 바와 일치한다 하겠
다.

2. 체험 학습법이란

체험 학습법도 듀이의 경험주의 교육이론의 연장선상에 있는 학습 방
법이라 할 수 있다. 체험 학습법은 '학습은 체험과 그 체험의 개념화를 통
해 발생하는 것으로, 체험만으로는 발생하지 않는다'는 Gudykunst, W.
B.와 니시다(西田)의 이론을 바탕으로 한다. Gudykunst는 체험 학습의
전제로서 다음과 같은 사항들을 들고 있다.

① 학습은 학습자가 개인적으로 참여할 때에 가장 효율적이다.
② 목표하는 지식은 학습자 자신에 의해 발견되지 않으면 안 된다.
③ 학습의 참여도는 학습자 스스로가 학습 계획을 세울 때에 극대화된
다.

외국어 학습은 단순한 지식의 습득이 아니고 새로운 언어 환경 및 새
로운 문화 환경에 대한 적응 훈련의 의미가 강하다. 그러한 점에서 체험
학습법은 학습자의 적응력을 높일 수 있는 가장 효과적인 방법이라 하겠
다. 언어 학습의 인지적 측면에서도 상황 중심의 학습이 강조되는데, 체
험 학습은 상황 중심 학습의 가장 적극적인 학습 형태라고 할 수 있다. 사
고 방식과 행동 양식이 다른 낯선 일본인과 만난다는 것만으로도 학습자

에게는 매우 적응하기 힘든 일이다. 게다가 그냥 만나는 것도 아니고 설득 또는 감사나 사과, 질문 등 특정한 목적을 가지고 만나는 경우가 대부분이어서 업무 내용이나 대화 상대가 까다로울 경우에는 더욱 힘들게 된다. 이러한 상황에서 일본어를 구사하여 문제를 해결하여야 하는 것이 외국어 사용자가 당면하게 되는 현실이다. 따라서 적응력을 높이기 위한 학습 방법은 문화적 행위로서의 언어 습득을 위해 무엇보다도 중요하다 하겠다. 이러한 체험 학습을 보다 성공적인 것이 되도록 하기 위해서 몇 가지 유의해야 할 사항이 있다.

우선 학습 내용이 학습자가 체험을 통하여 배울 수 있다는 것을 확인할 수 있는 것이어야 한다. 학습자가 무슨 목적으로 그러한 체험을 하는 것인지 알지 못하면 학습의 효과는 기대할 수 없기 때문이다. 둘째, 학습의 실제적인 설계는 교사가 짠 것일지라도 학습자는 스스로 계획하고 실행하고 있는 것으로 알게 해야 한다. 왜냐하면 스스로 계획하는 경우에 체험 학습의 효과가 커지기 때문이다. 그리고 교실에서 행해지는 체험 보고나 평가회 등도 현장에서 이루어지는 체험의 연장임을 인식시켜 그 중요성을 알게 해야 한다. 그렇지 않으면 체험의 개념화 내지는 응용력 신장의 효과가 감소되기 때문이다. 학습 평가도 학습자들이 스스로 할 수 있도록 수업 계획 속에 편성하여야 한다. 스스로 평가하는 경우 판단력의 신장을 통해 다음 학습을 한 단계 올릴 수 있을 것이기 때문이다. 이러한 유의 사항은 뒤에 소개할 OM(Open Method)식 교수법과 매우 흡사함을 알 수 있을 것이다. OM식 교수법은 이 체험 학습의 효과를 최대로 살린 학습법의 하나이기 때문이다. 결국 체험 학습이 일관되게 강조하고 있는 것은 모든 학습 과정을 학습자가 계획하고 실행하며 그 체험의 필요성을 충분히 이해하고 있어야 한다는 것이다.

3. 체험 학습의 실제

1) 수업의 구성

체험 학습은 패턴프랙티스(Pattern Practice)에 이어 행하는 역할 놀이(Role Play)와는 달리 곧바로 체험 학습으로 들어가는 것이 특징이다. 따라서 체험에 들어가기 전에 학습자가 무엇을 학습하여야 하는지를 확실히 이해하고 있어야 한다. 방법에 따라서는 모델이 되는 비디오 장면을 제시하여 스스로 학습의 노하우를 발견하게 한 후에 체험하는 방법도 있다. 본래 체험 학습은 목표 언어가 모어로서 사용되고 있는 일본 현지에서 수업을 할 때에 가장 효과를 발휘할 수 있는 학습법이다. 그러나 시뮬레이션으로서의 종래의 촌극을 응용하여도 비슷한 효과를 올릴 수 있다. 체험 학습에서는 현장감의 체험과 자신의 언어 행위 전반을 객관화하여 관찰하고 수정해 가는 것이 중요한 목적이기 때문이다. 체험 학습의 모델을 제시하면 다음과 같다.

제시되는 모델 비디오는 반드시 모어 사용자의 자연스러운 모범적 언어 사용 장면일 필요는 없다. 오히려 다른 학습자의 실패 사례로서의 체험 장면이어도 좋고 여러 종류의 사례가 제시되어도 좋다.

2) 수업 사례 (단원의 예 : 길을 물음)

(1) 학습 목표

학습 목표는 두 개 이상을 제시할 수 있으며 학습자들의 레벨에 따라 적용을 증감할 수 있다.

① 혼자서 목적지를 찾아갈 수 있다.
② 지나가는 일본인에게 일본어로 길을 물을 수 있다.
③ 길을 묻는 행동에도 문화차가 있음을 발견한다.
④ 길을 묻고 대답할 때의 언어 행동을 능동적으로 할 수 있다.

(2) 학습자 : 고등학교 2, 3학년

(3) 시간 : 3시간 이상

(4) 동기 유발

지나가던 일본인 또는 외국인이 길을 물어 온 경험이 있는가? 그 때 어떻게 반응하였는가? 실패의 원인은? 외국인과의 접촉 체험이 없는 경우, 한국인에게 길을 묻거나 답한 경험을 통해서 이야기하여도 된다. 이러한 체험을 일본에서 하는 경우에 어떻게 하면 좋겠는지, 구체적인 장면을 설정해 보는 것이 좋다.

(5) 과제 제시

호텔에서 나와 역까지 가고자 할 때의 장면을 설정하여 묻는 등 구체적인 행동 장면으로서의 과제를 제시한다.

(6) 모델 장면 관찰 및 협의

모델 장면은 적극적인 성격의 학습자를 대상으로 교사와의 대화 장면을 비디오로 촬영하여 관찰시키거나 기존의 외국인 사례를 활용하여도 좋다. 등장 인물의 행동을 관찰함으로써 길을 묻는 데에 필요한 언어 항목을 발견시킨다. 예를 들면 상대와의 거리, 말을 거는 방법, 시선, 묻는 표현, 듣고 있을 때의 자세, 감사의 표현과 행동 등 일련의 행동을 주의 깊게 관찰하도록 한다. 또한 각종 장면을 예상하여 각각 어떻게 대처하는 것이 좋은가를 협의한다. 상대가 남자인가 여자인가, 성인인가 어린이인가, 장소는 어디인가, 상대는 어떠한 상태에 있는가 등에 따라 대처 방법을 협의하도록 한다.

〈그림 6-1〉 체험 학습의 전개 과정

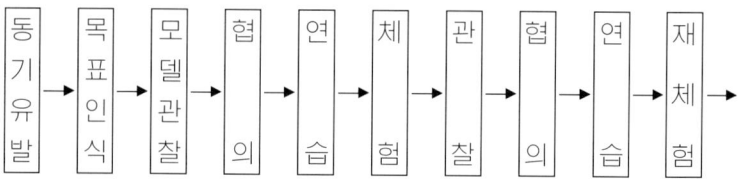

(7) 연습

연습 단계에서는 협의 중에 거론되었던 각종 장면을 예상하여 대처 방법 및 유의 사항을 염두에 두어 연습하도록 한다. 특히 일본인과 대화할 때에는 상대와의 거리와 소리의 크기, 맞장구, 표정 등에 유념하여 연습하도록 한다.

(8) 체험(과제 실행)

체험은 두 가지 방법으로 과제를 부여할 수 있다. 하나는 교실 밖에서 역할을 정하여 한 쪽은 일본인의 역할을, 다른 한 쪽은 길을 묻는 역할을 하도록 하여 그 장면을 촬영하도록 한다. 이러한 경우 장난이 아니고 진지하게 행동하도록 한다. 또 하나의 방법은 일본인 관광객이 많은 곳을 찾아가 일본인에게 실제로 말을 걸어 보는 체험을 시켜 보는 방법이다. 이 때 촬영을 맡은 사람은 상대 일본인이 당황하지 않게 주의하도록 한다. 학습 취지와 협조를 구하는 메모를 먼저 보여 양해를 구해 두는 것도 좋을 것이다. 과제에 따라서는 비디오 대신 녹음을 할 수도 있겠으나 행동 전반을 학습하는 것이 목적이므로 비디오를 활용하는 것이 가장 효과적임은 말할 것도 없다.

(9) 체험 장면 관찰

체험 장면을 관찰하며 서로 협의한다. 이 때는 언어 표현뿐만이 아니고 수반 행동까지도 관찰하도록 한다. 여러 사례를 조별로 관찰하는 방법과 전체가 함께 관찰하는 방법이 있으나 교실 환경과 학습자들의 레벨에 따라 적당한 방법을 채택하면 될 것이다. 실제 경험자의 감상을 들어 보는 것도 좋다.

⑽ 재연습 및 체험

관찰 협의한 내용을 참고하며 연습한 뒤 다시 체험하도록 한다. 가능하면 다시 한번 비디오 장면을 관찰 협의하는 것이 좋으나 시간을 고려하여 세 번째의 관찰 협의는 조별로 방과 후에 자율적으로 하도록 하는 것도 좋다. 그러나 체험과 관찰은 최소한 두 번은 실시하여야 한다.

⑾ 평가

평가법은 여러 가지가 있겠으나, 학습자 수가 적을 때는 체험 현장을 교사가 직접 관찰할 수도 있다. 그러나 학습자 수가 많을 때에는 촬영해 온 비디오 장면과 관찰 협의 장면을 기준으로 평가한다. 교사 나름대로 평가 기준 항목을 설정해 두어야 한다. 체험 학습과 같은 언어 행동 평가는 단번에 점수화하기에는 적합하지 않으므로 항목별로 3단계(상·중·하) 또는 5단계(매우 잘함·잘함·보통·부족함·매우 부족함)로 평가하여 각 단계를 수치화하면 항목 전체의 총화로 성적을 산출할 수 있을 것이다.

4. 유의점

체험 학습에서는 학습자의 의욕 및 성취감의 확인 등 심리적인 측면이 매우 중요하다. 학습자가 즐겨 참여하지 않으면 학습 효과가 절감되기 때문이다. 특히 부끄럼을 타는 학습자의 경우에는 교사의 정정 발언에 세심한 신경을 써야 한다. 학습자가 실패감을 느껴 학습 의욕을 상실하게 되면 체험 효과가 줄어들기 때문이다. 체험 학습에서의 성취감이란, 다음아닌 커뮤니케이션 성공에서 오는 성취감이다. 따라서 많은 문제점이 있더라도 커뮤니케이션 목적을 달성한 것만으로도 칭찬받기에 충분하다 하겠다.

체험 학습을 실시함에 있어 또 하나의 중요한 사항은, 문제점 및 해결 방법을 교사가 제시하지 말고 학습자 스스로가 발견하도록 유도해야 한다는 것이다. 많은 교사들이 시간 절약을 위해 발견 내용과 해결 방법을 성급히 제시해 버리는 경우가 있는데, 그렇게 되면 학습자는 수동적인 학습을 하는 결과가 되어 능동적이어야 할 체험 학습의 원리와 상충하게 된다.

체험 학습이 교실 안에서 실시되는 가상 체험일 경우에는 실제의 장면을 연상할 수 있는 여러 모형을 활용하는 것이 효과적이다. 이러한 모형의 제작은 그 장면을 사용할 학생들에게 제작하게 하면 협동 정신과 같은 부수적인 교육 효과까지도 기대할 수 있을 것이다.

④ 창의성과 일본어 교육

1. 일제 학습과 창의성

  현대의 학교 교육에서 암기 중심 학습은 교육계의 금기가 된 지 오래이고, 사고력 신장만이 이상적인 교육으로 인정받고 있다. 특히 한국의 교육에 있어서 가장 낙후된 창의력 신장에 대한 부분은 모든 교육에서 강조되고 있는 사항이다. 일본어와 같은 외국어 학습은 암기를 필요로 하는 속성으로 인해 창의력 신장과는 무관한 과목으로 잠정 취급되어 왔었다. 그러나 창의력 신장은 모든 교육에서 가능한 것이며 오히려 언어 교육에서는 더욱 강조되어야 할 교육 내용이다. 창의력을 신장시키는 문제에 대해 종전의 외국어 교육에서는 거론조차 된 적이 없는 관계로 어떠한 노하우도 축적된 적이 없는 부분이다.

  종전의 일본어 수업은 학습의 처음부터 끝까지 교사의 계획과 지휘 아래 따라하고 익히는 형태였다. 부분적으로는 교사의 질문에 개별적으로 대답하는 학습 활동도 없지는 않지만, 습득의 개인차에 상관없이 학급 단위의 진도에 따라 진행되는, 소위 「일제(一齊) 학습」이었다. 이러한 일제 학습은 하루 빨리 탈피해야 할 전근대적 수업 형태로서 지탄의 대상이 되어 왔음에도 불구하고, 교육 현장에서 아직도 주된 학습 형태로 남아있는 데에는 그만한 이유가 있을 것임에 틀림없다. 일제 학습에도 나름대로의 장점이 있는데, 교사가 중요한 사항만 취사 선택하여 학습하게 되므로 학습 목표를 단기간에 달성할 수 있는 장점이 있고, 학습자의 집중력 또한 높아 암기형 학습에 효율적이다. 학습자의 수도 대량으로 소화할 수 있어서 경제성이 높으며, 집단의 동질성이 강화되므로 통솔 지휘하기에도 용이하다. 한편 일제 수업의 폐단 또한 적지 않은데, 우선 학습자의 개인별 수준차를 고려하지 않는다는 점이다. 교사는 자신이 가르치고자 하는 내용을 나름대로 설정한 수준에 맞춰 일방적으로 전달하면 그만이어서 학습자 개개인에 대한 배려는 없다. 학습자는 시종 수동적인 입장에 있게 되고, 주체성이나 자발성을 양성할 수 있는 교육적 기회는 주어지지 않는다. 자연히 수업은 획일적이 되고 학습자 개개인의 개성은 무시되며 학습 활동 또한 획일적이어서 다양성을 신장시키기에는 부적합하다. 이러한 획일성과 타율성은 창의성의 상극이 되며 시민 교육에 필요한 협력성 또한 저해된다. 더욱이 독재형 인간을 대량 육성하는 결과마저 초래한다. 이처럼 일제 방식의 수업은 장단점이 크게 나뉘는 수업 방식인데, 선진국의 정보를 단시일 안에 따라잡아야 했던 시대에는 적지 않은 공헌을 하였지만, 정보화 시대로 일컬어지는 현대에는 가치 있는 새로운 정보의 생산이 중요해짐에 따라 폐단이 큰 수업 방식이라는 낙인이 찍히고 말았다. 그럼에도 불구하고 아직도 교육 현장에 일제 방식이 남아 있는 것은 입시 대비형 수업 때문이다. 개인의 능력 개발과 시민 정신의 육성을 위한 진정한 인간 교육은 간 데 없고 고득점을 위한 훈련이 있을 뿐이다. 입시형 수업은 모방을 강조하는 특성 때문에 창의력 신장과는 먼 교수 형태라는 점을 감안할 때 우리네 학교가 얼마나 시대 착오적 교육을 실시하고 있는가를 알 수 있을 것이다.

2. 창의성이란

창의성이란 사회적으로 쓸모있는 것을 산출하는 능력으로, 넓게는 새롭고 가치있는 새로운 착상을 가능하게 하는 것이고, 좁게는 예술·과학·기술 분야에서 사회·문화적으로 새로운 착상을 산출하는 것을 가리킨다. 좁은 의미의 창의성처럼 특정 직업에서만 가능한 감이 없지 않으나, 넓은 의미의 창의성은 연령과 직업에 상관없이 모든 사람에게 가능함을 전제로 한다. 창조성 교육은 바로 이 후자의 관점에서 출발하는 것이다. 창조성은 새로운 것을 만들어내는 것만으로 문제 해결의 결과만을 지칭하기가 쉬운데, 문제의 발견이 민감하고 해결 과정 및 방법이 독창적임을 가리키는 것으로 문제 해결의 전 과정과 관련된 개념이다. 정해진 정답에 접근하는 방식을 수렴적 사고라고 하는 것과는 달리 창의성의 경우에는 확산적 사고 유형에 해당된다. 일반적으로 창의성은 다음과 같은 6가지 기본 요인으로 구성되어 있다.

① 민감성(sensitivity to problem)
② 유창성(fluency)
  · 연상적 유창성(associative fluency)
  · 언어적 유창성(word fluency)
  · 표현적 유창성(expressive fluency)
  · 관념적 유창성(ideational fluency)
③ 녹창성(originality)
  · 비범성(uncommonness)
  · 원격연합(remote association)
  · 교묘성(cleverness)
④ 유연성(flexibility)
  · 자발적 유연성(spontaneous flexibility)
  · 순응적 유연성(adaptive flexibility)
⑤ 치밀성(elaboration)
⑥ 재정의성(redefinition)

　이상의 6가지 요인을 속성별로 보면, 민감성은 문제 발견과 관련된 요인이고, 치밀성과 독창성, 재정의성은 사고 결과와 관련된 요인들이다. 이와는 달리 유연성은 문제 해결 과정에서의 태도와 관련된 요인이고, 유창성은 창의적 사고 과정에서 필요한 인지적 요인이다. 따라서 창의성이 있는 사고 과정에 있어서 가장 큰 영향력을 미치는 요인은 유창성이라고 할 수 있다. 민감성의 특징은 날카로움이고, 유창성은 자유로움이며, 유연성은 부드럽고 치밀성, 독창성, 재정의성 등은 기발하고 가치로움을 특성으로 볼 때 창의성은 자유로움을 바탕으로 하고 있음을 알 수 있다. 유창성의 내용을 살펴보면, 언어적 유창성은 음성 또는 문자의 결합 능력이고, 연상적 유창성은 이미지의 결합 능력, 표현적 유창성은 문장의 산출 능력, 개념적 유창성은 개념의 유추 능력 등 하나같이 언어의 기본 능력임을 알 수 있다. 흔히들 우리말을 잘 해야 외국어를 잘 한다는 말을 듣는다. 이는 언어 적성과 같은 것으로 우리말의 유창성이 길러진 사람은 외국어에 있어서도 그 유창성이 활용되기 때문이다. 따라서 창의성 교육의 핵심은 언어 기능의 향상에 있다고 해도 과언이 아니다. 창의성과 언어 기능은 불가분의 관계에 있는 것이다. 외국어 교육에서 유창성을 강조하는 것은 바로 이러한 연유에서이다.

3. 창의력을 높이는 수업

학습자의 창의성을 키우기 위한 교사의 유의 사항은 다음과 같다.

① 경험을 개방하여 학습자가 다양한 지적 경험이 가능하도록 한다.
② 응용력을 키워야 한다.
③ 독창적인 것은 좋은 것이라는 인식을 심어 주어야 한다.
④ 자발성을 키워야 한다.
⑤ 학습자에게 부과되는 각종 압력을 줄이고 자유로운 사고 환경을 조

성해 주어야 한다.

⑥ 반추할 수 있는 시간적 여유를 부여하여야 한다.

⑦ 개인차를 존중하여야 하며, 특히 같은 또래들에 의한 동조의 압력으로부터 보호해 주어야 한다.

⑧ 사고 과정의 무질서를 방임할 수 있어야 한다.

⑨ 아이디어의 사례를 암시적으로 시사하여 자극을 주어야 한다.

⑩ 창의적 행동 모형을 제시하여 어떤 것이 창의적 행동인가를 알게 해야 한다.

이상의 교육 환경을 보면 자유로운 환경 조성이 곧 창의적 문제 해결의 기반임을 알 수 있다. 다인수 학급을 통솔해야 하는 교사의 입장에서 이러한 교육 환경을 조성한다는 것은 대단한 노력과 인내가 필요할 것이다. 교사의 이러한 배려는 교육의 전 과정에 적용되어야 하는 것이지만, 어학 교육에는 두 가지 측면에서 적용될 수 있을 것이다. 하나는 학생이 보인 독창적 행동에 대한 교사의 태도가 미치는 영향이 되겠고, 또 하나는 학습자 중심의 자율성이 강조된 수업 형태 자체가 미치는 영향이다. 전자를 위해서는 학생의 자유로운 사고를 돕기 위한 교사의 발문법과 새로운 아이디어에 대한 교사의 유연한 순발력을 필요로 한다. 후자를 위해서는 교사 중심의 일제 학습이 아닌 학생이 움직일 수 있는 다양한 학습 형태의 도입이 필수적이다.

정보화로 대표되는 현대 사회는 창의적 사고력이 힘이며 가치로운 것임을 생각할 때 사고력이 수반되지 않은 일본어 능력은 말을 흉내내는 구관조의 장기와 다를 바가 없다.

언어 교육의 실시 방법 여하에 따라 학습자의 창의성 신장의 성패가 좌우됨을 생각할 때, 일본어 교사의 역할은 단순한 언어 능력을 기르는 데에만 국한되지 않음을 알 수 있다.

4. 일본어 학습과 창의성

일반적으로 일본 사회는 자기 주장을 삼가고 사양과 간접적인 표현을 선호하는 관계로 수동성이 강조되기 쉬워서 창의성과는 거리가 있는 것으로 알려져 있다. 일본에서 살기 위해 일본 문화에 적응하는 훈련을 하여야 한다면 수동성을 키우는 것이 중요할 것이다. 그러나 한국에서의 일본어 학습은 일본 문화에 적응하기 위한 것이 아니고, 일본인을 설득하고 의사 소통을 하기 위한 것이므로 일본어 기능에서 창의력의 신장은 다른 언어와 마찬가지로 중요하다. 다만, 창의성 개발을 위한 일본어 교육의 난점은 수동성이 미화되는 일본어의 특성과 능동성을 중시하는 창의성의 모순을 어떻게 해결할 것인가 하는 문제이다. 교사에 의해 제시되는 언어 사항과 표현을 따라하고 암기하는 재래식 교수법에 의해서는 모방성만 신장되므로 창의성을 키우기 위해서는 학습자의 능동적 언어 학습에 의한 수업 진행 방식 외에 달리 방법이 없다. 최근 들어 모든 학습에서 학습자 중심 학습이 강조되는 것은 이러한 학습 환경만이 창의성 개발에 효과적이기 때문이다. 그 만큼 창의성 신장은 현대 교육의 중심 과제인 것이다. 창의력이 있는 일본어 능력자는 유연성과 임기응변력을 갖추어야 최선의 문제 해결책을 제시할 수 있을 것이기 때문에, 일본어를 통한 각종 활동에서 발군의 실력을 발휘할 것임에 틀림없다.

5 수준별 일본어 교육

1. 수준별 학습의 출현 배경

최근 중·고등학교 교육 현장의 주요 관심사의 하나로, 수준별 교육의 실시 문제를 들 수 있다. 이와 관련하여 각 교육청에서는 우열반 편성을 적극 권장하고 있고, 우선적으로 영어·수학 과목부터 실시하고 있는 중·고등학교가 적지 않다. 이러한 우열반 편성에 대해서는 논란이 많은데, 문제는 우열반 편성이 곧 수준별 교육인가 하는 점이다.

국제화, 정보화, 민주화로 특징지워지는 현대 사회의 기본적인 특성 중 하나는 다양성이다. 다양한 문화권과의 교류, 다양한 의견, 다양한 정보와의 만남이 일상 생활이 된 것이다. 이러한 시대를 맞아 이제까지 획일화를 지향해 왔던 한국 사회에 다양성은 중요한 교육적 테마가 되었다.

아직도 민주화의 학습 단계에 있는 한국의 학생들에게는 다양성에 대한 적응 훈련과 함께 다양한 유형의 인간 육성이 필요하게 되었다. 이러한 다양성은 국제화와 동시에 개성화되어 가는 새로운 사회에 적응해야 하는 시대적 요청으로서 대두된 것이다. 그럼에도 불구하고 수준별 학습을 교육 소비자인 학습자들의 다양한 요구에 부응해야 한다는 단순히 서비스 논리적 차원에서 인식하게 되면 우열반 편성을 정당화하게 된다.

「수준」이라는 용어는 가치나 능력 등의 레벨을 의미하는 비유적 용어로서, 학습 목표에 대한 도달 정도, 즉 성취도를 가리키는 경우와 능력의 종합적 숙달 정도, 즉 등급을 가리키는 경우가 있어서「단계」의 의미와 중복적으로 사용되고 있다. 일반적으로「단계」는 종합적 능력 구분으로서의 등급으로 사용되는 반면,「수준」은 크게는 등급으로서의 의미로부터, 작게는 등급 내 소구분으로서도 사용된다. 단계가 거쳐야 할 과정을 의미하는 것과는 대조적으로 수준은 평가 결과로서의 도달도를 의미한다. 따라서 외국어 학습에서의 수준별 학습이란, 넓게는 일본어 능력의 등급별 학습이 되겠고, 좁게는 동일 단계 안의 개인적 성취도차를 의미하는 양면성을 띠고 있다고 하겠다.

2. 수준별 학습의 유형

수준별 학습에는 몇 가지 유형이 있다. 소위 우열반으로 알려진「분반 수업」과, 한 클래스 안에서 우열에 따라 소집단을 분류한「소집단화 수업」, 이질적인 학급에서 개인 단위로 수준별 교육을 받게 되는「개별화 수업」, 여러 수준의 교과목을 개설하여 각자의 수준에 맞는 강좌를 선택하는「과목 선택 수업」등이 있다. 이 중 소집단 수업은 교사 한 사람의 힘으로 감당하기에 벅차고, 과목 선택 수업은 학교의 시설과 교사 인력 수급의 문제가 있어 현실적인 어려움이 있다. 한국의 교육 현실에서 실현 가능한 방법은 개별화 수업과 분반 수업이다. 개별화 수업으로서는 프로그램 학습이 대표적인 형태로, 프로그램의 준비를 위한 작업이 필요하지만, 분반 수업은 특별한 준비 없이 가능하므로 교사들로서는 가장 손쉬운 방법이 된다.

3. 우열 분반 수업의 문제점

최근의 중등교육 현장에서 적극적으로 권장되고 있는 분반 수업은 현재의 평준화된 학교 제도하에서 이질 학급 운영에서 오는 학업의 비효율성을 해소하기 위한 방안으로, 학생의 수준에 따라 우열반을 편성하여 학업 성취도를 높이고자 하는 의도에서 추진되고 있는 것이다. 이러한 우열반 편성에 대해서는 교육관에 따라 찬반 양론이 첨예하게 대립되고 있다.

찬성하는 입장에서는 학교 교육의 지적 전달 능력을 중시한 나머지 경쟁 논리로서의 교육을 지향하는 반면, 반대론자는 교육에서의 사회적 기능을 중시하여 시민성 함양을 위한 협력의 논리로 교육을 보는 입장인 것이다.

우열반 편성의 경우, 학생들의 경쟁심을 고취시키게 되고 우수반에 편성되기 위해 학습자는 최선의 노력을 쏟을 것이며, 그 성취에 따른 만족도 또한 클 것이다. 그리고 우수 학습자끼리의 질높은 빠른 진도의 학습이 가능하고, 보다 치열한 경쟁을 통해 학습량은 더욱 많아질 것이므로 높은 수준의 교육을 기대할 수 있을 것이다. 특히 현실적인 학습 목표가 대학 입시에 있는 경우에 이러한 학습법은 효과가 클 것이다.

한편, 파생되는 부작용 또한 적지 않다. 우수반에 편성되지 못한 학습자들의 좌절감과 우열반간에 발생할 집단간 차별과 대립 감정, 치열한 경쟁 도입에 따른 학습자간의 교류의 문제가 있다. 학교 교육은 모든 수준의 학생이 서로 협력하고 조화되는 것을 교육의 이상으로 하고 있음에도 불구하고 경쟁 논리를 극대화한 우열반 수업의 경우에는 집단 구성원간에 거리가 벌어지게 되고, 상호 협력 관계보다는 상호 적대 관계를 조장하게 되어 시민 교육을 위협하게 된다. 특히 우열에 의한 분반 학습은 개인간의 경쟁과 교사의 강의에 의한 수동적 일제 학습을 전제로 한다는 점에서 학생 중심의 교육을 강조하고 있는 현재의 교육 과정 정신에 크게 위배된다고 하겠다. 한마디로 우열반 편성은 경쟁 논리와 소수의 이익을 위한 것이라는 점에서 반시민적이며, 오히려 다양성에 적응할 수 없게 만드는 역작용을 불러일으킬 수 있다는 점에서 본래의 취지에 맞지 않는 시대착오적 비교육 프로그램이라고 하겠다. 이러한 단점을 보완할 수 있는 방법의 하나로 수준별 개별화 학습, 즉 프로그램 학습을 들 수 있다.

4. 프로그램 학습이란

프로그램 학습(Programmed Learning)이란 1926년 L.Pressy에 의해 고안된 Teaching Machine을 발전시킨 것으로 하버드대학의 심리학자 B.F.Skinner식의 직선형(linear type)과 N.A.Crowder식의 분지형 (branching type) 등이 있는데, 강화 이론(強化理論)에 바탕을 두고 있으며 데카르트(Descartes)의 『방법서설』에 있는 바와 같은 어려운 문제를 작은 요소로 분해하여 이해하려는 방법 등을 이론적 기저로 한 것이다. 교재를 작은 단계로 분해하여, 적당한 강화를 통해 학습자의 행동을 제어하기 위한 교과 과정인 것이다. 프로그램이란 기대되는 최종 행동을 향해 한 발 한 발 다가갈 수 있도록, 반응을 일련의 작은 스텝으로 조직화하여 누적시켜 가는 방식으로 학습 항목을 나열한 것이다. 프로그램 학습에서 설정된 중간 스텝이 적을 경우에는 학습자의 오류가 늘게 되고, 반응률을 떨어뜨리는 마이너스 효과가 발생할 수 있다.

프로그램 학습의 주된 특징은 다음과 같다.

① 학습자의 적극적인 반응을 유도할 수 있다.
② 학습자가 행한 학습 반응에 대해 즉각적으로 피드백을 줄 수 있다.
③ 학습자가 각자의 속도에 맞춰 학습할 수 있도록 작은 단계로 구분되어 있다.

5. 프로그램 학습의 유형

1) 직선형 프로그램 학습

직선형은 학습 목표에 도달하기 위하여 학습 자료를 작게 연속적으로 제시한다(small step의 원리). 학습 초기에는 힌트를 주지만 점차 줄여가며 학습 과정 전체를 통해 학습자에게 실제로 행동을 취하게 하는 등 적극적인 학습 참여를 유도한다. 학습자의 반응이 옳고 그름을 곧바로 알게 되고(즉석 강화), 정답의 연속에 의해 목표에 도달하도록 되어 있다. 학습 자별로 학습 속도에 차이는 있으나 자신에게 알맞는 속도로 학습할 수가 있고 학습 결과에 따라 프로그램을 검증, 개선해 갈 수 있다.

2) 분지형 프로그램 학습

기본 원리는 전자와 같으나, 직선형이 학습자간의 개인차가 학습 속도에 의해서만 결정되는 것과는 달리, 학습자의 선행 학습이나 개인별 특성 등 학습 과정의 차이에 착안하여 학습자의 반응에 따라 제시되는 프로그램이 달라진다. 따라서 정답에 따른 반응의 연속에 의하지 않고 틀린 반응도 허용되게 된다. 이러한 분지형 프로그램 학습의 단계를 다양하게 하여 그 제어를 컴퓨터에 의존하는 것이 소위 CAI(Computer Assisted Instruction)인 셈이다.

3) 다단계형 프로그램 학습

학습자의 학습 과정은 위에서와 같은 등질적인 것이 아니라는 데에 착안한 프로그램 학습이다. 즉, 학습을 단계적 발전으로 보고, 행위의 준비, 외석 물질직 행위, 행위의 표출회, 내언에 의한 내재화, 일반화된 능력의 형성 등 각 단계를 형성해 가도록 프로그래밍하는 방법이다.

4) 완전 학습(mastery learning)

Bloom.B.S.들에 의해 제안된 학습법으로, 종전의 일제 학습에 프로그램 학습의 요소인 개별화를 가미한 것이다. 모든 학습자가 완전히 습득하는 것을 목표로 하는 학습법으로서, 프로그램 학습의 일종으로 분류할 수 있겠다.

6. 프로그램 학습의 방법

프로그램 학습은 지도하고자 하는 학습 내용을 내용별 또는 기능별로 분류한 뒤, 각각의 내용을 진도에 따라 아주 작은 스텝으로 나누고 학습 내용의 자세한 설명과 연습 문제를 준비한다. 한 단계를 일정 수준 이상 달성하면 그 다음 단계의 프로그램으로 넘어가고, 실패한 경우에는 그 항목을 보다 자세히 학습할 수 있는 비슷한 수준의 보충 프로그램을 학습하도록 하는 것이다. 성취 속도가 빠른 학생은 빠른 속도로 진도를 나가게 되고, 느린 학생은 자신의 속도에 맞춰 차근차근 진도를 나가게 된다. 준비된 프로그램에는 다음과 같은 조건이 갖춰져야 한다.

① 단계별 최종 목표가 구체적으로 정해져 있을 것
② 교재가 적당한 양과 스텝으로 분할되어 쉽게 학습할 수 있을 것
③ 학습자의 반응을 확인하기 쉽고 즉시 강화할 수 있을 것
④ 학습자의 반응이 누적될 수 있을 것
⑤ 교과서는 학습자의 개인차를 고려하여 제작될 것

프로그램 학습이 성공하기 위해서는 무엇보다도 프로그램 작성상의 질이 중요하다. 따라서 교과 전문가, 수업 전문가, 교육 과정 전문가, 교육 공학 전문가, 관련 교사 등의 공동 참여에 의한 프로그램 작성이 필요하다. 이 학습 형태의 문제점으로서는 대부분이 학생의 자율 학습 형식으로 전개되기 때문에, 학습 의욕이 부족한 학생들의 경우, 학습 능률이 저조하기 쉬운 점을 들 수 있다. 이러한 학생들에게는 교사의 지도에 의한 보충학습이나 심화 학습의 형태로 각 단계별 과제를 제시하면 효과적일 것이다.

6 오픈 메서드(OM)식 일본어 교수법

1. 열린 교육의 역사

열린 교육이란 1960년대 중반 영국에서 일어나 60년대 말에 미국에 전달되었고, 1974년에는 일본에 소개된 바 있는 교육 운동으로, 이들 나라에서는 이러한 학습법이 정착된 지 오래다. 이 교육 운동은 종래의 획일식, 주입식 일제 학습을 지양하고 학습자의 흥미와 발달 속도에 따라 자발적으로 학습하도록 하는 것이 특징이다. 탄력적인 교육 과정의 운영과 개방된 인간 관계 속에서 학습자의 개성, 창의성, 자주적인 태도를 길러가는 것이다.

이러한 교육 운동은 1차 대전 뒤에 생겨난 니일의 「서머힐 학교」와 같은 진보주의적 학교에서 찾아볼 수도 있겠으나, 보다 직접적으로는 2차 대전 중의 전시 교육에서 찾는 것이 더 타당할 것이다. 즉, 피난처 학교에서 일과 놀이와 학습이 혼재한 가운데 배운 학생들이 보다 바람직한 인간으로 성장해 감을 발견한 교사들의 체험에 기인한 것이다. 이 교육 운동이 한국에 본격적으로 도입되기 시작한 것은 1986년에 서울의 두 초등학교가 열린 교육을 실시하면서부터라고 할 수 있다. 현재는 많은 초등학교와 중학교에서 적극적인 적용을 추진 중에 있어서 머지않아 고등학교와 대학 교육에까지 그 영향이 미치게 될 것으로 예상된다.

2. 열린 교육의 기본 정신

열린 교육의 피상적 특징은 교실의 벽이 없는 열린 공간인 점을 들 수 있으나, 그것이 열린 교육의 본질은 아니다. 열린 교육의 기본 정신은 학습자 개개인의 개성 존중에 있다. 이제까지의 학교 교육에서 강조해 온 학생 중심의 수업도 이와 같은 맥락이지만, 열린 교육에서 학생 존중은 그 정도가 훨씬 강하다. 열린 교육에서는 학생의 학습 선택의 자유, 자율 학습, 개별화 학습이 중점적으로 강조된다. 학습 선택의 자유는 크게는 하고 싶은 과목의 선택에서부터 작게는 제시된 여러 가지 학습 활동 중에서 학생들이 자신의 흥미와 능력에 맞는 활동을 스스로 선택하게 하는 것까지 그 폭이 넓다. 개별화 학습에서 교사는 학생의 보조자적 위치에서 학생이 진행하고 있는 내용에 따라 학생의 개별적 수준에 맞춰 보조하게 된다. 이런 열린 교육이 성공하기 위해서는 학습 공간과 학습 자료 등을 충분히 갖춘 풍부한 학습 환경이 필수적인 것은 두말 할 것도 없다.

3. 기본 원리

자율 학습, 체험 학습, 협력 학습으로 대표되는 열린 교육의 기본 정신은 외국어 교육에도 효과적으로 적용될 수 있다. 외국어 교수법으로서 최근 각광을 받고 있는 커뮤니커티브 어프로치(Communicative Approach), CLL(Community Language Learning), TPR(Total Physical Response), SAPL(Self-Access Pair Learning)* 등의 요소를 모두 합하면 OM(Open Method)이 된다. 즉 타스크 활동을 중심으로 한 행동 지향 교수법인 커뮤니커티브 어프로치와 TPR 방식은 학습자의 직접 체험을 중시한다는 점에서 열린 교육의 필수적인 요소이며, CLL은 열린 학습에서 필수적으로 등장하는 협력 집단 활동과 같고, SAPL은 열린 학습에서 가장 중시하는 학습자 주도형 학습인 것이다. 어떠한 교수법이든지 복합적인 특성을 띠지 않은 것이 없지만, 현재 가장 강조되고 있는 교수법들의 특성을 통합하여 극대화한 것이 **OM**인 셈이다. 현재의 고등학교 교육 과정에서 강조하고 있는 다양성과 창의성, 자율성도 열린 교육에서 추구하는 핵심 내용들이다. 현대 교육에서의 이러한 공통성들은 바로 현대의 학습관이 학습자 중심의 학습에 높은 가치를 두고 있기 때문이다. 다른 과목의 학습과 마찬가지로 외국어 학습에서도 가장 강조되는 것은 학생의 흥미 유발과 자발적 학습 참여이다. 이제까지의 외국어 학습에서는 정해진 교과서의 내용을 교사의 계획과 지도에 따라 학습하고, 교사가 일률적으로 평가하여 왔기 때문에 학습자 개개인의 개성을 살릴 수가 없었고, 자발성이란 예습, 복습과 주어진 과제 정도였다. 그러나 **OM**식 외국어 학습에서는 수업의 계획에서부터 작업, 발표, 평가에 이르기까지 학습의 전 과정을 학습자 스스로가 해결하게 된다.

＊ SAPL은 OM과 취지가 유사한 교수법이지만, SAPL은 모든 학습 과정이 교과서에 제시되어 있는 등 여러 면에서 OM에 비해 학습자의 자율성이 떨어진다.

4. OM식 수업 모형

OM식 일본어 수업에서는 각 학습 단원을 시작할 때, 준비 과정으로서 자료 제시 및 이해 과정을 설정한다. 즉, 단원 학습과 관련된 장면을 비디오를 통해 보면서 문화적인 특징, 발음과 언어 행동상의 특징 등을 발견한다. 이어서 장면 또는 기능과 관련된 여러 표현 자료, 문법적 설명 자료, 사진 자료, 테이프 자료 등을 참조하며 조별로 대본을 작성한다. 작성한 대본은 교사에게 개별 지도를 요청하여 수정을 가하고 수정된 대본에 따라 촌극 형식으로 장면을 재현한다. 다음 수업 시간에 조별로 제작된 장면을 발표하고, 발표가 끝난 뒤에는 자기 조가 작성한 대본에 대해 설명을 하며, 다른 조로부터 질문과 소감을 들어 자체 보완하는 것으로 평가를 대신한다. 문법적인 학습은 교사가 알기 쉽게 만들어 학습 자료로 제시하게 되고 대본 작성시 스스로 이해할 수 있게 한다.

OM에 의한 외국어 학습 과정을 모델화하면 다음과 같다.

〈그림 6-2〉 OM 식 외국어 수업의 모형

목표 인식 및 자료 관찰 과정	– (동기 유발) – (목표 인식) – (장면 관찰) – (행동 문화의 이해) – (발음 인지) – (듣기에 의한 의미 이해)
자료 분석 및 협의 과정	– (대화문 자료, 문법 자료, 장면 자료, 문화 자료, 시청각 자료)
연습 및 체험 과정 I	– (조별로 장면 설계) – (대본 작성) – (대본 교정) – (연습) – (발표)
평가 및 보완 과정 I	– (과정 보고 및 학습 내용 설명) – (그룹간 의견 교환) – (자체 평가 및 보완)
연습 및 체험 과정 II	– (개선점 협의) – (대본 수정) – (재연습) – (재발표)
평가 및 보완 과정 II	– (그룹간 의견 교환) – (자체 평가 및 보완) – (교사의 평가는 수업의 전 과정, 또는 그룹별 발전도를 평가함)

5. OM식 수업의 전개 과정

OM식 수업의 전개 과정을 설명할 때, 의사 소통 기능 실러버스 중 길을 묻는 단원을 예로 들어 설명하기로 하겠다.

■ 단 원 : 길을 묻기
■ 학습자 : 고등학교 2학년

■ 시　간 : 3시간 이상

1) 목표 인식 및 자료 관찰 과정

(1) 학습 목표의 설정

학습 목표는 두 개 이상 제시할 수 있고, 학습자들의 수준에 따라 적용을 증감할 수 있다. OM에서의 목표는 기능 중심으로 세우는 것이 좋다.

① 혼자서도 가까운 목적지에 갈 수 있다.
② 지나가는 일본인에게 일본어로 길을 물을 수 있다.
③ 길을 묻는 행동에도 문화 차이가 있음을 안다.
④ 길을 묻고 답할 때의 언어 행동을 할 수 있다.

(2) 동기 유발

지나가던 일본인 또는 외국인이 길을 물어 온 경험이 있는가, 그 때 어떻게 반응하였는가, 실패의 원인은 어디에 있었는가 등을 이야기해 본다. 외국인과 만난 경험이 없는 경우, 한국인에게 길을 묻거나 답한 경험을 통해서 이야기해도 된다. 이러한 체험을 일본에서 하는 경우에 어떻게 하면 좋을지 구체적인 장면을 설정해 보도록 한다.

(3) 과제 제시

호텔에서 나와 가까운 역까지 가고자 할 때의 장면을 설정하고 구체적인 행동 장면으로서의 과제를 제시한다.

2) 자료 분석 및 협의 과정

모델 장면을 관찰한 뒤 중요한 사항을 협의한다. 모델 장면은 적극적인 성격의 학습자를 대상으로 교사와 대화하는 장면을 비디오로 촬영하여 관찰시키거나 외국인의 사례를 활용하여도 좋다. 등장 인물의 행동을 관찰함으로써 길을 묻는 데에 필요한 언어 요소를 발견시킨다. 예를 들면 상대와의 거리, 말을 거는 방법, 시선, 묻는 표현, 듣고 있을 때의 자세, 감사의 표현과 행동 등 일련의 행동을 주의 깊게 관찰하도록 한다. 또한 각종 장면을 예상하여 어떻게 대처하는 것이 좋은가를 협의한다. 대본의 작성시에는 교사가 준 문형 자료나 CD-ROM 자료 등을 이용하여 목적에 맞는 자료를 찾아 활용한다. 대화 상대가 남자인가 여자인가, 성인인가 어린이인가, 장소는 어디인가, 상대는 어떠한 상태에 있는가 등에 따라서도 대처 방법을 협의하도록 한다.

3) 연습 및 체험 과정 I

(1) 연습

연습 단계에서는 협의 중에 거론되었던 각종 장면을 예상하여 대처 방법 및 유의 사항을 염두에 두고 연습한다. 특히 일본인과 대화할 때에는 상대와의 거리와 소리의 크기, 맞장구, 표정, 시선 등에 유의하여 연습하도록 한다.

(2) 체험(과제 실행)

체험은 두 가지 방법으로 과제를 부여할 수 있다. 하나는 교실 밖의 활동인데, 역할을 정하여 한 쪽은 일본인의 역할을 하고 다른 한 쪽은 길을 묻는 역할을 맡도록 하여 대화 장면을 촬영한다. 이러한 경우, 실제 상황과 똑같이 진지하게 행동하도록 한다. 또 하나의 방법은 일본인 관광객이 많은 곳을 찾아가 일본인에게 실제로 말을 걸어 보는 방법이다. 이 때 촬영을 맡은 사람은 상대방 일본인이 당황하지 않도록 주의해야 한다. 학습 취지와 협조를 구하는 메모를 먼저 보여 양해를 구해 두는 것도 좋을 것이다. 과제에 따라서는 비디오 대신 녹음을 할 수도 있겠으나, 언어 행동 전반을 학습하는 것이 목적이므로 비디오를 활용하는 것이 더 바람직하다는 것은 말할 것도 없다.

4) 평가 및 보완 과정 I

자율 평가

체험 장면을 관찰하며 서로 협의한다. 이 때는 언어 표현뿐만 아니라 수반된 언어 행동까지도 관찰한다. 여러 사례를 조별로 관찰하는 방법과 전체가 함께 관찰하는 방법이 있으나, 교실 환경과 학습자들의 수준에 따라 적당한 방법을 택하면 된다. 경험자의 느낌을 들어 보는 것도 좋겠다.

5) 연습 및 체험 과정 II

관찰, 협의한 내용을 참고하여 연습한 뒤 다시 체험(재체험)하여 본다. 가능하면 다시 한번 비디오 장면을 관찰, 협의하는 것이 좋으나, 시간을 고려하여 세 번째의 관찰, 협의는 조별로 방과 후에 자율적으로 하도록 한다. 그러나 체험과 관찰은 최소한 두 번은 실시하는 것이 좋다.

6) 평가 및 보완 과정 I

(1) 자체 평가

재체험에 대한 그룹간의 의견과 교사의 의견을 듣고 자체 협의를 통해 다시 한번 대본을 수정해서 언어 행동상의 문제점 등을 지적하고, 자체 해결이 되지 않는 부분은 교사의 도움을 받도록 한다. 이 때 교사는 답을 주는 것보다 답을 얻는 방법을 안내해 주는 것이 더 바람직하다.

(2) 교사 평가

평가법은 여러 가지가 있으나, 학습자의 수가 적을 때는 체험 현장을 교사가 직접 관찰할 수도 있다. 그러나 학습자 수가 많을 때에는 촬영해 온 비디오 장면과 관찰, 협의 장면을 기준으로 평가한다. OM식 수업의 평가는 성취도 평가가 아니므로, 학습 과정에서 얼마나 창의적이고 적극적으로 참여하고 있는가를 관찰하고, 부진한 이유를 학습 방법론적인 측면에서 진단하여 학습자에게 해결책을 제시해 주는 진단형 평가를 실시하는 것이 바람직하다. 평가의 수치화가 필요한 경우, OM식 학습과 같은 언어 행동 평가는 단번에 점수화하기에는 부적합하므로, 항목별로 3단계(상·중·하) 또는 5단계(매우 잘함·잘함·보통·부족함·매우 부족함)로 평가하여 각 단계를 수치화하면 항목 전체의 총화를 산출할 수 있다. 다만, 평가 항목 설정에 있어 언어 사항만을 평가하지 말고 학습의 전 과정을 평가할 수 있도록 다양한 항목을 설정하여 구체적인 진단이 되도록 하는 것이 바람직하다.

6. 효과 및 전망

열린 교육에 의한 일본어 학습은 학습자 주도형 학습이라는 점에서 높은 성취 효과가 기대되는 교수법이다. 성취 효과 중에는 일본어 구사 능력만이 아니고, 협동 정신을 위시한 시민 정신의 육성, 문제 해결 능력 신장과 같은 목적 수행은 물론 언어 학습의 자율성을 높이고 스스로 평가하는 힘을 키움으로써 일본어의 빠른 습득 효과를 얻게 된다. 열린 교육은 1986년경에 초등학교에서 시작되었으나, 1995년경부터는 중학교에서 적극적으로 도입하게 되었고, 머지않아 고등학교와 대학 교육에도 도입될 것으로 전망된다. 왜냐하면 갈수록 많은 학생들이 열린 교육을 체험하게 되고 그러한 학생들이 고등학교와 대학에 진학하기 때문이다.

외국어 교육에 있어서의 열린 교육 또한 1997년에 초등 영어 교육에서 도입하기 시작하였으므로, 2000년대에는 중등 제2 외국어 교육에서도 일반화될 것으로 전망한다.

7 오픈 메서드(OM)식 일본어 수업의 실제

여기에서는 오픈 메서드식 이론에 의한 모델 수업을 소개하고자 한다. 이 모델 수업은 1998년 8월 19일 서울일본어교육연구회 주최로 일본 공보 문화원에서 열린 하계 교사 연수회에서 공개된 것으로, 오픈 메서드에 의한 최초의 수업이라 하겠다. 모델 수업은 동덕여자고등하교 박순희 선생님과 학생들에 의해 실시되었다.

1. 모델 수업의 전개 과정

모델 수업은 「청유 기능」을 학습하도록 되어 있는 단원을 4차시로 나누어 다음과 같은 시간별 학습 계획안에 따라 실시되었다.

모델 수업은 3, 4차시에 해당하는 작업 결과의 발표 단계였다. 조원 6명은 실내와 운동장을 무대로 설정하여 농구 게임을 하는 장면으로 구성한다. 참가자 전원이 하나씩의 역할을 맡아 일상 생활의 한 장면을 자연스럽게 재현하였다.

학생들의 대본은 「天気がいいですね」를 「いいお天気ですね」로 고쳐준 것을 제외하고는 더 이상 수정하지 않았다. 의사 소통이 될 수 있으면 수정하지 않는 것을 원칙으로 한 것이다. 학생들이 제작한 대본은 다음과 같다.

〈표 6-2〉 차시별 학습 활동 계획

차시	학습 주제	주요 학습 내용	학습 자료	시간	비고
1/4	장면 이해 및 자료 제시	· 비디오를 통해 장면 관찰 및 행동 문화 특징을 조별 협의를 통해 발견 · 발음의 특징 발견 · 듣기에 의한 의미 이해 · 제시된 자료의 용도 알기 · 조 단위로 사회자를 선정하고, 대본 작성을 위한 작업 계획 세우기	· 비디오테이프 · 녹음테이프 · 교과서 및 협의용 노트 · 각종 자료 : 대화문 모음집 문법 설명 자료 각종 화보 문화 자료	50분	· 발견학습 · 토의학습 · 버즈학습 · 비디오는 여러 차례 반복 상영
2/4	작업	· 조별로 대본 작성, 대본 교정(조별 지도) · 역할 분담, 소도구 계획 및 분담 연습 계획 세우기	· 대본 작성을 위한 각종 자료 협의 노트	50분	· 토의학습 · 노작학습 · 버즈학습
3/4 4/4	발표 및 평가	· 작업 결과 발표(촌극 형식) · 대본 내용 설명 · 작업 과정 보고 · 질의 응답 · 자체 수정 보완	· 촌극용 소도구 · 대본 프린트 · 설명용 괘도 · 촬영기 · 녹음기	각각 50분	· 발표학습 · TPR식 수업 · 자율평가

(교실에서)

교실에서 공부를 하다가 인식이 문득 창 밖을 내다 본다.

　인식 : いいお天気ですね。

　윤영 : そうですね。

　인식 : そとで運動をしましょうか。

　윤영 : いいですね。ユンヒさん、どう？

　윤희 : いいですよ。

　　　　バドミントンをしましょう。

　　　　ポキョンさんもいいですか。

　보경 : いいえ、わたしはバスケットボール。

　진영 : それがいいですね。

　윤희 : それではバスケットボールをしましょう。

모두 공을 가지고 운동장으로 나간다.

(운동장에서)

　　윤영 : (보경에게 공을 던지며) どうぞ。

　　보경 : シュート。(공이 안 들어 간다)

　　현경 : がんばりましょう。

모두 땀을 흘리며 신나게 뛴다.

　　윤희 : あ、あつい。

　　진영 : ほんとうにあついですね。

　　윤희 : のみものどうですか。

　　윤영 : わたしはコーラ。

　　인식 : わたしも。

　　　　　わたしたちコーラ。

　　보경 : わたしはアイスクリームをいただきます。

　　진영 : それではいっしょにお店にいきましょう。

　　모두 : はい、いきましょう。

2. OM식 수업의 효과

모델 수업을 직접 지도한 박순희 선생님의 소감을 그대로 옮겨 본다.

　　OM식 모델 수업을 준비하는 동안에 지도 교사로서 가장 큰 관
심은 새로운 교수법이 학생들에게 얼마나 효과적인 학습이 될 수
있을까 하는 점이었다. 그래서 학생들이 어떻게 새로운 지식을
습득하고 소화하여 자기의 것으로 만들어 가는가 하는「과정」에
특히 관심을 가지고 보았다. 그런데 학생들은 지금까지 경험했
던 수업 방법과는 전혀 다른 새로운 형식의 수업 방법이었음에도
불구하고 매우 적응이 빨랐다. 아마도 촌극과 다양한 자료 제시
를 통한 교사와의 상호 작용이 전체 학습을 이해하는 데 도움이

되었던 것 같다. 또한 자율적으로 이루어진 조별 및 개별 학습 단계를 통해서 학생 스스로 새로운 개념이나 원리에 대해 직접 이해하고 토론하는 기회를 갖게 되었기 때문이 아닐까 생각한다. 뿐만 아니라 이렇게 일상에서 행해지는 협동적 작업을 수행해 나가는 과정을 거치면서 생긴 의문 사항이나 문제점에 대해서는 학생 개인이 직접 교사에게 질문을 함으로써 학생과 교사와의 피드백이 원활하게 이루어질 수 있었던 점도 학생들로 하여금 적극 참여할 기회를 높이는 하나의 계기가 되었던 것 같다.

이번 OM식 모델 수업을 준비하는 동안에 가장 인상 깊었던 것은 조원간에는 분명히 개인차와 학력차가 있음에도 불구하고 교사의 참여 없이도 서로 이끌어 주면서 작은 역할이라도 스스로 참여하려는 자세를 보인 점인데, 바로 이러한 점이 OM식 수업이 가져오는 최대 효과라 할 수 있겠다.

OM식 수업의 장점은 박 선생님의 소감에 모두 나타나 있다고 할 수 있다. 일반적으로 교사는 본인이 직접 가르치지 않으면 마음을 놓지 못한다. 그러나 돌이켜보면 예나 지금이나 소위 공부 잘한다는 학생은 학교 교사에게 의존하지 않고 대부분 스스로 공부하고 있다는 사실을 간과해서는 안 된다. 교사의 설명은 여러 학생의 레벨에 모두 맞출 수 없기 때문에 내용의 상당 부분이 학생들에 따라서는 불필요한 시간 낭비인 경우가 많다. 그러나 OM식 수업에서는 학생들이 각자의 레벨에 맞는 수업에 임하기 때문에 실제로 교사가 가르치는 양보다 훨씬 많은 양을 학습하게 된다.

인간이 가만히 앉아 주의를 집중할 수 있는 시간은 연령이 낮을수록 짧지만, 개인차도 커서 5분을 넘기기 힘든 학생들이 많다. 그러한 학생들의 흥미를 돋구기 위해서는 교사는 5분마다 웃기거나 주의를 환기시키기 위한 비방을 써야 할 것이므로 여간 어려운 일이 아닐 수 없다. 그러나 OM식과 같은 협력 자율 학습에서는 스스로가 주체가 되어 놀이를 통한 학습을 하기 때문에 집중력이 오랫동안 지속된다. 흥미있는 사실은 평소에 주의가 산만한 학생일수록 이런 학습 활동에서는 생기가 돈다는 사실이다. 대개는 공부 잘하는 학생이 외국어도 잘한다고 생각하기 쉬우나, 시험의 경우와는 달라서 시험 성적은 안 좋아도 말을 잘하는 학생은 얼마든지 있다. 또한 시험 성적은 좋으나 말은 유창하게 하지 못하는 학생도 있음을 생각하면 당연한 일임을 알 수 있을 것이다.

3. OM식 수업과 문법 지도

완전 자율 학습을 지향하는 OM식 수업의 경우 교사들이 가장 불안해하는 것은 문법을 배우지 않고 어떻게 언어를 구사할 수 있겠는가라는 의문점이다. 이러한 의문점은 성인의 외국어 학습에서는 언어 구조를 먼저 파악하고 그 구조에 맞춰 표현을 익히는 것이 효과적이라는 언어 교육관에서 비롯된 것이다.

OM식 학습에서의 문법 습득은 학생 스스로가 발견하도록 하는 데에 있다. 물론 교사가 제시해 준 각종 자료를 통해 학습자가 스스로 문법을 터득하게 하는 데에 OM식의 특징이 있다. 그렇게 하여 터득된 문법은 교사에 의해 지식으로서 배운 것과는 달리 언어 습득에 곧바로 응용된다는 점이 다르다. 이미 실례를 통하여 규칙을 추출해내는 과정 자체가 기존의 학습법과는 정반대의 과정을 밟았기 때문이다.

4. OM식 수업의 문제점

모델 수업을 경험한 박 선생님은 OM식 수업의 문제점으로 다음 사항들을 들고 있다. 하나는 한 조를 6명으로 편성했을 때 현재의 학급 규모에서는 8개조 이상이 되므로 교사 혼자서는 지도가 어렵다는 것과, 조별 활동시 소음으로 인한 인접 클래스와의 문제, 교사 교육 및 다양한 자료의 개발, 학습 시설 등이다. 그러나 소음 문제 이외에는 이미 기존의 교육이 안고 있는 고질적인 문제점들이므로 OM식에 국한된 것은 아니라 하겠다. 교수법에 의해 교육 여건이 바뀌는 것이 아니기 때문에 현재의 여건에서 최선의 방법을 강구하는 것이 교수법의 기본 방향일 것이다. OM식 수업시의 소음 문제는 학습자들이 익숙해지면 점차로 해결될 것이다. 장기적으로는 음악실이나 미술실과 같이 어학 전용 강의실의 확보도 필요할 것이다. OM식 학습에서 과밀 학급은 거의 문제가 되지 않는다. 8조인 경우 시간적으로는 8명을 지도하는 것과 같으므로 50명 전원을 일대일로 지도하던 것과는 크게 다르다. 최신의 어학 학습 시설과 풍부한 교재를 갖춘 10명 미만의 소수 학급에서 가르친다면 여러 가지 이상적인 학습의 시도가 가능할지도 모른다. 그러나 현재와 같이 변변한 시설 하나 갖추지 못한 과밀 학급에서는 학습을 학습자에게 맡기는 것만이 학습 효과를 극대화시키는 길이 될 것이다. 그러한 학습의 실현을 위해서는 학습자의 무한한 잠재력에 대한 강한 믿음이 필요하다.

예로부터 교직은 「교편을 잡는다」, 「교단에 선다」 등 교사 중심 교육의 모습으로 그려져 왔었다. 그러나 앞으로는 「학습의 안내자」로서의 교사상으로 의식의 전환이 필요하다 하겠다.

8 내추럴 어프로치

　교수 이론은 언어관의 변천과 시대적 요구에 따라 끊임없이 새로운 교수 이론이 등장하였고, 새로 등장한 교수법은 그 시대의 주된 교수법으로 전세계에 유행하곤 하였다. 현대에 있어서도 예외 없이 새로운 교수 이론에 따른 교수법이 선보이게 되었고 전세계적으로 외국어 학습 방법의 주된 경향을 형성하고 있다. 80년대 이후의 대표적인 교수법으로서는 내추럴 어프로치(Natural Approach), 커뮤니커티브 어프로치(Communicative Approach), 내용 중심 교수 이론(CBI:Content Based Instruction)을 들 수 있을 것이다.

　내추럴 어프로치라는 교수법은 스페인어 교사인 Terrell이 고안하여 80년대 초부터 주목을 받기 시작한 교수법으로, 학습자를 편안한 상태에서 외국어 이해 활동만을 시키다 보면 자연히 표현 활동도 하게 된다는 교수법이다.

　내추럴 어프로치가 등장하기 전인 60년대부터 제2언어의 습득에 관한 연구가 매우 활발하였다. 초기에는 학습자의 오용 분석을 중심으로 전개되었는데, 분석의 결과 학습자의 오용은 일정한 발달 단계와 밀접한 관계를 갖고 있음을 알게 되었다. 그에 따라 제2언어의 발달은 모어와 마찬가지로 일정한 발달 순서가 있음을 알게 되었고, 모어와 같은 학습법을 고안하게 된 것이다. 내추럴 어프로치는 이러한 이론적 환경에서 발생한 것인데, 특히, Stephen D. Krashen의 습득 이론의 힘을 입어 더욱 활성화되었다.

Krashen의 습득 이론은 습득-학습 가설, 자연 순서 가설, 모니터 가설, 입력 가설, 정의 필터 가설 등의 5가지 가설을 바탕으로 하고 있다.

① 습득-학습 가설(the acquisition-learning hypothesis)

제2언어 능력의 발달 과정에는 습득에 의한 부분과 학습에 의한 부분이 있다. 습득이란 어린이가 모어를 습득하는 것과 같이 무의식적으로 이루어지는 것이고, 학습이란 의식적으로 언어의 규칙과 용법을 훈련을 통해 익히는 것을 가리킨다.

② 자연 순서 가설(the natural order hypothesis)

문법 구조의 습득에는 모어나 연령에 관계없이 자연적으로 습득되는 공통적인 순서가 있다는 가설이다. 모든 학습자의 습득 순서가 완전히 일치하는 것은 아니지만, 상당한 유사성을 갖고 있다는 것이다.

③ 모니터 가설(the monitor hypothesis)

습득된 언어 능력과 학습에 의한 언어 능력은 각기 다른 기능을 갖고 있는데, 습득된 능력은 제2언어 발화의 시작과 유창성에 관여하고, 학습된 능력은 발화 도중의 수정시에만 작용한다는 가설이다. 학습의 이러한 수정 기능을 모니터라고 하는데, 이러한 모니터 작용은 극히 한정된 것이므로 제2언어의 발달에 있어서는 습득이 중요시된다.

④ 입력 가설(the input hypothesis)

언어 기능은 현재 습득된 단계보다 한 단계 상위의 구조를 가진 언어의 이해를 통해 습득되고, 이러한 이해는 문맥이나 언어 외적 정보를 활용하여 달성된다. 이러한 이해 가능한 언어가 대량으로 입력됨에 따라 표현 능력도 자연스럽게 나타난다는 가설이다. 즉, 표현 능력은 교육에 의한 것이 아니고 입력의 결과로서 나타난다는 것으로 이해 과정을 우선시하는 가설인 것이다.

⑤ 정의 필터 가설(the affective hypothesis)

언어 습득에 영향을 미치는 정의적 요인 즉 동기, 자신감, 불안 등을 「정의(情意) 필터」라 부르고, 이러한 장애 요인이 강한 상태에서는 정의 필터가 높아 습득이 더디고, 정의 필터가 낮을 때에는 입력 언어의 유입이 쉬워 습득이 촉진된다는 가설이다.

기존의 오디오링걸 메서드(Audio-Lingual Method)에서는 학습자의 오용은 모어의 영향에 의한 것으로 해석되었으나, 내추럴 어프로치에서는 모어나 목적 언어에 상관없이 발달상의 현상으로 취급되고, 문법 구조의 습득 또한 언어의 종류에 상관없이 보편적인 것이라는 것이다. 제6차 교육 과정에서 이해 과정을 우선으로 한 것은 이러한 내추럴 어프로치의 이론을 근간으로 한 것이다.

내추럴 어프로치는 초급 학습자를 위한 교수법으로서 구두 언어와 문자 언어의 기본적인 개인적 커뮤니케이션 기능의 배양에 목적을 두고 있다. 수업의 도입 단계에 있어서 학습자는 이해 활동만을 하게 되는데, TPR과 같이 교사의 지시에 따라 학습자는 듣고 움직이는 활동만을 하게 된다. 학습자가 말을 할 수 있게 될 때에 말하는 연습을 취급하게 된다. 이러한 학습에서는 활동 내용이나 화제를 다룬 실러버스는 있지만, 언어 사항을 다룬 실러버스는 없다. 왜냐하면 이해 가능한 한 단계 위의 언어 정보를 대량 제공하는 것만으로 습득하게 되므로 구체적인 어휘나 문법 사항의 지도는 고려되지 않는다. 따라서 활동과 과제 선정에 있어서 습득이 순조롭게 진행될 수 있도록 내용을 선정하는 것이 중요하다. 학습자가 언어 생성의 준비가 되지 않은 상태에서 표현하는 훈련을 시키는 것은 학습에 지나지 않고 오히려 학습자에게 부담을 주어 정의 필터가 높아질 뿐이라는 것이 내추럴 어프로치의 견해이다. 그렇다고 하여 내추럴 어프로치가 의식적인 학습을 철저하게 배제하는 것은 아니다. 모니터 기능을 통해 아는 정보가 많은 학습자의 경우에는 모니터 기능을 활용할 수 있도록 해 주는 것이 바람직하다. 즉, 학습자의 학습 목표, 지식 수준, 연령, 학습 스타일 등에 따라 학습과 습득을 안배하는 것이 효과적이라고 하겠다. 내추럴 어프로치에서의 교사는 발화를 강요해서는 안 되며, 오류의 즉각적인 정정을 해서도 안 되고, 학습자의 불완전한 표현을 긍정적으로 받아들여야 함은 물론, 학습자가 흥미를 보이는 내용을 입력 자료로 선정하고 학습자가 편안한 마음으로 학습에 임할 수 있도록 해야 한다.

이해를 통한 언어의 입력 활동이 이루어지면 경험이 많은 성인 학습자에 따라서는 자발적인 발화 개시 시기가 빨라서 1, 2시간만에 시작하는 경우도 있으며, 늦은 경우에는 10~15시간만에 발화를 시작하는 경우도 있다. 이는 어린이의 발화 개시에도 1개월에서 6개월의 개인차가 있듯이 개인차가 크다는 것을 알아야 한다. 따라서 일률적인 발화 개시의 강요는 정의 필터를 높여 역효과를 낳게 되는 것이다. 발화 초기에는 간단한 예, 아니오 정도의 질문을 비롯하여, 「どこ、なに、いくつ、いつ、どのような、どんなふうに」와 같은 발문법은 바람직하나, 「どうして」와 같은 발문은 적합하지 않다. 대답하는 경우에도 지명하지 않고 아는 사람이 손을 들고 자유롭게 대답하는 자발적인 임의 응답의 형식을 취하는 것이 정의 필터를 높이지 않는 길이다.

문자의 학습에 있어서도 발화가 시작되기 전에는 취급하지 않는다. 왜냐하면 발화 이전에는 목표 언어의 음운 체계의 내재화가 이루어지지 않은 상태에서 발음을 해야 되기 때문에 부담을 느끼게 되어 역효과를 초래한다는 것이다. 그러나 발화 활동이 시작됨과 동시에 문자 언어로 된 표기예를 입력시킬 필요가 있다.

초기 이후의 학습 형태는 표현력 향상에 중점을 두는 수업이 전개되는데, 이는 커뮤니커티브 어프로치와 매우 흡사하게 전개된다.

커뮤니커티브 어프로치

커뮤니커티브 어프로치(Communication Approach)라는 용어는 두 가지 의미로 사용되고 있다. 하나는 70년대 이래 외국어의 주된 목적이 직접적인 교류에 의한 커뮤니케이션 활동이 되면서부터 회화 능력 신장의 필요성이 커짐에 따라 외국어 학습이 커뮤니케이션 능력 신장을 중시하게 된 데서 유래한 넓은 의미로서의 용법이다. 또 하나는 유럽 평의회의 현대언어센터에서 개념 중심 실러버스를 이론적 바탕으로 하여 개발한 Unit/Credit System을 가리키는 좁은 의미의 용법이 있다. 보통 커뮤니커티브 어프로치라고 하면 전자의 넓은 의미의 용법으로 사용되는 것이 일반적이다. 69년대에 일기 시작한 기존의 오디오링걸 메서드(Audio-Lingual Method)에 대한 비판을 통해 문법이나 문형적인 능력만으로는 커뮤니케이션 능력의 향상에는 별로 도움이 되지 않음에 의문을 갖게 되고, 언어의 장면에 따라 적용하는 능력, 즉 커뮤니케이션 능력의 중요성이 밝혀지게 됨에 따라 커뮤니케이션 중심의 외국어 학습법은 더욱 주목을 받게 된다. 커뮤니커티브 어프로치는 실제의 커뮤니케이션 활동을 통해서 언어 학습을 진행하는 교수법으로 현재의 가장 널리 활용되고 있는 방법이기도 하다.

커뮤니커티브 어프로치는 Hymes의 의사 소통 능력(Communicative competence) 이론과 Halliday의 기능주의적 언어관을 이론적 배경으로 한다.

먼저 Hymes의 이론을 대표하는 구절을 소개하기로 하자. 'There are rules of use without which the rules of grammar would be useless(언어 사용의 규칙 없는 문법 규칙은 무용 지물이다).' 이 표현은 기존의 Chomsky 의 이론에 입각하여 보편적 문법 규칙만 알면 된다고 알고 있었던 사고 방식에 정면으로 도전한 발언이었다. 즉 Chomsky에게 있어서의 언어 이론 연구의 대상은 문법적인 문을 만들 수 있는 추상적인 언어 능력을 대상으로 하고 있을 뿐이었다. 그러나 Hymes는 언어 이론은 커뮤니케이션 과 문화까지도 통합한 광범위한 것으로 인식한다. 그리하여 능력과 운용을 잠재적인 능력과 실제적 운용으로 구별하여 잠재적 언어 능력이란 Chomsky가 말하는 언어 능력뿐만이 아니고 언어 사용 방법까지도 포함된다는 것이다. 이런 능력의 총체를 가리켜 언어 사용 능력(Communicative competence)이라고 명명하였다.

한편 Halliday는 언어 행위는 인간이 타인에게 행하는 행위의 하나로서 언어의 형태로 행해지는 행위라고 하여, 언어란 「무엇에 대하여 말하는」 것일 뿐만 아니고 「무엇인가를 하기 위한」 것이기도 하다는 것이다.

Halliday는 유아의 언어 기능 관찰을 통해 언어의 기능을 다음과 같이 분류하였다.

① 도구적 기능 : 언어를 사용하여 목적을 달성하는 기능
② 통제 기능 : 상대의 행동을 통제하는 기능
③ 상호 작용 기능 : 상대와의 상호 작용을 성립시키는 기능
④ 개인적 기능 : 개인적 기분과 감정을 표현하는 기능
⑤ 발견의 기능 : 모르는 것의 설명을 듣고 새롭게 알게 되는 기능
⑥ 상상의 기능 : 언어를 통해 상상의 세계를 그리는 기능
⑦ 표현의 기능 : 전달을 위한 기능

Halliday의 이러한 연구는 초기의 연구 결과이지만 이후 언어의 커뮤

니케이션 기능에 관한 연구는 매우 세분화되었다. 제6차 교육 과정의 의사 소통 기능과 제7차 일본어과 교육 과정의 의사 소통 기능의 분류는 이런 연구의 결과이기도 하다.

커뮤니커티브 어프로치의 특징은 다음과 같다.

① 언어의 문법 체계보다는 기능(機能)을 중시한다.
  언어의 구조보다는 장면에 따른 기능을 중시한다.
② 어귀보다는 문장을 중시한다.
  단어나 단문 레벨로는 언어의 기능을 알 수 없으므로 기능을 파악할 수 있는 단락 내지는 문장을 중시한다.
③ 지식의 획득이 아닌 능력의 습득을 중시한다.
④ 효과적인 커뮤니케이션 기능을 중시하기 때문에 대화를 암기할 필요는 없다.
⑤ 대화의 의미는 장면이나 문맥상의 의미를 중시한다.
⑥ 정확한 발음보다는 이해 가능한 수준의 발음이면 충분하다.
⑦ 오디오링걸 메서드에서는 문법적인 설명을 피하지만, 커뮤니커티브 어프로치에서는 모어 사용에서 번역까지 학습자에게 도움이 될 수 있는 모든 수단을 동원하여 학습자를 돕는다.
⑧ 연습의 초기부터 커뮤니케이션을 위한 연습을 권장한다.
⑨ 읽기, 쓰기 학습도 학습 초기부터 병행한다.
⑩ 언어 학습은 개인의 시행착오를 거쳐 획득되는 것으로 보고 오용을 피하지 않는다.
⑪ 정확성보다 유창성과 모어 사용자가 알 수 있는 언어 사용을 중시한다.
⑫ 학습자가 어떠한 언어 표현을 사용할 것인지 예측하기가 어렵다.

커뮤니커티브 어프로치에 의한 교수법에는 크게 두 가지 경향을 보이고 있는데 Howatt는 이를 강·약의 두 종류로 분류하고 있다. 약한 커뮤

니커티브 어프로치란 학습한 언어 사항을 중심으로 커뮤니케이션 활동을
해 보는 방식으로 코스를 구성하는 것이며, 강한 커뮤니커티브 어프로치
란 먼저 커뮤니케이션 활동을 시킴으로써 언어 시스템을 자극하여 언어
를 습득시키는 것을 가리킨다. 어느 쪽의 커뮤니커티브 어프로치든 이 교
수 방법은 부분적이 아니고 타스크 연습을 통해서 종합적으로 언어를 학
습한다는 데에 특징이 있다. 강한 커뮤니커티브 어프로치에는 내용을 중
심으로 전개하는 것이 일반적이고 약한 커뮤니커티브 어프로치는 방법을
중심으로 전개하는 것이 일반적이다. 내용을 중심으로 하는 방법은 다음
의 내용 중심 교수법과 유사하므로 그 곳에서 소개하기로 하고, 여기에
서는 현재 가장 널리 사용되고 있는 방법 중심 커뮤니커티브 어프로치를
소개하기로 하겠다. 방법 중심 커뮤니커티브 어프로치에서 실제의 커뮤
니케이션 활동으로서 널리 사용되고 있는 방법으로는 타스크 연습, 인포
메이션 갭, 게임, 역할 놀이, 시뮬레이션, 프로젝트 워크 등이 있다.

① 타스크(Task)

타스크란 소규모의 타스크에서부터 다음에 소개하는 인포메이션 갭
에서 프로젝트 워크 등 대규모 타스크까지 가리키는 포괄적인 개념
으로서, 커뮤니커티브 어프로치식 수업을 전개하는 데 필요한 기본
적인 개념이다. 작은 규모의 타스크는 간단한 그림 카드나 지도를 보
면서 방향을 묻고 길을 찾아가는 활동을 하는 것을 들 수 있다.

② 인포메이션 갭(Information gap)

커뮤니케이션 활동을 위한 기본적인 연습 원리로, 두 사람의 대화자
가 각각 정보량에 차이가 있는 그림이나 표를 갖고서 서로가 대화
를 통해 정보차를 메워 가는 활동이다. 예를 들면 한 사람은 방 안
에 책상과 의자만 있는 그림을 들고 또 한 사람은 방 안에 더 많은
것들이 그려진 그림을 들고 방 안에 무엇이 있는가를 물어 가며 서
로의 정보차를 확인해 가는 것이다. 이런 정보차를 이용한 연습을

인포메이션 갭 연습이라고 한다. 이런 정보차를 3명 이상이 분산적으로 다른 정보를 갖고 진행할 때 지그소우(jig saw) 연습이 된다.

③ 게임(game)

말 이어가기, 수수께끼, 말 전달, 제스처 등 여러 유형의 게임을 언어 학습에 활용하는 방법이다. 게임을 잘 활용하면 학습자가 지루하지 않고 즐거운 학습이 되게 하는 데 효과적이다.

④ 역할 놀이(Role play)

역할 놀이는 여러 단계가 있는데, 배운 내용을 외워서 그대로 연기하거나 부분만을 바꾸어 말하는 오디오링걸의 패턴 프랙티스에 준하는 것부터, 장면과 상황만 주어지고 어떠한 표현을 사용하는가는 연기자에게 맡겨지는 것까지 있다. 커뮤니커티브 어프로치에서는 후자의 경우를 자주 사용하는데, 화자에게 상황과 역할을 잘 설명한 뒤에 그 역할을 수행하도록 한다.

⑤ 시뮬레이션(simulation)

시뮬레이션은 사회 활동의 일부를 교실에 모의 장면을 설치하고 그역할에 따라 역할을 수행해 보는 것이다. 가장 바람직한 것은 현장과 똑같이 꾸며진 세트를 이용하는 것이지만, 교실에서는 간단한 소품과 장면을 꾸며 촌극처럼 연기하는 것도 무방하다.

⑥ 프로젝트 워크(project work)

프로젝트 워크란 학습자를 몇 개의 소그룹으로 편성하여, 특정 활동을 수행하거나 작업을 통해 일종의 제품을 완성하게 하는 것으로, 준비와 계획, 제작에 이르기까지의 전 과정을 학습자가 주도하는 활동이다. 가장 많은 활동으로는 「학급 신문 만들기」, 「자기 고장이나 국가의 문화를 소개하는 비디오 만들기」, 「자기나 자기 학교를 소개하는 비디오 레터 만들기」, 「일본인을 대상으로 앙케트나 질문한 것을 녹음하여 오기」 등을 들 수 있다. 교사는 자료 준비나 언어적 조언 정도를 돕게 되는데, 학습자의 학습 수준에 비해 너무 어려운 프로젝트가 되지 않도록 유의하여야 한다.

10 내용 중시 교수법

　내용 중심 교수법(CBI:Content Based Instruction)은 90년대 들어 등장한 외국어 교수법으로, Stryker, S.B. and B.L. Leaver가 편집한 『Content Based Instruction in Foreign Language Education』에 자세히 소개되어 있다. 내용 중시 교수법은 기존의 여러 유형의 타스크 중심 학습의 진일보한 학습 형태라고 할 수 있다. 내용 중심 교수법에도 기존의 제반 타스크 연습과 같은 형식이 활동되지만, 기존의 학습 활동에서는 언어 기능의 습득이 목적이었기 때문에 이들 타스크 활동이 보조적 수단으로 사용되는 것들인 데 반해, 내용 중심 교수법은 학습의 목적이 지식 내용에 있고 그 부수적 효과로서 언어 기능이 습득된다는 점이 기존의 활동과 다르다. 한 마디로 CBI는 어학 학습과 지식 내용의 학습을 통합한 것이다. 이 교수법은 기존의 어학 학습관과 완전히 결별한 학습법으로, 어학 학습이라기 보다는 지식 내용의 학습을 통해서 부수적으로 언어를 배우는 것으로, 수업의 초점을 딴 곳으로 옮겨서 언어의 운용 능력을 습득할 수 있다는 것이다. 기존의 어학 학습이 부분의 학습을 쌓아 언어 전체의 능력을 습득하는 bottom-up 어프로치라고 한다면, CBI는 있는 그대로의 실제 언어 재료의 체험을 통해서 부분적인 언어 기능을 익혀 가는 top-down 어프로치라고 할 수 있다.

　영어라고는 배워본 적이 없는 제주도의 어느 한 초등학생이 어려서부터 영화 비디오를 즐겨본 덕택에 영어를 유창하게 구사하게 된 사실이 보도된 적이 있고, 어느 대학생은 어려서부터 일제 전자 게임을 즐긴 것밖에 없는데도 어지간한 일본어 편지 정도는 쓸 수 있는 문장 실력이 붙게 된 사례가 있는데, 우연처럼 보이는 이러한 사례도 CBI의 원리와 같은 수업 방식의 하나인 셈이다. 즉, CBI는 학습자가 하고 싶은 다른 과제를 해결해 가는 과정에서 일본어에 접하게 되어 일본어를 알아가게 되는 것으로, 표면적으로는 언어 학습으로 보이지 않을 수도 있는 수업 형식인 것이다.

CBI식 수업의 대표적인 특징은 다음과 같다.

① 지식내용 중심(Subject-matter core)이다.
② 현장의 일본어 자료를 텍스트로 사용한다.
③ 특수 목적 학습자의 요구에도 대응한다.
④ 학습자 주도로 진행된다.
⑤ 과제가 유동적이고 유연하여 학습자들의 선택의 폭이 넓어야 한다.
⑥ 과제는 모듈 형식으로 진도에 상관없이 선택할 수 있어야 한다.
⑦ 과제의 수준이 학습자의 흥미와 레벨에 맞는 것이어야 한다.
⑧ 교사는 과제 해결에 도움이 될 수 있는 많은 자료를 준비하여 학습자를 도울 수 있어야 한다.
⑨ 학습자는 과제 해결을 위하여 가능한 모든 방법을 동원할 수 있다.
⑩ 일본어의 능력은 과제 해결 과정에서 접하는 일본어 자료를 통해 부수적으로 습득된다.

CBI식 수업의 사례를 소개하면, 먼저 커다란 테마를 제시하고 그 중 작은 테마는 학습자가 선택하도록 하여 각자 다른 내용의 학습을 진행하는 방법과, 하나의 테마를 제시하고 같은 테마를 여러 조가 각각 진행하는 방법이 있다. 전자의 경우에는 학습 기간 전체 또는 한 학기나 1년을 하나의 모듈로 설정하고, 예를 들면, 「일본 문화의 특징을 알아보자」라는 테마를 주고 그 중 무엇을 중심으로 알아볼 것인가는 그룹별 선택에 맡기게 된다. 후자의 경우는 좀더 구체적인 테마를 주되 모듈 형식으로 구성하고, 예를 들면, 「일본 만화의 특징은 어떤가」를 「지식 내용」으로 하여, 소그룹별로 어떻게 알아볼 것인가에 대한 조사 계획을 세우고 주어진 만화 재료와 인터넷 검색 등 다양한 방법을 사용하여 일본 만화의 특징을 분석하여 보는 방법이다. 이러한 과제를 해결하는 과정에서 각종 일본 자료를 접하게 되고 일본인과의 접촉도 이루어지게 된다. 이러한 과정에서 접하게 되는 일본어는 학습자의 수준은 전혀 고려되지 않은 것들이므로 학습자들은 각자의 능력과 방법을 총동원하여 일본 자료를 경험하게 될 것이고, 그 과정에서 개인마다 각기 다른 일본어 학습이 이루어지게 된다. 이러한 무계획적인 수업이 무슨 효과가 있을 것인가라는 의문이 들 수도 있겠으나, 학습자는 어학 학습이라는 부담이 없이 즐겁게 임하기 때문에 의외로 언어 능력의 획득은 효과적이라는 것이 이 수업에 대한 평가이다. 다만, 실제의 일본어 자료를 충분히 접할 수 있는 환경과 기회를 교사는 준비하도록 노력해야 할 것이고 그 방법에 대한 안내도 충실해야 할 것이다. 방법과 자료의 부족으로 학습자들의 의욕이 꺾여서는 내용 중심 수업의 효과를 기대하기 어렵기 때문이다. 따라서 내용 중심 수업은 과제를 선정할 때에 현재 주어진 환경에서 해결이 가능한 테마의 선정이 중요하고, 또한 초급 수준보다는 중급 이상의 클래스에서 실천하기에 더 쉬운 수업 방식이라고 하겠다.

2002년부터 사용될 예정으로 현재 제작중에 있는 중학교 『생활 일본어』에 한국의 일본어 교재 사상 최초로 내용 중심 수업이 부분적으로 도입될 예정이다.

CBI식 수업의 전개 과정은 다음과 같다.

〈그림 6-3〉 CBI 식 수업의 전개 과정

도입 단계	동기 부여 ➡ 학습 과제 제시
계획 단계	소그룹별로 과제 해결의 방향과 방법을 의논
활동 전개	그룹별로 과제 해결에 관련된 일본어 자료 수집 ➡ 자료의 분류 ➡ 자료 분석을 위한 역할 분담 ➡ 맡은 분야의 자료 검토 정리 ➡ 그룹 구성원끼리 협의 ➡ 보고서 작성
발표 및 평가 단계	그룹의 성과를 발표 ➡ 자기 평가 및 그룹 상호간의 평가 ➡ 교사의 평가
정리 및 응용 단계	그룹별 반성 및 정리 ➡ 그룹별 응용(비디오 제작 등)

제7장
언어 사항 지도의 실제

① 일본어 학습의 전략 이론

요즘 외국어 교육 이론 분야에서 학습 전략(learning strategies)이란 말이 유행하고 있다. 이는 외국어 구사 능력을 정복의 대상으로 보고 학습 목표의 달성 방법을 공격적인 전략으로 파악하고자 하는 매우 적극적인 학습 자세를 말한다. 수학에는 왕도가 없다지만, 외국어 학습의 왕도로서 내건 전략인 것이다. 종래의 일본어 학습법이란 단어 많이 외우고 문법 외우고 테이프 많이 듣는 것이었는데, 이러한 학습법은 계획적인 전략이 없는 주먹구구식 학습에 불과하다. 학교 수업에서도 문형을 학습한 다음에 문형 연습을 통해 그 문형을 반복 연습하는 것이 가장 일반적인데, 이 또한 효율면에서 뒤떨어진 전근대적 방법이라 할 수 있다. 여기에서는 외국어 학습에 필요한 전략들은 어떠한 것이 있는지를 소개하고자 한다. 이러한 전략은 각종 외국어 교수법을 이루는 기초가 되는 것이므로 전략의 이론적 이해는 곧 각종 교수법의 진수를 이해하는 길이기도 할 것이다.

1. 외국어 학습이론의 두 흐름

의사 소통 중심 외국어 학습법에는 크게 두 가지의 흐름이 있다. 행동주의적 흐름과 인지주의적 흐름이 그것이다. 「행동주의적 흐름」이란, 언어 습득 과정의 어린이가 모어를 습득하는 과정을 관찰하여 모방과 강화에 두고 있는 것이다. 이러한 학습법은 문형의 반복적인 연습에 중점을 두는 것으로, 먼저 문형을 이해하고 그 문형을 반복적으로 연습하는 방법이다. 현재의 문형 실러버스(syllabus), 장면 실러버스, 기능(技能) 및 기능(機能) 실러버스를 택하고 있는 거의 모든 교과서가 이러한 학습 단계를 기본으로 하고 있다. 문형을 행동과 함께 반복시키는 데에서 행동주의라는 명칭이 붙여진 것으로 보인다. 그러나 행동주의식 학습법은 문형만 반복하므로, 종합적인 언어 습득 능력에 이르는 데 효과적이지 못한 단점이 있다. 행동주의식 교육일지라도 우리말과 일본어처럼 서술 순서가 비슷한 언어끼리는 상당한 효과가 있을 수 있다. 그러나 영어와 우리말처럼 서술 순서가 다른 언어끼리일 경우, 종합적인 표현에까지 이르기에는 비효율적이라는 견해도 있다. 어린이나 외국어 학습자가 문형 연습의 축적에 의해서 외국어의 문형을 새롭게 익혀야 한다면 수많은 문형을 일일이 익혀야 할 것이므로 실제로는 불가능할 것이다.

인간의 뇌에는 생태적으로 나름대로의 문법이 내재되어 있어서 스스로의 가설에 맞춰 새로운 언어를 생산해 가므로 그러한 인지 활동을 반복시킴으로써 외국어 학습을 지향하는 것이 인지주의적 흐름이다. 인지주의적 학습법에서는 문형이나 단어를 하나하나 암기하는 것이 아니고 어떤 행동 목적을 직접 외국어로 체험한다. 즉 과제 학습법이 대표적인 예라 하겠다. 이런 경우 학습자는 나름대로의 가설을 세워 말을 만든 다음, 그것이 통하지 않을 때는 수정을 하게 되는데, 그 때 사용하는 언어가 중간언어이다. 이렇게 어린이의 인지 발달 과정처럼 언어의 인지 구조를 형성해 가는 것이 「인지주의 학습법」이다. 학습자는 나름대로의 중간언어를 수정해 가면서 해당 외국어를 익히는 것이다. 이 학습법의 장점은 언어에 필요한 여러 기능을 한꺼번에 터득할 수 있다는 데에 있다.

이상의 두 가지 학습 모델에서 전자는 코아 문형의 반복 학습을 통해서 종합적인 언어 행동에 도달하고자 하는 것이고, 후자는 체험의 시행착오를 거쳐서 인지로 입력하는 것을 우선으로 하여 언어 행동에 도달하고자 하는 방법인 것이다. 언어가 단순히 기호의 나열이 아니고 감정과 의사를 함께 동반한 종합적인 행동이라는 점에서 분명 후자의 학습법이 더 효과적일 것으로 생각된다. 인지주의 학습의 가장 비근한 예로서 현지 생활에 부딪쳐 가면서 배우는 외국어를 들 수 있겠다.

이처럼 외국어 학습이론에는 문형을 반복 연습하는 행동주의와 직접 체험을 통한 인지 구조의 형성을 중시하는 인지주의가 있다. 이들 두 모델은 지금도 모든 외국어 학습법에서 어느 쪽에 더 비중을 두고 있느냐 하는 정도의 차이는 있지만 모든 학습 지도법의 근간을 이루고 있다고 할 수 있다.

2. 각종 학습 전략

위의 학습 모델 중 어느 쪽을 택하는 것이 더 효과적일 것인가 하는 것은 외국어 학습의 효과를 높이는 학습 전략의 내용을 보면 자명해진다.

학습 전략 이론은 L. Rebecca의 연구가 가장 널리 알려져 있다. Rebecca는 직접 전략으로서는 기억 전략과 인지 전략, 보상 전략을, 간접 전략으로서는 메타인지 전략, 정의 전략, 사회성 전략을 들고 있다. 그러나 본고에서는 인지 전략과 보상 전략을 체험 전략으로, 메타인지와 정의 전략, 사회성 전략을 심리 전략으로 통합 수정하고 새로이 지원 전략을 가미하여 본고의 학습 전략으로 소개하고자 한다. 즉 직접 전략으로서는 기억 전략과 체험 전략을, 간접 전략으로서는 심리 전략과 지원 전략을 들고자 한다.

1) 기억 전략

직접 전략은 학습의 효과에 직접적으로 영향을 미치는 학습 방법이다. 맨 먼저 외국어 학습에서 빼놓을 수 없는 것이 기억인데, 한국의 학습자는 기억에 큰 비중을 두고 있으면서도 기억에 대한 전략을 매우 소홀히 하는 것으로 드러나 있다. 가령 히라가나를 위시한 문자나 어휘를 외우는 데도 그렇고, 문법의 활용, 음운 변화, 조사, 조동사 등을 암기하는 데 기억하기 쉽게 짜여진 전략이 없다는 점도 지적할 수 있다. 기억하기 쉽도록 재구성된 학습 내용이야말로 학습 효과에 큰 영향을 미치리라는 것은 더 이상의 설명이 필요 없을 것이다.

2) 체험 전략

체험 전략은 Rebecca의 인지 전략과 보상 전략의 효과를 결합한 것이다. 이미 익힌 언어 표현으로 사고 작용을 해 봄으로써 인지적 학습 효과를 높인다. 또한 모르는 표현을 포함하여 해석과 표현의 노력을 하여 부족한 부분을 채워가는 보상적 효과도 올리게 되는 것이다. 실제 생활 장면에 언어를 사용해 보는 것으로 이러한 효과를 함께 올릴 수 있다. 이러한 체험은 과제 학습과 같은 현장 학습이나 OM(Open Method)식과 같은 의사 체험(시뮬레이션) 학습법을 통해 가능한 것으로서, 언어의 통합적인 측면을 동시에 학습할 수 있다는 점에서 효과적이라 하겠다.

3) 심리 전략

외국어 학습에서 학습 동기 즉, 학습 목적이 학습 효과에 커다란 영향을 미친다는 것은 널리 알려진 사실이다. 일본어와 같이 국민 감정이 얽혀 있는 언어의 경우는 확실한 학습 동기를 부여하는 것이 중요하다. 대개의 학습자들은 실용성을 학습 동기로 삼고 있지만, 그것만 가지고는 심리 전략으로서 약하다. 혹자는 이기기 위해서 일본어를 배운다는 사람도 있다. 그러한 대립적이고 추상적인 인식을 심어주기 보다는, 일본과의 역사적 악순환을 막고 영원한 선린으로 존재하기 위해 상대를 연구하고 이해하도록 양국의 노력이 필요한데도 우리의 현실은 답답하기만 하다. 일본에 대한 연구가 전무에 가깝다는 것과 그것이 무엇을 의미하는 것인가를 일깨워야 한다. 일본어 학습자에게 현재의 한일 관계 유지는 물론 미래사 창조를 위한 선구자라는 신념과 긍지를 심어 주는 것이 더 바람직할 것이다. 아울러 일본어 학습을 장차 자기 발전에 크게 이용할 수 있음을 강조하여 다른 학습보다 소홀히 하지 않는 것, 즉 메타인지 전략도 심리 전략의 하나가 되겠다.

심리 전략에서 또 하나의 중요한 사항은 학습자의 기를 꺾지 않는 것이다. 학습자는 자기가 일본어 학습에 적성이 있다는 것을 스스로 믿고 확인할 때 훨씬 학습이 즐겁고 효과도 높다는 것을 잊지 말아야 한다. 유창성을 강조하는 현 교육 과정에서 학습자의 오류를 가급적 정정하지 않도록 권장하고 있는 것도 심리 전략과 같은 맥락이라 할 수 있다.

아울러 일본인과 적극적으로 대화하고 펜팔 등 언어 체험을 전개해 가는 성격 형성도 중요한 심리 전략의 하나이다.

4) 지원 전략

지원 전략은 교육 환경으로서의 교사의 지원이 해당된다. 기억 전략을 위한 방법과 자료의 지원, 체험 전략을 유도하고 방법을 제시해 주는 지원, 일본어 학습의 필요성과 전망을 일깨워 주는 심리 전략 등 교사와 학교의 보조자로서의 지원 전략 또한 학습 효과를 크게 좌우하는 부분이라 하겠다. 교사는 상기 3종의 전략을 항상 지원할 수 있는 전략가여야 한다. 교사의 지원이 수업 시간의 주도권을 쥐고 명령을 내리는 식의 지원이 아니고, 학생이 스스로 할 수 있는 학습 환경을 만들고 학습 방법의 안내를 돕는 보조자로서의 지원이 교사가 할 수 있는 전략이라 하겠다.

언어의 학습은 이처럼 여러 측면의 동시 접근에 의해서 달성되는 것이어서, 위의 4가지 전략을 충분히 활용하는 길이 일본어 학습의 왕도라고 할 수 있다. 이상과 같은 전략을 구사하기에 가장 적합한 학습법은 기억과 단순 훈련에 치중하는 행동주의, 보다 종합적 체험을 중시하는 인지주의 학습법이 더 효과적으로 적용될 수 있음을 알 수 있다.

2 문자 지도의 실제

언어의 인지 과정에 관여하는 두 가지 대표적인 감각인 청각과 시각 중, 문자 언어는 전적으로 시각에 의존하는 언어이다. 언어 생활에서는 이 두 감각에 의한 청각 언어와 시각 언어가 모두 활용되지만, 외국어 교육의 경우 시대적 목표에 따라 어느 한쪽에 치중하는 경향이 있었다. 예전처럼 외국어 학습이 정보 획득을 주된 목적으로 했던 시대에는 문자 교육에 중점을 두었었고, 요즘처럼 커뮤니케이션 능력을 중시하는 시대에는 청각 언어 교육에 중점을 둔다. 이러한 커뮤니케니션 중심 외국어 교육 시대에 처음부터 문자 교육을 실시하는 것은 불필요하다는 관점도 있다. 그러나 언어 생활이 구두 언어로만 성립되는 것이 아닐 뿐더러 외국어 사용 목적 또한 학습자에 따라 다양하므로 어느 경우에도 문자 교육이 경시될 수는 없을 것이다.

1. 문자 교육의 범위 및 시기

일본어에 사용되는 문자에는 히라가나, 가타카나, 한자 외에 아라비아 숫자, 한자 숫자, 로마자 등이 있다. 이들 문자 중 학습 대상이 되는 주된 문자로서는 히라가나, 가타카나, 한자를 들 수 있다. 문자 교육이라고 하면 이들 문자를 암기하는 정도의 것으로 생각하기 쉬운데, 문자 교육에 있어서 취급되어야 할 사항은 단순한 자형의 암기에 그치지 않고 신구 한자의 자체 식별, 오쿠리가나, 숫자 쓰기, 외래어 쓰기, 구두점 사용법 등 각종 표기법까지를 포함한다. 표기법에 대해서는 좋은 안내서들이 많으므로 본고에서는 문자에 한정지어 살펴보기로 하겠다.

일반적으로 학습 초기 단계 과정으로 알려져 있는 가나의 경우, 방법에 따라서는 초기에는 전혀 문자를 가르치지 않다가 구두 표현을 어느 정도 익힌 다음에 도입하는 방법도 있다. 읽기 중심 학습에서는 문자를 익히는 것이 선결 문제이므로 문자부터 익히는 것이 필수였다. 그러나 구어 표현을 중시하는 교육에서는 문자부터 교육하면 학습자가 시각을 통한 학습에 의존하게 되어 결과적으로 청각을 통한 학습 능력이 방해를 받게 된다. 그리하여 초기에는 문자를 도입하지 않거나 사용하더라도 자국어 문자나 로마자를 사용한 뒤 어느 정도 학습이 진척된 다음에 문자 지도에 들어가게 된다. 문자를 가르침에 있어서도 현재는 초기에 히라가나만을 익히는 방법이 있고, 히라가나에 이어 가타카나까지 익히는 방법이 있는데, 초기에 가타카나까지 익히는 것은 혼동을 초래하기 쉽고 초기에는 가타카나의 사용례도 적기 때문에 히라가나에 익숙해진 다음에 가타카나를 도입하는 것이 바람직하다. 물론 한자는 본문에 사용되는 한자를 중심으로 글자만에 의한 연습이 아닌 단어 중심의 학습이 바람직하다. 표기법의 지도는 작문 지도가 본격적으로 시작된 단계에서 사례에 따라 지도하는 것이 바람직하다.

2. 효과적인 가나 문자의 지도 방법

외국어 교육의 경우에 있어서 문자 교육을 따로 실시해야 할 만큼 중요한가 하는 원론적인 의문이 있을 수 있다. 언어에 따라서는 타자기나 워드프로세서에 대한 의존도가 높아서 상대적으로 필기 중심의 문자 학습 비중이 떨어지는 언어도 있다. 그러나 일본어의 경우는 격식을 매우 중시하는 문화적 배경과 함께 아직은 쓰기 지도가 중시되고 있는 나라인 만큼 외국어 교육에 있어서도 문자 교육은 경시할 수 없는 사항이다.

문자 지도 방법은 크게 나누어 두 가지가 있다. 하나는 개별 문자의 체계와 형태를 중심으로 가르치는 것이고, 또 하나는 문장이나 단어 학습을 통해 문자를 익히는 방법이다. 일본의 초등학교 과정에서는 이미 알고 있는 단어를 발음한 뒤 이를 다시 음절로 나누어 각 문자를 지도하는 소위 「음성법」이 널리 쓰이고 있는데, 이는 후자에 가깝다고 하겠다. 외국어 교육에도 후자는 가능하지만, 전자인 개개의 문자 중심 교육이 문자 상호간의 체계적 이해가 더 효과적인 성인 학습에 많이 사용되는 방법이다. 본고에서도 전자와 관련된 사항을 중심으로 설명하고자 한다. 히라가나의 체계에는 고쥬온식과 이로하식의 두 가지가 있는데, 기초 과정에서는 사전의 배열 방식과 같은 고쥬온식에 따라 가르치는 것이 일반적이다.

히라가나의 지도 방법은 비슷한 자형끼리 구조화해 상호 비교시켜 가며 익히는 방법과 연상법에 의한 암기법이 있다. 전자는 유사한 문자에 대한 혼동을 적게 하는 이점이 있고 후자는 문자의 빠른 암기에 유리하다. 가나를 유사한 모양끼리 분류한 하나의 예를 소개하기로 하자.

```
        う － る － ろ － ら － つ － や － せ
        り － け － は － ほ － ま － よ － も
                ね － れ － わ
    め － あ － ぬ － み
                の － ゆ
        い － こ － に － た － な
                さ － き
        す － お － む － を
        へ － く － し
        そ － て － と － ひ
        え － ふ
        か － ん
```

히라가나는 한자의 초서에서 유래하는 문자인 관계로 한글이나 로마자와 달리 글자의 자형이 매우 다양하여 글자를 균형잡히게 쓴다는 것이 쉽지 않다. 균형잡힌 가나를 쓰기 위해서는 글자의 외형적 특징을 파악하는 것이 중요하다. 이들 히라가나의 외형적 특징에 따라 나누어 보면 다음과 같은 형태적 분류가 가능하다. 이러한 외형적 특징을 살려 쓰면 보다 가나답게 쓸 수 있을 것이다.

- 원형 문자   : ゆ, わ, の, め, ぬ, こ
- 사각형 문자   : お, け, た, に, は, ほ, む
- 세로장방형 문자 : う, ま, く, も, り, し, よ, き, ち, ら
- 가로장방형 문자 : へ, や, つ, か, い
- 삼각형 문자   : あ, み, ふ, ね, ろ, る, う, ん, れ, え
- 역삼각형 문자   : な, と, さ, せ, て, そ, を, す, ひ

가나의 연상적 학습법이란 글자의 모양을 암기하기 쉽게 구체물과 결부시켜 외우는 방법으로 속성 암기에 매우 유리하다.

가나의 운필법은 대개 한글이나 한자에 있는 것이므로 한국인의 경우는 그다지 어려움을 느끼지 않을 것이다. 학습자가 접하는 가나의 글자체는 명조체와 교과서체가 대부분인데, 명조체는 사전에 주로 쓰이고 교과서체는 교과서에 쓰인다. 두 자체의 차이는 令은 명조체이고 令은 교과서체로 교과서체 쪽이 필기체에 가깝다. 흔히들 명조체의 활자 모양을 모사하며 가나 쓰기를 익히는 경우가 많은데, 이는 지양되어야 한다. 왜냐하면 필기체의 경우와 활자체의 경우는 운필법에 약간의 차이가 있기 때문이다. 명조체와 교과서체, 필기체의 자체를 비교해 보면 다음과 같다.

명조체	교과서체	필기체
令	令	令

활자체식 글자를 익히게 되면 어린이의 글씨라는 이미지를 풍기기 쉬우므로 성인 학습자의 경우 처음부터 필기체로 익히는 것이 바람직하다 하겠다. 가나는 한자의 초서에 기본을 두고 있기 때문에 균형을 잡기가 어려운 글자들이 많은데, 가나의 각 부분을 균형잡히게 익히기 위해서는 다음과 같이 문자를 여러 등분하여 단계적으로 짜임을 익혀 가는 것도 좋은 방법이라 하겠다.

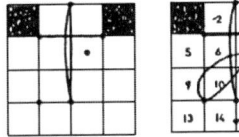

가나 문자의 경우 학습 초기에 자형을 익힌 이후에는 문자에 대한 지도가 더이상 이루어지지 않는 것이 일반적인데, 보다 고급 단계에 이르러서는 아래와 같은 성인용 흘림체를 학습시키는 것도 바람직하다.

なにぬねの

가타카나는 앞에서도 언급한 바와 같이 히라가나를 충분히 익힌 다음에 지도하는 것이 좋겠다. 가타카나만을 독립적으로 가르치기 보다는 한자를 아는 세대의 경우는 본래의 자원과의 관계나 히라가나와의 관계 등을 통해 지도함으로써 연상법에서 올릴 수 있는 효과를 기대할 수 있다. 특히 필순의 경우 가타카나 「ㅋ」의 경우는 한글의 「ㅋ」과 유사한 관계로 필순이 틀리기 쉬운데, 두 줄의 횡선을 먼저 그은 다음에 오른쪽 획을 긋도록 유념해야 할 것이다. 그리고 히라가나 「り」와 가타카나 「リ」의 윗쪽이 붙고 안 붙는 차이가 있는 점도 간과하기 쉬운 부분이다. 특히 가타카나의 경우 다음과 같이 그 모양이 유사하여 혼동하기 쉬운 글자들은 이

들 글자끼리 대조하여 지도하는 것이 효과적일 것이다.

(ア・マ), (ウ・ラ), (エ・ユ), (ク・タ), (ク・ワ), (コ・ユ),
(シ・ツ), (ソ・ン), (チ・ケ), (テ・ラ), (ラ・ヲ), (フ・ラ)

3. 한자의 자체에 대한 이해

일본어에 쓰이는 한자체는 한국에서 사용하고 있는 소위 구자체가 아닌 신자체라는 약자여서 한국의 한자와 미묘한 차이를 보인다. 글자에 따라서는 극히 일부분만 바뀐 관계로 그 차이가 두드러지지 않는 것이 있는가 하면, 명조체 자체의 다양한 디자인상의 차이만을 보이는 것도 있다. 예를 들면,「敎와 教, 鄕과 郷, 着과 着, 虛와 虚, 連과 連, 海와 海, 冬과 冬, 說과 説, 漢과 漢, 分과 分, 公과 公, 八과 八, 文과 文, 構와 構, 主와 主, 音과 音, 化와 化, 急과 急」 등이 그것이다. 이들 중「敎, 鄕, 着, 虛, 連, 海, 冬, 說, 漢」을 제외한「分, 公, 八, 文, 構, 主, 音, 化, 急」 등은 사용할 수 없는 자체가 아니고 단순한 한자 디자인상의 차이이므로 허용되는 사항이지만, 일반적으로는 후자가 널리 사용되고 있는 관계로 일본어 교재에서는 후자를 사용하는 것이 통례이다.

이들 명조체는 활자체인 경우와 필기체인 경우에 따라 달라지는 경우가 있는데, 대표적으로 다음과 같은 것들이 있다.

활자체	辶	手	子	言	保	衣
필기체	辶	手	子	言	保	衣

　이상 가나와 한자를 중심으로 일본어 가나문자와 한자 자체와 관련하여 몇몇 유의할 점에 대해 언급해 보았다. 지금은 가나와 한자를 익히기 위한 CAI용 소프트도 개발되어 있으나 단순한 문자만의 연습보다는 발음을 해가며 익히는 것이 더 바람직하다. 그리고 대개의 일본어 교육에서는 가로쓰기만을 가르치는 경우가 있는데, 실제의 언어 생활에서는 세로쓰기도 많으므로 세로쓰기의 연습도 곁들이는 것이 좋겠다.

　문자 학습의 진정한 완성은 글자만의 학습에서 그치지 않고, 표기법과 각종 서식까지를 익힘으로써 실제 문장을 작성할 수 있을 때에 비로소 완성된다고 할 수 있다. 그러므로 학습 단계에 따라 이러한 문장 관련 학습 지도가 체계적으로 이루어져야 함은 두말 할 필요도 없겠다.

3 히라가나의 기억 전략

1. 문자 학습의 흐름

교수법의 유형에 상관없이 외국어 학습에 있어 기억은 필수적인 학습 과정의 하나일 것이다. 한국의 일본어 학습자들은 기억 학습에 많은 시간을 쏟고 있으면서도, 의외로 기억에 관한 학습 전략의 혜택은 받지 못하고 있다. 초기 일본어 학습자의 경우, 46자나 되는 히라가나를 외운다는 것은 여간 부담이 아닐 수 없다. 실제로 히라가나에 질려 일본어 학습을 포기해 버리는 사람도 상당수 있는 것으로 알려져 있다.

어떤 유형의 문자 지도법이 바람직한가에 대해서는 앞에서 언급한 바 있으므로 여기에서는 히라가나의 기억법에 관해서만 언급하기로 하겠다.

문자의 기억법으로 널리 쓰이고 있는 것으로는 단연 연상법을 들 수 있다. 연상법이란 그림 속의 문자 모양과 비슷한 그림이 가리키는 말의 첫 음절을 결부시킴으로써 그림을 힌트로 삼아 문자의 모양과 발음을 연상하는 방법이다.

일본어의 대표적 문자인 히라가나, 가타카나, 한자 중 가타카나와 한자의 암기법은 일반화되어 있다. 즉 한자의 경우는 상형 문자의 원형을 이용하여 기억하고, 가타카나의 경우에는 본래의 한자를 상기하여 기억하는 것과 같은 연상법이 그것이다. 그러나 히라가나만은 적당한 연상법이 없어 무작정 외우는 것이 일반적인 학습법이었다. 일본의 유치원이나 초

등학교 문자 학습의 경우, 히라가나의 자체와 비슷한 사물의 모양을 이용하여 문자 학습을 돕는 것이 일반적이다. 예를 들면 히라가나 「あ」의 경우 사과 그림과 결부시켜 「あっぷる」의 첫자를 기억하게 하는 것과 같은 방법이다. 일본에서 사용하고 있는 이러한 기억법은 일본어에 바탕을 두고 있는 것이어서 한국인 학습자에게는 맞지 않아 학습 효과가 없는 것이 흠이다. 그림 문자의 전통을 갖고 있는 일본에서는 포르투갈어와 프랑스어 교재에도 각각의 언어에 적합한 히라가나의 기억 연상자료가 활용되고 있다. 연상법에 의한 학습은 한국인 학습자에게도 학습 흥미 유발과 기억 속도에 탁월한 효과가 있을 것으로 확신한다.

2. 연상화의 제작 원리

히라가나의 모든 문자 모양과 같은 그림의 명칭이 우리말로도 같은 발음과 같은 모양을 갖게 하도록 연상화(聯想畵)를 그린다는 것은 결코 쉬운 일이 아니다. 따라서 여러 가지 유형의 연상화 기법을 동원하여 제작할 수 밖에 없다. 예를 들면 히라가나의 모양이 우리글과 비슷한 경우에는 우선적으로 글자 모양을 채택하였고, 명사로써 대비가 어려운 경우에는 구나 절을 대비하기도 하고, 의성어를 대비시키기도 하였다.

다음 페이지에서 본고 필자 나름대로 고안한 한국인 학습자용 히라가나 연상 자료를 소개한다.

3. 연상화의 활용 방법

연상법은 문자를 그림과 연관시켜 인상을 기억한 다음 문자만 보고도 그림을 연상하여 그림의 명칭과 함께 문자의 이름을 떠올리게 하는 방법이다. 따라서 이 방법은 최초의 문자 학습 단계에서 유효하여 문자 학습 지도 방법에 상관없이 사용 가능한 것이다. 예컨대 초기에 문자를 모두 가르치는 경우는 두말 할 것도 없고, 단어를 통해 문자를 가르쳐 가는 경우에도 겸용하면 훨씬 효과적일 것이다. 다만 이 연상법은 문자를 모두 암기하게 되면, 우주 로켓의 1단계 추진 로켓처럼 자연히 버리게 되므로 이에 따른 문자 학습의 부작용은 전혀 없는 것으로 안다.

단, 이 연상화는 가나문자를 암기하기 위한 자료이므로 발음 학습은 발음 기호를 병행하여 지도하여야 할 것이다.

4. 한국형 히라가나의 연상화

아~~	이	우	애들	오리
加(가)	기타	구부러진 길	K(케이)	코
사람 살려!	C(시)	수	世(세)	소
다리미	치	쓰다	데	토끼

な	に	ぬ	ね	つ
나비	니크롬선	누나	네 발 짐승	노래
は	ひ	ふ	へ	ほ
하하	히읗	후지산	헤~	호호
馬(마)	み	む	め	も
馬(마)	미사일	무릎	메기	모자 쓴 타조
や		ゆ		よ
야구		유도		요가
ら	り	る	れ	ろ
라이온	리	루비	레슬링	로-즈
わ				を
와~				오늘도 무사히
ん				
음~?				

🦶 효과적인 발음 지도

일본에서 여러 나라 사람의 일본어를 듣다 보면 의외로 한국인의 발음이 좋지 않다는 것을 알게 된다. 그렇다고 해서 의사 소통에 지장을 초래할 정도는 아니지만, 쉽게 익힐 수 있는 사항마저도 학습되지 않은 것을 보면, 모어의 간섭이나 외국어 교육관에 의한 것이라기 보다는 발음에 대한 지도의 결여에서 온 것으로 생각된다.

발음에는 난이도는 높지만 의미 변별에는 영향을 주지 않는 것이 있는가 하면 난이도와는 상관없이 의미 변별에 영향을 주는 것도 있다. 따라서 발음 교육에서 중점을 두어야 하는 곳은 의미 변별에 영향을 미치는 부분이 되어야 할 것이다. 그러나 무엇보다 중요한 것은 발화의 전체적인 흐름이 자연스럽게 전개되도록 하는 것이다. 따라서 유창성을 중시하는 교육에서 프로소디의 교육은 그 만큼 중요하다 하겠다.

1. 발음 지도의 두 교육관

일본어 학습에 있어 정확한 발음(여기서 발음이란 어조까지를 포함한 포괄적인 의미로 사용함)을 습득하는 것은 당연한 상식처럼 인식되어 있다. 그러나 고등학교 제6차 교육 과정에서 강조하고 있는 「유창성」을 발음과 관련하여 생각해 보면 반드시 정확성을 요구하는 것이 아님을 알 수 있다.

일본어 학습의 경우에 있어 정확한 발음을 강조하는 입장에서는, 언어란 개념과 함께 감정도 전달되는 것이므로 정확한 개념과 감정을 전달하기 위해서는 모어 사용자에 가까운 발음의 정확성이 요구된다는 관점을 취한다. 또한 잘못 익힌 발음은 나중에는 교정하기 어려우므로 학습 초기부터 정확한 발음을 가르칠 것을 요구한다.

한편, 유창성을 강조하는 입장에서는 모든 언어에는 방언이 있듯이 모어의 간섭에 의한 영향은 오히려 개성이 될 수 있으며, 의사가 잘못 전달될 정도만 아니라면 발음에는 신경쓸 필요가 없고 오히려 자연스러운 대화의 진행이 중요하다는 견해를 갖는다.

두 견해 모두 나름대로의 일리가 있지만 단점 또한 간과할 수 없다. 전자의 경우 학습 초기부터 정확성을 강조한 나머지 학습자가 학습 의욕을 잃기 쉽고 전체적인 대화의 흐름을 익히는 데에 방해가 될 수 있다.

후자와 같이 정확성을 강조하지 않는 경우 의미 전달이 정확하지 않음은 물론, 일본어가 익숙해진 다음에 학습자 자신이 스스로의 표현에 대해 열등감을 느낄 수 있다. 영어의 경우 국제어의 성격이 강하므로 출신국에 따라 각양 각색의 발음이 통용되고 있어서 그 다양함이 오히려 자연스러울 정도이다. 그러나 일본어는 아직은 국제성보다는 단일성이 강하다 보니 일본인이 기준이 되어 정확성을 의식하게 된다. 일본어의 국제어적 성격이 높아질수록 한국인식 일어(Kopanese)도 당연시될 것이라는 예측을 해 본다.

2. 발음 지도의 바람직한 방향

발음 지도의 방법으로는 단어를 중심으로 가르치는 것이 일반화되어 있다. 그러나 단어 중심 발음은 극히 초기 단계에만 필요한 것으로 곧 바로 문장 속에서 지도되어야 한다. 즉 발음을 문장의 흐름 속에서 인식하도록 지도하는 것이 유창성을 달성하는 데에 효과적이기 때문이다. 문장을 통해 발음을 지도하는 경우 종래에는 먼저 느린 속도로 들려 주다가 단계적으로 속도를 높여가는 방법을 사용해 왔으나, 요즘은 처음부터 자연스러운 속도로 들려 주는 것이 일반화되어 있다. 처음부터 있는 그대로의 발음에 적응시키는 것이 유창성에 유리하기 때문이다.

앞에서 소개한 발음 지도의 두 견해는 나름대로의 일리가 있으므로 두 견해의 장점만을 따서 절충하는 방법을 생각할 수 있다. 즉 유창성을 중시하되 중요한 발음에 한해서 정확성을 강조하는 방법이다. 중요한 발음이란 어려운 발음을 가리키는 것이 아니고 의미 변별에 영향을 주는 발음이다. 즉, 청탁음이라든지 장단음의 경우는 잘못 발음하게 되면 의미가 달라지므로 이러한 발음들은 소홀히 할 수 없는 것들이다.

예를 들면 「たいがく(退学)」와 「だいがく(大学)」, 「かげ(陰)」와 「かけ(賭)」와 「がけ(崖)」, 「ぐち(愚痴)」와 「くち(口)」, 「こうかい(公海)」와 「ごうかい(豪快)」와 「ごうがい(号外)」와 「こうがい(公害)」 등과 같은 경우 청탁음을 잘못 발음하게 되면 의미가 달라지게 된다. 마찬가지로 「そうご(相互)」와 「そうごう(綜合)」, 「くうき(空気)」와 「くき(茎)」, 「ようい(用意)」와 「よい(良い)」, 「ゆりょう(湯量)」와 「ゆうりょう(有料·優良)」와 「ゆうりょ(憂慮)」 등처럼 장단음을 잘못 발음하여도 의미가 달라진다. 물론 이러한 단어도 특수한 경우를 제외하고는 대개의 경우 장면과 문맥에 따라 이해가 안 되는 것은 아니지만 의사 소통 자체가 어려워지는 것은 피할 수 없다. 그러므로 유창성을 중시하는 경우에도 의미 변별에 영향을 미치는 발음에 대해서는 충실한 지도가 따라야 할 것이다.

한편, 한국인 학습자가 익히기 어려운 것으로 알려져 있는 두음에 오는 「つ」, 「ち」음을 「쓰」, 「찌」로 발음한다든지, 문말에 오는 「ん」음을 「ㄴ」으로 발음하는 것 등은 의미 변별의 관점에서 보면 발음이 잘못되어도 하등의 문제가 되지 않는 것들이다. 이들 발음은 학습의 난이도는 높은 것들이지만 학습의 중요도에서 보면 별로 높지 않은 사항들인 것이다. 그러

므로 난이도가 높은 발음을 정확하게 지도하느라 전체적인 흐름을 저해하는 것보다 난이도가 낮으면서도 중요도가 높은 발음을 중심으로 지도하는 것이 학습 의욕을 떨어뜨리지 않는 길이 될 것이다.

또한 악센트와 인토네이션의 경우는 일본인끼리도 다양한 악센트를 사용하고 있으므로 크게 신경쓸 일은 아니다. 예를 들면 도쿄 지방의 악센트와 오사카, 교토 지방의 악센트는 정반대인 경우도 있고 이바라키 지역처럼 무악센트 지역 등 각양 각색이기 때문이다.

3. 난이도가 높은 발음의 지도 방법

난이도가 높은 발음에 들어가기 전에 일본어의 모음에 대해 잠깐 언급하고자 한다. 우리말 모음과 일본어 모음을 대응시킴에 있어 관습처럼 오류를 범해온 부분이 있는데, 일본어 「う」를 우리말 「우」에 대응시켜 온 점이다. 모음의 경우 의미의 변별에 영향을 주는 것은 아니지만 우리말식으로 발음하게 되면 말이 전체적으로 무거워진다. 일본어 모음은 전체적으로 입을 크게 벌리지 않기 때문에 대체적으로 발음 영역이 좁다. 따라서 「う」는 조음점이 우리말의 「우」와 「으」의 중간쯤이어서 「우」보다는 앞쪽에서 발음되고 입술 모양도 넓으며 「으」의 바로 가까이에서 발음되며 「으」보다 입술 모양도 약간 좁다. 보다 알기 쉽게 설명하면 우리말 「으」를 입술에서 힘을 빼고 발음하면 입술이 약간 좁아지면서 「う」가 된다. 특히 문말에 오는 「です」, 「ます」의 「す」나 「いく」의 「く」, 「すすむ」의 「す」 같은 음을 발음시켜 봄으로써 우리말 「으」에 매우 가까운 음이라는 것을 자각시킬 수 있을 것이다.

여기에서는 청탁음, 반탁음과 「つ」, 「ち」, 「ん」, 「っ」, 모음의 무성화, 악센트, 억양의 지도 방법을 소개하고자 한다.

1) 청탁음/반탁음

청탁 및 반탁음 대응의 경우 か행과 が행, た행과 だ행, ぱ행과 ば행이 해당된다. 대개의 경우 어두 청음을 우리말의 ㅋ, ㅌ, ㅍ과 같은 격음으로 발음하는 경우가 많고, 어중에서는 유성음으로 발음하는 경향이 있어서 의미가 달라지기 쉽다. 한국을 「칸고꾸」라 하여 감옥(監獄:かんごく)으로 들리는 경우도 그와 같은 예이다. 이들 발음의 경우 어중에서는 대부분의 경우 ㄲ, ㄸ, ㅃ과 같은 농음으로 발음되므로 어중의 경우는 어렵지 않지만, 어두의 경우, 우리말의 격음으로 발음하면 말이 너무 거칠어지게 되므로 격음보다는 힘을 빼고 파찰을 더 부드럽게 시키면 비슷해진다. 이 때에 힘을 빼라고 하면 농음인 ㄲ, ㄸ, ㅃ로 발음하기 쉬우므로 주의해야 한다. 힘을 뺀다는 것은 이들 발음의 조음 부위인 구개, 혀, 입술의 긴장을 격음 때보다 약간 푸는 것을 말한다.

한편, 어중에 오는 경우 「わたし」를 「와다시」라고 발음하고 「あさひ」를 「아사이」라고 발음하는 등 우리말의 유성음화 영향을 받기 쉬운데, 일본어는 어중에서도 유성음화하지 않으므로 주의해야 한다.

어두에 오는 탁음의 경우도 어려운 발음의 하나인데, 우리말에도 똑같은 음들이 없는 것이 아니다. 예를 들면 「가다」의 「가」음은 「か」에 가깝고, 「내가」의 「가」는 탁음 「が」와 같다. 마찬가지로 「다리」의 「다」는 「た」에 가깝고 「바다」의 「다」는 「だ」와 같으며, 「나비」의 「비」는 「び」와 같다. 즉, 어중에 오는 이들 우리말 음은 모두 유성화되어 있어서 일본어 탁음과 같은 것들이다. 다만 어두에 오는 경우에 발음하기가 어려운데, 학습자들에게 이들 우리말 음을 인식시킨 뒤에 스스로 확인하면서 반복 연습시키면 쉽게 터득하게 될 것이다.

2) [つ]

한국인에 있어 가장 어려운 발음으로 알려져 있는 이 발음도 조음점을 알고 나면 아무것도 아니다. 흔히들 「つ」음을 우리말 「쯔」와 「쓰」의 중간음이라고 막연하게 가르치는 경우가 있는데 실제로 그러한 음은 존재할 리 없지만, 「쓰」음 자리에서 「쯔」를 발음하면 「つ」가 되는 데에서 기인된 것으로 생각된다. 즉, 「쓰」음의 조음점인 잇몸에 혀끝을 대고 「쯔」를 발음하게 되면 자연히 입이 약간 오므라지면서 「つ」음이 나게 된다. 우리말 「쯔」음과 다른 점은 「쯔」는 입천장에 혀가 넓게 닿지만 「つ」는 잇몸에 혀끝이 닿는 점이 다르다. 혀의 위치만 정확하면 「つ」 발음은 하등의 문제가 되지 않을 것이다.

3) [ち][ん][っ]음의 지도

「ち」음은 어려운 발음이 아니면서도 한국인 학습자가 잘못 발음하기 쉬운 발음 중의 하나이다. 오류의 대부분은 어두에 오는 「ち」음을 우리말 「찌」로 발음하는 데에 있다. 「ちち」를 「찌찌」로 발음하거나 심지어는 「찟찌」로 발음하는 것과 같은 경우이다. 그러나 어두의 「ち」음은 우리말 「치」를 힘을 덜 들여 발음하면 되는데, 이 때 힘을 뺀다고 하여 경음인 「찌」로 잘못 발음하는 일이 없도록 주의하여야 한다. 물론 어중에 오는 「ち」음은 우리말 「찌」와 같으므로 이는 하등의 문제가 되지 않는다. 그러므로 「ちち」의 발음은 「치찌」와 비슷하게 발음되어야 옳은 것이다. 어두에 「찌」음이 오는 일본어는 없으며, 일본인이 우리말을 배울 때 어두에 오는 경음을 익히기가 어려운 것을 감안하면 어두의 「찌」음이 얼마나 어색하겠는가 짐작할 수 있을 것이다. 결국 「치」와 「찌」의 차이는 내뱉는 기음의 세기에 의해 구별되는 것이므로, 기음이 입밖에까지 세게 나오게 발음하면 우리말 「치」가 되고 기음이 약하게 나오게 발음하면 일본어 「ち」음이 되며 기음이 전혀 입밖에 나오지 않게 발음하면 우리말 「찌」음이 되는 것이다.

이어서 일본어의 「そくおん」, 「はつおん」으로 일컬어지는 「っ」와 「ん」과 같은 특수박음은 잘 알다시피 뒤에 오는 음의 역행동화로 인해 여러 가지로 발음되는 음들이다.

이들 발음들에 있어서 문제가 되는 것은 박과 어말에 오는 /N/음이라 하겠다. 먼저 이들 음의 박인데, 우리말은 종성(받침)이 있어서 학습자들이 종성의 감각으로 너무 짧게 발음하는 경향이 있다.

대부분의 일본어 교재에서는 이들 음을 다른 음과 같이 한 박으로 발음하도록 하고 있으나, 이들 음의 통계를 통해 본 발음 시간은 다른 음에 비해 3분의 2 또는 2분의 1에 불과할 만큼 짧다. 최근의 일본어 교육에 있어서는 이들 특수박을 하나의 음절로 따로 보지 않고 앞의 음절과 합하여 장음절로 취급하는 경향이 있다. 그러므로 이러한 음을 발음할 때에는 다른 음과 같이 한 박으로 발음하도록 지도하는 것보다 앞음절과 합하여 약간 넉넉하게 또는 특수박음을 본인이 의식할 정도로 확실하게 발음하도록 하면 발음 시간은 자연스럽게 조정될 것이다. 우리말 발음의 경우 한 음절을 발음하는 시간이 일본어의 한 음절에 비해 길기 때문에 우리말식으로 일본어를 발음할 경우, 예를 들면 「きて」가 「きって」로 들리는 경우가 많은 것도 이러한 음절의 길이 차이 때문이다. 그러므로 짧은 음은 의식적으로 보다 짧게 발음하도록 하는 것이 좋다.

「ん」음의 경우, 어중에 오는 경우는 뒤에 오는 음의 영향을 받아 어렵지 않게 발음되지만, 어말에 오는 /N/음의 경우에는 우리말에 없는 것이어서 쉽지 않다. 대개는 ㄴ과 ㅇ의 중간음으로 발음하라고 가르치지만 어떻게 하는 것이 ㄴ과 ㅇ의 중간음인지 학습자는 알 길이 없다. ㄴ과 ㅇ의 중간음이란 말은 조음점이 ㅇ음의 위치인 연구개에서 ㄴ음을 발음하는 데에 기인한다. 즉 입안 깊숙이에서 입안을 넓혀 발음하면 ㅇ음이 되지만 같은 자리에서 혀뿌리와 입안을 좁히며 발음하면 「ん」음이 된다.

4) 모음의 무성화

모음의 무성화란 특정 환경에 있는 유성음인 모음이 무성음화하는 것을 말한다. 이 현상은 말이 빠른 도쿄 지방이나 규슈 지방에서 두드러지는 것으로 공통어인 동경어의 특징이기도 하다.

일반적으로 i나 u음이 무성자음 사이에서 무성화되는 경우가 가장 많다. 그러나 이 무성화 현상은 듣기 훈련에 있어서는 필요불가결하다고 하겠으나 발음에 있어 의미의 변별과 관련된 것은 아니므로 초급 단계에서는 취급하지 않는 것이 현명하다 하겠다.

5) 프로소디 교육

프로소디 이론에 대해서 관심을 보이기 시작한 것은 1950년대부터이지만 분석 기기의 성능이 뒷받침하지 못해 별다른 진전을 보지 못하다가, 컴퓨터의 발달과 함께 최근 들어 다시 각광을 받게 된 분야이다.

프로소디란 악센트, 억양, 포즈, 프로미넌스, 빠르기 등 음성 요소를 총괄한 어조 전체를 가리키는 말로, 최근 일본어 발음 교육에 있어 가장 관심을 보이고 있는 부분이다.

이제까지의 음성 교육에 있어서는 각 단어의 악센트를 지도하거나 문말의 인토네이션을 지도하는 등 부분적인 정확성을 대상으로 하였다. 그러나 1996년부터 실시된 6차 교육 과정과 같은 유창성을 강조하는 교육에 있어서는 제반 음성 요소의 부분적인 정확성보다 실제의 어조인 프로소디를 중심으로 교육되어야 할 것이다. 프로소디는 음성 분석 기기의 발달에 힘입어 어조를 악보화할 수 있는 단계에까지 와 있다.

프로소디 학습을 보다 효과적으로 하기 위하여 일본어의 프로소디를 구성하고 있는 가장 두드러진 요소라고 할 수 있는 악센트의 특징에 대해 먼저 살펴보기로 하자.

악센트를 지도할 때「미도도」,「도미미」식으로 음계를 이용하여 지도하면 학습자가 쉽게 이해할 수 있을 것이다. 그러나 실제의 발음은 음계가 균일하게 고정되어 있는 것도 아니고 상대적으로 높낮이가 다를 뿐만 아니라 점점 높아지거나 점점 낮아지는 등 문장에 따라 변하고 있음을 알 수 있다. 유창성을 습득하기 위해서는 이러한 현상을 익혀야 하는 것이므로 프로소디의 학습이 필요한 이유가 여기 있다.

그러나 프로소디의 수많은 패턴을 모두 암기할 수는 없는 일이므로 프로소디의 높낮이를 리드하는 가장 중요한 요소인 악센트의 일반적인 경향을 알아두면 프로소디를 익히는 데에 편리하다. 예를 들면 2박어로 된 외래어나 외국 인명, 지명은 모두 두고형(頭高型)으로 첫음절이 높다. 3박어의 외래어도 70% 이상이 첫음절이 높은 두고형이므로 3박 외래어는 대개 두고형으로 발음하면 된다. 그리고 2자 한자어 중 3음절어의 70%는 두고형인「미도도」형이고 나머지는 평판형(平板型)인「도미미」형이다. 2자 한자어 중 4음절어의 대부분은「도미미」의 평판형이다. 단, 4음절어 중에도「朝晩(あさばん)」,「上下(じょうげ)」와 같이 전후 대칭형인 단어는 모두「미도도」의 두고형이다.「いつ」,「どこ」,「だれ」등과 같은 의문사들은「미도도」의 두고형이고, 대개의 형용사는 첫음이 낮고 중간이 높은「도미도」의 중고형(中高型)이고 3음절 중고형 형용사가「あかく」,「あおく」처럼「く형」즉 연용형이 되면「미도도」의 두고형으로 바뀌는 것이 많다. 일본어 악센트의 이러한 경향들을 파악해 두면 전체적인 프로소디의 흐름을 익히는 데에 도움이 될 것이다.

어조의 경우도 한국인 학습자는 아무래도 모어의 간섭을 강하게 받게 되는데, 서울말의 경우 그 어조가 일본 동북 방언과 비슷하고, 경상 방언의 경우 고저 악센트에 대한 적응이 쉽다. 특히 한국어의 경우 한 음절의 발음 시간이 일본어보다 길고 발음에 힘이 들어가는 경향이 있어서 말이 무겁게 들리는 경향이 있다. 그러므로 한 음절의 발음을 보다 짧고 가볍게 발음하도록 지도하는 것이 좋을 것이다.

아래의 프로소디 그래프는「はち なな に きゅう の いち ぜろ よん はち です」와「テレビをみますか」를 음성 분석 기기로 분석하여 그래프로 재구성한 것들이다. 이 그래프에서도 알 수 있듯이 각 단어들은 높낮이가 상대적으로 다르다. テレビ의 경우 두고형 단어이지만 균일하게「미도도」로 발음하는 것이 아니고 오히려「미레도」로 높이가 점차적으로 이동하고 있음을 알 수 있다.

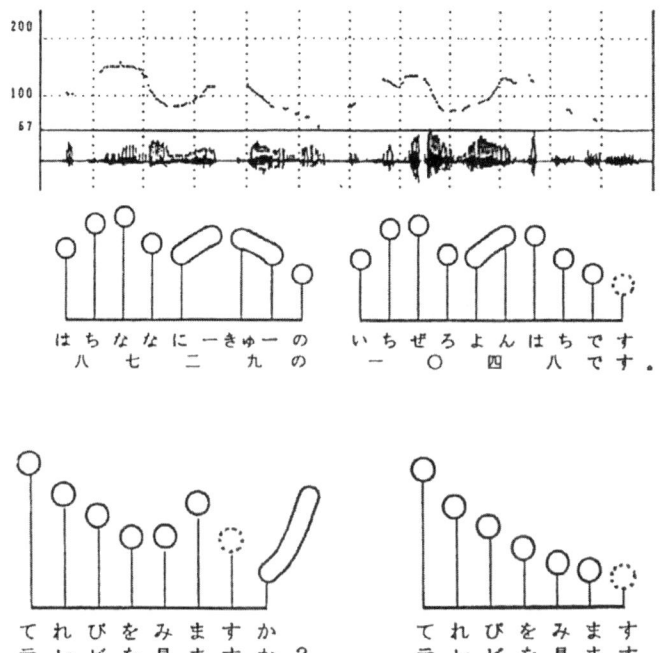

언어의 유창성은 이처럼 발화문 전체의 흐름을 포착할 수 있을 때에 가능한 것이므로, 일본어 교육에 있어 이러한 프로소디의 도입은 매우 유익할 것으로 생각된다. 다만 모든 문장을 이러한 프로소디 그래프를 이용하여 지도할 수는 없을 것이므로 학습 초기에 일본어 프로소디의 시각적인 이해를 위한 수단 정도로 이용하는 것이 효과적일 것이다.

5 악센트의 기억 전략

　일본어를 학습함에 있어 난이도가 높은 항목의 하나인 악센트 지도의 경우 일반적으로 그 유형을 가르치는 경우는 많으나, 기억 전략은 개발되어 있지 않은 상태이다. 악센트는 지방마다 다르고 악센트가 없는 방언도 있으며 실제 회화에서는 의미 변별에 크게 작용하지 않는 점 등을 들어 악센트를 반드시 외어야 하는가라는 외국어 학습관의 차이에서 오는 이견이 있을 수 있다. 그러나 악센트에 따라 의미가 달라지는 단어도 있고 자연스러운 일본어를 익히고 싶을 때에는 악센트를 하나 하나 외울 수밖에 없다는 견해도 있다. 물론 외울 수 있으면 외우는 것이 더 낫겠지만, 문제는 외국인 학습자가 모든 단어의 악센트를 외운다는 것은 불가능하다는 사실이다.

1. 일본어 악센트의 일반적 특징

　일본어에서 악센트는 두 가지 기능을 갖는다. 하나는 「橋」와 「箸」, 「花」와 「鼻」, 「神」과 「紙」의 경우에서처럼 의미를 변별하는 기능이고, 「すももも・もも・もものうち」의 경우 악센트가 있음으로 해서 의미의 혼동을 일으키지 않게 되는 것처럼 단어와 단어의 경계를 알게 하는 기능이다.
　일본어의 악센트는 강약이 아닌 높낮이식 악센트라는 것은 누구나 알고 있을 것이다. 일본 공통어 악센트의 두드러진 특징은 어떤 단어이든지 첫음절이 높으면(頭高型) 두 번째 음절부터는 낮아지고, 첫음절이 낮으면(平板型, 尾高型) 두 번째 음절부터는 높아진다는 사실이다. 그 중 단어의 최후 음절이 높은 단어는 그 다음에 오는 음도 높아지는 것(尾高型)과 낮아지는 것(平板型)의 두 종류가 있다. 또 하나, 일본어는 한 단어 안에서 두 군데에 악센트가 오는 법이 없다. 따라서 일본어의 악센트를 일본어답게 할 수 있는 지름길은 첫음절이 높은 두고형 단어를 많이 알아두는 일이다. 그리고 일본어 악센트는 한 단어일 때와 두 단어가 결합할 때가 반드시 같지 않다. 복합 단어의 경우, 중간 부분은 각각의 악센트를 잃고 앞 단어의 맨 끝과 뒤 단어의 맨 앞이 이어진 형태를 취하게 된다.

2. 명사의 악센트

1) 1음절 명사의 악센트

일상 생활에서 널리 사용되고 있는 1음절어는 140단어 정도인데, 그 중 첫음이 높은 두고형은 90단어, 낮게 시작하는 평판형은 50여 단어로 두고형이 많다. 악센트형을 표시할 때, 평판형은 「0」, 두고형은 「1」의 숫자를 사용하는 것이 일반적인데, 악센트 유형의 암기는 이들 숫자를 이용한 연상법이 편리하다. 평판형의 숫자가 「0」인 것처럼 평판형에 속하는 단어들은 둥근 속성을 갖고 있는 것을 연상하면 외우기에 편리하다. 즉 둥근 위 「胃」, 둥근 손잡이 「柄」, 살찐 모기 「蚊」, 부드러운 마음 「気」, 계란 노른자 「黄」, 포근한 양털 「毛」, 토실토실한 아이 「子」, 0대0의 차(差)는 0, 둥근 감자 건데기 「具」, 폭신폭신한 방석 「座」, 둥근 엉덩이 부근의 「痔」, 둥근 「頭」, 할아버지의 둥글게 굽은 「背」, 동그란 찻잔의 「茶」, 과자 나라의 빵으로 만든 둥근 문 「戸」, 둥근 안경의 도수 「度」, 여자아이의 부드러운 이름 「名」, 동그라미가 많이 붙은 정가표 「値」, 둥근 봉덕사 종소리 「音」, 둥근 나무 이파리 「葉」, 둥그런 민속 씨름장 「場」, 둥근 태양 「日」,

둥근 바위로 된 시비 「碑」, 동그란 장기 졸 「歩」, 동그란 콩나물로 된 악보 「譜」, 둥글게 부푼 요트의 돛 「帆」, 둥근 과일 「実」, 둥근 화로 「爐」 등으로 연상하여 외운다. 한편 두고형의 경우에는 1자를 연상하며 외우는데, 길게 위로 치솟는 불길 「火」, 길쭉한 꼬리 「尾」, 길쭉한 끈 「緒」, 길게 자란 나무 「木」, 길게 적은 글귀 「句」, 한 사람의 주인 「主」, 길쭉한 손가락을 가진 손 「手」, 꽃줄기가 길쭉한 유채꽃 「菜」, 뾰족한 이빨 「歯」, 마이너스 「負」, 길쭉한 화살 「矢」, 한 세상 「世」 등 이러한 식으로 나름대로의 시각적 이미지를 부여하여 외우면 어렵지 않게 악센트의 유형을 익힐 수 있을 것이다. 단, 두 가지를 모두 외우는 것보다 두고형만을 철저하게 외우는 것이 더 효율적이다. 두고형 악센트를 가진 1음절어는 이 밖에도 「異, 意, 絵, 課, 科, 可, 香, 奇, 期, 機, 義, 居, 虚, 苦, 九, 掛, 下, 粉, 弧, 語, 五, 左, 死, 氏, 市, 師, 四, 字, 社, 蛇, 邪, 種, 書, 署, 酢, 巣, 是, 祖, 田, 他, 地, 智, 著, 都, 荷, 根, 野, 刀, 派, 覇, 比, 非, 美, 府, 部, 無, 湯, 夜, 理, 輪, 和」 등이 있다.

2) 2음절 명사의 악센트

2음절어에는 두고형, 평판형, 미고형이 모두 나타나므로 어느 한쪽만을 외울 수도 없는 데다, 그 수가 많아서 그 예를 모두 들 수도 없다. 그러나 악센트에서 가장 두드러지는 것은 두고형 악센트이므로 두고형만을 골라서 외우는 것이 가장 효과적이다. 자주 쓰는 두고형의 단어를 몇몇 소개하면, 「赤, 秋, 悪, 朝, 雨, 息, 医師, 意志, 位置, 今, 海, 恩, 貝, 傘, 肩, 神, 今日, 京, 今朝, 頃, 妻, 先, 詐欺, 白, 隅, 善, 台, 中, 地理, 妻, 罪, 露, 天, 何, 二時, 箸, 無視」 등이 이에 속한다. 특히 의문의 뜻을 나타내는 「いつ, どこ, だれ」와 같은 단어들은 두고형인 것이 특징이다.

2음절어 중에는 복합 명사의 후항을 이루는 단어들이 있는데, 복합 명사는 앞부분의 전항 명사가 어떠한 유형의 악센트인지에 상관없이 후항 명사들의 악센트형에 의해 결정되어 버린다. 예를 들면 「〜行き, 〜色(い

ろ), ~型, ~島, ~寺, ~山(やま), ~病, ~流」 등이 붙어 이루어진 단어는 모두 평판형으로 발음된다. 즉, 두 번째 음절부터 끝까지 높게 발음되는 것이다. 한편, 다음에 열거하는 명사들이 오는 경우에는 앞에 오는 단어의 끝음절에 악센트의 핵이 오게 된다. 즉 그 끝음절 뒤에 붙은 다음의 단어부터 뚝 떨어져 낮게 발음되는 것이다.「~駅, ~用, ~町, ~会, ~学, ~界, ~区, ~県, ~国, ~人, ~山(さん), ~色(しょく), ~庁」 등이 이에 해당된다.

3) 3음절 이상인 명사의 악센트

3음절어의 악센트는 4종류가 있고 4음절어에는 5종류가 있는 등 악센트의 종류는 음절 수보다 하나가 더 많다. 그러나 4음절 이상의 단어에는 두고형(てんごく, じんせい, おつきさま)이나 미고형(かきかた, しちがつ, うみのおや) 악센트는 매우 적다는 것을 알아 두면 편리하다.

3. 동사의 악센트

동사의 악센트는 명사에 비해 그 종류가 훨씬 간단하다. 그리고 전체적인 특징으로서는 종결형(終止形)과 수식형(連体形)의 경우 2음설어에는 평판형과 두고형이 많고, 3음절 이상의 단어에는 평판형과 중고형이 많은 것을 들 수 있다. 결과적으로 동사에는 평판형과 중고형이 많은 것이다.

동사의 악센트 중 또 다른 특징은 조동사와 결합할 때에 악센트가 변하는 경우가 많은데 이 때에는 조동사에 따라 그 패턴이 결정된다는 것이다. 예를 들면「読む」라는 두고형 단어가「読もう」에서는「よう」가 낮고「も」가 높아지는 중고형이 되는 것이다. 조동사가 붙는 경우의 악센트의 핵의 위치는 개인에 따라 약간씩 차이는 있으나 몇 가지 공통적인 특징을 발견할 수가 있다. 예를 들면 「な」의 경우 「みるな」는 「み」가 높고 「るな」가 떨어지며, 「うけるな」는 「け」가 높고 「るな」가 떨어지고, 「あらわすな」는 「らわ」가 높고 「すな」가 떨어진다. 이처럼 몇 음절 단어이든지 공통적으로 「な」의 바로 앞음절부터 떨어지는 악센트형이 되는 것이다. 조동사 「れる, られる」의 경우에는 「れ」에 악센트의 핵이 있어서 「れ」까지가 높고 「る」가 떨어진다. 즉 「みられる」의 경우 「られ」가 높고 「る」가 떨어지며, 「あらわされる」의 경우에는 「らわされ」가 높고 「る」가 떨어진다. 「ない」의 경우에는 「ない」의 바로 앞에 악센트의 핵이 있어서 바로 앞 음절까지는 높고 「ない」는 떨어진다. 즉 「みない」는 「み」가 높고 「ない」는 떨어지며, 「よまない」는 「ま」가 높고 「ない」가 떨어지고, 「はなさない」는 「なさ」가 높고 「ない」가 떨어진다. 이러한 패턴을 알아 두면 매우 편리할 것이다.

한편 일본어의 동사에는 복합 동사가 많은데 복합 동사의 악센트에도 몇 가지 특징이 있다.

① 동사+동사의 경우에는 앞에 오는 동사가 평판형이면 뒤에 오는 동사의 악센트에 관계없이 전체가 중고형이 된다.
② 형용사+동사는 평판형도 있으나 원칙적으로 중고형이 많다.
③ 명사+동사는 원칙적으로 중고형이다.

이처럼 복합 동사의 경우에는 중고형이 대부분이다.

4. 형용사의 악센트

형용사의 악센트는 더욱 간단한데, 2음절어의 경우(こい, よい 등) 종결형과 수식형은 모두 두고형뿐이다. 그리고 3음절어 이상은 두고형은 전혀 없고 평판형과 중고형밖에 없다. 단 3음절어의 경우 「く, くて」와 같

이 연결형(連用形)이 되면「あまく, おそく」와 같이 중고형 그대로 발음
되는 것과「あかく, しろく」처럼 두고형으로 악센트의 핵이 이동하는 것
이 있는데 오히려 두고형으로 바뀌는 것이 많다.

5. 부사의 악센트

일본어 부사어의 악센트는 발음의 편의와 관련이 깊어서 음절 수에 따
라 뚜렷한 경향을 보이는 것이 특징이다. 두드러진 특징을 골라 보면 다
음과 같다.

① 부사어는 뒤쪽이 높은 미고형을 취하는 단어가 극히 드물다.

② 2음절로 된 부사어의 90%가 두고형이다.

③ 3음절 단어의 절반 이상이 두고형이며, 가운데 음절이 모음이「イ」
  단이나「エ」단일 경우에는 예외 없이 두고형이다.

④ 2음절 부사 중「○んと」와「○っと」형 낱말은 대부분 평판형이다.

⑤「○○り」형의 단어의 대부분은 중고형이나 미고형이다.

⑥ 전체 부사어 중에서 가장 많은 것은 4음절어인데, 그 중 70%는 두
  고형이다. 4음절 단어 중 많은 부분이 의성어, 의태어인 것은 잘 알
  려진 대로이다.

⑦ 4음절 부사어 중「○っ○り」,「○ん○り」,「○○っと」,「○○ント」,
  「○○りと」와 같은 어형의 부사어는 모두 중고형으로 발음된다.

⑧「に」로 끝나는 5음절어는 대부분 평판형으로 발음된다.

6. 문장의 악센트

앞에서는 악센트를 단어 중심 또는 어절(文節) 중심으로만 보아 왔는

데, 실제의 언어 생활에서 관찰되는 악센트의 단계는 훨씬 다양하여 100 단계 이상에 달한다. 그 이유는 일본어 악센트는 단어나 어절 중심으로 발음되는 것이 아니고 보다 큰 단위로 발음되기 때문이다. 「ぼくは / 今日 / 算数のテストで / 百点をもらった」라는 문장에서 의미적으로 독립적인 「ぼくは」와 「今日」는 두고형인 원래 악센트대로 어절 단위로 발음하게 되지만, 미고형인 「算数の」와 두고형인 「テストで」는 의미적으로 이어져야 자연스럽기 때문에 두 어절이면서도 발음할 때는 합하여 한 어절처럼 발음하게 된다. 따라서 두고형의 성격은 없어지고 算数의 「すう」 부분만 높게 발음하고 나머지 「のテストで」는 모두 낮게 발음하게 된다. 「百点をもらった」의 경우에도 중고형인 「百点を」와 평판형인 「もらった」가 의미적으로 하나이므로 발음할 때는 하나의 어절처럼 「てん」만 높게 발음되고 뒤에 오는 평판형의 특징은 없어지고 나머지 「をもらった」는 모두 낮게 발음하게 된다. 이처럼 여러 어절이 의미적인 관계에 의해 한 어절처럼 끊기지 않고 단숨에 이어 발음되는 경우, 악센트는 한 어절처럼 발음하게 된다. 이 때의 원칙은 앞에 오는 음절에 악센트의 핵(악센트가 떨어지는 끝부분)이 있으면 뒤에 오는 어절은 모두 낮게 발음하게 되고, 앞의 음절에 악센트의 핵이 없으면 뒤의 음절의 첫음은 떨어지지 않고 계속해서 높게 이어지게 된다.

　이상 일본어의 악센트를 암기하는 데에 도움이 될 수 있다고 생각되는 악센트의 특징을 정리해 보았으나, 앞에서도 언급한 바와 같이 자연스러운 발음에 있어서는 상대적 관계에 의해 악센트가 수많은 단계로 나타나게 되므로 실제의 악센트 연습은 문장 단위의 음조(프로소디)를 중심으로 익히는 것이 효과적인 학습 방법임을 부언해 둔다.

6 의사 소통식 학습에서의 문법 지도

1. 문법식 교육의 공과

　외국어 교육에 있어서 문법 교육만큼 오랫동안 중요시되어 온 분야도 드물 것이다. 그런가 하면 의사 소통식 언어 교육이 중시되고 있는 오늘날에 있어서는 문법 교육만큼 장애가 되는 골칫거리 또한 없을 것이다. 외국어 학습에 있어 문법은 안 가르칠 수도 없고, 가르치다 보면 문법 중심 수업이 되기 쉽고 어찌해야 좋을지 외국어 지도 교사를 여간 난처하게 만드는 것이 아니다. 게다가 문법론에도 다양한 견해들이 있어 어떤 이론을 가르쳐야 할 것인지 애매하다.

　외국어 교육의 부진 원인이 거론될 때마다 한결같이 「문법식 교육」 때문이라는 지적이 있어 왔다. 한국의 외국어 하습 현징에 있어서의 문법 중심 교육은 그 증세가 가히 중증이라 할 만큼 문법식 교육에 치중되어 있는 것도 사실이다. 그렇다고 해서 직접법처럼 문법을 전혀 지도하지 않는다면 초급 단계에서는 쉽게 적응하지만, 그보다 높은 단계로의 발전이 어렵다는 것 또한 잘 알려진 사실이다.

　그리고 직접법의 경우는 어떤 학습자에게는 효과적이지만 성인 학습자의 경우는 분석적 이해를 통한 문법 중심 학습이 더 효과적이라는 것도 알려진 사실이다. 문법 지도의 이러한 효과에도 불구하고 문법 교육 때문에 이제까지의 언어 학습이 제자리 걸음을 걷고 있다는 비난이 맹렬한 것 또한 엄연한 현실이다. 이렇듯 문법 중심 교육에 대한 상반된 견해가 공존하는 것은 무엇 때문인가. 이를 확실히 규명하기 위해서는 문법식 교육에 대한 개념을 확실히 하고 그 공과(功過)를 규명하여 문법식 교육의 어떤 점이 문제시되고 있는가가 밝혀져야 할 것이다.

문법식 교육이란 학습자의 학습 목적에 관계없이 문법적 이해를 우선으로 하여 그를 바탕으로 독해나 회화를 습득해 가는 학습법을 일컫는다. 이러한 문법식 교육은 문장의 정확한 해독을 위한 학습에 있어서는 매우 효과적인 학습 방법이 된다. 따라서 일본어 학습의 목적이 자료의 해석에 있는 학습자의 경우에는 처음부터 문법 중심 교육을 실시하는 편이 효과적일 것이다. 그러나 학습 목적이 의사 소통에 있는 학습자의 경우 문법식 학습 방법은 커다란 장해 요인이 된다. 왜냐하면 언어 습득의 인지 과정이 언어에 의해 전달되는 정보, 정서, 음성 등 여러 요소를 종합적으로 내포하고 있는 속성 때문에 기호의 구조적인 측면만을 인지시키는 문법식 학습만으로는 여러 측면을 띠고 있는 언어를 생산해낼 수는 없기 때문이다.

최근 언어 학습 이론에 있어 인지 전략이 자주 거론되는 것도 심리 언어학 분야의 학습 논리에 관한 연구 성과에 힘입은 바 크다. 언어에 대한 인지 과정이 잘못되면 마라톤 선수가 코스를 잘못 들어선 것과 마찬가지여서 이후의 언어 숙달에 계속해서 장해를 받게 된다. 그러므로 언어 학습의 목적에 맞는 학습 인지 전략에 입각한 학습법의 선택이 매우 중요하다 하겠다.

이제까지의 일본어 학습에 있어서는 학습 목적과는 상관없이 문법식이라는 일률적 전략이 수행되어 왔기 때문에 문법식 교육의 병폐만 부각되는 결과가 된 것이다. 전술한 바와 같이 문법식 교육법은 종래의 독해 중심 언어 학습에 있어서는 매우 효과적인 학습법이었지만, 요즘과 같은 의사 소통 중심 학습에 있어서는 낙후된 방법이 되어 버린 것이다. 그러면 지금과 같은 의사 소통식 일본어 학습에 있어서 문법 지도는 어떻게 행해져야 할 것인가에 대해 생각해 보기로 하겠다.

2. 의사 소통식 학습과 문법 교육

1996년 3월부터 사용된 외국어 고등학교용 문법 교과서를 보면, 문법 지도 전용 교과서임에도 불구하고 우선 회화 장면의 그림부터 주어진 다음에 문법 사항의 설명이 이어진다. 즉, 의사 소통에 도움이 되는 문법 학습을 위해 지식으로서의 문법 사항부터 학습하는 것이 아니고, 그 문법 사항이 실제로 쓰이는 장면을 먼저 터득한 뒤에 문법 사항을 학습하도록 구성되어 있다.

이처럼 문법 전용 교재에 있어서마저 장면을 먼저 제시하는 것은 다름아닌 학습자의 인지 과정을 중시한 때문이다. 이제까지의 어학 학습의 패턴은 본문을 읽고 해석하여 이해한 다음에 문형을 연습하는 것이 정형처럼 되어 있었다. 그 때문에 본문 이해 과정에서 자칫 문법 설명에 치우친 나머지 언어 학습이 아닌 언어 지식의 학습으로 흘러버릴 위험이 있었다.

문법식 학습이 문제시된 것은 본문의 이해 과정에서 문법적 이해와 응용력까지를 가르치고자 하여 문법 교육에 치우치게 되는 데에 기인한다. 그러므로 의사 소통 중심의 학습이 되기 위해서는 문장을 분석하여 이해할 것이 아니라 문장이 쓰이는 장면의 이해와 말하는 방법의 이해로 지도 방향이 바뀌어야 한다. 따라서 표현의 문법적 분석이나 문법 이론의 학습은 생략되는 것이다.

이러한 학습은 커뮤니커티브 교수 원리에 가까운 것이지만 언제까지나 이러한 형태의 학습만을 계속할 수 있는 것은 아니다. 초급 단계에는 이러한 학습법이 학습자의 흥미를 유발하여 빠른 향상을 보이지만 일정 단계에 이르면 응용력이 붙지 않는다는 것이 약점으로 지적되고 있다. 성인 학습자의 경우, 초기 단계가 지나면 학습의 자율성을 기르기 위해서 문법적 지도를 병행하는 편이 효율적이다. 다만 초기 학습 단계에 있어서는 설명을 최소화한 채 학습을 진행한 뒤 반 년 혹은 100시간 가량의 학습을 거친 뒤에 즉, 응용력의 필요성이 높아졌을 때에 문법적 구조 설명을 늘여갈 것을 권한다.

이 때에는 추상성이 높은 문법 이론은 언어 학습의 보조라기 보다는 지식의 습득이 되므로 문법 용어의 사용을 가급적 피할 것과 추상성이 높은 문법적 분류 명칭의 사용을 피하고 구체성을 띤 분류 명칭을 사용할 것을 권한다.

3. 구체성을 극대화한 문법 유형 개발의 필요성

문법 유형의 분류는 분류 자체에만 치중한 나머지 구체성이 결여된 것이 많은데, 그 대표적인 것으로 학교 문법식 활용표를 들 수 있다. 학교 문법은 이미 일본어를 구사하는 일본인이 고전을 분석하고 정리하기 위하여 개발한 분류법이어서 분류 체계 자체가 복합적이다. 소위 「미연형(未然形)」, 「명령형(命令形)」, 「가정형(仮定形)」은 의미에 의한 분류인가 하면 「연용형(連用形)」, 「연체형(連体形)」, 「종지형(終止形)」 등은 통어적 기능에 의한 분류인 등 각기 다른 성격의 기준이 섞여 있다. 또한 명령형은 어형 자체가 명령의 뜻을 갖고 있는 데 반해, 미연형과 가정형은 어형에는 의미가 포함되지 않는 등 분류 기준의 혼선이 심하다.

이렇게 분류 기준이 복합적인 활용형을 학습 지도에 사용하게 되면 학습자는 이해보다는 기계적인 암기에 의존하여야만 할 것이고 사고력이 높은 학습자일수록 의문과 혼란에 빠지게 될 것이다. 이러한 일관성 없는 분류법을 일본어 교육에 그대로 적용하고 있는 곳은 일본어 교육을 행하고 있는 나라 중에서는 중국의 일부와 한국뿐인 것으로 안다. 이들 지역은 일제 시대에 국어 교육을 받은 적이 있는 세대에 의해 일본어 교육이 시작된 지역이라는 공통점이 있다. 이러한 학교 문법식 활용 분류를 사용할 경우에 매우 비경제적인 인지 과정을 거치게 되는 데서 문법적 교육이 일본어의 의사 소통 능력을 저해한다는 비난을 받게 된 근원인 것이다.

예를 들면 초보 학습자가 학교 문법의 활용표에 따라 「食べる」의 부정형 「食べない」를 만들어내기 위해서는 적어도 5단계의 인지 과정을 거치게 된다. 하나의 어귀를 도출해내는 데에 이렇게 복잡한 과정을 거쳐서는 유창한 구어 표현은 불가능하다. 이렇게 복잡한 인지 과정을 거치게 되는 것은 분류 명칭이 언어 운용을 반영한 구체적인 것에 의해 성립된 것이 아니고 의미나 통어 기능에 입각한 이론적 분류에 의한 것이어서, 구체적인 통어 작업을 위해서는 우선 추상적 명칭을 구체적 어형으로 번역하는 불필요한 인지 과정의 개입을 필요로 하기 때문이다.

그러므로 일본어 교육에 사용되는 문법의 분류 명칭은 추상성을 줄이고 구체적 조작으로 직결되는 것이어야 하며, 학습자의 인지 과정을 최소화할 수 있는 활용표의 개발이 필요하다. 널리 알려진 바와 같이 동사 활용에 대해서는 활용형에 따라 1류 동사, 2류 동사 식의 분류와 ウ활용 동사, ル활용 동사, 혼합활용 동사 등으로 나누는 방식이 널리 사용되고 있다. 이들 분류법은 분류 원칙에 있어서는 유사하나 활용형의 명칭들이 사용자마다 달라서 혼선을 빚을 우려가 있다. 이들 명칭 중 1류, 2류 식의 명칭은 학교 문법과 마찬가지로 명칭에서 어떠한 구체성도 연상할 수 없다는 점에서 인지 과정의 경제성에 도움을 주지 못한다.

ウ활용과 ル활용의 경우는 활용되는 부분을 명칭으로 채택하여 구체적 조작과 직결된다는 점에서 전술한 것들과는 대조적으로 경제성이 높은 인지 과정을 거치게 된다. 그러나 「혼합활용」이라는 명칭은 역시 구체적이지 못하며, ウ활용 동사의 경우 ウ단 동사 이외에는 모음의 부분만 변하기 때문에 정확하지 못한 결점이 있다. 이와 같은 결점을 보완하여 구

〈표 7-1〉 실용 문법적 동사 활용표

활용형 활용 의 종류		연결형					종결형		수식형
		ます 연결형	た 연결형	ない 연결형	(よ)う 연결형	ば 연결형	명령 종결형	단정 종결형	체언 수식형
u 활용		i	(t. n. i)	a	o	e	e	u	u
ru 활용		ø	ø	ø	ø	re	{ ro jo	ru	ru
uru 활용	する	i	i	i. a. e	i	ure	{ iro ojo	uru	uru
	来る			o	o		{ oi ojo		

기호안내 〔 〕속의 연결형은 연결형이 한번 더 음운 변화를 일으킨 것으로, ます연결형의 어
　　　말음 전이 [i, t∫i, ri]는 [t]로, [mi, ni, bi]는 [n]으로, [ki, gi]는 [i]로 변함.
　　　· ø 는 ru의 탈락을 나타냄.
　　　· { 은 두 형식이 모두 가능한 곳임.

체성을 높이고 최단 인지 과정을 거치는 활용표로서 〈표 7-1〉과 같은 실
용 문법적 활용표를 소개해 본다.

　이 활용표를 이용하여 「食べる」의 부정형을 만든다고 가정할 때, 1단계
로 「食べる」의 동사 활용 유형이 무엇인가를 알아보게 되는데, 「る」 앞이
[e] 모음이기 때문에 [ru]가 사라지는 ru활용 동사임을 판단하게 된다. 2
단계로 부정형인 ない 연결형을 붙이면 곧바로 「食べない」가 완성되어 2
단계의 인지 과정만을 거치게 된다. 이처럼 문법 용어의 구체성은 인지
과정의 단축에 커다란 영향을 미치는데, 이러한 일본어 교육용 활용표를
사용하고자 할 때에 가장 먼저 벽에 부딪치는 것은 일본어 사전의 분류
와 맞지 않는다는 것이다. 그렇게 된 데에는 우리나라에서 제작된 사전들
이 외국어로서의 일본어 사전을 아직 갖지 못하고 일본의 국어 사전을 번
역한 것들이기 때문으로, 외국어 교육용으로서의 분류의 의미, 설명을 곁
들인 일본어 사전의 개발이 시급하다 하겠다.

외국어 교육용으로서의 일본어 사전에는 기존의 학교 문법식 분류만이 아니고 항간에 널리 쓰이고 있는 동사 분류법도 함께 병기되어야 할 것이며, 예문 또한 소설이나 고전에서 따온 것이 아닌 회화에 활용될 수 있는 것들로 보완되어야 할 것이다. 더욱 욕심을 부려 우리말의 유사 표현과의 차이점까지 곁들여 외국어로서의 학습자의 요구를 충족시켜 줄 수 있다면 더할 나위 없을 것이다.

동사 활용의 경우 학습 초기부터 모든 활용형을 다 가르칠 필요는 없다. 도쿄외국어대학의 일본어 교재인 『일본어Ⅰ』의 어휘를 분석해 보면 「ます형」이 47%, 「て형」이 23%로 이 두 형만으로도 동사의 70%를 차지한다. 그러므로 학습 초기에는 「ます형」과 「て형」만을 가르치고 기초 과정이 끝날 즈음에 전체 활용형을 정리하는 것이 좋을 것이다. 동사의 활용에 있어서뿐만 아니고 일본어 교육에 필요한 모든 문법 사항은 아무런 문맥도 갖지 않는 짧은 단문에 의해서만 학습할 것이 아니라, 항상 장면을 부여하여 구체성과 현장감을 함께 실어 익혔을 때 실제 언어 생활에 적용될 수 있다는 것을 깊이 유념해야 할 것이다.

멀티미디어 일본어 교육

🎯 시청각 일본어 교육의 필요성

1. 시청각 교육이란

「시청각 교육」은 1960년대에 유행했던 교수 방법의 하나로서 그 동안 국내의 열악한 교육 환경을 핑계로 오랫동안 잊혀져 온 부분이다. 그런데 최근 들어 다시 시청각 교육의 필요성이 본격적으로 거론되기에 이른 데는 그럴 만한 이유가 있다. 교육부에서는 학교 정보화 3개년 계획에 따라 1999년까지 전국의 초·중·고 교실 전체에 멀티미디어 시스템을 구축하고, 2000년까지는 전국 모든 학교의 네트워크화를 완성할 계획이다. 갑작스런 경제 위기를 맞아 1998년도 추경 예산이 삭감되어 당초 계획보다는 약간의 지연이 불가피하게 되었지만 교육 전산화의 실현 의지에는 변함이 없다.

시청각 교육(Audio Visual Education, A.V. Instruction)이란 실물, 그림, 사진, 모형, 도해, 녹음, 레코드, 환등기, 시범, 연극, 영화, 견학, 도표, 쾌도, 필름, 라디오, TV, 컴퓨터 등 교육의 수단으로서의 시청각적 교재와 목적과 내용으로서의 교육 매체를 이용하여 사람의 감각 기관에 호소하는 「시청각적 커뮤니케이션」을 통하여 능률적인 학습 성과를 거두고자 하는 교육 방법이다. 「시청각적 커뮤니케이션」이란 용어는 미국교육연합회 (NEA) 산하의 시청각 교육국(DAVI)의 기관지인 「Audio Visual Communication Review」의 명칭에서 유래한다. DAVI의 정의에 의하면, 「시청각적 커뮤니케이션」이란 학습 과정을 제어하는 메시지의 고안과 사용에 일차적으로 관련이 있는 교육적 이론과 실제의 분야이다. 아울러 교육적 환경 속에서 인간 또는 기자재에 의해서 제공되는 메시지의 구조화와 체계화를 통하여 교수 체계 전 분야에서 사용되는 시청각적 메시지의 기획, 제작, 선택, 관리, 활용 등을 다루는 분야이다.

「시청각 교육」이란 정식으로는 「시청각적 교육」이라고 불러야 옳지만 「시청각 교육」이라는 용어로 통용되고 있다.

2. 시청각 교재의 유형

시청각 교재는 감각 기관을 기준으로 시각, 청각, 시청각적인 것으로 나누어 온 것이 일반적이다. 그러나 이러한 분류는 학습자가 수동적인 상태에 있음을 전제로 한 분류라는 한계가 있어서, 현대에는 학습자와 시청각 교재의 상호 작용이 가능한 「멀티미디어적인 것」을 추가할 필요가 있다.

시청각 교재의 범위는 교사의 목소리에서부터 실물・그림・만화・괘도의 시대, 녹음기와 라디오의 시대, TV와 비디오 시대를 거쳐 컴퓨터, 멀티미디어에 이르기까지 매우 넓고 다양하다. 그 중에서도 가장 이상적인 시청각 교재는 현장 학습이라고 할 수 있다. 오랫동안 현지 어학 연수와 원어민 교사가 선호되고 있는 것만 보아도 그 효과를 짐작할 수 있다. 현장과 원어민은 단순히 시청각적 효과뿐만이 아니고, 언어 표현에 대한 권위를 갖게 된다는 점에서 학습자에게 신뢰를 주어 학습 효과를 높이는 데에 도움이 되지만, 비용이 비싸고 정식 교사 자격을 가진 교사가 부족한 관계로 언어 이외의 교육적 역할을 기대하기가 힘들다는 단점이 있다. 해외 연수와 원어민에 크게 의지하고 있던 초등 영어 교육이 재고되고 있는 것도 이러한 단점 때문일 것이다. 이러한 단점을 극복해 온 것이 바로

〈그림 8-1〉 시청각적 교육용 매체의 발달 단계

		청 각	시 청 각	시 각
I	기본사양	교사의 목소리 라디오	교사의 시연	책, 칠판, 자석판
II	구체물 시대	원어민 자원	시범, 촌극	실물
III	초기 제작 시대	음반	흑백 TV, 영화 견본, 괘도	모형, 그림, 사진
IV	아날로그 시대	녹음테이프	슬라이드 & 녹음기 컬러 TV, 비디오	슬라이드 OHP 용 TP
V	디지털 시대	디지털, 녹음기	CAI(컴퓨터) 위성방송, PC 통신	디지털 비디오 스캐너, 실물화상기
VI	멀티미디어 시대	양방향 TV · 비디오, VOD, CAI, 인터넷 멀티미디어 시스템, LCD 프로젝터, 화상 회의		
VII	가상 체험 시대	홀리그램, 시뮬레이터		

시청각적 교육의 기술적 발달이라고 할 수 있다.

시청각 교재의 유형을 시대별로 분류하여 보면 〈그림 8-1〉과 같이 정리할 수 있다. 위 그림의 제3단계인 초기 제작 과정부터가 진정한 시청각적 교육의 시작이라고 할 수 있을 것이다. 전자 기술의 발달로 원어민과 현장을 대신할 수 있게 되었고, 그 대표적인 것이 멀티미디어 시스템 교육인 것이다.

3. 시청각 교육의 역사

시청각 교육의 역사를 고려할 때 다음 문장은 시사하는 바가 크다.

> 最後に今一つ挙げておきたいのは、日本語の初歩教授には実物、絵画、標本の類を豊富に準備することと、動作、身振り、直接経験を尊重することである。これはだれしも分かっていることであって、実行上忘れがちになることである。しかしこれを怠っては初歩教授は成功しないといっても過言でないほど重要な事項である。扱いやすい点から多くは絵画を利用するが、あるいは言葉を最初に授ける場合はできるならば実物によるのがよい絵画よりも印象が鮮明であるのと、児童に対しては実物をよく知らないものを絵画で示しても、さっぱり効果のないことも知っておかなければならない。実物や標本はかさばって取り扱いに不便であるから、練習の場合には絵画を利用するのが能率的である。
>
> 動作や身振りを利用すること、直接経験に訴えることなどは、相当、技巧を要する点であって、人によって巧拙の分かれるところであるが、要は日本語だけで言葉の本当の意味、語感を与えると同時にその言葉を正当に使わせていくという考えとそれを実行する熱心さとである。

이 글은 1941년 잡지 『日本語』 창간호에 가토 하루키가 쓴 글의 일부분이다. 이 글에서도 알 수 있듯이 당시 유행했던 일본어 교수법은 직접법이었으며, 시청각적 교육이 매우 강조되고 있었음을 알 수 있다. 이처럼 시청각적 교육은 57년 전에도 강조되고 있었음을 생각할 때 현재의 일본어 교육이 얼마나 낙후되어 있는가를 새삼 생각하게 한다.

시청각 교육의 역사 또한 매우 오래 된 것이어서, 그 선구는 직관 교수법의 시대였던 17세기 체코의 Comenius, J. A.(1592-1670)가 국어 교과서에 사물의 명칭과 그림을 결부시킨 것이 효시로 알려져 있다. 실물에 의한 직관 교수법은 코메니우스와 루소의 영향을 받은 페스탈로치에 의해 제창된다. 이러한 직관 교수법의 전통은 19세기 말에서 20세기 초엽에 걸쳐 Dewey, J.(1859-1952)의 경험 중시・활동 중시 교육 방법으로 발전하게 되고, 이러한 움직임에 따라 미국 등지에서는 학교 박물관이 유행하게 되고, 일본에서도 메이지 초기 근대 학교 교육의 도입과 함께 야외 학습 등이 성행하게 된다. 19세기 말에 영화가 발명됨에 따라 미국에서는 1910년에 교육 활동에 이용하게 되고, 1920년대에는 슬라이드나 필름 라이브러리 등이 설립되고, 시각 자료의 이용 효과에 대한 연구도 행해지게 된다. 1920년대 후반에 미국에서 시작된 학교 방송은 1933년에는 일본에서도 선을 보이게 된다. 이후 과학 기술의 발전에 따라 시청각 교육도 눈부신 발전을 보게 되는데 전체적인 동향은 다음과 같다.

① 다기능적 기기의 발전으로 제시 내용의 다양화와 다감각화가 실현되었다.
② 시청각 기기의 기능 확대와 소형화, 경량화, 간편화로 교육 활동의 실천 과정에 맞춰 손쉽게 이용할 수 있게 되었다.
③ 소형화, 경량화, 간편화로 시청각 매체는 완성된 한 편의 작품으로서만이 아니고 부분적 영상 자료로서도 이용하게 되었고, 학습자 개인과 그룹이 모두 이용할 수 있게 되었다.
④ 여러 매체가 종합되고 학습자의 반응과 요구에 따라 다양하게 반응하는 양방향 기기의 등장으로 학습자가 능동적으로 학습할 수 있게 되었다.

2 시청각 기기의 종류와 장단점

시청각 교육에 사용되는 기자재는 그 종류가 다양하여 학습의 성격에 맞는 기자재의 선택은 학습의 효율성을 크게 좌우한다. 즉, 학습의 내용과 유형에 따라서 시청각 기자재의 사용이 도움이 되는 경우가 있는가 하면, 경우에 따라서는 공연한 시간 낭비가 될 수도 있다. 따라서 교사는 각종 시청각 기자재의 특성을 충분히 파악하고 있어야 한다.

1. 시청각 매체의 종류

어떠한 시청각 기기를 사용할 것인가는 전달하고자 하는 메시지의 종류가 중요한 결정 요인의 하나가 된다. 메시지에는 사진, 그림, 녹음과 같은 구상적 메시지(pictorial message)와, 음성을 분석한 소너 그래프, 프로소디 그래프와 같은 반구상적 메시지(semi-pictorial message), 언어, 수, 활용표와 같은 표상적 메시지(symbolic message), 영화, TV와 같은 구상·표상적 메시지(pictorial-symbolic message) 등이 있다. 각각의 메시지는 그 성질에 따라 전달 수단으로서의 시청각 기기가 한정되는 경우가 대부분이다.

시청각 기기는 감각 기관과 밀접한 관계를 갖는데, 전달 통로이기도 한 감각 형태에 따라서 몇 가지로 분류할 수 있다. 즉, 시각 매체(실물, 도형,

쾌도, 그림, 슬라이드, 실물 화상기), 청각 매체(음반, 테이프, 라디오), 시청각 매체(영화, TV, 슬라이드 & 녹음 테이프), 복합 매체(각종 시각 · 청각 · 시청각 매체를 특정의 교수 학습 과정에 맞추어 조직화한 종합 자료, 키트 자료, 세트 자료 등), 교수 공학 매체(언어 Lab, 멀티미디어 어학실) 등이 그것으로 이들을 통틀어 넓은 의미에서의 시청각 기기로 분류한다.

2. 시청각 교육 기기의 장단점

전력을 사용하는 시청각 기기의 공통적인 특징은 확대성과 반복성에 있다. 확대성은 스크린뿐만이 아니고 시간과 공간의 확대, 차원의 확대까지 포함한다. 대표적인 시청각 기기의 장단점을 살펴보면 다음과 같다.

1) VTR
 · 장점
   ① 영상의 기록과 보존이 간단하다.
   ② 자기식인 관계로 즉각 재생이 가능하다.
   ③ 교재의 가격이 필름보다 저렴하다.
   ④ TV 방송을 녹화하여 교재로 사용할 수 있다.

 · 단점
   ① 수상기의 크기가 작아서 많은 사람이 시청하기에 불편하다.
   ② 부분 검색이 불편하다.

2) CD-ROM
 · 장점
   ① 화질과 음질이 뛰어나다.
   ② 보고 싶은 부분을 간단하게 검색할 수 있다.

③ 최소 단위 내용을 간단히 반복해 보고 들을 수 있다.

④ 부피가 작고 습기에도 강하여 보관이 편리하다.

⑤ 보존 용량이 크다.

· 단점

① 사용하기 위해서는 컴퓨터의 조작 능력을 필요로 한다.

② 녹화와 촬영 제작 등이 간단하지 않다.

3) 슬라이드 영사기(환등기)

· 장점

① 슬라이드 제작이 쉽고 경제적이다.

② 한 컷 한 컷의 투영 시간 조절이 자유롭다.

③ 후진과 선택 사용이 자유롭다.

④ 시설비가 저렴하다.

· 단점

① 암막 장치가 필요하다.

② 필름이 손상되기 쉽고 습기에 약하다.

③ 테이프에 의한 설명도 가능하나 대부분 교사가 설명하여야
한다.

4) 테이프 리코더

· 장점

① 녹음과 재생이 간단하다.

② 가볍고 작아서 언제 어디서나 사용할 수 있다.

③ 테이프가 싸고 고장도 적다.

④ 카세트 교재는 저렴하다.

- 단점
    - ① 필요한 곳을 찾기가 어렵다.
    - ② 소리뿐이고 장면을 볼 수 없다.

5) OHP

- 장점
    - ① 비교적 밝은 교실이나 벽을 이용할 수 있다.
    - ② 학습자쪽을 보면서 화상을 제시할 수 있다.
    - ③ TP를 여러 장 겹쳐 사용할 수 있다.
    - ④ 판서 시간을 절약할 수 있다.
    - ⑤ TP를 상하 좌우로 움직일 수 있다.

- 단점
    - ① 휴대용이 아니면 교실까지 들고 가기에 무겁다.
    - ② 글자나 그림을 기기상에서는 확대할 수가 없다.
    - ③ 칼라 TP의 제작이 불편하다.

6) 실물 화상기(OHC:Over Head Camera)

- 장점
    - ① 밝은 교실에서도 사용할 수 있다.
    - ② 학습자쪽을 보면서 화상을 제시할 수 있다.
    - ③ 사진, 네가 필름, 슬라이드 필름, 실물 등 투사 가능 범위가 넓다.
    - ④ 투사 시간의 조절이 자유롭다.
    - ⑤ 크기와 각도를 자유 자재로 조절할 수 있다.
    - ⑥ 부피가 작아 이동과 설치가 편리하다.
    - ⑦ 따로 교재를 제작할 필요가 없다.

・단점

① 전력에 의해서만 작동된다.

② 반드시 TV나 LCD 모니터가 있어야 사용이 가능하다.

3. 시청각 매체의 선택 기준

시청각 매체의 선택 기준에는 여러 가지가 있으나 여기에서는 매체의 기능, 융통성, 비용과 같은 실제적인 장점을 매체의 속성과 교체시키는 매트릭스 모형을 소개하고자 한다. 특히 Allen의 모형은 수업 매체의 유형을 9가지로 분류하여 학습 목표별로 제시된 특징에 어느 정도 적용될 수 있는가를 고・중・저로 나누고 있다.

회화 중심의 외국어 학습은 아래의 절차 학습과 숙련된 자각적 자동 행위, 바람직한 태도, 의견, 동기 유발 등과 관련이 있으므로, 동적 사진과 시범이 「고・중・중」으로 가장 적합함을 알 수 있다.

시청각 매체의 선정은 이와 같이 학습의 성격에 따라 선정하는 것이 가장 바람직하지만, 또 하나 참고로 할 수 있는 것은 보다 활용성이 높은 기기 선정이다. 현재로서는 시각적인 것만을 제시하는 기기로는 실물 화상기니 스캔을 활용한 PC의 프레젠테이션 기능이 가장 편리하고, 동화상의 경우에는 CD-ROM의 활용이 가장 권장할 만하다. 특히, 실물 화상기의 경우에는 기존의 OHP 기능을 포함함은 물론 실물과 사진, 네가 필름까지도 확대 투시할 수 있어서 편리하다. CD-ROM의 경우에는 개별 학습이 가능한 것은 물론 랜 버전에 의해 네트워크상에서도 대량 학습에 활용할 수 있고 장면 단위의 검색과 속도 조절 등 조작이 간편하여 멀티미디어 언어 교육용으로 가장 적합하다. 따라서 금후의 시청각 일본어 교육은 CD-ROM에 의한 멀티미디어 시스템이 주된 교육 매체가 될 것으로 예상된다. CD-ROM의 경우 간편하게는 TV화면으로 출력할 수 있지

<표 8-1> Allen의 매트릭스 모형

교수매체의 유형	학습목표					
	사실적 정보학습	시각적 확인학습	원리·개념 ·규칙학습	절차학습	숙련된 지각적 자동행위 수행	바람직한 태도, 의견, 동기유발
정지 사진	중	고	중	중	저	저
동적 사진	중	고	고	고	중	중
TV	중	중	고	중	저	중
실물	저	고	저	저	저	저
오디오 녹음	중	저	저	중	저	중
시범	저	중	저	고	중	중
교과서	중	저	중	중	저	중
구두 제시	중	저	중	중	저	중

만, 아직은 비싼 LCD 프로젝터를 사용하면 대형 스크린에도 투사할 수 있다. 특히, 알루미늄 스크린을 사용하면 화면의 선명도가 더욱 높아진다.

🌀 멀티미디어 시스템에 의한 일본어 교육

교육부는 1997년부터 1999년까지 3년간에 걸쳐 3천 억의 예산을 들여 전국의 초·중·고교 6만 교실에 멀티미디어 시설을 완비할 예정이다. 이는 학교 교육에 있어서의 멀티미디어 시대의 도래를 단적으로 드러낸 변화라고 할 수 있다. 이러한 멀티미디어 시설은 모든 교과에서 사용하게 되겠지만 멀티미디어의 장점을 가장 효과적으로 살릴 수 있는 과목은 역시 외국어과라 하겠다.

2002년부터 시행되는 고등학교 일본어 7차 교육 과정에는 이러한 멀티미디어의 사용이 구체적으로 명기될 것으로 예측된다. 이미 많은 대학의 외국어 교육이 어학 테이프와 헤드폰만을 갖추었던 재래 랩실을 탈피하고 컴퓨터를 주축으로 하는 멀티미디어 시스템을 갖춘 신형 랩실의 구축에 박차를 가하고 있어서 앞으로는 이러한 교육을 경험한 교사가 배출될 것이다.

1. 경쟁 시대의 일본어 교육

현대의 교사를 위협하는 3가지 스트레스 요인이 있다. 교육 개혁에 의한 외국어 교육 정책의 향방, 학습자 중심으로 치닫는 수업 이론, 멀티미디어의 대명사인 컴퓨터 조작 능력이 그것이다. 외국어 정책과 관련하여

2002년부터 실행되는 7차 교육 과정에서 제2외국어 교육이 유명무실하게 될 위기를 맞아 그 동안 한국외국어교육학회, 서울일본어교육연구회, 한국일어일문학회, 한국일본학회 등이 노력한 성과가 있어 가까스로 폐과의 위기는 면하게 되었다.

고등학교에서의 이수 단위는 6단위로 축소되었으나 중학교에서 제2외국어를 재량 과목으로 이수하게 된 것은 커다란 수확이라고 할 수 있다. 학습자 중심의 추세는 교수법뿐만이 아니고, 배우고 싶은 외국어의 선택권이 학습자에게 주어지게 된다. 즉 학생들이 배우고 싶어하는 강좌를 학교는 개설하여야 하는 것이다. 이러한 추세는 대학에 있어서도 학부제가 급속하게 확대되고 있어서 학생들 스스로가 입학 후에 전공을 선택하게 될 뿐만 아니라 자기가 배우고 싶은 외국어를 복수 전공으로 선택할 수 있게 된다.

정부의 교육 개혁 의지가 소비자 중심의 교육에 있음이 확실하고 이러한 추세는 보다 강도를 높여갈 것으로 보인다. 학습자가 강좌를 선택하게 되면, 외국어간 또는 교사간의 경쟁을 유발하게 되어 교사에게는 또 하나의 스트레스 요인이 가중되는 셈이다. 이러한 경쟁에 살아남기 위해서는 외국어 학습이 쉽고 재미있게 전개되지 않으면 안 되고, 이러한 추세는 멀티미디어 시스템의 활용을 가속화시키게 될 것이다.

2. 교재의 개념 변화

이제까지는 교재 하면 교과서를 연상할 만큼 교육 현장에 있어서의 교과서의 위상은 절대적이었다. 국내 일본어 교육의 현실을 보면 교과서만큼 중요한 기능을 갖는 보조 교재마저도 거의 개발 내지는 활용이 부진한 실정이다. 현재 각급 학교의 수업에 활용되고 있는 보조 교재는 부독본, 참고서, 워크북, 신문, 잡지, 낱말 카드, 괘도, 모형, 그림, 사진, 실물, 슬라이드, OHP 시트, 오디오테이프, 비디오테이프 등 매우 다양하다. 종전의 교육에 있어서는 교과서 및 보조 교재는 교재로 분류하고 시청각 기기는 교구로 분류하는 것이 일반적이었으나, 현대 교육에 있어서는 교구까지를 교재에 포함하여 취급하게 되었다. 이는 현대의 대표적인 교구인 컴퓨터가 갖는 문자, 오디오, 영상 능력 때문에 교재와 교구의 분리가 불가능하게 된 것과 관련이 있다고 생각된다. 다시 말해 컴퓨터의 멀티미디어 시스템 기능에 의해 교재와 교구가 통합된 것이다.

3. 멀티미디어 시스템 교육이란

요즘 유행어가 된 멀티미디어 시스템이란 각종 미디어가 통합된 컴퓨터를 가리키는 말이다. 따라서 멀티미디어 시스템에 의한 외국어 교육이란 컴퓨터에 의한 외국어 교육이라는 말과 같다. 즉, CD-ROM을 컴퓨터에 장착하게 됨에 따라 음성과 동화상의 조정 기능과 어휘나 문자 문형 등의 데이터 베이스를 검색하는 기능 등이 종합적으로 시스템화된 것이다. 컴퓨터가 외국어 학습에 이용되는 길은 CMI(Computer-Managed Instruction) 방식과 CBT(Computer-Based Training) 방식으로 대별할 수 있다. 전자는 교사가 학습 지도의 보조 수단으로 사용하는 이른바 CAI (Computer-Assisted Instruction)가 되겠고, 후자는 학습자가 컴퓨터의 프로그램을 따라 학습하는 CALL(Computer-Assisted Language Learning)이 해당된다. 일반적으로 멀티미디어 시스템에 의한 외국어 학습 방법 전체를 CALL(콜)이라고 부르는 것이 통례인데, 이는 학습자 중심의 시각에서 붙여진 명칭이다. 국내 대학의 경우 육군사관학교가 이미 멀티미디어 시스템에 의한 어학 전용 강의실과 랩실을 마련한 것을 계기로 1996년에 세미나를 개최하였고, 같은 해 동의대학교와 동덕여자대학교는 CALL 시스템의 개발에 관한 국제 심포지엄을 개최하였다. 1997년 9월에는 8개 언어의 공동 참여하에 한국멀티미디어 언어교육학회(KAMALL)가 발족하였다. 한남대학교, 교원대학교에서는 90년대 중반부터 CALL 방식에 의한 영어 교육을 실시하고 있고, 서강대학교, 동덕여자대학교, 덕성여자대학교, 인하전문대학, 성심외국어전문대학 등도 멀티미디어 어학실을 구축하는 등 국내 대학들이 빠른 속도로 멀티미디어 시스템에 의한 외국어 교육 계획을 추진중에 있다.

CALL 방식을 위한 학습용 프로그램에는 반복 연습용, 개인별 프로그램 학습용, 텍스트 검색 및 조작용, 장면 시뮬레이션용, 게임용 등으로 대별된다. 1980년대 중·후반의 컴퓨터 교재는 한자 학습용, 어휘 학습용, 문법 학습용의 개발이 주를 이루었으나, 지금은 발음 교정용, 청취용, 회화용, 문화 학습용, 평가용의 개발이 두드러진다. 특히 회화용 교재의 개발이 빠른 속도로 전개되고 있고, 영어의 경우에는 컴퓨터로 스페인어 회화 능력을 측정할 수 있는 소프트(CALT)가 1997년 중반에 미국에서 선보인 적이 있다. 이는 구두 평가에 있어서의 고질적인 문제였던 공정성과 경제성(집단 평가 능력)을 동시에 해결할 수 있는 획기적인 발전이라 하겠다.

CALL 방식이 갖는 가장 큰 기능은 학습자가 자율적으로 학습할 수 있는 교재라는 점이다. 학습자 개개인의 진도에 맞는 프로그램에 의해 학습할 수 있고, 동화상과 함께 현지인의 언어 행동이 생생하게 재현될 뿐만 아니라 화면을 자유자재로 정지시킬 수도 있고 속도를 조정할 수도 있으며, 반복 연습은 물론 화면과 함께 학습자가 대화할 수 있는 상호 작용 기능까지 갖는다. 한 마디로 자기만의 교사를 갖게 되는 것이다. 학습 자료를 학습자 개개인이 구매할 필요도 없이 중앙 주조정실과 LAN을 깔아 네트워크 시스템에 의해 어학 전용 강의실과 랩실은 물론이고 학생 개개인의 기숙사와 연결하여 24시간 자유자재로 이용할 수 있는 이점이 있어서 어학 학습 시간을 확장하는 효과도 있다.

CALL 교재와 같은 멀티미디어 시스템은 학습자에게 있어서만 효과적인 것이 아니고 학습 지도 현장에서도 탁월한 학습 지원 능력을 발휘한다. 재현하기 어려운 각종 실물 모양 및 장면들이 동화상으로 얼마든지 검색에 의해 대형 화면에 즉각 제공될 수 있다. 또한 발음의 반복 지도와 음성 분석 소너 그래프를 비롯하여 프로소디가 현장에서 시각적으로 제시되고 문형과 관련된 문례들도 곧바로 제공된다. 이처럼 교사는 학습을 위해 교재 제작이나 교구 준비를 따로 하지 않아도 되고 학습자의 흥미 유발 또한 최대의 효과를 올릴 수 있게 된다. 물론 이러한 교재는 누군가에 의해 꾸준히 소프트가 개발되어야 한다는 전제가 따른다.

4. CALL의 장단점

지도용과 학습용을 막론하고 CALL 학습용 교재의 가장 큰 장점은 동화상의 데이터 베이스를 검색할 수 있는 점이라 하겠다. 마련된 데이터는 얼마든지 저장 활용될 수 있는 이점도 크다. 그리고 학습자의 개별 수준과 개개인의 흥미에 따라 학습 자료를 선정할 수 있어서 다양한 학습이 가능하다는 것과 학습자의 흥미를 유발할 수 있고 양질의 학습 자료가 제공된다는 것, 교재와 학습자의 상호 작용이 가능하다는 것 등 CALL 학습의 장점은 헤아릴 수가 없을 정도이다.

CALL이 갖는 단점으로서는 무엇보다 고비용을 들 수 있다. CALL을 효과적으로 활용하기 위해서는 학생들이 충분히 사용할 수 있는 하드웨어의 확충과 충분한 단말기의 마련이 필요하므로 고액의 시설 투자를 전제로 한다. 또 하나의 단점으로서는 교사와 학습자가 이용할 수 있도록 컴퓨터를 조작할 수 있어야 한다는 번거로움이 있다. 학습 효과와 관련하여 염려되는 것은 외국어 학습의 중요한 요소인 대인 관계의 체험이 감소할 염려가 있다는 점이다. 그러나 이러한 문제는 교사의 지도 방법에 따라 간단하게 보완될 수 있는 것이므로 한 마디로 CALL은 단점보다 장점이 많은 학습 방식이라 할 수 있다.

앞으로도 CALL과 같은 멀티미디어 시스템에 의한 일본어 학습이 급속도로 확산되어 일반화될 것은 틀림없는 사실이다. 이러한 새로운 교구, 교재의 출현에 따라 앞으로 시행될 제7차 교육 과정에는 CALL 학습이 가능하도록 교수법을 명기하고 있고 인터넷에 의한 일본어 정보 검색 활동을 언급하고 있다.

이렇게 강력한 자율 학습 교재가 발달하게 되면 교사의 할 일이 없어질 것이 아닌가 하고 벌써부터 걱정하는 사람들이 있다. 그러나 이러한 교구, 교재에 의한 학습이 성공하기 위해서는 학습자가 스스로 학습할 수 있을 때에만 가능하다. 학습자가 학습할 수 있도록 유도하는 보조자를 필요로 하는 한, 앞으로도 교사에 의해 진행되는 수업은 사라지지 않을 것이다. 다만 자율 학습을 위한 보조 도구로서 CALL 교재를 충분히 활용하는 교사를 필요로 하게 될 것이고, 학습자의 개별 학습 시간의 비중이 커지게 되어 교사의 주된 역할은 직접적인 지도보다는 학습 방법의 상담과 학습 계획, 오류의 교정 상담 등이 될 것이다. 즉, 발음 클리닉이나 작문 클리닉과 같은 교정이 교사의 중요한 역할이 될 것이다.

이러한 디지털적 교육 미디어의 발달에 따라 인터넷을 통해 세계의 TV를 청취하게 되고, 1998년 9월부터 시작된 사이버대학이 더욱 일반화될 것이며, 인터넷 어학 교실을 통해 학습하는 등 어학 교육의 네트워크화가 빠르게 확산될 것으로 전망된다. 한 마디로 말해 외국어 학습이 존속하는 한, CALL 방식에 의한 학습은 21세기 외국어 학습 방법의 주류가 될 것임에 틀림없다.

4 멀티미디어 일본어 교육과 「지능형 CALL」

1. MALL의 개념 및 유형

1) MALL의 개념

멀티미디어 교육 이전의 시청각적 교육은 1960년대부터 학교 교육 현장에 적극적으로 도입되기 시작하였고, 언어 교육 분야에 있어서도 시청각 교수법이라는 방법으로 소개된 바 있다. 하타노 간지는 인식설에 입각하여, 시청각적 교육은 개념적 인식 형성을 위하여 감성적 자료를 의미 있게 체계화한 것으로, 감성적 방법을 사용하여 피교육자의 이론적 인식을 높여 영속적이고 실천적인 것이 되게 하기 위한 기술적 노력이라고 정의하였다. 이러한 시청각적 교육에 이어 80년대 초부터 CAI라는 용어로 선보이기 시작한 MALL은 시청각적 언어 교육과 동일 개념으로 보는 견해와 두 개념을 별개의 것으로 보는 견해로 나뉜다. 전자의 경우는 멀티미디어의 어의에 입각하여 다매체의 사용이라고 보는 넓은 의미의 시청각적 교육이라고 할 수 있겠고, 후자는 컴퓨터에 의한 상호 작용이 가능한 다매체로 한정한 좁은 의미의 관점이라고 하겠다. 복수 매체를 사용한다는 점에 있어서 두 개념은 다를 바 없으나, 시청각 언어 교육이 교사 중심이고 수동적인 것인 반면, MALL은 학습자 중심성이 강하고 조직적이고 능동적인 성격이 강하다는 점에서 두 개념은 별개의 것으로 취급되어야 타당할 것이다. 후자의 경우 다시 두 가지 견해로 나눌 수 있다. 즉,

MALL을 전적으로 컴퓨터의 프로그램에 따라 진행하는 개별 학습용 CALL과 동일한 개념으로 보는 견해와 컴퓨터에 의한 멀티미디어를 수업의 보조 도구로 사용하는 수업까지를 포함하는 견해가 그것이다. 컴퓨터의 프로그램에 의한 학습은 컴퓨터가 교사를 대신하는 것이고, 컴퓨터를 보조로 사용하는 경우는 교사의 지휘에 따라 진행되는 교실 수업의 형태가 된다. 멀티미디어 언어 학습은 이 두 경우를 모두 총괄해야 하는 것으로, 전자는 개별 학습 형태이고 후자는 집단 학습 형태가 된다. 따라서 MALL의 개념은 기술 발달의 추이를 감안할 때 기존의 시청각적 언어 교육과 현재의 컴퓨터를 이용한 언어 교육을 모두 포함한 다감각적 전달 수단으로서의 기능과 다양한 조작 기능 및 다양한 교수 방법을 포괄한 총체적 의미의 교수법으로 정립되어야 할 것이다. 따라서 MALL이란 멀티미디어적 컴퓨터의 기능을 직·간접적으로 활용하는 교육으로, 컴퓨터의 프로그램에 따른 언어 학습과 컴퓨터를 보조 수단으로 활용하는 모든 언어 학습의 형태를 의미한다.

2) MALL의 유형

(1) 이용 주체에 의한 유형

일반적으로 MALL은 학습자 한사람 한사람에게 컴퓨터가 직접 가르치는 CAI만을 가리키는 경향이 있는데, 교사 전용의 멀티미디어용 소프트웨어(CMI)가 도외시되어서는 안 될 것이다. 종래의 CAI나 ICAI(지능형 CAI)의 내용이 주로 문자나 음성에 의해 구성되어 있는 것과는 달리, SCALL(Simulational CALL)은 장면 중심으로 구성된 CAI이다. 한편 교사를 위한 수업 보조용으로서의 CMI에는 CMI 전용과 SCALL을 겸한 CMI가 있다. 초기의 CMI는 수업의 계획과 평가 등 교사의 업무 보조용으로서의 개념이 강했으나, 현재의 CMI 소프트웨어는 교재 제작 및 수업 보조용 도구로서의 기능이 강화되고 있어서 교실에서의 MALL 즉 교

〈그림 8-2〉 다기형 프로그램 학습의 모형

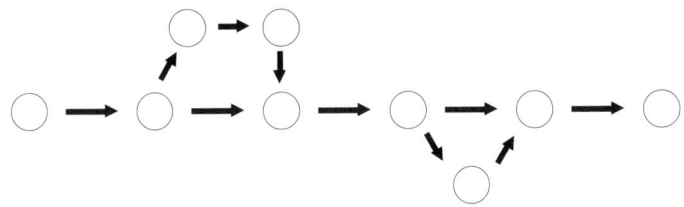

사용 멀티미디어 교육용의 전형이라고 할 수 있다. CMI는 교사 활동 지원 시스템이라고 할 수 있는 것으로, 수업 설계, 실시, 평가 등 수업의 전 과정을 돕는 유형이다.

(2) 멀티미디어 언어 학습의 커뮤니케이션 유형

멀티미디어 언어 학습을 커뮤니케이션 유형이라는 관점에서 분류하여 보면, 단방향 커뮤니케이션과 양방향 커뮤니케이션으로 분류할 수 있다. 원칙적으로 MALL에 단방향 커뮤니케이션이란 있을 수 없다. 그러나 주어진 문제에 따라 답을 입력하고 정오를 판별하는 데에 그치는 수동적 소프트웨어는 단방향에 해당하고, 학습자의 요구에 따라 프로그램의 진행이 달라지는 경우에 비로소 양방향 커뮤니케이션이라고 할 수 있다. 양방향 소프트웨어 중에도 단지 프로그램의 선정만이 가능한 단순 양방향보다, 학습자의 반응을 분석하여 반응에 적합한 다음 단계의 학습 내용을 제시해 주는 프로그램 학습이 가능한 소프트웨어가 진정한 의미의 양방향 커뮤니케이션 소프트웨어라고 할 수 있다. MALL의 최대의 장점은 이러한 프로그램 학습의 실현을 용이하게 한 데에 있다. 멀티미디어 언어 교재의 프로그래밍에는 직선형 프로그램과 병렬식 프로그램, 다기형(多岐型) 프로그램 등이 있는데, 직선형 프로그램은 단순한 일방적 전개라는 점에서 종래의 단방향 커뮤니케이션의 수준이라 하겠고, 진정한 의미의 양방향 상호 작용 교재는 다기형 프로그래밍이 해당된다고 하겠다. 다기형 프로그램을 도식으로 나타내면 〈그림 8-2〉와 같다.

(3) 학습 형태에 따른 유형

멀티미디어 언어 학습을 「multimedia-laboratory」로만 보는 것은 멀티미디어 언어 학습을 기존의 어학 실습실 정도로 인식하여 단순히 기계적인 측면만을 보고 교수법적 측면을 무시한 견해라고 하겠다. 기존의 어학 실험실은 실제 상황을 기계를 통해 재현하고 반복적으로 연습하는 실험적 기능에서 인식되었지만, 멀티미디어 언어 매체는 매체 자체가 언어 활동을 포함한 공간이라는 점에서 실험실의 범주를 넘는다. 앞의 개념 정리에서 언급하였듯이 MALL은 다양한 교수 형태에 따라 어학 강의실 시설의 설계가 달라지게 되는데, 현재로서는 집단 강의실, 자학 자습실, 종합 강의실의 3가지 유형으로 나눌 수 있다. 집단 강의실이란 교사가 멀티미디어 시스템을 조작하여 대형 화면을 통해 학습자에게 프로그램과 자료를 제시하도록 되어 있는 어학실로, 멀티미디어 자료를 활용하여 다양한 교수 활동이 가능한 것이 특징이다. 자학 자습실은 학습자 개개인이 각자의 컴퓨터에 앉아 스스로의 선택에 의해 자율적으로 학습할 수 있도록 설계된 어학실로, 기존의 어학 실험실의 기능과 유사하다. 종합 강의실은 자학 자습실과 집단 강의실의 기능을 결합하여 교사의 지휘와 학습자 개인 활동 또는 조별 활동이 가능하도록 설계된 강의실로, 프로그램화된 교재를 공동으로 활용하는 경우나 인터넷을 이용한 수업 등에 유리하다. 사이버 강의실이라고도 할 수 있는 화상 강의 시설은 집단 강의실의 형태나 종합 강의실의 형태를 띠게 되므로 따로 분류할 필요는 없을 것으로 생각된다.

2. 교육공학적 환경의 변화

교육부의 학교 정보화 3개년 계획의 첫번째 목표인 멀티미디어 교육 환경 조성 계획을 보면, 1997년부터 1999년까지의 3개년 동안 모든 초·

중·고교에 1교사 1컴퓨터 보급과(34만 3천여 대), 학생 실습용 컴퓨터 보급으로써 1개교 2실습실을 확충하며(53만여 대), 모든 교실에 멀티미디어 기자재를 갖추고, 2000년까지는 전체 초·중·고교를 인터넷으로 연결하기로 되어 있다. 이 계획의 실행 상황에 대해서는 전국의 교육 현장에서 더 생생하게 확인하고 있을 것으로 생각한다. 교육의 멀티미디어 시설뿐만 아니고, 이의 활용을 지원할 수 있도록 1997년 3월에는 한국교육방송원 부설로 「멀티미디어 교육 지원 센터」가 창설되었다. 이 지원 센터에서는 멀티미디어 교육을 위한 각종 지원은 물론, 멀티미디어에 의한 교육 방법 및 소프트의 개발 등에 대한 지원을 담당하게 된다. 이처럼 멀티미디어 교육용 시설을 위한 거액의 투자와 지원 체제가 마련되어가고 있다는 것은 교육공학적 혁명 체제에 돌입하였음을 의미하는 것이다. 2000년대에는 초·중·고교 과정에서 멀티미디어 시스템에 의한 학습 체험을 쌓은 학생들이 대학에 진학하게 될 것인데, 정작 이러한 멀티미디어 강의 시스템을 전체적으로 갖춘 대학은 단 한 군데도 없고, 다만 전산과 어학 강좌용으로 몇몇 대학에서 시범 운영 정도의 멀티미디어 시설을 갖춰 두긴 하였다. 그러나 시행 착오로 인해 제대로 가동되고 있는 곳은 한두 군데에 불과하다. 교사의 양성 기관인 대학이 멀티미디어를 비롯한 교육공학적 발전에 가장 뒤처져 있고, 교사를 양성하는 교수들이 이러한 변화에 가장 둔감한 것이 현실임을 생각할 때, 교사와 현장간의 갭으로 인한 몸살이 당분간은 심각할 것으로 예상된다. 그러나 이 현실은 피해갈 수 없는 변화이므로 앞으로 교사가 되고자 하는 사람들은 이러한 교육공학적 변화에 적응할 수 있는 준비가 되어 있어야 할 것이다.

컴퓨터에 의한 언어 학습을 CALL이라고 하였듯이 멀티미디어 시스템에 의한 언어 학습은 진일보한 형태로서 MALL(Multimedia Assisted Language Learning)이라고 불려지고 있다.

3. 지능형 CALL(ICALL) 시스템과 기존 CALL의 차이

현재 전국적으로 구축 중에 있는 멀티미디어 시스템은 수준별 내지 개인별 학습을 실시하기 위한 가장 효과적인 시설이다. 자율 학습용으로는 물론이고 프로그램에 의한 교실 학습용으로도 사용할 수 있는 것이다. 자율 학습용으로는 분지형이나 다단계형이 알맞고, 교실 학습용으로는 직선형이 더 편리할 것이다. 특히 CALL 방식은 분지형 프로그램 학습을 컴퓨터에 의해 진행하는 방법이라 하겠는데, 종전의 CALL 시스템은 학습자 쪽에서는 의문 사항을 컴퓨터에 물어볼 수도 없고 학습자가 범한 오류의 원인을 밝혀낼 수도 없었다. 응답 방식도 선다형과 괄호 메우기뿐이라 매우 단조로워서 학습자가 쉽게 싫증을 내게 된다. 이러한 약점을 보완하기 위하여 학습자가 인공언어를 사용하여 컴퓨터와 대화할 수 있도록 개발한 것이 「지능형(知能型) CALL」이다. 「지능형 CALL」이란 자연 언어를 바탕으로 하여, 학습자가 학습 과정에서 부딪히는 제반 의문점을 해결해 주고, 매단계마다 학습자의 이해도를 다각적으로 파악할 수 있으며, 그에 따라 알맞은 지도 방법을 선택하여 학습 목적을 달성할 수 있게 하는 CALL 시스템을 말한다. 이러한 CALL은 프로그램 학습의 원리를 기본으로 한 것으로서, 학습자가 각자의 레벨과 개성에 맞는 수업을 체험할 수 있는 최상의 수업 방식인 것이다. CALL을 작동시키기 위해서는 시스템 전체를 제어하는 프로그램(OS) 환경에서 CALL 학습을 운영 관리하는 CALL 실행기와, 교재와 학습자의 정보를 운영 관리하는 유틸리티가 필요하다. OS에는 MS-DOS, CP/M, UNIX 등이 있고, CALL 실행기에는 학습자가 기동하는 단계에 사용하는 학습 환경 제어 기능과, 자신의 학습 기록을 확인할 수 있는 학습 기록 기능, 학습 에러를 알리는 에러 처리 기능, 용어를 설명하고 힌트를 제시하며 정답을 알려주는 등의 각종 교재 데이터를 제어하는 교재 실행 처리 기능 등을 갖추고 있다. 유틸리티에는 학습자 등록, 교재 등록, 단말기 기동, 학습 데이터 해석, 교사에 의한 개별 지도가 필요한 데이터 처리, 학습자의 개인별·학기별 성적 데이터의 집계 등으로 구성되어 있다.

4. CMI, CMLT와 수업 개선

일반적인 프로그램 학습은 학습의 개별화만을 고려한 것으로서, 학습의 개성화는 반영되지 않은 것이다. 그러나 CALL에 의한 프로그램 학습에서는 학습자의 개성에 따라 학습자가 코스를 선택할 수 있으며, 코스의 선택에서도 전체를 선택할 수도 있고 부분을 선택할 수도 있게 제작할 수 있다. 개별 학습용 CALL 시스템은 교사의 지도를 대신하는 것이기 때문에 이 시스템이 발전할수록 교사의 입지는 위태로워질 수도 있다. CAI를 언급할 때는 이러한 개별 학습용으로서의 CALL만을 생각하기 쉬우나, CALL에는 교사의 수업 활동 지원 시스템으로서의 CMI(Computer Managed Instruction), CMLT(Computer Managed Language Teaching)가 있다. CMI 또는 CMLT는 수업의 설계, 진행, 평가 등에 이용되는 교사 전용 시스템이다. 수업 설계에 사용하는 경우, 교육 분석, 교재·교구·학습자의 특성 파악, 교수 전략에 맞는 수업 지도안의 작성, 교재 DB를 이용한 사진·장면·예문과 같은 참고 자료의 검색 등 수업의 계획과 준비에 필요한 모든 정보를 제공받게 된다. 이렇게 준비된 프로그램은 멀티미디어 시스템을 갖춘 교실에서 교사의 수업 지도를 돕는 훌륭한 보조자가 된다. 평가의 경우에도 수업 중의 형성적 평가나 종합적 평가 결과를 즉각 해석·진단할 수 있으며, 수업 중 학습자들의 반응 데이터, 학습 행동 분석 데이터 등도 정리, 해석할 수 있다. 또한 수업의 전 과정을 비디오 카메라를 통해 컴퓨터의 비디오 레코더에 기록하여 재생·일시 정지·데이터 입력 등 일련의 작업 과정을 거쳐 수업의 특징을 알 수 있는 분석 작업이 가능하다. 즉, 자신의 수업을 평가할 수 있는 것이다. 아직 국내에

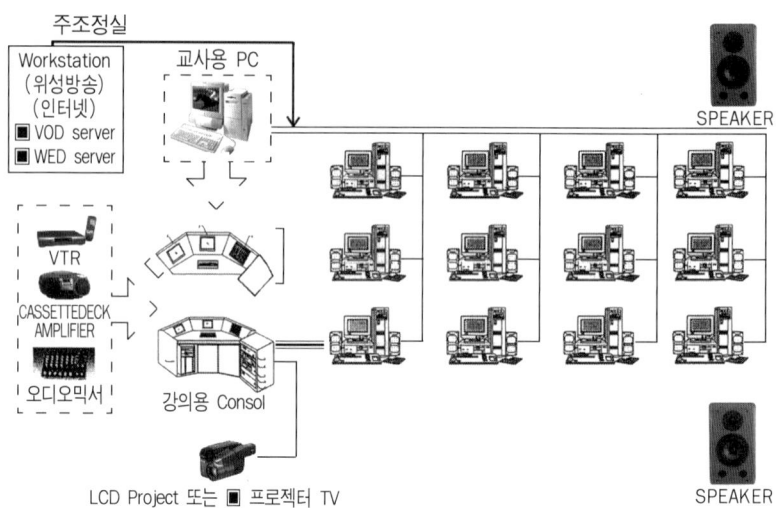

〈그림 8-3〉 멀티미디어 어학 교실 설계 사례

는 이러한 CMLT용 소프트가 개발된 것이 없지만, 세계적으로는 상당수 사용되고 있으므로 머지않아 국내에서도 일반화될 것으로 전망한다.

5. 멀티미디어 어학 교실의 설계 사례

컴퓨터에 의한 어학 수업을 가능하게 하는 교실의 구성은 〈그림 8-3〉 과 같다. 그림의 예는 서버를 갖춘 주조정실과 각 교실이 네트워크로 연결되고 학생 개인용 PC가 갖춰진 경우인데, 모든 자료가 주조정실에서 공급되고 교실에서는 검색하여 사용하면 된다. 이러한 종합 강의실 형태는 개별 학습용으로서 유리하고, CMLT용이라고 할 수 있는 어학 전용 교실의 경우에는 학생 개인용 PC가 없이 LCD 프로젝트와 같은 대형 스크린을 사용하는 것이 일반적이다. 주조정실이 없는 경우에는 교사용 PC 나 학생용 PC에서 CD-ROM을 기동시켜 사용하면 된다.

6. 금후의 전망

컴퓨터를 수업에 이용할 수 있는 길은 매우 다양하여 컴퓨터의 성능이 향상될수록 수업 방법에 미치는 영향도 그 만큼 커질 것이다. 동시에 컴퓨터는 인간의 능력에 접근하게 될 것이고, 교사의 역할까지도 훌륭하게 소화해낼 수 있게 될 것이다. 따라서 현재와 같은 교사의 역할은 무의미하게 될 것이다. 멀티미디어형 수업의 단점은 수업이 비인간화되어 가는 것이므로, 보다 인간적인 수업 활동을 창출해내는 것만이 미래의 교사가 나아갈 방향일 것이다. 그러기 위해서는 CMLT를 효율적으로 활용하여 컴퓨터의 장점을 살리되, 학습자 중심의 활동을 확대시켜 인간이 주도권을 갖는 생동감 넘치는 언어 교육 현장을 실현하는 길이 최선일 것이다. 교육 공학의 발달은 앞서서 군림하던 교사상의 종언을 예고하고 있으므로, 현장 교사들은 멀티미디어 시스템에 의한 일본어 교수법의 연구와 교재 개발에 더욱 박차를 가해야 할 것이다.

5 멀티미디어 어학실의 구축 사례

전국 초·중·고등학교의 전체 교실을 멀티미디어 시스템화하는 계획이 정부의 지원 아래 빠른 속도로 진행되고 있는 것과는 대조적으로, 대학의 멀티미디어 시설은 거북이 걸음으로 진행되고 있다. 당장 2000년대에는 멀티미디어 교실에서 학습을 경험한 학생들이 대학에 입학하게 되는데, 대학의 강의실에는 비디오 시설마저 제대로 갖춰지지 않았으니 학생들의 눈에 대학은 어떤 모습으로 비춰질 것인가. 90년대 후반에 들어 몇몇 대학에서 멀티미디어 어학 설비를 시도하였으나 기술적 축적이 없어 거액의 투자에 비해 효율성이 떨어지거나 제대로 작동이 되지 않아 어려움을 겪고 있는 것으로 알고 있다.

멀티미디어 언어교수법은 이제 가장 주목을 받는 교수법이 되었고, 각 대학은 빠른 속도로 이러한 시설을 확보하게 될 것이므로 현장 교사들은 이에 대한 빠른 적응이 필요하다 하겠다. 이러한 때에, 1998년 3월에 개관한 동덕여자대학교 멀티미디어 어학실은 기술면과 교수법적인 면에서 보기 드물게 성공한 사례로 관심을 끌고 있다. 동덕여자대학교의 어학실 연구 설계팀의 일원이었던 본고 필자는 그 동안의 노하우를 공개함으로써 앞으로 어학실을 구축하고자 하는 초·중·고교와 대학의 어학실 설계에 조금이나마 도움을 주고자 한다.

1. 국내 대학의 멀티미디어 어학실 구축 현황

국내 대학들의 멀티미디어 어학실 구축은 90년대 초부터 시작되는데, 이 무렵의 시설을 보면 동일 공간에 수십 대의 컴퓨터를 배치하여 어학 수업과 컴퓨터 수업이 모두 가능하게 설계되었다. Su, Ha, Ho, Seo대학 등이 그 대표적인 사례이다. 1995년에 CAI 설비를 갖춘 Se대의 경우에는 교사용 멀티미디어 컨솔박스와 대형 스크린을 갖춘 독립된 대형 강의실을 몇 칸 마련하였는데, 네트워크화가 되지 않아서 일일이 CD-ROM을 사용해야 하는 로컬 방식을 취하고 있었다. 그 후 1996년에 육군사관학교가 네트워크화한 현대식 멀티미디어 어학 설비를 갖추게 되었는데, 주조종실의 서버에 있는 자료를 두 곳의 자습실과 기숙사에서 이용할 수 있게 하여 네트워크 시설을 기술적으로 성공시킨 첫 사례였다. 다만 강의실의 설계가 다양하지 못한 점이 아쉽다고 하겠다.

1998년 현재 덕성여자대학교와 인하공업전문대학, 부산성심외국어전문대학 등도 멀티미디어 어학실을 구축하여 가동을 시작하였으나, 네트워크의 기술적 문제점과 함께 설계 또한 모두가 자습실 형태의 한 가지 방식을 취하고 있다. 많은 대학들이 멀티미디어 어학실을 기존의 어학 실습실의 개념으로 받아들이는 데에 그 원인이 있다고 생각된다. 그러나 멀티미디어 어학실은 다양한 어학 강의를 위한 어학 전용 강의실의 개념에서 구축되지 않으면 안 된다. 가르치는 언어 종류도 영어와 프랑스어 지도에 활용하고 있는 육사를 제외하고는 대부분의 대학들이 오로지 영어 교육에만 사용하고 있는 실정이다. 이와는 대조적으로 동덕여자대학교 멀티미디어 어학실은 영어 외에 일본어, 독일어, 프랑스어, 중국어 등의 교육에도 적극적으로 활용되고 있다는 점이 특징이다. 여기서는 동덕여자대학교에 구축된 어학실의 구성 내용을 구체적으로 소개하고자 한다.

2. 멀티미디어 어학실의 구성 및 규모

동덕여자대학교의 멀티미디어 어학실은 신축한 9층 건물의 2개층 400여 평에 구축되었다. 멀티미디어 어학실은 크게 나누어 주조정실, 집단 강의실 9실, 자학 자습실 2실, 종합 강의실 1실, 어학 서비스실, 방송 스튜디오의 6가지 기능의 공간으로 구성된다. 어학실만의 구축비는 환율이 오르기 전 가격으로 6억 원 가량이지만, 방송 스튜디오 구축비를 포함하면 10억 원 정도의 규모이다. 이 시설을 구축하기까지는, 동덕여자대학교 인문과학 연구소(소장:이덕봉)의 연구 프로젝트로서 5인의 연구원이 멀티미디어 어학실 구축 방안을 주제로 1년간 연구하는 과정이 있었고, 그 결과로 작성된 어학실의 설계를 신축 건물에 시공한 것이다. 연구팀은 전국의 대학과 삼성을 비롯한 대기업 어학 연수 시설, 미국의 BYU, MIT의 어학 시설의 견학을 통하여 기존의 시스템에 대한 정보를 수집하였고, 시공 기업들의 제안서에 의한 기술적 검토, 교수법에 따른 강의실 내부의 공간 및 시설 배치 등을 면밀히 검토하여 최종 설계안을 완성하였다. 각 기능별 어학실의 구성 내역은 다음과 같다(그림 8-4 참조).

1) 주조정실

주조정실은 어학실의 두뇌에 해당되는 곳으로 VOD 서버와 교재 저작 도구가 비치되어 있고, 교내 Web 서버와의 연결을 통해 인터넷, 위성 방송 등과 연결된다. 서버에 모든 교재가 탑재되어 있어서 10실의 어학 강의실과 63석의 자습실 단말기, 41실의 어학 교수 연구실에서 교재의 검색이 가능하며 연중 무휴로 가동된다.

주조정실의 구축 시, 가장 중요한 것은 VOD 서버와 네트워크 방식의 선정이다. 서버에는 MMP 방식과 SMP 방식이 있는데, 두 타입 모두 성능에는 별다른 문제점이 없으나, SMP 방식은 값이 비교적 저렴하고 MMP방식은 확장에 유리하다. 동덕여자대학교에서는 확장성을 고려하

<그림 8-4> 동덕여자대학교 멀티미디어 어학실 구상도

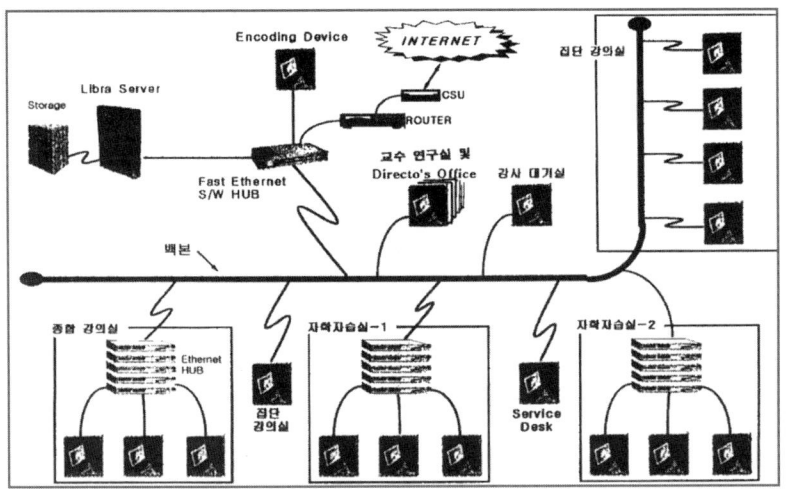

여 MMP(캐나다 Alex사 개발 Libra) 방식을 선택하였다. VOD 서버는 동화상을 위시한 대량의 데이터가 동시에 이동하기 때문에 데이터 플로우 컨덴션이라는 충돌 현상이 일어나기 쉽다. 멀티미디어 어학실 구축이 실패하는 이유는 대부분 네트워크 방식의 선택에 있다고 해도 과언이 아니다. 데이터의 충돌을 방지하기 위하여 사용자에게 10Mbps의 대역 폭을 독립적으로 제공할 수 있는 패스트 이더넷 스위칭 Hub를 서버와 연결하였다. 현재의 용량은 160명이 동시에 접속할 수 있으나, 간단한 확장에 의해 1,500명까지 접속할 수 있다. 주조정실에는 서버 외에 스위칭 허브에 의한 네트워크 분배 장치, 교재 저작용 도구와 이동식 LCD 프로젝터와 디지털 카메라, 컬러 복사기, 실물 화상기 등을 구비하였다.

2) 집단 강의실

집단 강의실은 서버의 동 영상 데이터를 작동시킴으로써 학습자의 주의를 집중시키고 장면과 행동 관련 정보를 리얼하게 제공할 수 있는 장점이 있다. 앞면에 교사용 컨솔박스와 52인치 프로젝션 TV 1대와 스크린이 있고, 뒷면에는 학생용 의자가 반원형으로 배치되어 있다. 컨솔박스에는 오디오, 컴퓨터, 컴퓨터 모니터, 비디오, 비디오 모니터가 장착되어 있어서 CD-ROM이나 비디오 교재를 직접 사용할 수도 있고, 주조정실의 서버에 있는 자료를 불러내어 사용할 수 있도록 네트워크로 연결되어 있다. 집단 강의실은 학습자가 컴퓨터의 프로그램에 따라 수동적으로 움직이는 것이 아니라 교사가 주체가 되고 컴퓨터는 교사의 보조 도구로 사용하는 어학 활동 중심 강의실로서, 학교 내의 교육용 시설로서 가장 효율성이 높은 형태이다. 실질적인 언어 교육에 효율적으로 사용될 수 있는 네트워크로 연결된 집단 강의실을 갖춘 것은 동덕여자대학교가 최초라 하겠다. 현재 전국적으로 시설 중에 있는 초·중·고교의 멀티미디어 교실도 에드넷에 의해 연결이 되면 집단 강의실과 같은 형태가 될 것이다.

3) 자학 자습실

자학 자습실은 학습자들이 각자의 희망대로 서버에 있는 교재를 검색하여 학습할 수 있는 개방형 자율 실습실인데, 한 곳에는 52대의 컴퓨터를 설치하였고 또 한 곳에는 11대의 PC와 비디오 10대, 오디오 10대를 배치하여 네트워크 자료뿐만이 아니고 기존의 아날로그식 교재도 함께 이용할 수 있도록 하였다. 자학 자습실은 모두 헤드폰을 사용하도록 하였으며, 모니터는 학습자의 시각적 편의를 고려하여 반매립식으로 설치하였다. 네트워크에 의해 인터넷룸으로서도 사용이 가능하며, 교사용 PC로 실습실의 사용자 상태를 파악할 수도 있다.

4) 종합 강의실

종합 강의실은 22대의 학습자용 컴퓨터와 협의용 테이블 3개, 교사용 컨솔박스, 52인치 모니터 TV 등을 갖춘 곳인데, 자학 자습실과 집단 강의실을 결합한 형태로 보면 된다. 강의실 앞면에는 컨솔박스와 모니터가 있고 학생용 PC는 벽쪽을 향해 배치되어 있으며, 가운데 공간에 협의용 테이블이 배치되어 있다. 여기에서는 교사와 학생간의 일대일 학습이 가능하고, 학생의 화면을 대형 모니터에 출력할 수도 있고, 학생의 키보드와 모니터 화면 등을 교사의 PC로 제어할 수 있도록 되어 있다. CAI 교재를 교수의 지시에 따라 직접 학습하거나 PC에 의한 제작 체험, 인터넷 일본어, 스크린 일본어 등 학습자 개개인의 개별 학습적 요소를 중시하는 학습으로서 PC를 필요로 하는 수업을 실시한다.

5) 어학 서비스실

어학 서비스실은 주조정실과는 다른 기능을 갖는데, 기존의 음향 도서실 기능과 어학실 사용법의 연수 기능을 갖는다. 넓은 공간을 할애하여 학습자를 위한 휴게실 기능까지 겸하도록 설계하였다. 이용자증을 발급하여 기존의 오디오테이프, 비디오 자료, CD-ROM 등 어학 자료를 대출하고 이용자를 대상으로 간단한 자료 제작 서비스를 겸하고 있다. 서비스실 옆에는 네트워크 설비가 된 어학 강사 전용 휴게실을 두어 강사실에서도 강의 준비가 가능하게 하였다.

6) 스튜디오와 전자 도서실

어학실과 함께 교내 방송국의 첨단 시설을 같은 층에 배치하여 상호 연계성을 부여하였다. 이로써 위성 방송의 연결과 스튜디오에서의 영상 교재 제작이 가능하게 하였다. 한편 도서실에 있는 전자 도서실에서도 멀티미디어 교재 이용과 위성 방송을 시청할 수 있는 등 교내의 기존 시설과의 연계에 의해 광범위한 활용도 가능하게 하였다.

3. 과제 및 전망

고액의 멀티미디어 시설을 효율적으로 사용하기 위해서는 교사들의 적극적인 참여와 CAI 교재의 확보가 우선되어야 한다. 현재 국내외에 개발되어 있는 20여 종의 일본어 CAI 교재에는 다양하고 풍부한 내용을 담은 교재가 보이지 않는다. 대형 CAI 교재의 개발은 능력을 갖춘 기업체의 출현을 기다릴 수밖에 없겠지만, 우선은 교사들의 그룹에서 교육용 CAI를 제작하여 사용하거나 기존의 비디오 자료를 디지털화하는 것만으로도 멀티미디어 시설에서의 활용도는 높다. 아울러 새로운 설비를 활용하여 교육적 효과를 극대화할 수 있는 교수법의 개발 또한 연구자의 차원에서 꾸준히 진행되어야 할 것이다. 어학실 설계의 방향은 단계적으로 용량을 확장하여 학습자의 재택 활용과 외부와의 네트워크 접속을 통해 학교간 상호 이용이 가능한 쪽으로 설정하는 것이 바람직하다. 앞으로도 계속해서 보다 이상적인 멀티미디어 어학실의 구축이 확산될 것으로 믿는다.

6 멀티미디어 언어 교육의 학습 심리

1. 언어의 인지적 특징

대부분의 아이들이 만화를 좋아한다는 사실에서 시청각적 교육의 가능성을 찾아볼 수 있다. 활자보다 그림을 좋아한다는 점에서 만화의 구체성이 감성적 인식을 가능하게 하기 때문이다. 사실적인 사진보다는 그림으로 된 만화를 좋아하는 이유로, 과장을 통한 감성적 인식과 생략에 의한 상상의 여지와 빠른 전개, 형태의 단순화에 의한 의미 전달의 명확성 등을 들 수 있다. 이러한 만화 선호의 이유 중 공통적인 특징으로 구체성에 의한 「감성적 인식」을 들 수 있다. 하타노 간지는 인식설에서 '시청각 교육은 개념적 인식 형성을 위하여 감성적 자료를 의미있게 체계화한 것으로, 감성적 방법을 사용함으로써 피교육자의 이론적 인식을 높여 영속적이고 실천적인 것이 되게 하기 위한 기술적 노력'이라고 정의하였다. 이는 개념의 학습에서 감성적 인식에 의한 학습의 높은 효율성을 언급한 것임과 동시에 시청각적 학습의 장점이 여기에 있음을 설명한 것이기도 하다.

피아제는 인간의 인지 발달 단계를 감각 운동기, 전조작기(직관적 조작기), 구체적 조작기, 형식적 조작기의 4단계로 분류하고 있다. 이는 인간의 성장에 따른 인지 발달을 분류한 것이지만, 학습의 단계와도 일치하는 것으로 학습 초기에는 감각 운동 내지는 직관적 방법에 의해 이해를 돕고 점차적으로 구체적 조작과 형식적·추상적 조작으로 옮겨가는 것이 학습 효과를 높이는 것과 일치한다. 이러한 인지 발달 단계에 입각하여 멀티미디어적 학습 단계를 살펴보면 감각 운동기가 없고 전조작기와 구체적 조작기, 형식적 조작기의 활동이 취급된다.

언어에 내포된 정보는 음성, 음운과 같은 청각적 정보와 문자와 행동과 같은 시각적 정보, 개념이나 문법 규칙과 같은 추상적 정보로 구성되어 있어서, 언어 정보는 복합적이고 종합적인 특성을 가지고 있다. 시청각과 멀티미디어적 언어 학습은 이러한 종합적 정보를 연상 사고와 감성을 통해 전달할 수 있다는 점에서 효과적이라 하겠다.

멀티미디어 시스템에 의한 언어 교육은 과학 기술의 발달과 더불어 주어진 문명의 이기임에 틀림없지만, 지나친 기계 의존에서 오는 비인간화의 위험 또한 상존한다 하겠다. 기계가 교사의 역할을 상당 부분 대신하게·됨에 따라 교사의 위상 또한 크게 달라질 수 있으며, 학습자의 학습 형태에도 변화를 가져올 수 있다는 점에서 멀티미디어 언어 교육의 출현은 교육 방법의 커다란 변혁을 가져올 것임에 틀림없다. 이러한 교육 환경의 변혁기를 맞아 기계의 편리함에만 의존한 나머지 기술적 측면 일변도의 학습 연구가 진행될 때, 긍정적인 부분과 함께 교육적 문제점 또한 적지 않으리라 생각된다. 이러한 부정적 영향을 최소화하기 위해서는 멀티미디어 언어 교육(MALL : Multimedia assisted language learning)에 대한 다각적인 분석과 검증이 병행되어야 할 것이다. MALL의 한계에 대해서는 이미 선행 연구에서 부분적으로 지적된 바 있다. 여기에서는 멀티미디어라는 새로운 교육적 수단을 보다 효율적으로 활용하기 위하여 학습의 주체인 학습자의 학습 심리적 관점에서 멀티미디어 언어 교육의 성격을 분석해 봄으로써 MALL이 지향해야 할 방향을 제시하는 데에 도움을 주고자 한다.

2. 멀티미디어 언어 학습의 심리

1) 학습 심리의 개념

Imada에 의하면, 학습이란 '경험에 의해 형성되는 비교적 영속적인 행동의 변화'라고 정의하고 있다. 이러한 관점에서 언어 학습을 정의한다면 학습이란 새로운 언어 행동을 익히는 행위가 될 것이다. 학습 심리란 이러한 학습 행동을 분석, 기술하는 분야이므로, 본고에서는 멀티미디어 언어 학습의 과정에서 있을 수 있는 학습자의 행동에 대하여 밝혀 보고자 한다.

학습에 있어서의 학습자의 정서적 변화의 중요성은 일찍부터 언급되어 왔었다. Stern은 학습자의 감정은 최적의 인지적 기능만큼 중요하다고 하여 감정적 측면의 중요성을 역설하였다.

멀티미디어 언어 학습의 학습 심리에 관한 연구는 비교적 새로운 것이어서 체계적으로 규명된 연구는 아직 발견하지 못하였다. 체계적인 연구 자료로서 도움이 될 수 있는 것은 기존의 시청각적 교육에 있어서의 학습 심리에 대한 연구가 가장 근접한 자료라 할 수 있겠다.

시청각 기기 중에는 교사가 제시할 수 없는 것을 제시하는 기기가 있고, 교사가 제시할 수 있는 것이지만 교사를 대신하여 학습자의 활동을 유도하는 기기가 있다. 영상 교재는 주로 전자에 해당되고, 반복 학습용 언어 테이프는 후자에 해당된다. 전자를 지지하는 연구자로서는 아른 하임을, 후자를 지지하는 연구자로는 브루너와 스키너를 들 수 있다.

문자 매체와 시청각적 매체 사이에는 최소한 두 가지의 상이점이 있다. 하나는 이해성의 차이인데, 문자 매체는 디지털적인 성격을 띠고 있는데 반해 시청각 매체는 아날로그적인 성격을 띠고 있어서 이해하기 쉽고 감각적 제시를 통해 점차로 디지털적인 제시 단계로 옮겨간다. 또 하나는 추상성의 정도 차이에 있다. 추상성이 높은 문자 매체는 문자가 사물이나 본질 그 자체만을 가리키게 되는 것과는 달리, 구체성이 높은 시청각적 자료는 본질과 관련된 많은 수단을 함께 제시함으로써 본질을 이해하는 데 도움을 준다. 시청각적 교재가 많은 정보를 제시함에 따라 인식도가 높아지고 인식한 사물을 감정에까지 연결시키는 효과를 갖게 되는 것도 이 때문이다. 즉, 시청각적 교육은 학습자의 학습 흥미를 높이고, 추상적인 언어를 구체성을 통해 인식하기 쉽게 하며, 언어 행동 장면을 풍부하게 제시함으로써 언어의 종합적 정보를 인식하게 한다는 점에서 학습 심리적 효과가 크다고 할 수 있다.

2) 시스템으로서의 멀티미디어 언어 학습

시청각 교육과 마찬가지로 멀티미디어 교육은 시스템 이론(Hatano)을 교육에 적용한 것으로 해석할 수 있다. 교육의 시스템화란 다량의 교육 정보와 이를 학생에게 전달하는 매체를 어떻게 조직하여 소기의 목표를 달성할 것인가라는 교육 목표에 대한 「수단 최적화」의 의미이다. 이러한 교육 수단의 최적화를 위하여 교육 공학이 발달하여 왔고, 그 연장에서 MALL이 출현하게 된다. 일반 시스템 이론에서는 시스템은 무질서의 시스템을 포함한다. 교육에서 말하는 합목적적 최적 시스템은 일반 시스템 이론에서는 「복합적 시스템(complex system)」에 해당한다. 복합적 시스템이란 전체는 부분의 합성 이상의 것이라는 사고를 바탕으로 하는 것으로, 형태 심리학의 게슈탈트(Gestalt)와 유사하다. 다만 게슈탈트에서는 전체의 성립을 선험적 법칙에 의한 것으로 보는 것과는 달리, 일반 시스템 이론에서는 이러한 전체를 규명하기 위하여 보다 하위 체계로 환원시키는 환원론적 전체설이라는 점에서 게슈탈트와 다르다. 언어를 하나의 시스템으로 간주하여 보다 하위 체계의 학습의 총화를 통해 전체의 언어를 습득하는 언어 학습은, 일반 시스템 이론과 매우 흡사하다는 점에서 멀티미디어 언어 학습은 일반 시스템 이론과 공통적이라고 하겠다.

언어 행동 시스템에는 기억에 의존하는 고정 시스템 부분과 인지 및 행동과 같은 동적 시스템 부분이 있다. 그러나 인간의 행동으로서의 언어 시스템은 새로운 언어 환경에의 적응 시스템이라는 점에서 「동적 시스템」의 성격이 강하다. 이러한 동적 시스템의 특징은 하나의 전체적 언어 행동의 결과는 전체에 반영되는 「정보」가 되고, 전체는 이러한 정보에 입각하여 다음 행동이 이루어지는 것이다. 그런데 이러한 다음의 행동시에 인간은 최적의 시스템을 선택하게 되는데, 이러한 적응 시스템은 단순히 정보만에 의존하지 않고 그 때까지 축적된 정보의 총화에 의해 결정된다. 즉 언어 행동은 학습으로서의 새로운 정보와 피드백으로서의 과거 언어 행동의 융합에 의해서 최적의 적응 시스템을 형성하게 된다. 이러한 융합은 행동을 필요로 함과 동시에 장면의 재현과 같은 역동성을 필요로 한다. 멀티미디어 언어 학습은 정적 성격이 강하다는 점에서 언어 행동의 학습 방법으로서의 한계가 있다고 하겠다.

3) 심리학자 중심의 분석

시청각적 학습의 효과를 긍정적으로 본 심리학자로서는 아른 하임과 데일을 들 수 있고, 부정적으로 본 심리학자로서는 부르너와 스키너를 들 수 있다.

(1) 아른 하임과 데일의 시청각 이론

아른 하임은 게슈탈트 심리학자로서 시청각 교육에 중대한 영향을 미친 사람이다. 종래의 시청각 교육에서는 시각 또는 사고의 물적 기초를 오직 선적 사고의 노예로 삼았고 언어 이론의 사정에 맞춰 영상을 배열해 왔을 뿐이었으나, 영상과 지각에는 고유의 법칙이 있으므로 그 점을 고려하여야 함을 지적하고 있다. 즉 시청각 교재는 단순한 보조 수단으로 그치는 것이 아니고 영상으로서의 자체 구조가 있으므로, 그러한 특성을 고려하여 제작하고 활용하여야 한다는 것이다.

아른 하임이 소속된 게슈탈트 심리학은 요소주의를 탈피하여 전체성을 중시하는 학파로서 다음과 같은 특징을 갖는다.

① 모자이크 테제의 배제

　　: 모든 복합체는 요소 내용의 총화라는 설의 배제

② 연합 테제의 배제

　　: 모든 근접적인 현상의 연합성을 배제

③ 항상성 가정(假定)의 배제

　　: 지각 표상은 감각 요소의 집합이라는 고정적 관념을 배제

이상과 같이 게슈탈트 학파는 자연과학적 실험주의를 유지하며 전체성, 이조(移調) 가능성으로 대표된다는 점에서 멀티미디어 시청각 언어학습의 종합적 정보 제공 기능과 일치되는 부분이 있다.

한편, 데일은 시청각 교육에 대하여 의미를 전달하는 데 있어서 주로 읽기에 의존하지 않는 것으로 정의하고, 경험의 원추 형식으로 시각적 자료를 분류하고 있다. 이는 시청각 자료가 읽기 자료와 대립적인 관계로 이해되던 초창기의 사고 방식이지만 경험의 단계는 현재에도 많이 인용되고 있는 부분으로, 데일의 「경험의 원추」는 다음과 같은 항목으로 구성되어 있다.

① 직접적·목적적 경험 ② 구성된 경험 ③ 극화된 경험 ④ 시범
⑤ 견학 ⑥ 전시 ⑦ TV ⑧ 영화 ⑨ 라디오, 사진, 녹음
⑩ 시각적 상징 ⑪ 언어적 상징

이 중 ①②③은 행위 영역이고, ④⑤⑥⑦⑧⑨는 관찰 영역이며, ⑩⑪은 상징 영역으로 분류되어 있다.

(2) 브루너와 스키너의 심리학과 영상 교육

브루너는 교구의 잘 조화된 체재는 중요하지만, 교구 자체의 체계라기보다 교구가 갖는 교육 체계에 대한 역할 때문에 조화가 중요하다고 하였다. 이는 물질적 밸런스가 아닌 커리큘럼 본위의 밸런스로 해석된다. 시

청각 교재의 사용은 학습의 「목표치」에 걸맞는 것이어야 한다는 것이다. 즉, 시청각 교재는 그 자체로서의 체재보다는 수업의 전체적 체재 속에서 부수적으로 이용되어야 함을 말하고 있다고 생각된다. 이는 멀티미디어 언어 학습의 경우에도 그대로 적용된다. 멀티미디어 언어 학습 또한 그 자체만의 체재보다는 수업 전체의 체재 속에서 활용되어야 효율적인 학습이 될 것이다.

한편, 스키너는 프로그램을 교육에 도입한 티칭머신의 개발자이다. 스키너는 영상 교육에도 프로그램 학습의 원리를 도입할 것을 주장하였다. 시청각 교육과 티칭머신은 미묘한 관계에 있다고 하겠는데, 티칭 머신은 기초 과학이라고 할 수 있는 심리학자에 의해 개발된 뒤, 후에 시청각 교육 전문가가 관심을 갖게 된다. 티칭머신을 제창한 스키너는 종래의 시청각적 교육에 대해 교육 방법에 대한 구체적인 연구가 없는 점, 신교육 바람을 타고 일어난 인생의 체험을 중시하는 교육 방법은 정확한 요인을 이해하기 어려워서 특수한 요인에 대한 감수성과 이성적 처리 능력을 배양하기에 적합하지 않다는 점, 종래의 시청각적 커뮤니케이션에서는 정보량이 너무 많은 것이 특징인데 그것이 학습자에게 얼마만큼의 효과가 있는지 알 수 없다는 점 등을 들어 가르치고자 하는 핵심 내용을 제시하는 티칭머신을 제안하게 된 것이다.

티칭머신이란 내용 제시 프로그램으로서, 처음에는 시나 노래를 있는 그대로 제시하고 학습자는 이를 읽는다. 다음에는 일부를 삭제한 채 제시하여 채워 넣게 한다. 오류는 즉각 체크, 정정된다. 점점 생략 부분을 늘려 나중에는 백지를 보며 시를 낭송하는 단계에까지 이른다. 티칭머신은 기초 과학을 기술적 문제에 적응시킴으로써 효과를 올린 방법이다.

스키너의 시청각 교육에 대한 견해는 다음과 같고 ④항목을 제외한 나머지 부분은 MALL에도 그대로 적용될 수 있다고 생각된다.

① 시청각 교재는 종래의 교육 과정에 맞춘 것으로서 교수법의 혁명을

학습 심리학적 관점에서 행하고자 한 것은 아니다.

② 시청각의 노력 방향은 어린 학습자의 주의를 끄는 데에만 급급하다.

③ 시청각 교재의 제시를 통해 문제 해결에 이르는 사고력의 교육이 소홀하다.

④ 티칭머신이 학습자를 직접 체험하게 하는 것과는 달리 시청각 교재는 보기만 할 뿐이다.

4) 멀티미디어 교재의 학습 심리

학습 심리학에서는 학습에 영향을 주는 조건으로서 기억, 망각, 전이, 준비성, 동기, 연습, 학습 환경 등을 들고 있다. 이러한 조건을 중심으로 멀티미디어 언어 학습에 대한 학습 심리적 특징을 점검해 보고자 한다. 멀티미디어 학습법은 먼저 기억과 관련하여, 반복 연습이 가능하고 종합적 정보를 제공한다는 점에서 매우 효과적이다. 망각과 관련하여서도 반복 연습과 흥미 제고, 간섭이나 방해 요소가 적다는 점에서 멀티미디어 학습은 효과적이다. 전이의 관점에서 보아도 언어 학습은 응용력이 뛰어나다는 점에서 본래부터 전이 효과를 갖고 있다고 하겠다. 연습과 관련하여 MALL은 연습에 있어서 가장 효과적이다. 학습 환경은 사회 심리적 환경과 물리적 환경으로 나누어 볼 수 있다. 여기에서는 학습 심리와 직접적으로 관련되는 준비성, 동기, 학습 환경을 중심으로 검토해 보고자 한다.

(1) 준비성과 멀티미디어

준비성이란 발달 심리학의 용어로서 학습 시행의 가장 효과적인 시기 즉, 학습의 최적기를 의미하는 것이다. 발달 심리학에서는 준비성은 성숙에 의해 주어지는 것으로 발달 단계가 있는 것으로 보는 반면, 발달 단계를 인정하지 않는 연합 심리학에서는 준비성은 이전의 학습 정도에 따라 결정되는 경험의 결과로 보고 있다. 멀티미디어 언어 학습은 이 두 견해가 모두 적용된다고 할 수 있다. 즉, 도구로서의 컴퓨터 학습에의 적응 및 조작 기능, 학습 내용의 수준과 구성이 준비성과 관계가 있다고 하겠다.

성숙과 준비성은 게셀(Gesell)의 연구로 잘 알려져 있는데, 그 관계는 다음과 같다.

① 학습은 성숙 수준에 의존하므로 성숙 정도에 따라 학습시키는 것이 효과적이다.
② 성숙이 이루어지지 않은 훈련은 효과가 적다.
③ 성숙할수록 필요한 훈련의 양이 줄어든다.
④ 성숙 전의 훈련 효과는 일시적이다.
⑤ 성숙 전의 훈련이 학습자의 욕구 좌절을 일으키면 해롭다.
⑥ 성숙은 학습의 준비성을 이룬다.

멀티미디어 언어 학습 교재는 학습자의 수준에 맞춰 다양하게 개발된다는 점에서 학습 내용과 관련된 준비성은 우수하다고 할 수 있다. 그러나 위에 나열된 준비성의 문제와 관련하여 볼 때, MALL은 도구로서의 컴퓨터 사용이 준비성과 관련하여 문제점이 있음을 알 수 있다. 즉, 컴퓨터의 조작 능력과 학습 연령과의 관계, 컴퓨터 조작 기능의 정도에 따른 준비싱의 정도, 널티미디어에 의한 학습 습관의 차이에서 오는 준비성의 정도 등이 중요하다. 이는 반드시 어린 학습자에 국한하지 않고 교사의 조작 기능, 학습 지도 습관에도 그대로 적용되는 사항이다. 멀티미디어 교실이 갖추어져 있는데도 학습에 적극적으로 활용하지 않는 교사가 많다는 것은 바로 준비성의 문제이기 때문이다. 특히 컴퓨터에 대한 두려움 내지는 부담감, MALL에 대한 무관심 등이 준비성을 저해하게 될 것이다. 달구지 시대에서 자전거 시대를 건너뛴 자동차 문화가 초기의 진통이 심하듯이, 녹음테이프 시대에서 비디오 언어 교육 시대를 건너뛴 MALL은 상당한 적응 기간이 필요할 것이다. MALL의 준비성을 높이기 위해서는 각종 교육에서의 컴퓨터 사용의 습관화가 선행되어야 한다.

(2) 동기 유발과 멀티미디어

동기 유발(motivation)이란 행동을 일정 방향으로 발동시키고 추진, 유지시키는 과정 및 그와 관련된 기능 전반, 또는 목표 지향적 행동을 규정하는 요인 및 제요인 간의 상호 작용 전체를 가리키는 것 등으로 정의된다. Brown에 의하면 동기는 다음 6가지의 욕구로 이루어져 있다고 한다.

① 탐험의 욕구 ② 조작 욕구 ③ 활동의 욕구 ④ 모방의 욕구
⑤ 지적 욕구 ⑥ 자아 강화의 욕구

①에서 ⑤까지는 발생적 동기에 해당하고 ⑥항목은 성취 동기에 해당된다. 탐험의 욕구와 관련하여 MALL은 학습자의 호기심을 불러일으키는 데 매우 효과적이라고 하겠다. 다만 탐험의 욕구는 초기에만 해당된다는 점에서 그 효율성은 그다지 높지 않고, 이러한 욕구를 지속적으로 충족시키기 위해서는 끊임없이 새로운 교재 소프트웨어를 개발해야 된다는 현실적 어려움이 따른다. 조작 욕구는 학습자가 자신의 손으로 조작할 수 있다는 점에서 충족될 수 있는 부분이다. 활동 및 모방의 욕구는 자학 자습식 MALL에서는 충족되기 어려운 부분이므로, 교수법의 묘를 살려 집단 학습을 통해 성취 가능한 부분이다. 지적 욕구에 있어서도 학습자 스스로의 조작에 의해 지적 호기심을 충족시킬 수 있다는 점에서 유리하다고 할 수 있다. 마지막으로 자아 강화의 욕구는 두 가지 측면에서 분석할 수가 있다. 멀티미디어 교재의 조작 능력을 익힌 데에서 오는 강화와 학습의 진전에서 오는 강화이다. 전자의 경우는 동료들에게 자랑함으로써 달성되기 쉬우나, 후자의 경우는 소프트웨어에 의한 칭찬만으로는 충족도가 미약하다. 일반적으로 MALL은 학습 동기 유발에 유리한 것으로 일컬어지고 있는 것과는 달리, 동기의 내부를 들여다 보면 발생적 동기와 성취 동기 모두 멀티미디어 자체가 갖는 장점과 단점을 모두 갖고 있음을 알 수 있다.

(3) 학습 환경으로서의 멀티미디어

학습 환경이란 학습자의 학습에 영향을 주는 학습자의 모든 외적 조건이다. 환경은 학습자의 학습 성과와 관련 깊은 중요한 요인으로 인식되고 있다. 학습 환경은 심리적 환경과 물리적 환경으로 나뉘는데, 심리적 환경은 주로 학교와 학급의 사회적 체제에서 오는 구성원들의 심리적 구조가 대표적이고, 물리적 환경은 교실의 시설 환경이 대표적이다. 기존의 학습 환경에서의 심리적 환경은 급우끼리의 관계, 교사의 성격 및 관계 등 주로 학급 내의 사회적 성격에 국한되는 것이었지만, MALL에 있어서의 학습 환경은 컴퓨터의 개입에 따른 구성원간의 사회적 특성의 변화와 새로운 시설로서의 컴퓨터가 학습 환경으로서의 새로운 기능을 갖게 된다. MALL에 있어서의 사회 심리적 환경은 멀티미디어 학습의 형태에 따라 달라진다. 개별 학습의 형태를 취하는 경우는 기존의 집단 조직이 와해되고 홀로 기계와 대좌하게 되는 데서 오는 심경의 변화와, 컴퓨터가 새로운 교사의 역할을 하게 됨에 따른 새로운 관계의 성립 등이다. 사회 심리적 환경에서 볼 때, 단순히 기계와 대좌하고 있다는 점에서 집단에 의한 사회적 영향이 배제되고 교사에 의해 주어지는 권위도 없으며 집단 형성과는 아무런 관계도 없게 된다. 따라서 심리적 안정감을 얻게 되는 이점이 있는 반면, 긴장과 의무감 빛 충족의 희열은 희석된다. 교실에서의 컴퓨터에 의해 주어지는 물리적 환경은 컴퓨터와 좌석의 배치를 어떻게 하느냐에 따라 달라진다. 예를 들면, 컴퓨터의 조작에 자신감을 갖고 있는 학습자라면 자신이 조작하는 화면이 옆 사람이나 교사에게 보여지는 편이 훨씬 긍정적인 효과를 올리기에 유리하겠으나, 조작 능력이 미숙하거나 내성적인 학습자라면 다른 사람에게 보이지 않는 편이 더 긍정적인 영향을 미칠 수 있을 것이다. 이러한 구체적인 사항을 중심으로 한 학습 심리에 대한 연구는 앞으로 규명되어야 할 부분이라고 생각된다.

가정에서 이루어지는 자율 학습의 경우 물리적 환경의 측면에서 보면 쾌적한 실내 또는 편안한 자기의 방이라는 이점이 있는 반면, 항상 변함

없는 상자를 마주하고 있다는 점에서는 지루하기 쉽다. 자신의 실력이 노출되지 않고 실수를 하여도 부담이 없다는 점에서 심리적 안정감을 갖는 데는 유리한 반면, 긴장의 부족에서 오는 해이함 또한 무시할 수 없다.

이상과 같이 학습에 영향을 미치는 요소를 중심으로 볼 때, MALL은 많은 장점과 함께 보완되어야 할 부분 또한 적지 않음을 알 수 있다. 특히 심리적 환경과 관련하여 멀티미디어에 의한 언어 학습은 이미 정해진 프로그램에 따라 하는 수동성과 대화가 폐쇄 회로에 의한다는 점이 언어의 유창성 및 창의성 개발의 저해 요인으로 작용할 수도 있다.

일반적으로 기존의 시청각 교육에서는 언어 장면에 대한 영상 자료가 풍부하여 언어 행동 문화에 대한 「무의식의 의식화」 효과가 큰 것과는 달리, MALL의 경우에는 언어 사항의 학습 프로그램에 치중한 나머지 영상 자료가 상대적으로 미흡하여 그 만큼 무의식의 의식화 효과가 떨어진다. 언어 행동을 인식함에 있어서 현장감의 결여가 큰 만큼 언어의 감정적, 정서적 학습 효과를 올리기에는 문제가 있다고 하겠다.

5) MALL의 학습 심리적 장단점

앞에서 살펴 본 MALL의 학습 심리적 특징을 장단점으로 나누어 정리해 보면 다음과 같다.

(1) 학습 심리적 장점
① 내성적 학습자가 편안한 마음으로 학습에 임할 수 있는 심리적 학습 환경을 조성한다.
② 자신의 회답에 대한 응답을 즉각적으로 확인할 수 있어 학습 성취감을 준다.
③ 학습 의욕을 높이고 발생적 학습 동기를 강화한다.
④ 경험의 한계를 확대한다는 점에서 학습자의 지적 욕구를 충족한다.

⑤ 자발적 이용과 자율 학습이 가능하여 조작 욕구를 충족한다.

⑥ 조작 능력의 습득에 따른 성취감을 준다.

⑦ 직관을 통한 인지가 가능하다.

(2) 학습 심리적 단점

① 시각적 영상 정보량이 적어 무의식의 의식화가 취약하다.

② 기계치(機械癡)의 컴퓨터 공포심은 준비성을 저해한다.

③ 학습의 진전에 따른 자아 강화가 약하여 성취 동기가 취약하다.

④ 기계적인 반복 연습으로 쉽게 싫증을 내게 된다.

⑤ 모방 욕구가 충족되기 위해서는 별도의 프로그램을 필요로 한다.

⑥ 상호 작용이 가능한 경우에도 폐쇄 회로 내에서만 이루어져 수동성이 두드러진다.

⑦ 현장감이 부족하여 감성적 습득이 취약하다.

⑧ 교사의 역할이 상대적으로 축소되어 교사의 권위 축소를 가져오게 되고, 그에 따른 학습자의 학습 심리적 환경 변화를 초래한다.

3. MALL의 유의점

본고에서는 MALL의 개념과 유형을 정리한 뒤에 학습자의 입장에서 MALL이 갖는 심리적 특징을 정리하여 보았다. MALL은 흥미와 동기를 유발하는 데에 유리한 반면, 자극과 성취 동기가 취약하여 쉽게 싫증을 내는 약점을 갖는다. 이렇듯 MALL은 많은 장점이 있는 한편, 학습자의 학습 심리적 측면에서 보면 보완을 필요로 하는 부분 또한 적지 않은 것이다. 그러나 대부분의 문제점은 교사의 참여에 의해 극복될 수 있다는 점에서 희망적이라고 하겠다. 교사의 역할을 필요로 하는 측면은 종래의 MALL이 오로지 자율 학습용 도구로서 이상적인 것처럼 인식되어 왔던 것과는 다른 면모라 하겠다. 멀티미디어 시스템에 의한 언어 학습은 학습자의 학습 심리적 측면에서 보면 자율 학습용으로서의 용도보다 교사 주도의 집단 학습을 통해 더 긍정적인 기능을 발휘할 수 있다는 데에 주목하여야 할 것이다. 컴퓨터의 사용이 무조건 효과적이라는 맹신을 버리고 사용 방법에 따라서는 역효과를 거둘 수도 있음을 인식하여야 할 것이다. 따라서 외국어과 교사는 멀티미디어 언어 학습을 교재 개발이나 컴퓨터의 조작 기술적 측면에서만 접근할 것이 아니고, 멀티미디어라는 도구를 보다 효과적으로 활용할 수 있는 교수법의 개발에 좀더 노력을 기울여야 할 것이다. MALL에 있어 이상에서 언급된 학습 심리적 문제점과 그 극복 방안을 요약하면 다음과 같다.

① 상호 작용적이면서도 수동성이 두드러져 창조성 신장에 효과적이지 못한 점은 교재의 일부를 학습자가 제작, 보충하도록 함으로써 극복할 수 있다.

② 문자만의 학습은 시간 분화적인 관계로 인간의 지각적 운동 모형으로서의 공간성이 부족하여 무의식의 의식화가 취약하나, 동영상을 늘림으로써 인간 행동의 복제가 가능하다.

③ 개별 학습용 멀티미디어 언어 학습은 완전 자율을 전제로 하지 않으면 안 되어서 학습자의 자발성에만 의존하게 되므로, 수업 시간에 이용하거나 과제를 부여하여 타율성을 보완하는 것이 좋다.

④ 학습자의 주의 집중력이 높지 않으므로 다양하고 재미있는 프로그램의 개발이 필요하며, 학습 결과를 전이의 형태로 활용할 수 있는 학습 프로그램을 개발하여 동기를 부여함이 좋다.

보조 수단으로서 생각할 수 있는 것으로는 개별 학습 시간 계산 기록, 정기 평가, 학습 결과 제출 등 타율성의 도입을 들 수 있다.

⑤ 흥미 본위의 감성 인간을 양성하기 쉬우므로 학습의 목표와 동기를 부여하여 전체적인 학습은 멀티미디어 외적인 프로그램에 의해 진

행하는 것이 바람직하다. 예를 들면 프로젝트 워크나 내용 중심 수업과 같은 학습자 중심 수업을 들 수 있다.

⑥ 기계와의 대좌식에서 오는 심리적인 거리감을 극복하기 위해서는 스스로가 등장하는 시뮬레이션 소프트웨어의 개발을 통해 모방 욕구를 확대할 필요가 있다.

⑦ 가상의 사이버 학습이라는 점에서 비인간화가 우려되나, 실제의 학습 현장과의 결합 및 과제 해결 학습, 프로젝트 워크등과의 결합을 통해 활동 욕구를 충족할 수 있다.

⑧ 학습자 및 교사의 사용법 연수를 통하여 기계에 대한 두려움을 없애고 조작의 성취감을 맛볼 수 있다.

평가

🌀 평가의 이론과 실제

1. 평가가 교육에 미치는 영향

　한국 외국어 교육이 투자한 시간에 비해 성과가 부진한 가장 큰 원인은 평가의 부실에 있다고 해도 과언이 아니다. 특히 대학 입시에 있어서의 외국어 평가 방법은 외국어 교육의 방향을 결정지어 왔다. 불행히도 1994년 대입 수능 이전의 대입 평가는 지식 위주의 학력 평가로 일관하고 있어서 평가가 본연의 목적을 상실한 채 오로지 선발 기능만을 수행해 왔던 것이다. 그에 따라 교육 현장에서 행해지는 모든 수업이 대입형 평가에 맞춰 어휘와 문법 및 해석 중심의 교육을 시행해 온 데에 한국 외국어 교육 부진의 가장 큰 원인이 있었던 것이다. 학교 교실에서도 일본어과 담당 교사의 평가 경향에 따라 학습자들의 일본어 학습 방향이 결정될 만큼 평가가 학습자에게 미치는 영향은 크다. 2001년 대입 수능에 다시 부활한 일본어과 출제 방향이 의사 소통 기능 중심으로 출제 방향을 확립한 것은 금후의 현장 교육에 커다란 영향을 미칠 것으로 생각된다.

　교육 활동에 있어서 평가는 국민적 관심은 물론 시행 빈도와 교육적인 비중 등에 있어 매우 중요시되는 과정이면서도 평가만큼 소홀히 다루어져 온 분야 또한 드물다. 평가의 본연의 목표는 설정된 교육 목표가 어느 정도 달성되었는지 학습자의 상태를 파악하여 차기 교수 계획 수립에 참고하고자 하는 데에 있다. 다시 말해 평가란 점수에 의해 측정하여 그 점수가 무엇을 의미하는가를 평가 해석한 다음 차기 학습 계획의 조정에 참고하는 교사를 위한 과정인 것이다. 그러나 현실적으로는 대부분의 평가가 이러한 교육적 목적으로서의 기능보다는 선발을 위한 관리 수단으로서만 인식되고 있는 것이 사실이다. 즉, 측정의 한 단계인 시험의 결과에 의해 석차를 매기는 것이 평가의 전부인 양 잘못 인식하고 있는 것이다. 한국에 있어서의 외국어 평가 기술의 낙후성은 이렇게 평가의 목적이 오로지 선발에만 있었던 데에 커다란 원인이 있다. 선발형 시험의 경우 점수의 변별력과 객관성을 중시하기 때문에 출제하기에 용이하고 정답이 확실한 문제를 출제하다 보니 자연히 문자, 어휘, 발음 중심의 지식형 문제의 비중이 높아지게 되었던 것이다.

평가 방법은 학습자의 학습 방향 설정 및 학습 결과에 미치는 영향이 크기 때문에, 학습 목표가 의사 소통에 있는 현대 일본어 교육에 있어서는 그에 걸맞는 평가법이 개발되어야 함은 두말 할 것도 없다.

평가는 학습자가 당면한 가장 직접적인 학습 목적이며 동기이기 때문이다. 그런데도 일본어 교육 연구 분야에 있어 평가의 문제는 소홀하게 다루어져 왔고, 평가에 관한 이론적 이해 또한 부족한 것이 현실이다. 오랫동안 현장의 일본어 교육이 교육 과정과 괴리될 수밖에 없었던 가장 큰 원인은 새로운 학습 방향과 방법을 반영하지 못한 구태의연한 평가법에 그 원인이 있다고 해도 과언이 아니다.

2. 평가와 측정과 테스트

Tyler(1992)는 교육 목표의 달성 여부를 판단하는 측정 행위를 교육 평가라 하였고, Cronbach는 교육 프로그램에 대한 결정을 내리기 위한 정보를 수집하고 사용하는 과정을 평가라 하였다. 위의 세 용어는 자주 혼동되어 사용되고 있는 것이 사실이지만 엄밀하게 구분하면 다음과 같다.

평가(evaluation)란 학습자 · 교사 · 교육 과정 · 교수법 · 시험 등을 교육 목표를 기존으로 가치를 판정하여, 차기의 교육 개선을 위해 필요한 정보를 수집하여 의사를 결정하기 위한 절차이다. 즉, 평가란 학습자뿐만이 아니라 교사와 교육 과정에 대한 평가를 포함한 넓은 개념인 것이다. 'assessment'는 査定이라고 하는 것으로 evaluation 과는 다른 개념이지만 한국에서는 평가라는 이름으로 불리고 있는 것이 일반적이다. 측정(measurement)이란 교육 측정이라고도 불리는 것으로 교육의 제반 성과를 객관적이고 수량적으로 기술함을 목적으로 한다. 테스트(test)는 측정의 구체적인 한 수단이라고 할 수 있다.

3. 평가의 목적과 기능

한 마디로 평가라고 하여도 그 목적에는 여러 가지가 있고, 목적에 따라 평가의 방법과 내용이 달라지게 된다. 평가에는 크게 나누어 「진단용 평가」와 「레벨 측정용」, 「선발용」으로 나눌 수 있는데, 기능면에서 좀더 세분해 보면 다음과 같다.

① 외국어 학습 결과의 진단과 치료의 기능
② 외국어 학습 동기 및 의욕 유발의 기능
③ 외국어 학습의 방향 제시 및 학습 향상의 기능
④ 외국어 학습의 정리 및 구획의 기능
⑤ 외국어 학습 계획 및 지도 방법 개선의 기능
⑥ 개별 상담을 위한 자료 제공의 기능
⑦ 종합적인 외국어 능력 레벨을 측정하는 기능
⑧ 선발 시험으로서의 기능
⑨ 외국어 산업(외국어 시장) 육성 촉발의 효과

4. 평가의 종류

평가는 그 분류 기준이 여러 가지 있는데 목적, 주체, 형식, 기준, 대상, 내용, 실시 시기 등에 따라 나누어진다.

1) 평가 목적별

학력 평가, 지능 평가, 적성 평가, 행동 발달 평가, 기타 평가, 진단 평가, 레벨 평가, 선발 평가 등이 있다.

2) 평가 주체별

(1) 타율 평가
① 교육 목표 달성 정도의 측정을 위한 평가 : 도달 평가
② 교육 활동의 효과나 개인별 특성을 진단하기 위한 평가
   : 진단 평가
③ 종합적인 능력 수준을 판정하기 위한 평가 : 능력 평가
④ 선발을 목적으로 하는 경쟁 시험

(2) 자율 평가
① 동일 집단에 의한 평가
② 자기 평가
③ 상호 평가

3) 문항의 제시 형식별

(1) 주관식 : 논술형, 단답형, 완성형
(2) 객관식 : 선다형(3지 · 4지 · 5지 선다, 정답형, 최선답형, 다답형, 미
            완성형, 부정형, 대입형), 연결 배합형, 진위형(○×형)

〈그림 9-1〉 평가의 모형

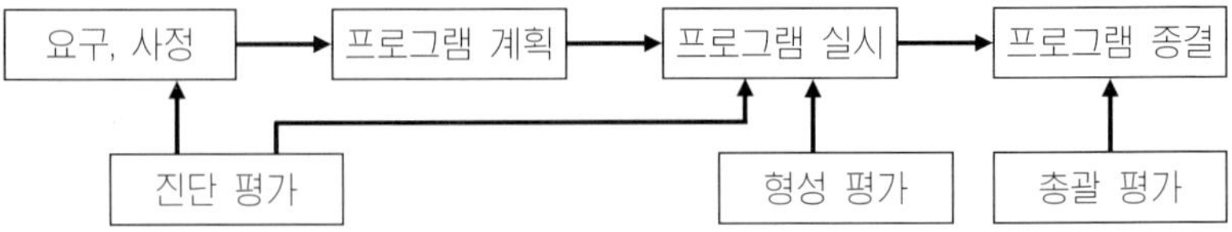

```
┌──────────┐    ┌──────────┐    ┌──────────┐    ┌──────────┐
│ 요구, 사정 │──▶│ 프로그램 계획 │──▶│ 프로그램 실시 │──▶│ 프로그램 종결 │
└──────────┘    └──────────┘    └──────────┘    └──────────┘
      ▲               │                ▲   ▲               ▲
      │               └────────────────┘   │               │
┌──────────┐                        ┌──────────┐    ┌──────────┐
│  진단 평가  │                        │  형성 평가  │    │  총괄 평가  │
└──────────┘                        └──────────┘    └──────────┘
```

4) 평가 단계별

(1) 진단 평가

진단 평가란 학습자가 학습 활동을 시작하기 전에 학습자의 그 때까지의 학습 달성 수준과 신체적, 정서적, 문화적 제환경 요인 등의 준비성을 체크하여 학습의 효율화를 실현하기 위하여 실시하는 것이다. 흔히들 클래스 분류나 학습 그룹 분류를 위한 평가 등이 이에 해당되는데, 처음으로 전개되는 학습은 모두 이러한 진단 평가에 의해 학습자의 상태가 파악되어야 한다.

(2) 형성 평가

형성 평가란 학습 도중에 수시로 학습자들의 학습 정도를 체크하고 오류나 미비점 등을 발견하여 시정하기 위한 진단 및 치료의 기능을 갖고 있는 평가이다. 필기 평가일 경우에는 극히 간단한 형식을 취하며, 구두로도 평가할 수 있는 융통성이 있는 평가이다.

(3) 총괄 평가

학습 코스가 끝나거나 일정 기간의 학습 기간이 끝난 다음 그에 대한 성취도를 총괄적으로 평가하는 것으로, 중간고사와 기말고사 등이 전형적이다.

<표 9-1> 진단 평가 · 형성 평가 · 총괄 평가의 비교

유형 항목	평가 유형		
	진단 평가	형성 평가	총괄 평가
기능	선수 학습 능력 판정 사전 학습 성취 수준 학생의 특성 분류 학습 곤란 원인 규명	학습 진전도의 피드백 치료 목적의 지도 처방을 위한 분석	단원, 학기, 과정의 마지막 단계의 평가
실시 시기	학년초 학기초에 실시 일관성 없는 정규 수업의 경우에는 수업 진행 도중	수업 진행 도중	학기, 학년 종료시
강조점	인지적, 정의적, 운동 기능 신체적 심리적 환경적 요인	인지적 행동	일반적으로 인지적 행동 외국어 교과는 운동 기능
평가 도구의 유형	사전 검사요 형성적 종합적 검사 표준화 학력 검사 표준화 진단 검사 관찰 및 체크리스트	특별 제작 형성 검사	기말 시험, 종합 시험
평가 목표의 표집법	선수 과목 목표의 표본 특정 수업 형태에 관련 한 학생 변수 신체 정서 환경적 변수	모든 관련 과제의 구체 적 표본	비중을 둔 교과 목표의 표본
문항 곤란도	정답률 65% 이상의 쉬 운 문항 다수	사전에 설정 불가	평균 정답률 30~70% 상대 평가의 경우 아주 쉬운 문제와 아주 어려 운 문제도 약간 첨가
채점	규준 및 준거 지향적	목표 지향적	일반적 규준 지향 또는 목표 지향
득점 보고 방식	하위 기능별 개인 프로파일	과제별 개인 페일 패스제	총점 또는 목표별 점수

5) 평가 기준별

(1) 임의 평가

교육 목표에 객관적인 평가 기준이 없이 교사 개개인이 주관적으로 결정하는 평가 체제를 가리킨다. 평가 결과는 교사마다 다르게 된다.

(2) 상대 평가

학생의 능력에 대한 평가 기준을 소속 집단 내에 두고 그 집단에서 얻은 평균을 평가 기준으로 삼는다. 이러한 평가는 집단간 비교가 어렵고 학습의 목표가 교육 목표에 대한 성취도가 되기 보다는 집단 구성원간의 경쟁에 좌우되기 쉽다.

(3) 절대 평가

절대 평가는 평가의 기준이 교육 목표의 성취 정도에 있다. 이러한 평가를 위해서는 교육 목표가 체계적이고 구체적으로 주어져야 한다. 예컨데 Mager의 목표 진술을 보면 조건, 범위 기준, 도착 기준으로 구성되어 있다. 이러한 기준에 맞춰 목표를 서술해 보면 다음과 같다.

> 자기 학교에 찾아 온 같은 또래의 자매 학교 일본인 학생을 만났을 때(조건)
> 서로의 하루 일과에 대하여(범위)
> 소음 속에서도 상대편의 말을 알아듣고 상대가 알아들을 수 있도록 이야기할 수 있다. (도착 지점)

6) 평가 대상별

평가는 그 대상에 따라 학생에 대한 평가, 수업(강의) 평가, 계획(교육과정) 평가, 제도 평가, 교재 평가 등으로도 나눌 수 있다.

7) 평가 내용별

① 언어 사항의 평가
② 언어 능력(4기능) 평가
③ OPT, CALT 등 구두 언어 능력의 평가
④ Project Work & Value와 같은 과제 해결 과정의 평가

8) 평가 시기별

(1) 중간고사　　　(2) 기말고사

(3) 종합시험　　　(4) 모의고사

5. 평가의 방법

평가의 실시 방법에도 여러 가지가 있는데, 요즘 회화 테스트에서 사용하는 면접 테스트는 이러한 실시 기준에 의한 분류의 하나이다.

1) 필답 고사

가장 널리 사용되고 있는 평가법으로서 이해력, 암기력, 분석력, 표현력 등을 평가하기에는 효과적인 반면, 태도나 구두 표현 기능을 평가하는 데는 어려움이 있다.

2) 질문지법

질문지법은 질문에 대하여 피험자가 간단하게 응답하도록 한 방법으로 주로 행동이나 태도를 측정, 평가하는 데에 편리하다.

3) 관찰법

관찰법은 자연 상태 또는 통제적인 방법으로 관찰하는 방법으로 태도, 흥미, 기능 등과 관련된 교육 목표를 종합적으로 평가하는 데에 유리하다. 일본어의 경우에는 그룹 구성원끼리 이야기를 하고 있는 장면이나 학습을 진행하는 장면을 관찰하여 평가할 수 있다.

4) 면접법(interview)

면접법에는 교사가 능동적으로 지시하며 면접을 진행하여 가는 능동적 면접과, 피험자 즉 학습자가 자신의 내심적인 문제를 토로하도록 유도하여 면접을 진행하는 수동적 면접이 있다. 면접법은 일본어 회화 테스트에 적극적으로 도입되는 방법으로, 면접 테스트의 객관성을 높이기 위하여 면접 테스트의 자격을 제공하는 ACTFL-OPI 테스트와 같은 테스트법이 개발되어 있다.

5) 표준화 검사

학력 검사나 적성 검사, 지능 검사와 같이 학습자의 능력을 측정하기 위한 검사로서 다음과 같은 특징이 있다.

① 측정 영역의 내용을 체계적으로 표준화한 검사로서, 신뢰도와 타당도가 높음.
② 표준화된 특정한 방법에 의해 실시.
③ 객관적인 채점.
④ 결과를 비교하여 알아보기 쉽게 처리됨.

6) 평정법

면접이나 관찰을 통하여 학습자의 능력을 파악하는 방법으로, 평가와 유사한 포괄적인 개념이다.

6. 수행 평가의 이론과 실제

1) 수행 평가 대두의 배경

전통적인 교수 학습 이론에서 학습이란 객관적인 지식이나 정보를 단계적으로 축적해 가는 과정이었으나 인지 심리학자들에 의해 제기된 새로운 학습 이론에서는 객관적인 지식이나 정보는 존재하지 않으므로 교수 학습의 목적은 개별 학습자의 소질이나 특성에 맞추어 보다 조직적이고 체계적인 인지 구조를 가질 수 있도록 도와주고 격려하는 것이 된다.

특히, 어려운 대입 관문을 통과한 대학생들의 공통적인 특징으로서, 지식을 기억하는 기억 중심의 디스켓형 인간이 대부분이어서, 자발적인 문제 해결력과 창의성이 결여되어 있는 점이 커다란 문제점으로 지적되고 있다. 이는 기존의 평가 방법이 이해와 기억을 중심으로 한 인지 능력에 치중되어 있었던 점에 원인이 있다고 보고, 실행 능력을 중시한 대안적 평가 방법의 도입의 필요성이 높아진 것이다.

2) 수행 평가의 개념

수행 평가란 학습자가 문제 해결의 과정과 결과를 구체적인 산출물이나 행동으로 보이도록 요구하여 실제적인 수행(performance)을 검사하고 판단하는 평가 방식이다. 수행 평가는 전혀 새로운 평가법이 아니고, 종래의 심동적 행동 특성 평가에 사용되던 것을 인지적 영역의 행동 특성 평가에 맞게 적용한 것이다.

　*참평가 : 실제 상황에서의 수행 정도를 측정하는 평가법
　*포트폴리오 : 작업이나 작품을 모은 자료집 또는 서류철
　*직접 평가 : 표출된 행위를 직접 관찰을 통하여 실시하는 평가
　*대안적 평가 : 기존의 평가법에 대체할 수 있는 평가라는 의미

3) 일본어과 수행 평가의 의의

기존의 선택형 평가는 공정성과 편의성이라는 장점이 있으나, 새로운 일본어과 교육 과정에서 지향하는 목표의 달성 측면에서는 한계가 있다. 이러한 한계를 극복할 수 있는 수행 평가의 도입은 의사 소통 기능의 함양은 물론 다양한 문제 해결책을 모색하는 절차나 전략에 관한 수행 능력도 함양한다. 학생의 언어적 지식뿐 아니라 이 지식을 적용할 수 있는지, 그리고 이 지식을 어떻게 적용하는지, 학습 방법과 전략에 대한 정보를 통하여 학생의 학습 과정을 개선시키는지에 대한 정보를 얻는 것이 중

요한데, 이러한 것들은 수행 평가를 통해 가능하다. 또한 수행 평가는 개별 학습을 촉진시키려는 기능을 가지고 있어 자연스럽게 교수-학습 과정에 통합될 수도 있다. 따라서 학생의 적극적 참여 동기를 일으키는 데 용이하다. 결론적으로 수행 평가는 기존의 일본어과 평가에서 간과해 왔던 교수-학습의 목표와 과정의 세부 내용 및 요소들에 대한 중요성을 강조하고 이를 측정하려고 함으로써 전체 교수-학습 활동에 긍정적인 효과를 가져올 수 있다는 데 그 의의가 있다.

4) 수행 평가의 특징

① 학생이 문제의 답을 선택하는 것이 아니라, 스스로 답을 구성하거나 산출물을 만들거나 행동으로 나타내도록 한다.
② 추구하고자 하는 교육 목표를 가능한 한 실제 상황에서 달성했는지를 파악한다.
③ 교수 학습의 결과뿐만 아니라, 과정도 함께 중시한다.
④ 단편적인 영역에 대한 일회성 평가가 아니고 다양한 방법을 동원하여 개개인의 변화 발달 과정을 전체적이면서도 지속적으로 평가한다.
⑤ 개인의 평가와 집단에 의한 평가를 병행한다.
⑥ 학생의 학습 과정을 진단하고 개별 학습을 촉진하려는 노력을 중시한다.
⑦ 학생의 인지적인 영역뿐만 아니라 행동 발달 상황이나 흥미, 태도 등 정의적 영역, 신체적 영역에 대한 종합적이고 전인적인 평가를 중시한다.

5) 수행 평가의 방법과 사례
〈자율 평가, 집단 평가, 보고서 평가, 발표 평가〉

(1) 방법

〈표 9-2〉 종래의 평가와 대안적 평가의 특징 비교

항목	종래의 평가법	대안적 평가법
학습관	학습의 결과에만 관심	학습의 과정과 결과에 모두 관심
학습자관	수동적 객체	능동적 주체
평가 형태	지필 검사	수행 평가, 참평가, 포트폴리오
평가 실시	1회적 평가	지속적 평가
평가 내용	단일 속성 분리된 지식과 기술을 평가	다원적 속성 통합된 지식과 기술, 메타인지적 관심
평가 대상	개인 평가 강조	집단 평가 중시(협동)

서술형(주관식) 검사, 논술형 검사, 구술 시험, 찬반 토론법, 실기 시험, 실험 실습법, 면접법, 관찰법, 자기 평가 보고서(Self-evaluation), 동료 평가 보고서(Peer-evaluation), 연구 보고서, Portfolio 등이 있다.

(2) 언어 영역에서의 수행 평가 사례

① 말하기 능력을 위한 **토의 평가**
   · 평가법 : 관찰법
   · 평가 대상 : 고2
   · 상황 : 다음은 Hcinz의 딜레마를 재구성한 것이다. 이와 같은
      상황에서 남편의 행동이 도덕적으로 정당화될 수 있는지
      를 놓고 벌이는 찬반 토론에 한 학생이 참여하고 있다.
   · 수행과제 : 어떤 부인이 암에 걸려 죽어가고 있었다. 그런데 어
      떤 약사에 의해 암 치료에 획기적인 특효약이 개발되었으
      나 약값이 너무 비싸 경제적 능력이 부족한 남편은 고민
      에 빠졌다. 약사를 찾아가서 약값을 깎아 주거나 분할하
      여 갚게 해 달라고 하소연하였으나 약사는 냉담하게 거절
      하였다. 절망에 빠진 남편은 며칠 밤을 고민한 끝에 부인

의 약값을 마련하기 위해 몰래 보석상에 들어가 보석을
훔쳤다.

관찰 평가와 토의 평가의 점수를 합쳐서(14점 만점) 상, 중, 하는 다음
과 같이 구분한다.

　　　상 : 10～14점　　　중 : 4～9점　　　하 : 0～3점

〈표 9-3〉 토의 평가 채점 기준 1

평가 항목	평가 내용	등급
주제와 목적	＊주어진 상황을 잘 이해하고 있는가	1～5점
	＊주장하는 논지가 분명한가	1～5점
언어 표현력	＊상황에 맞는 적절한 어휘를 구사하는가	1～5점
	＊내용 전달이 명료한가	1～5점
	＊어법은 적합한가	1～5점
내용과 조직	＊자기 주장의 논거가 제시되는가	1～5점
	＊논쟁의 중심을 분명히 언급하는가	1～5점
	＊내용이 논리적이고 타당한가	1～5점
발음	＊말하는 내용이 상대에게 잘 전달되는가	1～5점
	＊속도, 성량, 어조 등 플로소디가 자연스러운가	1～5점
	＊유창한가	1～5점
태도	＊상대의 주장을 열린 마음으로 듣는가	1～5점
	＊상대의 주장을 열린 마음으로 듣는가	1～5점

〈표 9-4〉 관찰 평가 채점 기준

		채점 기준
준비도	상 (2점)	사전, 교과서 등 평가와 관련된 준비물의 준비가 잘 되어 있다.
	중 (1점)	평가와 관련된 준비물이 1～2가지 빠져 있다.
	하 (0점)	준비가 전혀 되어 있지 않다.
참여도	상 (2점)	모둠 활동에 집중하고 적극적으로 참여한다.
	중 (1점)	모둠 활동시 관찰자처럼 보일 만큼 소극적으로 참여한다.
	하 (0점)	모둠 활동에 전혀 관심이 없다.

<표 9-5> 관찰 평가 채점표

조	번호	항목			조	번호	항목			조	번호	항목		
		준비도	참여도	합계			준비도	참여도	합계			준비도	참여도	합계
1조	1				5조	1				9조	1			
	2					2					2			
	3					3					3			
	4					4					4			
2조	1				6조	1				10조	1			
	2					2					2			
	3					3					3			
	4					4					4			

<표 9-6> 토의 평가 채점 기준 2

점수	내용	문법	어휘	구두점·철자	유창성
상 (2점)	공통점과 차이점을 각각 4~5가지 이상 비교할 수 있음	문법이나 어순의 실수가 1~2개 정도임	어휘가 자연스럽고 관용적인 표현을 사용함	구두점 및 철자의 실수가 거의 없음	전체 구성이 잘 짜여져 있고 내용 전달이 잘됨
중 (1점)	·공통점과 차이점을 각각 2~3가지 비교하고 있음. ·공통점은 언급하지 않고 차이점만 4~5가지 비교함	문법이나 어순의 실수가 3~4개 있지만 이해하는 데는 어려움이 없음	부적절한 어휘가 1~2개 있지만 내용 전달에는 문제가 없음	구두점 및 철자의 실수가 1~2개 있지만 전체 이해에는 문제가 없음	자료 구성은 잘 되어 있고 연결 표현이 1~2개 어색하지만 의사 소통에 문제가 없음
하 (0점)	·공통점과 차이점을 각각 0~1가지 비교함 ·공통점은 언급하지 않고 차이점만 2~3가지 비교함	문법이나 어순의 실수가 5개 이상되어 이해하기 어려움	어휘 사용이 너무 국한되고 실수가 많아 내용 전달이 불명확함	구두점 및 철자의 실수가 많아 이해하기가 어려움	연결 표현이 어색하고 전체 구성이 잘 이루어져 있지 않아 의사 소통에 어려움이 있음

〈표 9-7〉 토의 평가 채점표 2

조명	문항	내용	문법	어휘	구두점, 철자	유창성	소계	합계
1조	1번							
	2번							
2조	1번							
	2번							
:	1번							
	2번							

【유의 사항】

ⅰ) 채점 기준 및 채점판은 임의로 사용할 수 있다. 만약 위에서 제시한 분석적 채점 기준을 사용하여 채점할 때 어려움이 있을 경우, 통합적 채점 기준을 사용할 수도 있다.

ⅱ) 관찰 평가는 개인별 평가이고, 토의 평가는 집단 평가이다. 목적에 따라 관찰 평가를 하지 않을 수도 있다.

ⅲ) 토의 평가는 모둠별로 동일한 점수를 받게 되므로, 참여하는 모둠원들 모두가 협력해야 함을 강조하여, 평가시에 불이익을 받는 모둠원이 생기지 않도록 주의한다.

② 역할 극형

【성취 기준】

과거에 자신이나 주변에서 일어나는 일에 대하여 묻고 대답한다.

【평가 기준】

상: 과거에 자신이나 주변에서 일어나는 일에 대해서 묻고 답할 수 있다.

중: 과거에 자신이나 주변에서 일어나는 일에 대해서 묻고 답할 수 있지만 때때로 오류가 있다.

하: 과거에 자신이나 주변에서 일어나는 일에 대해서 묻거나 답하
   는 데 어려움을 겪는다.

【문항】

한가로운 일요일 오후에 살인 사건이 일어났다. 피살된 사람은 기훈과
평소 사이가 좋지 않았던 형철이다. 이 사건을 담당하는 형사는 기훈을
유력한 용의자로 여기고 기훈에게 몇 가지 사항을 질문하려고 곧 기훈
의 집을 방문할 예정이다. 기훈은 이에 대비하여 자신의 알리바이를 다
음과 같이 정리하였다.

   ・だれが : キフン
   ・いつ : 5月 8日（日曜日） 午後 7時
   ・どこで : 博物館
   ・何を : 遺物
   ・なぜ : レポートの作成のため
   ・だれと : ミンヒ

이러한 상황 아래 한 사람은 사건의 용의자인 기훈이 되고, 다른 한 사
람은 사건을 조사하는 형사가 되어 역할극을 이끌어 가십시오. 수업시간
에 배운 표현을 활용해 주어진 역할에 맞는 대화를 만들어 보십시오. 단
대화문에 쓰이는 문장은 full sentence의 형식을 갖추어야 합니다.

【평가 절차】

1. 평가 방법 안내: 평가를 실시하기 이전 차시에, 2,3차시에 실시할
                평가의 방법, 채점 기준 등에 대해 안내한다.
2. 평가 방법: 교사 혼자서 평가하기 힘든 경우 2명 이상의 교사와 같
            이 협력하여 평가하거나 비디오로 찍어둔 뒤 평가할 수
            도 있다. 학생 1조(2명)에 소요되는 평가 시간은 교사
            의 채점 시간을 포함하여 3분 정도이다. 한 학급의 학생
            수가 50명이라면 80여 분이 소요된다.

3. 평가 문항 준비: 먼저 평가를 받은 학생과 나중에 평가를 받을 학
   생의 형평성을 위해 비슷한 문항을 4~5개 만든다.

4. 평가 목표: 주어진 상황에서 맡은 역할에 따른 적절한 의사소통을
   할 수 있는지를 평가한다.

5. 평가 실시: 미리 준비한 4~5개의 평가 문항 중 한 개를 고르게 한
   뒤 역할극을 하게 한다. 이때 다른 학생들은 조용하게
   연습을 하도록 지시한다. 만약 교사의 지시를 어기는 학
   생에게는 감점을 할 수도 있다.

6. 평가 점수 공개: 평가와 채점이 다 끝난 뒤에는 학생들에게 점수를
   알려준다.

【유의 사항】

ⅰ) 평소 각 단원의 말하기 부분에서 학생들이 직접 영어로 말할 수 있
   는 기회를 많이 제공하는 것이 필요하다.

ⅱ) 평가 내용이나 문항을 결정한 후에는 그 평가에서 자주 사용될 수
   있는 표현을 가지고 집중적으로 1~2차시 정도 연습을 하도록 한다.

③ 프로젝트형

【성취 기준】

· 소재를 파악한다.
· 글을 읽고 배경, 인물 등의 명시적 정보를 파악한다.
· 사람, 사물, 장면 등을 묘사하거나 설명한다.
· 간단한 보고를 준비하여 한다.
· 장소와 위치를 글로 설명한다.
· 소개, 안내 등을 글로 쓴다.

<표 9-8> 채점 기준표

점수	내용의 정확성	발음	문장의 완성도	유창성
상 (2점)	의사 표현이 정확하고 과거 시제 표현이 빠르고 정확함	자연스러운 발음을 구사하여 이해하기 쉬움	물음과 대답이 full sentence의 구조로 이루어짐	의사 표현이 적극적으로 이루어져 상대방과 대화를 주고 받는 것이 자연스러움
중 (1점)	의사 표현과 동사의 과거 시제 표현에서 머뭇거리기는 하나, 비교적 정확하여 대화의 진행에 큰 지장을 주지 않음.	부정확한 발음이 많아 이해하기 어려움	의사 소통은 되나 물음과 대답이 가끔 축약된 문장 형식을 사용	의사 표현시 다소 머뭇거림이 있으나 전반적인 의사 소통은 이루어짐
하 (0점)	의사 전달이나 과거 시제 표현이 부정확해 대화 진행에 어려움이 있음	발음이 너무 서툴러 말을 전혀 이해할 수 없음	전체적으로 문장이 축약형을 띰	상대방과의 대화 연결이 되지 않아 의사 소통이 거의 이루어지지 못함

【평가 기준】

상: 사물이나 장소, 위치에 대하여 소개하거나 안내하는 글을 비교적 정확하게 쓰고 이야기를 만들어 쓸 수 있다.

중: 사물이나 장소, 위치에 대하여 소개하거나 안내하는 글을 쓸 수 있으나, 때때로 문법적 오류가 있다.

하: 사물이나 장소, 위치에 대하여 소개하거나 안내하는 글을 쓰는 데 어려움을 많이 겪는다.

【평가 절차】

1. 4~5명으로 이루어진 조를 구성한다.

2. 교사가 나누어 준 안내문에 나타난 오기를 찾아 조별로 고쳐 보도록 한다. 이때, 사전 사용을 허용하여 30분 이내에 마치도록 한다.

3. 서울의 명소 중에서 조별로 소개하고 싶은 곳을 정하게 한다. 특정한 곳만 선택되지 않도록 교사가 조정을 한다.

4. 주말이나 방과 후를 이용하여 선택한 장소를 방문한 뒤에 보고서를 작성하게 한다. 시간은 1~2주 정도 여유를 주어야 한다.

5. 다음과 같은 보고서 작성 요령을 미리 안내한다.

　1) A4 용지에 워드로 작성한다.

　2) 각 면에 담아야 할 내용

　　· 1면 : 반, 조 이름, 조원의 번호와 이름

　　· 2면 : 사진(선택한 곳의 안내문 밑에서 찍은 조원들의 사진)

　　· 3~4면 : 소개하고 싶은 곳의 안내문(일문과 한글)

　　· 5면 : 소개하고 싶은 곳 안내장 만들기(교통, 개장 시간, 요금, 유의사항, 특색 소개)

　　· 6면 : '내가 가이드라면'이라는 주제로 선택한 곳을 안내하는 글 영작하기

【문항 예】

다음 글을 자세히 읽으면서 틀린 부분을 조별로 바르게 고쳐 보시오.

(하략)

6) 수행 평가 적용 절차

　학교 현장에서 수행 평가를 실시하기 위해서는 단순히 평가 방법 및 절차만을 고려해야 하는 것이 아니라, 교육 목표 및 수업 방법도 동시에 고려해야 하는데, 다음과 같은 8단계의 절차를 거치는 것이 바람직할 것으로 여겨진다.

　① 학기별 혹은 연간 '수업 및 평가 계획서'를 작성한다.

　② 가르치고자 하는 성취 기준을 구체화한다.

　③ 실제로 다양화, 전문화, 특성화된 수업을 진행한다.

　④ 성취 기준을 실제로 얼마나 성취했는지, 그 성취 정도를 파악하기 위한 평가 기준을 명확히 한다.

⑤ 적절한 평가 방법을 결정하고 적절한 평가 도구를 제작한다.

⑥ 실제로 다양화, 전문화, 특성화된 평가를 실시한다.

⑦ 채점 기준에 따라 채점을 하고, 그 결과를 보고한다.

⑧ 평가의 결과를 교수-학습 활동에 피드백한다.

7) 수행 평가의 문제점 및 제안

【문제점】

수행 평가를 실시함에 있어 감수하지 않으면 안 될 문제점으로서는 고비용, 긴 소요 시간, 점수 부여 기준 설정의 문제, 채점의 신뢰도 문제 등이 있다.

【대안】

· 수행 평가는 교육 현장의 여건과 상황에 따라 점진적으로, 융통성있게 실시하여야 한다. 학교의 상황, 교과의 특성 등을 고려하지 않고 일정 비율 이상을 반드시 수행 평가로 하는 식의 운영 방식은 평가의 다양화와 전문화를 지향하는 수행 평가의 본래 취지에 어긋난다.

· 수행 평가는 교사의 전문적인 판단에 기초하기 때문에 교사에 대한 사회적인 신뢰를 회복하기 위한 노력이 있어야 한다. 이를 위해서는 교사 자신이 수업 및 평가에 대한 전문성을 신장시키기 위한 노력을 하여야 하고, 교사의 판단에 대해 학생과 학부모 등이 믿고 따르도록 노력을 기울여야 할 것이다.

· 수행 평가가 부담스럽게 느껴지지 않도록 행정적, 재정적 지원을 강화해야 한다. 교사가 수행 평가에 대해 전문성을 가질 수 있도록 연수 기회 등을 풍부히 제공하는 것, 교사의 수업 시수와 지도 학생 수에 대한 부담을 경감하는 것, 교사의 행정적, 사무적 업무를 덜어 주는 것 등이 이에 해당한다.

<표 9-9> 일본어과 수업 및 평가 계획서 예시

학년별	1 학년							
분기별	1/4 분기		2/4 분기		3/4 분기		4/4 분기	
교육 내용	1. 생각의 표현	2. 느낌의 표현	3. 친교 활동	4. 대인 관 계 형성	5. 부탁 및 지시	6. 정보 교환	7. 의견 교환	8. 문제 해결
	가능성, 소망과 의지, 확신, 추측	희로 애락, 감각적 느낌, 좋거나 싫음	인사, 초청 및 대접, 칭찬, 격려, 사과와 변명	대화의 시작, 소개, 감사	요청, 약속, 허락, 주의나 경고, 제안과 설득	사실 확인, 설명, 경험, 비교	의견 발표, 평가, 동의나 반대	물건 사기, 안내, 토론, 보고
	듣기, 말하기, 읽기, 쓰기							
교육 기간 (주차)	4	8	12	17	22	26	30	33
교수 방법	강의법 토의법	강의법 발표법	발표법 토의법	강의법 토의법	강의법 발표법	발표법 토의법	강의법 토의법	강의법 발표법
평가 방법	수행평가	서술 (30%)	관찰 (30%)	역할극 (30%)	프로젝트 (30%)	논술 (30%)	구두 보고 (30%)	토론 (30%)	포트폴리오 (30%)
	선택형	70%	70%	70%	70%	70%	70%	70%	70%
배점 (혹은 %)		33.3	33.3	33.3	33.3	33.3	33.3	33.3	33.3
평가 시기 (주차)		5 주차	9 주차	13 주차	18 주차	23 주차	27 주차	31 주차	34 주차

※ 분기별로 100% 를 설정하되, 수행형 : 선택형 활용 비율은 30% : 70% 로 함
※ 수행형 평가는 해당 교육 기간의 수업 시간 중에, 선택형 평가는 중간, 기말 고사 형식으로 함.

7. 평가의 특성과 조건

평가를 점검할 때에 반드시 거론되는 평가의 조건에 관한 용어가 있는데, 그 대표적인 조건은 다음과 같다.

1) 타당도

타당도는 평가하고자 하는 사항을 제대로 평가하였는가의 정도이다. 따라서, 측정의 목적과 상관없이 개인의 다른 능력차로 인해 발생하는 오차가 평가에 반영되면 타당도가 떨어진다.

① 내용적 타당도 : 교육 목표에 준거하여 목표의 이원 분류에 입각하여 측정하고자 하는 영역을 평가하기에 적합한가.

② 준거 타당도(기준 관련 타당성) : 어떤 특성을 특정하는 기준측정 결과를 두고 그것과의 상관 정도를 타당도로 봄.

③ 구인 타당도(구성 개념 타당성) : 같은 특성으로서의 개념은 다른 방법으로 측정하여도 상관도가 높고, 서로 다른 특성은 같은 방법으로 측정하여도 상관도가 낮을 때 타당성이 높음. 단, 개념의 설정은 유동성이 있음.

반(反)타당도란 측정 이외의 능력을 요하는 경우로서 예를 들면, 청해 문제를 문자로 답하게 한다든지, 문제를 제시한 문항이 어려워 알아보기 힘든 경우나 출제 범위를 초과하거나 범위가 편중되는 경우 등은 타당도가 떨어진다.

2) 신뢰도

개인의 특성과 상관없이 모두와 관련된 우연히 발생할 수 있는 오차가 클수록 신뢰도는 떨어진다.

① 재검사를 통한 신뢰도 측정

② 동형 검사와 비교한 신뢰도 측정

③ 부분적 신뢰도 측정

④ 문항 내의 합치도에 의한 신뢰도 측정

반신뢰도는 선택지가 멋대로라서 답을 몰라도 쓸 수 있는 경우나 채점 미스, 출제 미스, 응시자의 건강 상태에 의한 영향 등으로 신뢰도를 떨어뜨리는 것이다.

3) 객관도

① 평가자의 능력과 권위가 객관도에 영향을 줌.
② 공동 평가에 의해 신뢰성을 높일 수 있음.
③ 명확한 기준의 설정이 중요.

반객관성은 채점자마다 다른 채점 결과를 보이거나 면접 시험의 객관성 문제 등의 경우이다.

4) 실용도

① 실시나 채점이 용이하여야 한다.
② 해석과 활용이 쉬워야 한다.
③ 비용, 시간, 노력의 경제성이 좋아야 한다.

8. 학습 동기와 평가

Brown에 의하면 학습 동기는 ① 탐험의 욕구 ② 조작 욕구 ③ 활동의 욕구 ④ 모방의 욕구 ⑤ 지적 욕구 ⑥ 자아 강화의 욕구 등 6가지의 욕구로 이루어져 있다고 한다. 이러한 동기와 관련하여 볼 때 평가는 심리적 학습 환경 조성으로서의 기능을 갖는 것으로, 평가에 의한 자기 확인과 칭찬 등에 의한 강화의 효과가 크다 하겠다.

9. 평가 목표 이원 분류

교육 목표를 행동 목표와 내용 목표로 이원 분류하여 평가 내용을 고르게 안배하였는가를 분석하는 방법을「교육 목표 이원 분류」라고 한다. 교육 목표의 행동 목표는 ① 인지적 영역 ② 정의적 영역 ③ 운동 기능적 영역으로 나뉜다. 인지적 영역에는 지식, 이해력, 분석력, 종합력, 응용력 등이 있고, 정의적 영역에는 심리, 태도 등이 속하고, 운동 기능적 기능에는 듣기, 말하기, 읽기, 쓰기 등의 언어 4기능이 속한다. 〈표 9-10〉과 같이 이원 분류표의 가로축(X축)에는 이러한 행동 목표 관련 항목을 설정하고 세로축(Y축)에는 내용 목표를 설정한다. 내용 목표는 교과별로 배우는 내용을 분류하는 것으로, 예를 들면 문법이나 어휘일 수도 있으며, 인사 행동, 자기 의사나 감정 표현 등과 같은 전달 기능일 수도 있다. 여기에서 주의하여야 할 것은 내용 목표를 언어의 4기능으로 생각해서는 안 된다는 점이다. 외국어 학습에서는 분명히 학습 활동에 이들 4기능이 취급되지만 이는 내용 목표가 아니고 행동 목표이므로, 이들 4기능을 세로축으로 하였을 때는 소위 근친상간형 1원 목적 분류가 되어 내용적 타당도가 떨어지는 평가가 되기 쉽다. 그 동안의 우리나라 외국어 평가용 2

<표 9-10> 일본어과 교육 목표의 이원 분류표

행동 목표 / 내용 목표	지식	이해력		표현력		응용력	태도
		읽기	듣기	말하기	쓰기		
문자							
발음							
문법							
인사 기능							
전달 기능							
요구 기능							
전개 기능							
언어 문화							

원 분류표는 이러한 방식의 1원 목적 분류표에 따라 평가를 실시해 오고
있었다. 즉, 가로축에는 인지적 목표만 반영되어 있어서 전체적으로는 독
해나 청해와 같은 이해력 중심의 출제에 편중될 수밖에 없었다. 이원 분
류표는 가로축에 행동 목표의 3영역(인지, 정의, 기능)을 모두 반영하여
인지적 목표 이외에 기능과 정의적 목표를 반영하고, 세로축에는 6, 7차
교육 과정에서 지향하고 있는 학습 내용인 기능과 문화 항목용을 반영한
것이다. 이처럼 이원 분류표는 학습 내용별로 그 설정된 행동 목표와의
관계를 고르게 체크하기 위하여 설정된 것이므로, 내용과 행동의 이원화
항목의 적절한 설정은 매우 중요하다 하겠다. 교육과정 평가원은 2001년
대입 수능 제2외국어 과목의 이원 분류표를 본고의 이론과 Valette(1971)
의 외국어 이원 분류표에 입각하여 다음과 같은 이원 분류표를 작성, 적
용하였다.

<표 9-11> 제 2 외국어 영역 이원 분류표

행동\내용	언어 이해						언어 표현						문항수	비율(%)
	듣기			읽기			말하기			쓰기				
	지식	이해	적용	지식	이해	적용	지식	이해	적용	지식	이해	적용		
1. 발음 및 철자														
2. 어휘														
3. 문법														
4. 의사 소통 기능														
5. 문화														
문항수													30	-
비율(%)													-	100

10. 유형별 평가 문항 작성시의 유의점

1) 논술형

① 학습자의 특성과 레벨을 고려해서 출제할 것.
② 질문이 명백하고 답안의 범위를 어느 정도 한정할 것.
③ 문항은 쉽고 구체적으로 제시할 것.
④ 시간에 맞게 문항 수를 조절할 것.
⑤ 채점 기준을 미리 작성하는 것이 바람직함.
⑥ 여러 개의 문항 중 선택하게 하는 것은 객관성이 떨어짐.

2) 단답형

① 문항을 명백하게 제시할 것.
② 정답은 단답형이 바람직함.

3) 완성형

① 한 칸에는 하나의 정답만 있어야 함.
② 공란을 많이 설정하여 문장의 의미 파악이 흐려져서는 안 됨.
③ 문장의 중요 부분에 공란을 설정하는 것이 바람직함.

4) 선다형

① 문항은 명백하고 간결할 것.
② 정답을 찾는데 필요한 조건은 모두 제시하고 애매한 정보는 배제할 것
③ 문항에는 허위 사실이 있어서는 안 됨.
④ 다른 문항이나 표현에 의해서 단서가 주어져서는 안 됨.

⑤ 정답이 오답보다 길어지는 경향을 배제할 것.

⑥ 문항은 부정문을 피할 것(아닌 것, 틀린 것을 고르는 것).

⑦ 정답의 위치는 다양하고 고르게 분배할 것.

⑧ 복잡한 문항은 그림이나 도표를 사용하여 이해를 도울 것.

11. 평가의 활용 방법

진단용 평가는 그 결과를 다음 학습에 반영해야 하기 때문에 단순한 성적 처리만으로 끝나는 것보다 평가 결과를 여러 가지로 분석하여 차기 수업 계획에 반영하는 것이 바람직하다. 그러기 위해서는 평가 통계의 산출 방법을 이해해야 하는데, 최근에는 이러한 평가를 관리하고 분석할 수 있는 CMI용 소프트가 개발되고 있어서 편리하다.

기존의 성적 중심 평가가 지도자 또는 경영자 중심의 평가라고 한다면 앞으로의 교육에서 지향하는 평가는 학습자 즉, 소비자 중심의 평가라고 하겠다. 그러기 위해서는 앞으로의 평가는 상담자 및 AS정신으로 이루어져야 할 것이다.

12. 한국 외국어 평가의 수준

국내 외국어 교육의 평가를 가장 잘 나타내는 것이 대학 입시 출제일 것이다. 일본어과의 경우, 80년대에서 90년대 초까지 실시되었던 대입 예비고사 출제의 문제 비율을 보면 〈표 9-12〉과 같다. 문제의 65%가 문법과 어휘 관련 문제임을 알 수 있다. 즉, 교육 과정에서 지향하는 방향과는 아무런 관련이 없는 문제가 출제되고 있었고, 자연히 일본어 교육은 이러한 문제에 맞춰 학습이 전개되었던 것이다. 외국어 교육에 있어서의 평가의 수준을 시대적으로 정리해 보면 다음과 같이 분류할 수 있겠다.

〈표 9-12〉 80년대 대입 예비고사 일본어과 문항 평가 영역 분석

평가 영역	비율(%)	평가 영역	비율(%)
문법	34.2	말하기	7.9
어휘	30.8	발음	1.8
읽기	12.0	듣기	0
한자	10.4	일본 문화	0
쓰기	2.9	계	100

1) 전과학적 단계

1950년 이전에는 학습 사항 숙지도, 예외적이고 특수한 사항을 평가한다. 평가 실시자는 교사이고, 신뢰도, 객관성, 타당도가 결여되어 있었다.

2) 구조주의적 단계

교육 과정을 보면 1950년 이후에 듣기와 말하기 중심의 교육을 표방하고 있으며, 교육 방법은 구조주의적 전개로 일관하고 있어서 평가에 있어서도 학습 요소에 대한 과학적 분석을 중시하게 되고, 시험 방법은 신뢰도가 높은 객관식 테스트가 주를 이루게 된다. 현재의 서열 매기기와 선발용 고사의 일반적인 형태는 이 때부터 계속되고 있는 것들이다. 이러한 평가 환경에서는 개인의 능력 향상이나 피드백의 기능을 수행하기에 부적절하다고 하겠다.

3) 통합적 사회언어학적 단계

1960년대 후반부터 실생활의 의사 소통 능력의 향상을 중시하게 되는데, 문항 또한 실제 언어 상황 속에서 통합적으로 평가하는 방법이 늘게 되고, 90년대 들어서 실시된 영어의 듣기 평가도 이러한 추세의 반영이라고 하겠다. 2001학년도의 대학 수능 고사에 선택 과목으로 편입되는 제2외국어 과목의 경우에도 듣기 시험을 당분간은 간접적인 형태로 실시할 예정으로 있으므로, 구두 언어를 중시한 평가 노력은 계속될 것으로 전망된다.

4) 의사 소통적 접근 단계

2000년대에 주류가 될 것으로 예측되는 평가 방향은 언어적 형태의 정확성보다는 일상 생활에서 겪게 되는 상황과 밀착시켜 의사 소통의 효율성을 중심으로 이해와 표현 능력을 평가하는 방법이 주류를 이룰 것이다. 또한 언어를 기능별로 분화하여 평가하고, 양적 평가보다는 질적 평가를 하게 되며, 규준 지향보다는 준거 지향의 평가, 상대 평가보다는 절대 평가를, 더 나아가 선발형 입시 지향형 평가보다는 자격 중심의 평가로 제도적 전환을 예측할 수도 있겠다. 즉, 외국어의 분야별 기능에 대한 자격 시험 제도를 운영하여 입시를 비롯한 선발 시험에서는 필요한 자격 조건만 제시하는 제도를 말한다. 이러한 제도가 실현된다면 시험 중심의 외국어 학습은 사라지고 실용적인 능력 중심의 외국어 학습이 전개될 수 있을 것이다.

13. 다인수 학급에서의 능력 평가 방법

언어 능력 평가는 면접에 의한 평가가 가장 효과적이라고 하겠으나, 다인수 학급의 경우 많은 시간이 걸린다는 단점이 있다. 현재의 평가법의 연구는 능력 평가를 필기 시험으로 실시할 수 있는 방안을 강구하는 데에 있다고 해도 과언이 아니다. 언어 구사 능력을 필답 고사로 평가하는 데 있어 부딪치는 벽은 언어의 중요한 전달 매개 수단인 소리와 즉각적으로 대응해야 하는 순발력을 평가하기 어렵다는 점이다. 지식과 분석력은 천천히 생각해서 답할 수 있는 것이지만, 언어에 있어서 필수 불가결한 감각적 측면을 필기 고사로 평가하기는 어렵기 때문이다. 인간의 발화 과정을 살펴보면 자신의 의사를 정리하는 데는 충분한 사고 과정을 거치지만, 발음이나 문법적인 기능어나 문형의 선택에 있어서는 사유 과정을 거치지 않고 거의 자동적으로 생성된다. 언어의 유창성이란 바로 이러한 생성 단계에 도달한 것을 가리킨다. 이는 곧 언어가 지식이 아니고 행동임을 나타내는 증거라 하겠다. 행동으로서의 언어는 분석적, 분절적인 것이 아니고 통일적이고 종합적이다. 언어에 있어서의 감각적 측면의 평가가 결여되면 언어의 종합적 행동에 대한 평가가 결여된다. 즉 언어 구사력의 완성된 단계를 평가하지 않는 것이다. 바로 여기에 필기 시험 점수는 높으나 회화는 되지 않는 학습자가 양산되는 현실이 있는 것이다.

능력 평가이면서 대량 평가가 가능하고 객관화하기 쉬운 것으로서 듣기 평가, 즉 청해 능력 평가를 들 수 있다. 현재의 중학교 영어와 대입 수능 시험 등에서 듣기 평가의 비중을 점점 늘려가고 있는 것도 그 때문이다. 듣기의 경우 발성 능력은 평가할 수 없으나 음성의 인지를 통한 이해는 평가할 수 있기 때문에 행동으로서의 언어 능력의 절반은 평가하는 셈이 됨은 물론, 시청각 기자재를 사용하여 다인수 학급에서도 손쉽게 실시할 수 있기 때문에 앞으로 일본어의 평가에 있어서도 듣기 평가의 비중을 높여가는 것이 바람직할 것이다. 대입 수능 시험의 경우도 1995년의 수능 시험뿐만이 아니고 점차로 듣기의 점수 비중과 문항의 난이도를 높여갈 것으로 예측된다. 듣기 평가의 경우 단어 하나 하나의 청취력을 평가하는 것보다 구체적인 내용의 이해와 전체적인 대의의 파악과 같은 언어 능력을 종합적으로 평가할 수 있는 청해 평가가 바람직하다 하겠다.

행동으로서의 언어에는 장면성 또한 빠뜨릴 수 없다. 일본어 역시 오랜 생활 문화의 소산이므로 화자와의 관계, 화제의 종류, 대화 의도, 장소에 따라 언어 행동의 일정한 룰이 있다. 이는 언어의 문화적 측면이라고 할

수 있는데, 일본어의 이러한 측면은 필답 고사가 가능한 부분이다. 예를 들면, 저녁 5시에 교대 근무가 시작되어 출근하는 동료끼리는 아침인사 인「よはよう」를 사용한다든지, 의사와 환자가 헤어질 때 의사가 가장 많이 사용하는 인사말은「おだいじに」라는 등, 주어진 장면에 걸맞는 언어 표현을 선택할 수 있는 평가도 훌륭한 행동 평가가 될 것이다. 또한, 일본인의 가정에 숙박할 때 손님에게 제일 먼저 목욕하도록 권하는데, 욕조의 물은 가족 모두가 사용해야 하므로 욕조 속에서 때를 밀거나 물을 빼서는 안 된다는 것 같은 생활 관습으로서의 행동 평가도 가능할 것이다.

금후의 일본어 평가에서는 듣기 문제의 개발과 언어 문화의 이해에 대한 문항이 중점적으로 개발, 시행되는 것이 바람직하다 하겠다.

14. 평가의 이상으로서의 자율 평가

이상에서 보아온「적성」,「능력」,「학력」평가는 대개가 교사에 의해 시행되는 이른바 타율적 평가에 해당된다. 따라서 학습자는 수동적일 수밖에 없고 평가의 결과는 교사를 위한 것일 뿐이다. 그러나 진정한 의미에 있어서의 자학자습(自學自習)이란 학습자의 자율 평가의 단계까지를 가리킨다. 자율 평가란 주어진 학습 범위에 대한 예습·복습형 평가를 가리키는 것이 아니고, 학습자 자신이 계획한 학습 결과에 대해 스스로 평가해가는 것을 의미한다. 학습자가 스스로에게 필요하다고 생각되는 부분의 학습을 계획하고 평가해 갈 때에 학습 효과는 가장 높아진다. 학습이란 어느 분야를 막론하고 종착점이 없는 것이므로, 스스로 학습하는 습관이야말로 모든 학습을 가장 높은 단계에까지 이르게 하는 유일한 방법이라 하겠다. 학습자가 이러한 자율 학습 내지는 자율 평가를 행할 수 있기 위해서는 해당 학습에 대한 강한 흥미와 동기 등이 있어야 한다. 그러므로 교사는 자율 학습의 중요성을 말로만 피력하는 것보다 일본어 학습에 대한 동기 부여와 흥미 유발 및 학습에 대한 자신감 등을 부여하는 것이 더 바람직하다. 특히 국민적 관심이 집중되어 있는 대입 수능시험은 모든 학습자의 학습 동기 부여라는 점에서 가장 큰 영향을 미치고 있는 평가 제도이다. 그러한 점에서 영어 이외의 외국어를 시험 내용에서 제외시킨 점은 전 국민의 외국어관을 크게 변질시킬 위험이 있으므로 하루 속히 시정되어야 할 것이다.

15. 중등 교원 임용 고사

　기존에 실시되어 오던 교사 채용 순위 고사가 국립 사대·교대 출신에게까지 확대 실시되면서부터 임용 고사는 교사가 되는 대표적인 관문이 되었다. 아직 대부분의 사립 학교는 예외이지만 일부 사립 학교는 임용 고사 제도를 활용하는 곳이 늘고 있다.

　임용 고사의 평가 방법은 1997년 선발을 기해 커다란 변화를 맞게 된다. 그 때까지는 선발 고사의 전 과정을 각 교육청별로 자체 출제하여 오던 것을 1997년 고사(1996년 12월 실시)부터는 1차 선발은 교육부가 주관하여 전국 공통 출제 방식으로 바뀌게 된다. 채점은 지방 교육청의 희망에 따라 전국 또는 지역 단위로 하게 되고, 2차 시험은 종전대로 지방 교육청 주관하에 실시된다. 1차 선발의 출제가 전국 규모로 바뀌게 된 것은 지역별 출제 문항의 경향과 수준이 국가 교육 과정이 지향하는 교사를 선발하는 데에 부합되기 어렵다고 판단된 데에 기인하는 것으로 생각된다. 일본어과 선발의 경우 기존의 지역별 출제를 보면, 일본어의 지식을 중심으로 한 객관식 문항의 성적만으로 선발의 기준을 삼고 있어서, 시대에 부응할 수 있는 바람직한 교사를 선발하는 방법으로서는 미흡하였던 것이다.

　1997년 임용 고사부터는 일반 교육학 과목은 종전대로 객관식 출제를 유지하고 점수는 전체의 30%가 된다. 전공은 모두 주관식으로 출제하되 점수는 70%가 배당된다. 주관식 문항은 암기 위주의 지식 중심 단답형이 아닌, 이해와 응용력 중심의 서술형 주관식으로 출제하도록 되어 있다. 전공은 다시 전공 과목 지도법 관련 문제로 30%가 고정되고, 나머지 70%는 언어 기능, 어학, 문학, 문화 등에 안배되는데, 안배 비율은 매회 언어별로 출제 비율을 조정하게 된다. 다만 회화 능력을 평가할 수 있는 방법이 개발되지 않아 2차 시험의 면접 테스트로 대신하고 있는 것은 현행 임용 고사의 한계라고 하겠다.

새로운 임용 고사 출제의 전체적인 경향은 두 가지로 압축할 수 있다. 하나는 교육에 대한 이해를 중시하는 것이다. 시험 전체의 51%가 교육 관련 문제가 차지하는 것을 보면 알 수 있는 부분이다. 또 하나는 교육적 문제 해결을 지식의 암기 능력이 아닌 구체적인 응용 능력과 서술 능력을 가진 교사를 선발하고자 하는 점이다. 교육 현장에서의 다양한 응용력은 교수 활동에 대한 기초적이고 광범위한 이해를 바탕으로만 가능하다.

앞으로의 임용 고사에서는 수업 실기(전체의 20% 반영)가 새롭게 추가될 것으로 예측된다. 주어진 지도 내용에 대한 교안을 즉석에서 작성하도록 하는 것인데, 경우에 따라서는 수업을 실제로 해 보는 방법도 고려되고 있는 것으로 안다. 현행 교원 임용 고사가 존속하는 한 선발 고사의 경향은 지식보다는 가르칠 줄 아는 교원을 선발하는 방향으로 일관되게 추진될 것으로 예측된다.

16. 2001학년도 수능 일본어과 평가 기준

2000년 11월 15일부터 대입 수학 능력 시험에 제2외국어 과목이 선택 과목으로 새롭게 추가되었다. 오랜만에 부활한 시험이었던지라 세간의 관심도 높았고 난이도 문제로 추측성 루머와 기사도 많았으나 정작 시험의 참된 의도와 실제 난이도에 대해서는 잘 알려지지 않은 것 같다. 여기에서는 대입 수능 출제의 방향과 일본어과의 출제 자료 및 처음으로 실시된 수학 능력 시험 문제를 소개, 분석하고자 한다.

1) 응시자 현황

2001년의 일본어 대입 수능고사 지원자 수는 제2외국어 총 지원자 수 268,355명(262,711명 응시)의 34.7%인 93,183명이었다. 전체 지원자 수가 872,297명이었으므로 제2외국어 지원자는 전체의 30.76%에 해당된다.

2) 영역별 출제 지침

2001학년도 수능 제2외국어 과목의 출제 지침은 내용 영역과 행동 영역으로 나뉘어 제시되어 있다. 내용 영역에는 5가지 평가 요소가, 행동 영역에는 3가지 평가 요소가 설정되었다.

<표 9-13> 내용 영역의 평가 요소 및 문항 비율

평가 요소	출제 문항 비율(%)
발음 및 철자의 식별력	10
어휘력	10
문법 이해력	10
의사 소통 기능의 이해 및 활용 능력	60
문화 이해 능력	10

내용 영역의 평가는 의사 소통 기능의 테스트에 가장 큰 비중을 두었음을 알 수 있다. 요소별 하위 항목을 보면, 발음 및 철자의 식별력 테스트는 발음의 변화 및 소리와 철자의 관계를 이해하고, 히라가나, 가타카나, 한자 등의 철자 이해 정도를 테스트한다. 어휘력에 있어서는 단어의 일차적 의미와 맥락적 의미, 단어들 사이의 관계, 단어의 호응 관계, 장면

에 따른 단어의 쓰임, 관용적 표현 등을 테스트한다. 문법 이해력은 어법에 맞는 표현을 알고 문장의 구조와 단어의 의미를 연결지을 수 있는가, 장면에 맞는 경어 운용 능력 등을 테스트한다.

의사 소통 기능의 이해 및 활용 능력에서는 의사 소통 기능 예시문에 제시된 기능 관련 표현의 이해와 활용 능력을 테스트한다. 문화 이해 능력은 일차적으로 언어 문화에 관한 항목 즉, 장면에 따른 언어의 선택, 언어에 수반되는 또는 기호적 성격을 갖는 비언어 행동의 이해 등의 이해력을 테스트하고 2차적으로는 언어 생활과 밀접한 관련이 있는 생활 문화 즉, 학교 생활, 일상 사회 생활, 의식주 등을 3차적으로는 독특한 고유 문화에 관한 이해도를 테스트하게 된다.

〈표 9-14〉 행동 영역의 평가 요소 및 문항 비율

평가 요소	출제 문항 비율(%)
듣기 및 말하기	40
읽기	50
쓰기	10

행동 영역의 평가는 읽기와 말하기에 가장 큰 비중을 두었음을 알 수 있다. 다만, 듣기와 말하기는 지필 테스트의 한계 때문에 간접 평가의 방법을 취할 수밖에 없다. 듣기와 말하기 요소가 40%이지만, 내용 영역의 발음 및 철자 요소가 10%에 불과하므로 듣기 문제는 한두 문제에 국한되게 된다. 따라서 말하기 문제의 비중이 상대적으로 커지게 되는 것이다. 듣기 문제의 간접적인 테스트로서는 철자의 벽을 넘어 발음 기호만으로 적어 놓은 말의 의미를 이해하는 것이 좋은 예이다. 말하기는 장면에 따라 알맞는 표현을 고르게 하는 것이 가장 전형적인 테스트라고 할 수 있다.

수능 출제 지침으로 보아 결국은 내용 영역과 행동 영역을 함께 조합하여 출제하게 될 것이므로 출제에서 가장 큰 비중을 차지하게 되는 것은 60%를 차지하는 의사 소통 기능이며 그 중에서도 읽기와 말하기가

80% 가까이를 차지한다.

3) 평가 자료

① 현행 교재(12종)의 교과서가 실제로 취급하고 있는 총어휘량은 2,102어이다.

② 기본 어휘표에 제시된 단어 범위 내에서 출제

③ 의사 소통 기능 및 예시문

제6차 교육 과정에는 10개의 대항목과 36개의 소항목에 따른 73개의 기능 예시문이 제시되어 있다. 예시문에 따라서는 67회의 높은 사용 빈도를 보이는 것이 있는가 하면 단 한 번의 사용 사례밖에 없는 경우가 있는 등, 교과서에 따라 그 반영 내역은 다양하다.

〈표 9-15〉 교과서별 공통 취급 기능 예시문 수

공통 교과서 수	예시문 수
11종에서 취급된 기능 예시문	3
10종에서 취급된 기능 예시문	4
9종에서 취급된 기능 예시문	3
8종에서 취급된 기능 예시문	5
7종에서 취급된 기능 예시문	7
6종에서 취급된 기능 예시문	5
5종에서 취급된 기능 예시문	8
4종에서 취급된 기능 예시문	9
3종에서 취급된 기능 예시문	9
2종에서 취급된 기능 예시문	11
1종에서 취급된 기능 예시문	8
계	73

④ 문자

일본어의 경우 사용 한자 수는 학습자의 학습량에 커다란 영향을 끼치게 된다. 교육 과정에 지시된 기본 어휘표에 병기된 한자는 542자이지만 이는 일본어 1, 2권을 모두 포함하는 어휘표인 데다 사용 한자의 표기를 전제로 한 것이 아니고 의미의 변별을 위한 것이기 때문에 1권의 한자 사용량을 판단하는 기준으로 삼을 수 있는 근거는 될 수 없다.

12종 교과서에 사용된 한자 항목 수는 총 812자에 달하여 일본어 1권의 학습량으로서는 과다한 분량이다. 각 교재에서 취급하고 있는 한자 수는 〈표9-16〉과 같다.

〈표 9-16〉 교재별 취급 한자 수

교과서	한자 수	교과서	한자 수	교과서	한자 수
A교과서	334자	B교과서	64자	C교과서	396자
D교과서	328자	E교과서	334자	F교과서	377자
G교과서	396자	H교과서	387자	I교과서	354자
J교과서	217자	K교과서	257자	L교과서	374자

〈표9-16〉에서 보는 바와 같이 교과서 B를 제외한 대부분의 교과서들이 340자 정도의 한자를 사용하고 있는 것으로 보아 일본어 1권 레벨에 사용된 한자 수를 11종의 평균인 341자 전후로 설정하는 것이 타당하다고 하겠다. 〈표9-17〉에서 10종 이상의 고빈도 한자 수는 135자이고 8종 이상은 217자이며, 5종 교과서 이상에 공통되는 한자 수가 345자이므로 대체적으로 5종 이상에서 취급된 345자 중 기본 어휘표에 제시된 한자와 8종 이상의 고빈도 한자 217자가 일본어 1의 수준에 적합한 한자로 간주할 수 있겠다.

<표 9-17> 교과서별 공통 한자 수

공통되는 교재 수	한자 수
12종에 공통되는 한자	29자
11종에 공통되는 한자	52자
10종에 공통되는 한자	54자
9종에 공통되는 한자	43자
8종에 공통되는 한자	39자
7종에 공통되는 한자	42자
6종에 공통되는 한자	35자
5종에 공통되는 한자	51자
4종에 공통되는 한자	56자
3종에 공통되는 한자	69자
2종에 공통되는 한자	127자
1종에만 출현하는 한자	215자

⑤ 어휘사항

　교육 과정상에는 일본어 1에서 사용할 어휘를 500자 정도로 설정하고 있다. 그리고 기본 어휘로서 771어가 제시되어 있다. 따라서 어휘의 기준은 기본 어휘표에 제시된 어휘가 중요한 기준이 된다. 단, 12종의 교과서에 사용된 총 어휘 항목 수는 2102어에 달해서 1권의 학습량을 훨씬 뛰어넘는다. 각 교과서별 사용 어휘량을 보면 <표9-18>과 같다.

　교과서별 어휘량은 500단어보다는 훨씬 많은 평균 722단어가 사용되고 있다. 8종 이상의 공통 어휘는 466어이고, 4종 이상은 837어이므로, 7종 이상에 공통되는 단어수 542어 중 기본 어휘표에 제시된 단어가 일본어 1권의 수준에 가장 근접한 단어라고 할 수 있겠다.

<표 9-18> 교과서별 사용 어휘량

교과서	어휘량	교과서	어휘량	교과서	어휘량
A교과서	7420어	B교과서	6820어	C교과서	7760어
D교과서	6610어	E교과서	6650어	F교과서	6580어
G교과서	8400어	H교과서	7470어	I교과서	7400어
J교과서	7240어	K교과서	6660어	L교과서	7580어

<표 9-19> 교과서별 공통 어휘량

공통 교재 수	어휘량	
12종에 공통되는 어휘	1620어	
11종에 공통되는 어휘	750어	
10종에 공통되는 어휘	740어	4660어
9종에 공통되는 어휘	840어	
8종에 공통되는 어휘	710어	
7종에 공통되는 어휘	760어	
6종에 공통되는 어휘	800어	
5종에 공통되는 어휘	1020어	3710어
4종에 공통되는 어휘	1130어	
3종에 공통되는 어휘	1520어	
2종에 공통되는 어휘	2830어	1,2650어
1종에만 출현하는 어휘	8300어	
계	2,1020어	2,1020어

4) 수능 출제의 실제

1. 다음 전화 번호를 숫자로 바르게 옮겨 적은 것은?

よん いち はち の いち さん なな ろく です。

① 358 – 2466   ② 357 – 1427

③ 458 – 2376   ④ 418 – 1376

⑤ 457 – 1327

2. 빈칸에 들어갈 발음을 바르게 표기한 것은?

> A : もう 帰っても いいですよ。
> B : どうも あり_____ございます。

① がとう   ② かどう   ③ かとう   ④ がどう   ⑤ あどう

3. 밑줄 친 낱말의 한자로 알맞은 것은?

> きょうは、とても いい <u>てんき</u>ですね。

① 空気   ② 天気   ③ 電話   ④ 公園   ⑤ 建物

4. 빈칸에 들어갈 말로 알맞은 것은?

> A : お_____ですか。
> B : はい、げんきです。

① つくえ   ② あいさつ ③ つもり   ④ めがね   ⑤ げんき

5. 다음 두 문장의 내용을 모두 만족시키는 사물의 명칭은?

> ○ 食事の　とき　つかいます。
> ○ ほそくて　長いです。

① 자동차　② 컴퓨터　③ 인형　④ 젓가락　⑤ 냉장고

6. 다음 단어들의 의미를 포괄하는 것은?

> 電車、バス、タクシー、飛行機、地下鉄、自転車

① 과일　② 의류　③ 탈것　④ 문구류　⑤ 건물

7. 빈칸에 공통으로 들어갈 말로 알맞은 것은?

> ○ わたしは　ソウル＿＿＿　住んで　います。
> ○ わたしは　学校＿＿＿　行きます。

① が　② か　③ ので　④ の　⑤ に

8. 상대편을 확인하는 대화이다. 빈칸에 들어갈 말로 알맞은 것은? [1점]

> A : あなたが　田中さんです＿＿＿。
> B : はい、そうですが。

① に　② も　③ で　④ ね　⑤ を

9. 밑줄 친 곳의 의미로 가장 알맞은 것은?

> ごはんを　食べてから　薬を　のんで　ください。

① 먹고 나서   ② 먹기 전에
③ 먹으면서   ④ 먹지 말고
⑤ 먹으려고

10. 장래의 희망을 나타내는 표현이다. 빈칸에 들어갈 말로 알맞은 것은? [1점]

> わたしは　日本語の　先生に　なり＿＿＿＿です。

① する   ② ある   ③ ない   ④ た   ⑤ たい

11. 수험생을 격려하여 확신을 갖게 하는 표현이다. 빈칸에 들어갈 말로 가장 알맞은 것은? [1점]

> 来年、あなたは　きっと　大学生に　なる＿＿＿＿。

① た   ② でしょう③ ば   ④ ました   ⑤ まだ

12. 다음 글로 보아 글 속의 내가 좋아하는 것은?

> ○ わたしは　山が　好きです。
> ○ 運動が　好きです。
> ○ 歩くのが　好きです。

① 수영   ② 음악   ③ 독서   ④ 등산   ⑤ 바둑

13. 맛에 관한 표현으로 빈칸에 들어갈 가장 알맞은 것은? [1점]

> 田中 : この　キムチ、おいしいですね。
> キム : からく　ありませんか。
> 田中 : いいえ、とても　＿＿＿＿＿です。
>
> ＊キムチ : 김치

① さむい　　　　② しずかだ
③ おいしい　　　④ たのしい
⑤ おなじ

14. 다음과 같은 초대장이 사용될 수 있는 경우는?

> 山田さんへ
> 今週の　土曜日は　わたしの　誕生日です。
> 時間が　あったら、ぜひ　来て　くださいね。
>　　　　○ とき：11月　18日（土）　午後　3時
>　　　　○ ところ：わたしの　家
>　　　11月 15日
>　　　　　　　　　　　　　　　　　木村より

① 생일　　② 입학　　③ 졸업　　④ 합격　　⑤ 취직

15. 하교 길에 친한 친구와 헤어질 때의 인사이다. 빈칸에 들어갈 가장 알맞은 말은? [1점]

> 森山 ： あしたね。
> 中田 ： うん、＿＿＿＿＿＿＿＿。
>　　　　　　　　　＊うん：응, 그래

① しりません　　　② おはよう
③ こんにちは　　　④ こんばんは
⑤ また、あした

16. 초면에 주고 받는 인사이다. 빈칸에 공통으로 들어갈 말로 가장 알맞은 것은? [2점]

> 山下 : はじめまして。 山下です。 _____。
> イー : イーです。 _____おねがいします。

① おめでとう   ② さようなら
③ けっこうです   ④ どうぞ よろしく
⑤ おやすみなさい

17. 다음 밑줄 친 곳을 바르게 읽은 것은? [1점]

> たいへん　お<u>世話</u>に　なりました。

① せかい   ② にわ   ③ せわ   ④ かわ   ⑤ せき

18. 빈칸에 들어갈 말로 가장 알맞은 것은? [1점]

> A : あの、スーパーは　どこですか。
> B : _____が、よく　わかりません。

① すみません   ② そうでしょう
③ まにあいます   ④ しります
⑤ わかります

19. 다음은 역에 도착한 손님에게 자기 집을 설명한 글이다.

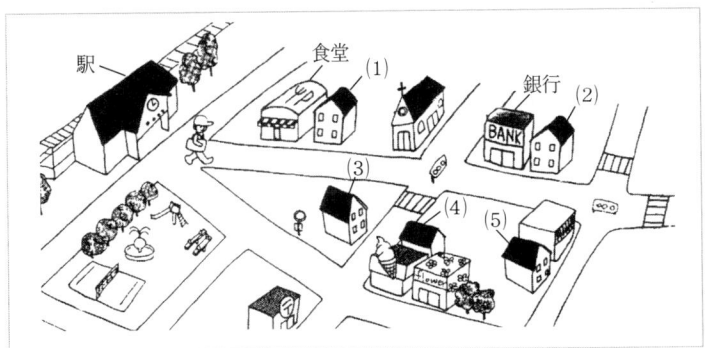

> 駅を　出て、食堂の　ある　道を　少し　行くと、
> 左に　銀行が　あります。わたしの　家は　その
> 銀行の　となりです。

위의 설명으로 보아 그림 속에 있는 자기 집의 위치는? [1점]

① (1)　　② (2)　　③ (3)　　④ (4)　　⑤ (5)

20. 밑줄 친 곳의 의미로 가장 알맞은 것은? [1점]

> A : あした、いっしょに　映画を
> 　　見に　行きませんか。
> B : すみません。あしたは　ちょっと……。

① 기쁩니다　　　　　② 보고 싶습니다
③ 보았습니다　　　　④ 갑시다
⑤ 곤란합니다

21. 학교 상담실에 들어오는 것을 허락하는 대화이다. 빈칸에 들
　　어갈 알맞은 말은?

> A : 入っても　いいですか。
> B : ＿＿＿＿＿＿＿。
> A : 失礼(しつれい)します。

① おきます　　　　② みます
③ あそぶ　　　　　④ どうぞ
⑤ もらう

22. 빈칸에 들어갈 말로 가장 알맞은 것은?

> 約束(やくそく)は　まもらなければ　＿＿＿＿＿＿。

① なりません   ② あったら
③ なりましょう   ④ なりました
⑤ あります

23. 대화 내용으로 보아 두 사람이 모두 가본 곳은? [1점]

> A : 東京(とうきょう)に 行った ことが ありますか。
> B : 大阪(おおさか)には 行きましたが、
> 　　東京には まだ……。
> A : わたしも 大阪には 行った ことが あります。

① 名古屋   ② 東京   ③ 大阪
④ 大阪、東京   ⑤ 九州

24. 다음 글은 처음 만나기로 한 사람의 모습을 묘사한 것이다. 그림 중 만나기로 한 사람은? [2점]

> ○ 本を 読んで いる。
> ○ ネクタイを して いる。
> ○ かばんを 持って いる。

①   ②   ③   ④   ⑤

25. 빈칸에 공통으로 들어갈 말로 가장 알맞은 것은?

A : 日本語の　試験は　むずかしい＿＿＿＿
　　思いますか。
B : いいえ、やさしい＿＿＿＿　思います。

① が　　　② と　　　③ へ　　　④ で　　　⑤ を

26. 다음 대화에서 두 사람이 함께 하기로 한 것은?

A : もう　1時ですね。
B : なにか　食べに　行きましょうか。
A : それは　いいですね。

① 운동　　② 식사　　③ 공부　　④ 게임　　⑤ 여행

27. 다음 대화의 상황으로 알맞은 것은?

A : いらっしゃいませ。
B : えんぴつは、一本　いくらですか。
A : 20円です。

① 영화 감상　　　　　② 길 안내
③ 관광 안내　　　　　④ 물건 사기
⑤ 도서 대출

28. 다음 그림은 여러 가지 앉는 자세이다.

(1)　　　(2)　　　(3)　　　(4)　　　(5)

正座を　する　時は、たいてい　ひざと　ひざが
つきます。
外国人には　むずかしいです。

＊正座 : 정좌,　　＊ひざ : 무릎

위의 설명으로 보아 일본인의 예의바른 자세인 '정좌'에 해당하
는 그림은? [1점]

① (1)　　　② (2)　　　③ (3)　　　④ (4)　　　⑤ (5)

29. 다음 안내 자료와 관련 있는 곳은? [1점]

① 복사집
② 빨래방
③ 커피숍
④ 오락실
⑤ 제과점

30. 다음 인사말은 일본인의 일상 생활에서 자주 사용되는 표현
이다. 사용할 수 있는 장면으로 가장 알맞은 것은?

いただきます。

① 남의 집에 들어갈 때　　② 식사를 마치고 나서
③ 식사를 시작할 때　　　④ 밤에 헤어질 때
⑤ 새해 인사를 할 때

5) 문항의 구성과 난이도 분석

앞에서도 언급한 바와 같이 문항의 구성에서 가장 중요한 변수가 되는 것은 어떤 의사 소통 기능 항목이 출제되느냐에 있다. 실제로 의사 소통 기능 예시문에 제시된 기능은 일본어 1, 2권에 모두 해당된다. 따라서 1권 수준에서 출제하도록 되어 있는 수능의 경우 30문항의 60%, 즉 18문항이 의사 소통 기능 관련 문항이므로 최대 18가지 기능이 선택되는 것이다. 6차 교육 과정의 경우에는 제2외국어 과목의 의사 소통 기능이 모두 같았기 때문에 언어간에 기능 항목을 선정하기에 용이하였으나, 7차 교육 과정에서는 언어별로 적합한 의사 소통 기능을 설정하고 있으므로 언어가 통일을 기하기는 쉽지 않을 것이다. 다만, 어떠한 의사 소통 기능을 선정하는가를 통일하기는 어렵더라도 그 항목 수만은 통일성을 유지할 것으로 예측된다. 이러한 통일성은 외국어 교육 과정의 충실한 이행을 위함이겠지만, 언어간의 난이도 조정을 위함이기도 하다. 2001학년도 출제의 경우 언어간에 기능과 문항별 출제 내용의 유사성 등을 최대로 관리하였지만, 난이도 조정에는 완벽하게 실패한 시험이라고 할 수 있다. 당초의 출제 의도는 모든 과목의 난이도를 상위 50%의 수험생 정답률 평균이 80~85선이 되도록 하는 데 있었다. 따라서 전체 수험생의 예상 정답률은 65~70선이 될 것이라고 예측하고 출제하였다. 그러나 그 결과는 일본어 과목을 제외한 모든 과목의 난이도 예측이 크게 빗나가고 말았다. 일본어의 수험생 수가 전체 제2외국어의 34%(약 9만 8천명)로 가장 많았으므로 난이도를 예측하기에 가장 어려웠음에도 불구하고 유일하게 적중하였던 것이다. 상위 50%의 정답률은 82%였고 전체 수험생의 정답률은 70.2%였다. 정답률을 알아 맞추는 것은 용이한 일이 아니지만 역대 수능의 정답률이 1, 2점을 벗어난 경우가 적었다는 것을 생각하면 결코 불가능한 것만도 아닐 것이라고 생각한다. 일본어과의 정답률이 적중한 것은 결코 우연의 일치는 아니었다. 전국 고등학생을 상대로 한 모의고사 결과에 관한 데이터를 출제진이 확보하여 전국 고등학생들의 일본어 능력을 출제진들이 문항별 시기별로 분석·파악하고 있었으므로 정답률을 가장 근사하게 제시하였던 것이다. 일본어과 출제 위원들이 서면으로 제시했던 정답률은 상위 50%가 80~83점, 전체 평균은 70점을 예측했었고 결과는 적중하였다. 다른 과목들도 예측 정답률은 일본어와 비슷하였으나, 실제 정답률은 전체 평균이 85점을 넘어 90점에 육박하였고 상위 50%의 정답률은 95점을 상회하여 제2외국어 수험생 전체의 22.6%인 59,370명이 만점을 맞는 무의미한 시험이 되고 말았다. 참고로 일본어과의 만점자는 8%였으므로 상대적으로 다른 과목 만점자의 비율은 30%를 넘었던 것이다. 수능이 너무 쉬웠다는 의견들은 수능 전체에 대한 정부의 방침이므로 일본어 과목에 국한된 문제는 아니다. 몇만 내지는 몇십만 명의 수험생 상위 50%, 즉 절반의 평균이 80점을 받도록 하는 시험은 상상을 초월하도록 쉽지 않으면 안 된다. 결국 2001학년도 수능에서 일본어를 제외한 다른 과목들의 정답률 예측이 수능 사상 최초로 실패하게 된 것도 평가원에서 요구한 난이도가 너무 쉽게 설정되어 더 이상 조정할 수 있는 한계를 넘어서 버린 때문이라고 할 수 있다.

각 전공 언어별 평균 점수와 일본어과의 기능별 예상 난이도를 정리하면 〈표9-20〉과 같다.

〈표 9-20〉 제 2 외국어 영역 응시자 전체 평균 득점

구분	종합	선택 과목별 평균 (40점 만점/100점 만점)					
		독일어	프랑스어	에스파니아어	중국어	일본어	러시아어
전체	32.7	35.5	34.7	31.7	35.7	28.1	28.3
	81.7	88.7	86.7	79.2	89.2	70.2	70.6

2001년 일본어과 출제 문항의 내역을 분석하면 〈표9-21〉과 같다.

평가원은 당초 80점에서 85점 정도를 예상했던 상위 50% 수험생의 점수 조정이 크게 빗나가게 됨에 따라 제2외국어 과목별 점수를 공개하지

않고 있으나, 위와 같은 점수대라면 상위 50% 수험생의 평균 득점이 중국어는 100점이 될 것이며, 독일어와 프랑스어도 98, 99점을 상회할 것이라고 추측하기는 어렵지 않다.

표준 점수를 적용하도록 되어 있는 제2외국어 시험에서 지나치게 쉽게 출제된 과목을 선택하여 만점을 받은 수험생의 경우 상당한 손해를 보게 되는 것은 물론이다.

이러한 과목별 난이도 조정의 실패에는 쉽게 출제하여 자기 언어를 선택하는 학생 수를 늘리고자 하는 전공 교수 및 교사들의 얄팍한 상술이 작용한 것도 부정하기 어렵다.

6) 금후의 과제

이번 대입 수능에서 간과해서는 안 될 점은 시험 출제의 방향이 의사소통 기능을 중심으로 한 말하기 기능 문제 중심으로 된 것과 언어 문화 관련 문제가 출제된 점이라고 하겠다. 이러한 출제 경향은 교육 과정에 맞춘 것으로서 앞으로도 지속적으로 유지될 것으로 보인다. 다만, 2001년의 난이도에 비해 다음에는 평균 5점 이상 어려워질 것으로 예상되는 데다 이러한 시험 경향을 파악한 이후의 수험생을 대상으로 한다는 점을 감안한다면 2001년의 문제보다는 평균 10점 이상 난이도가 상향 조정될 것으로 예측할 수 있다.

〈표 9-21〉 일본어의 기능별 정답률 및 영역 이원 분류표

내용	행 동		기 능		문항 번호	정답 번호 ①	②	③	④	⑤	비고
발음	듣기	이해			1				○		
	말하기	지식			2	○					
	쓰기	적용			3		○				
어휘	말하기	적용			4					○	
	읽기	적용			5				○		
	쓰기	이해			6			○			
문법	말하기	지식			7					○	
	말하기	적용			8				○		
	읽기	이해			9	○					
의사소통기능	읽기 말하기	지식 이해 적용	개인의 생각	소망과 의지	10					○	
				확신	11		○				
			개인의 느낌	좋거나 싫음	12				○		
				감각적 느낌	13			○			
			친교 활동	초대	14	○					
				인사	15					○	
			일상적인 대인 관계	소개	16				○		
				감사	17			○			
				사과	18	○					
			문제 해결	길 안내	19		○				
			권유와 의뢰	요청과 거절	20					○	
				요청/허가	21				○		
			지시와 명령	의무	22	○					
			정보 교환	경험	23			○			
				설명	24					○	
			의견 교환	의사 표시	25		○				
			문제 해결	동의나 반대	26		○				
				물건 사기	27				○		
문화	읽기	이해			28	○					
		적용			29	○					
	쓰기				30			○			
합 계					30	7	5	5	7	6	

② OPI 평가법의 길라잡이

90년대 이후 국내 일본어 교육계 일각에서는 OPI라는 회화 능력 측정법을 익히기 위한 움직임이 빠른 속도로 확산되고 있다. 학교의 회화 강좌는 물론이고 관광통역사 자격 시험과 기업의 입사 시험 등 일본어 교육 현장의 곳곳에서 실제로 많은 면접 평가가 실시되고 있어서, 면접법을 체험해 보지 않은 교사는 없을 것이다. 그러나 종래의 면접법은 평가의 확실한 기준이 없이 모든 것을 시험관의 주관적이고 직관적인 판단에만 의존해 왔기 때문에 판정 결과의 오차가 심해서 신뢰성이 부족했던 것이 사실이다.

1. OPI란

OPI(Oral Proficiency Interview)란 문자 그대로 구두 표현 능력을 면접에 의해 종합적으로 측정하기 위한 표준화된 시험 방법을 가리킨다. OPI는 1960년대부터 미국 정부의 FSI에 의해 개발된 뒤 평화부대 · ETS · ILR · ACTFL 등의 협력으로 발전을 거듭해 온 평가법이다. 현재 널리 알려져 있는 것은 ACTFL(미국 외국어 교육 협회 : American Council on the Teaching of Foreign Language)에 의해 개발된 것으로 ACTFL-OPI라 불리운다.

ACTFL에는 현재 13개 언어를 대상으로 한 OPI 평가 기준이 마련되어 있다. 특히 1989년에는 시험관 양성용 워크숍 매뉴얼을 간행하였고, 그 일본어판이 1995년에 아루크사에 의해 번역, 출판되었다.

일본에서는 OPI의 워크숍이 1990년 3월부터 매년 2, 3차례씩 실시되고 있고, 시험관 자격을 획득한 사람도 급속히 늘고 있다. 한국에는 1995년 일본문화원이 주관한 교원 연수회에서 가마다(鎌田) 교수에 의해 소개된 이래, OPI에 관한 관심이 빠른 속도로 확산되고 있다. 특히 JES라는 일본어 연구 단체가 결성되어 일본의 아루크사와의 제휴로 국내에서 OPI 워크숍을 주관하고 있다.

2. OPI의 특징 및 신뢰성

OPI 평가법의 두드러진 특징은 종합성에 있다. 그 종합성 속에는 4개의 기준이 포함되어 있다. 첫째, 피험자가 언어를 이용하여 수행 가능한 기능이나 과제(타스크). 둘째, 피험자가 대응할 수 있는 구체적인 사회적 장면 및 화제 영역. 셋째, 과제와 장면을 수행함에 있어서 필요한 언어 사항의 정확성. 넷째, 피험자가 구사할 수 있는 담화의 문형이 그것이다.

기능과 과제란, 피험자가 실생활에서 일본어를 사용하여 어떠한 과제 해결이 가능한가를 평가하는 것이고, 장면 및 내용이란 구체적인 장면과 대화 상대자에 따라 적당하게 언어를 구사할 수 있는가, 어떠한 화제 영역의 대화가 가능한가를 평가하는 것이다. 정확성이란 과제 수행시에 필요한 표현의 발음, 어휘, 문법, 경어, 유창성 등을 평가하는 것이며, 담화 문형은 간단하고 쉬운 표현에서 긴 말에 이르기까지 단계적인 문장 수준 즉, 피험자가 사용하는 표현이 단어 레벨인가 단문 레벨인가, 연문과 복문, 복단락까지도 구사하는가를 평가하는 것이다. OPI는 평상시 수업에서 실시하는 것과 같은 일정 기간에 학습한 결과를 평가하는 성취도 테스트가 아니고, 종합적인 언어 운용 능력을 평가하는 방법인 것이다. 따라서 OPI 평가는 이를 대비한 트레이닝이 따로 있을 수 없다는 점이 일반적인 평가법과 다른 점이라고 하겠다.

OPI의 두 번째 특징으로는 현장성과 임기응변성이 있다. 시험관은 화제를 끌어감에 있어 피험자의 대화에 나타난 관심과 경험에 보조를 맞춰가며 언어 구사능력을 평가할 수 있는 사항을 계속 제시해 가지 않으면 안 되는 임기응변력을 필요로 한다. 시험관의 관심과 경험에만 입각한 화제의 전개는 피험자가 능력을 충분히 발휘하기 어렵기 때문이다. 따라서 시험관은 적절한 화제의 추출과 전개를 위한 능력을 구비하여야 한다.

OPI에서는 피험자가 어떤 학습 환경에서 어떤 학습 과정을 거쳐왔는지에 대해서는 일절 고려하지 않는다. 즉 학습자의 학습 유형에 맞춰 시험의 레벨이나 유형을 조정하지 않음은 물론 평가 레벨의 결정에도 영향을 미치지 않는다는 것이다.

OPI는 기준 중심 평가이다. 기준 중심이란 다른 사람과의 상대적 능력을 평가하는 것이 아니고, 평가 자체에 설정된 기준에 입각하여 절대적인 레벨을 부여하는 것이다. 따라서 시험관이 달라도 평가 결과가 일치하는 높은 신뢰도를 필요로 한다. ACTFL에서는 이러한 높은 신뢰도를 유지하기 위하여 OPI의 시험관 자격을 4년마다 갱신하도록 하고 있다.

3. 평가 순서

OPI는 10분에서 30분 정도의 대화를 녹음한 테이프를 다시 들으면서 레벨을 평가하게 된다. 이러한 ACTFL-OPI의 실시 과정에는 발화 샘플의 추출과 추출된 샘플의 판정이라는 두 가지의 중요한 요소가 있다. 발화 추출시에는 반드시 〈도입〉 → 〈가분류〉 → 〈레벨 탐색〉 → 〈마무리〉의 4단계를 밟아 전개하도록 되어 있다.

1) 도입

도입이란 문자 그대로 인터뷰의 도입 단계를 일컫는다. 도입 단계에서는 초급 레벨에 해당하는 간단한 상투적인 인사와 쉬운 대화를 통해 피험자를 안심시킴과 동시에, 시험관의 발음과 말투에 익숙해지도록 하여 대화에 자신감을 갖도록 하는 데에 주된 목적이 있다. 시험관은 이미 이 단계에서 피험자의 일본어 레벨을 잠정적으로 체크하게 된다. 도입 시간이 너무 길면 안 되겠지만, 평가 경험이 적은 피험자일수록 도입 시간을 충분히 설정하는 것이 좋다. 대화의 진행 중에 피험자의 대화가 안정되고 피험자 스스로 다음 단계의 화제로 넘어가게 되면, 도입 시간을 고집해 대화의 흐름을 막지 말고 자연스럽게 다음 단계의 평가로 넘어가는 것이 좋다.

2) 가분류

이 단계의 목적은 피험자가 무리 없이 이야기할 수 있는 최저 레벨을 발견하는 데에 있다. 방법으로서는 레벨을 약간씩 바꿔가면서 최저 레벨을 체크하도록 한다. 특히 예·아니오로 대답하는 단답식이 아닌 자유 회답식 대화를 유도하는 것이 좋다. 그리하여 다음 단계의 진행을 위하여 어느 레벨 이상의 실력을 보유하고 있는지를 확신할 수 있는 임시 레벨을 설정하여야 한다. 특히 이 레벨에서는 피험자가 가장 자신있게 대화할 수 있는 분야를 발견하는 것도 중요하다.

3) 레벨 탐색

이 단계는 일본어에서는 「突き上げ」라고 하는 단계로, 피험자의 구사 능력의 한계를 알 수 있는 단계까지 레벨을 높여 보는 등 다양한 레벨의 대화를 시도해 보는 단계이다. 상위 레벨의 회화를 제시하였을 때 전혀 반응을 보이지 못하면 가분류 때의 레벨로 돌아가 대화를 전개하여야 한다. 이렇게 반응을 보이지 못하는 것을 「언어적 좌절」이라고 한다. 피험자가 언어적 좌절 상태에 있을 때에 대답을 무리하게 강요하거나 소화 불

가능한 내용의 대화를 계속 전개하여 피험자가 자신감을 잃게 해서는 안 되므로 신속하게 다른 화제로 넘어가도록 하여야 한다.

일반적으로 언어적 좌절은 다음과 같은 형태로 나타난다. 물음에 적절하게 반응하지 못하고 어렵다거나 대답할 수 없다고 말하는 경우, 모어나 다른 외국어에 의존하여 대답하는 경우, 대답할 수 없어서 불쾌감을 나타내거나 적절한 표현을 찾느라 말의 시작 부분을 되풀이할 뿐 말을 이어가지 못하는 경우, 불쾌감이 신체적 반응을 통해 나타날 때, 당황한 나머지 대화 초기에는 가능하였던 레벨의 표현까지도 실수하는 등 안정성과 정확성이 급격히 떨어질 경우 등을 언어적 좌절의 상태로 판정한다.

단계를 높여 제시한 레벨 탐색의 대화에 피험자가 응답할 수 있을 경우에는 가레벨을 그 곳에 다시 설정하여 그 레벨 이상의 대화를 중심으로 전개해 가도록 한다.

레벨 탐색 대화에 대한 피험자의 반응이 만족스럽지도 불만스럽지도 않은 경우, 그 레벨의 중요한 요소는 소화하고 있으나 유지할 수는 없는 단계로 보고 한 단계 아래의 상급(上級)으로 설정하면 된다. 시험관은 이러한 가레벨 체크와 레벨 탐색의 반복 시행을 통하여 평가 자료를 충분히 확보하도록 한다.

가분류와 레벨 탐색을 되풀이하는 과정을 통해 피험자의 레벨에 대한 확신이 설 때, 언어적 기능에 대한 보다 확실한 검증을 위해 「역할 놀이」를 실시하도록 한다. 역할 놀이로 들어갈 때는 카드의 내용을 시험관이 읽어서 녹음테이프에 기록되도록 하여야 하는데, 이는 테이프에 의한 판정시 효율적이기 때문이다. 여기서 말하는 역할 놀이란 시험관과 피험자가 호텔 종업원과 손님이 되어 즉흥적으로 관련 대화를 전개하는 것과 같이 현장을 재현하는 활동을 일컫는다.

4) 마무리

마무리 단계는 다시 쉬운 레벨로 대화의 수준을 낮춤으로써 피험자가 성공적으로 면접을 마쳤다는 심리적 만족감을 느끼도록 하는 데에 그 설정 목적이 있다.

4. ACTFL-OPI의 평가 기준

단계	종합적 과제	장면 / 내용	정확성	담화 문형
최상급	의견의 입증·추상화·가설·설정 등 넓은 범위에 걸쳐 의견 교환이 가능함.	넓은 범위에 걸친 흥미와 전문 영역의 화제, 구체적이고 추상적인 낯선 화제. 격의 유무에 관계 없이 거의 대부분의 장면에 적응 가능.	오류가 발생하더라도 실제적인 의사 소통에는 아무런 지장을 초래하지 않으며 모어 사용자가 곤란을 느끼지 않음.	담화 구성법을 활용하여 일련의 단락을 연결하고, 넓은 범위에 걸친 연속적 담화(복단락). 사용 빈도가 낮은 복잡한 구문은 규범적이지 않을 경우도 있음.
상급	주요 시제와 어스펙트를 사용하여 사물의 묘사와 서술이 가능함.	개인적 또는 일반적인 흥미에 관한 구체적이고 사실적인 화제. 대부분의 격의 없는 장면과 몇몇 격의 있는 장면에 적응 가능.	외국인과의 대화에 익숙하지 않은 모어 사용자와도 곤란 없이 대화할 수 있음.	문을 이어 단락이 있는 담화를 위해 결속법을 사용함. 몇몇 복잡한 구문도 조작 가능.
중급	간단한 질문과 대답을 통해 회화를 유지할 수 있음.	자기 자신과 신변 관련 화제. 몇몇 격의 없는 장면과 2~3가지 구체적인 장면에만 대응 가능.	외국인과의 대화에 익숙한 모어 사용자가 몇 차례의 확인을 거쳐 이해할 수 있음.	고빈도의 단문 또는 2~3개의 한정된 연문. 문을 잇기 위한 결속법은 거의 사용하지 않음.
초급	관용구나 사물의 이름을 나열하는 정도의 상태.	일상 생활에서의 신변 관련 단편적인 일. 예측하기 쉽고 일반적이면서 일상적인 장면.	외국인과의 대화에 익숙한 모어 사용자도 이해하기 어려움.	단어와 구, 암기한 것 이외에는 사용 빈도가 높은 구문도 조작 불가.

5. OPI 평가시의 유의점

OPI 평가에서 시험관이 유의해야 할 일 중에 해서는 안 될 일들이 몇 가지 있다. 우선 OPI의 평가 순서에 대해서 피험자에게 설명할 필요는 없다. 자연스러운 상황 설정과 전개가 최선이기 때문이다. 그리고 피험자 앞에서 메모를 한다든지 오류를 정정한다든지 가르쳐 주어서는 안 된다. 피험자가 심리적 동요를 일으키기 때문이다. 시험관이 자기의 경험을 장황하게 얘기한다든지 피험자의 말을 이유없이 중단시켜서도 안 된다. 피험자의 사고 활동을 방해하는 행동이 되기 때문이다. 역할 놀이 단계에서 피험자에 따라서는 역할 놀이에 적응하지 못하는 사람도 있으므로 그러한 경우를 대비하여 역할 놀이를 하지 않고서도 해당 표현을 시켜볼 수 있는 질문을 준비하고 있어야 한다. 최종 판정시 언어 표현 능력의 판정이 대화 내용의 사실 여부에 의해 영향을 받아서는 안 된다. 정보의 사실 여부를 평가하는 것이 목적이 아니기 때문이다. 이처럼 시험관이 유념해야 할 사항의 대부분은 피험자가 최적의 심리 상태에서 자신의 언어 구사 능력을 발휘할 수 있는 환경을 제공하기 위한 것들이라고 할 수 있다.

6. 시험관 양성 제도

ACTFL-OPI의 공인 시험관이 되기 위해서는 우선 미국, 일본, 한국 등에서 매년 실시되고 있는 4일간의 워크숍에 참석하여야 한다. 그리고 12명의 피험자를 상대로 인터뷰한 테이프를 최상급·상급·중급·초급별로 각각 2개씩 ACTFL 본부에 보내 판정 결과와 인터뷰 역량을 인정받게 되면 시험관의 자격을 얻게 된다. 다만 시험관의 신뢰도를 높이기 위하여 4년마다 자격을 갱신하지 않으면 안 된다.

③ ACTFL-OPI의 평가 기준

　OPI와 같은 구두 표현 능력 평가법에 있어 가장 중요한 것은 각 레벨을 판정하는 표준적인 평가 기준의 설정이다. OPI는 모든 언어에 공통되는 평가 기준을 목표로 하기 때문에 일본어만의 평가 기준이 따로 설정되어 있는 것은 아니다. 여기에서는 ACTFL-OPI의 매뉴얼에 따라 설정된 각 레벨의 판정 기준을 언어 4기능별로 구체적으로 소개하고자 한다. 아울러 OPI의 한계와 개선책을 들고 한국형 평가법 개발을 위한 방향 제시에 대해서도 언급해 보고자 한다.

1. 수준별 판정 기준

1) 초급—下

(1) 말하기
　이미 배운 두세 단어로 된 구를 사용하나 맥락의 연결이 없고 전달 기능도 없다.

(2) 듣기
　몇몇 차용어나 자주 쓰는 관용적 표현을 아는 정도이고 짧은 말도 이해하지 못한다.

(3) 읽기

잘 아는 사항에 대해 문맥의 힘을 빌어서 단어나 구의 의미를 짐작할 수 있다.

(4) 쓰기

가나문자를 부분적으로 알고 있으며 히라가나, 가타카나, 한자 등을 보고 베낄 수 있다.

2) 초급—中

(1) 말하기

인사와 극히 초보적인 일상 장면에만 대처할 수 있고, 아주 간단한 대화에도 어려움을 느끼고, 배운 두세 단어와 구를 중심으로 맥락의 연결이 없는 표현을 사용한다.

(2) 듣기

이미 배운 몇몇 짧은 문장을 듣고 이해한다. 부분적으로 문장 중의 어구의 의미를 알 수 있으나, 이해하는 데에 시간이 걸린다. 천천히 또는 되풀이해서 말해 주어야 한다.

(3) 읽기

부분적이나마 가나문자의 표기 체계를 안다. 구레벨의 의미는 단번에 파악할 수 있으나 되풀이하여 읽어야 하는 경우도 있다.

(4) 쓰기

잘 아는 어구를 보고 베낄 수 있다. 의사 소통을 위한 표현은 아직 불가능하다.

3) 초급—上

(1) 말하기

배운 말만 사용하지만 기본적인 의사 소통은 가능하다. 몇몇 배운 표현을 짜 맞추기도 하지만 오류가 많고 되풀이하여 들어도 알아듣기 힘들 정도이다.

(2) 듣기

학습한 짧은 표현을 이해할 수 있다. 단순한 질문과 인사말, 자주 쓰는 간단한 명령문을 듣고 이해한다. 거듭 또는 천천히 말해 주어야 알아듣는 경우가 많다.

(3) 읽기

문자와 표기 체계를 알고 있다. 배운 어휘를 이용하여 지도, 열차 시각표와 같은 기호 중심의 문장은 읽을 수 있다.

(4) 쓰기

이름이나 날짜 등 간단한 자기 정보를 적을 수 있고, 배운 표현의 일부를 외워 적을 수 있다. 표기법은 부분적으로 바른 곳도 있다.

4) 중급—下

(1) 말하기

상대와 말을 주고받아야 하는 일상 생활 장면에 부분적으로 대응할 수 있다. 질문과 대답 등 짧은 대화가 가능하나, 언어적으로는 부정확성이 두드러진다. 자기 소개, 식사 주문, 길 묻기, 쇼핑 등을 할 수 있으나, 기본적인 어휘 사용과 모어의 간섭이 심해 잘못 표현되는 경우가 많다. 되풀이하여 들으면 알아들을 수 있는 정도이다.

(2) 듣기

배운 문형으로 된 표현을 이해할 수 있다. 식사 주문, 간단한 명령 등 기본적이고 개인적인 일상 장면에 대처할 수 있다. 대면식 대화의 이해에 굴곡이 심하고 되풀이나 바꿔 말하기가 잦다. 잘못 알아듣는 부분도 많다.

(3) 읽기

일상 생활에 관한 기본적이고 단순한 글을 읽고 주제와 부분적 사실 관계를 이해한다.

(4) 쓰기

짧은 전언, 엽서, 전화 메모 등 간단한 문장을 표현할 수 있다. 모든 표현이 적합하지 못하고 표기법에도 오류가 많다.

5) 중급―中

(1) 말하기

일상의 간단하고 기본적인 대화 장면에 대처할 수 있다. 자기와 가족에 대해 간단히 이야기할 수 있고, 질문과 대답이 가능하다. 일상 생활에 대해 이야기할 수는 있으나, 적합한 표현을 찾느라 말이 중단되는 경우가 잦다. 아직 유창하지는 못하고 발음에도 모어의 간섭이 심하다.

(2) 듣기

배운 문형을 이용한 대화는 이해할 수 있다. 숙박, 교통 기관, 쇼핑 등과 관련된 일상 장면에 대처할 수 있다. 전화 및 TV와 라디오 뉴스 등을 부분적으로 들을 수 있으나 이해에는 굴곡이 심하다.

(3) 읽기

일상 생활과 관련된 기본적인 문장을 이해할 수 있다. 잘 알고 있는 인물, 장소, 사물 등에 관한 짧고 간단한 묘사문을 이해할 수 있다.

(4) 쓰기

일상적이고 개인적인 경험에 관한 글이나 짧고 간단한 편지를 쓸 수 있다. 현재형 외에도 하나 정도의 다른 시제를 사용할 수 있고, 간단한 구문 규칙과 활용 등을 구사할 수 있다. 문의 전후 관계를 고려할 정도는 아니어서 단편적인 문장이 되기 쉽다.

6) 중급—上

(1) 말하기

복잡하지 않은 상황과 대화 장면에 시종 대응할 수 있으나, 오류가 눈에 띄고 적당한 표현을 찾느라 머뭇거리는 경우가 많고, 부자연스러운 표현을 사용하기도 한다.

(2) 듣기

현장 묘사가 아닌 몇몇 단락의 담화를 듣고 이해할 수 있다. 주제나 세세한 부분에 대한 이해가 부족하여 이해력은 일정하지 않다.

(3) 읽기

일상 생활과 관련된 문장을 이해할 수 있다. 복잡한 구문은 어렵고, 기본적인 문법 사항을 잘못 해석하는 경우도 있다. 지시어의 지시 내용과 같은 담화의 결속성을 파악하기는 어렵다.

(4) 쓰기

사회적 필요에 대응하기에는 미흡하나 대체적으로 대처할 수 있다. 간단한 편지, 질문에 대한 답변, 이력서 등을 쓸 수 있다. 결점은 있으나 외국인의 글을 많이 접한 경험이 있는 원어민은 그 의미를 알 수 있다.

7) 상급

(1) 말하기

일상 생활 장면과 학교나 직장에서 통상적으로 사용하는 장면에 대처할 수 있다. 심도있는 설명, 고충, 사과 등 어려운 과제에 어느 정도 자신있게 대응할 수 있다. 문장을 매끄럽게 연결하여 자세히 서술 또는 묘사할 수 있다. 사실의 전달과 사회 일반의 관심사에 대하여 가볍게 이야기할 수 있다. 부족한 부분은 포즈, 휘라, 군소리 등 커뮤니케이션 전략을 구사할 수 있다. 고쳐 말하거나 적당한 단어를 찾는 경우가 있다. 원어민이 무리 없이 알아들을 수 있다.

(2) 듣기

일상적인 화제가 아니라도 담화의 주제와 세부 사항까지 이해할 수는 있으나 이해의 굴곡이 심하다. 생소한 내용의 경우에는 이해력이 크게 떨어진다.

(3) 읽기

구조가 확실한 기초적인 구문의 경우, 여러 단락에 걸친 다소 긴 산문도 읽고 이해할 수 있다. 주제나 주요 사항은 파악할 수 있으나 세세한 부분은 지나쳐 버리기도 한다. 짧은 옛날이야기, 뉴스, 편지, 업무용 서한, 간단한 기술 관계 설명서 등을 대략 읽을 수 있다.

(4) 쓰기

일반적인 서간문을 쓸 수 있고, 낯익은 화제에 대해서는 몇 단락의 간단한 담화가 가능하다. 간단한 서간문, 메모, 요약문, 사실적 서술문 등을 쓸 수 있다. 억지로 이어가는 장황한 표현이 보이지만, 어휘 구사력은 자신의 일을 표현하기에 충분하다. 표기법과 복잡한 구문의 경우에는 오류가 발생하기도 한다.

8) 상급—上

(1) 말하기

전문 분야에 관한 구체적 화제에 대하여 대화할 수 있고, 의견의 근거, 자세한 설명, 가설 정립 등의 능력이 보이기 시작한다. 문법적으로 이해가 부족한 부분이 있어도 커뮤니케이션 전략을 자신있게 구사하여 고쳐 말하는 능력이 있다. 매우 유창하지만 복잡한 언어적 과제에서는 언어적 좌절을 경험하거나 부적절한 표현을 사용하기도 한다.

(2) 듣기

공통어에 의한 대부분의 대화에 대해 주제를 알 수 있지만 복잡한 내용 또는 복단락 형식의 경우 이해가 안 되는 부분도 있다. 텍스트의 표면적 의미 외에 함축된 문화적 의미에 눈뜨기 시작하나 사회·문화적 뉘앙스까지는 포착하지 못한다.

(3) 읽기

관심 분야의 글은 최상급 수준까지 독해가 가능하나 추상성이 높은 글과 구성이 복잡한 생소한 글, 문화적 국면을 포함한 글은 부분적으로 이해가 가능하다. 해당 언어의 아름다움을 알고 문체에 대해서도 인식하기 시작하나 해석상의 오류가 발생하기도 한다.

(4) 쓰기

일반적 통신문과 업무용 통신문 등을 작성할 수 있고, 다양한 화제에 대해서도 자세히 기록할 수 있다. 서술력은 뛰어나나 견해를 논리적으로 전개하지는 못한다. 문법, 어휘, 표기법 중 어느 한쪽은 강하나 모두 다 잘하는 것은 아니다. 어휘 사용에 오용이 보이고 외국어투가 드러난다.

9) 최상급(超級)

(1) 말하기

실제적, 사회적, 전문적, 추상적인 화제에 관해 정형·비정형 대화를 효과적으로 수행할 수 있다. 특수한 분야에 관해서도 자세히 말할 수 있다. 증거와 가설을 세울 수는 있으나, 청자에 맞춰 말을 골라 쓰는 일이나 매우 추상적이거나 생소한 화제에 대해서는 자세하게 말하지 못하는 경우도 있다. 지역어나 사회 계층어에 대해서는 부분적으로밖에 대처하지 못하지만, 폭넓은 회화 전략을 자유 자재로 구사하고 담화 관리 전략도 상당한 정도까지 알고 있다. 사용 빈도가 낮은 구문이나 빈도는 높으나 공식 문서에 잘 쓰이는 복잡한 문형은 틀리는 경우도 있다. 그러나 그러한 오류는 패턴화되어 있지 않고, 그로 인해 원어민이 불쾌감을 느끼거나 의사 소통에 지장을 받지는 않는다.

(2) 듣기

전문 분야의 기술적 내용을 포함하여 표준어로 된 갖가지 화제를 듣고 이해할 수 있다. 학술적이고 전문적인 장면, 강의, 연설, 보고와 같이 내용과 언어가 복잡한 담화 주제를 이해할 수 있다. 목표 언어의 문화적 틀 속에서 추론할 수 있다. 이해력은 텍스트의 구성과 사회적, 문화적 의미를 알 수 있으며 감정면의 함의에도 민감하다. 잘못 해석하는 일은 거의 없지만, 빠른 통속 표현이나 문화색이 짙은 표현은 모를 때도 있다.

(3) 읽기

생소한 화제와 관련된 해설식 산문이나 문학 작품을 보통 속도로 읽어 완전히 이해할 수 있다. 문화에 대한 지식을 극도로 요구하는 문장까지 전부 이해할 수는 없으나 가볍게 읽을 수는 있다. 언어적 의미와 언어 외적 의미를 결합시킬 수 있어서 각종 문장을 술술 읽을 수는 있으나, 극도로 복잡한 구문이나 관용구 등은 곤란을 느끼거나 잘못 해석하는 경우도 있다.

(4) 쓰기

실용적, 사회적, 전문적인 화제와 관련하여 자신이 표현하고자 하는 내용을 효과적으로 쓸 수 있다. 메모, 서간문, 상업적 통신문, 짧은 보고서, 전문 분야의 의견서 등을 쓸 수 있고, 철자법과 기호를 적절히 상용할 수도 있다. 폭넓은 어휘를 사용하여 가설 정립과 논점 견해 등을 정확하고 효과적으로 표현할 수 있다. 문장의 논리 전개와 같은 문장 구조를 파악할 수 있다. 목표 언어의 모든 문형을 구사할 수 있는 것은 아니며, 평상체와 경어체를 의식하고는 있으나 모든 상황에 맞게 완벽하게 사용할 수 있는 것은 아니다. 문장 중에 오류가 있더라도 원어민이 오해하거나 잘못 전달하는 일은 없다.

2. OPI의 장점과 한계

OPI의 가장 큰 장점은 이제까지 주관적인 판단에만 의존해 왔던 구두 표현 능력의 평가가 객관화, 표준화되었다는 점이라 하겠다. 평가 내용과 방법이 학습자의 학습 방법을 결정짓는다는 점을 감안할 때, 이러한 구두 표현 능력 평가의 표준화는 거나란 파급 효과가 있을 것으로 확신한다. 다만 미국의 특정 기관 ACTFL이 개발한 프로그램에 의존하고 있는 관계로 판정의 신뢰도에 있어 문제가 제기될 수 있겠다. 왜냐하면 ACTFL 에서는 각 언어에 공통되는 평가 기준을 설정하고 있기 때문에 언어 구조와 운용, 행동면에 차이를 보이는 다양한 언어들을 하나의 평가 기준에 의해 레벨을 판단하기 때문이다.

언어 행동의 상대성을 감안할 때, OPI는 시험관이 설정한 자극에 대한 반응의 형태로만 대화가 전개되기 때문에 시험관의 화제 전개 방식 등에서 받는 영향을 배제할 수 없는 것도 OPI의 한계점이라 하겠다. 그러나 이러한 한계점은 시험관이 관찰자의 위치에서 보는 방법을 혼용하는 것으로 극복될 수 있을 것이다.

OPI의 판정을 오디오테이프에만 의존하고 있는 관계로 일본어와 같이 언어행동적인 측면이 중요한 언어의 경우, 행동에 대한 관찰이 불가능하므로 비디오테이프에 의한 판정 방법의 개발도 필요할 것이다.

구두 언어의 평가법이 확산되지 못한 가장 큰 원인은 대량 평가가 불가능하다는 점이었다. OPI 또한 그 한계를 극복하지 못하였다는 점에서는 마찬가지이다. 시간 제약 때문에 설정 장면 수에 한계가 있고, 그러한 한정된 장면만으로는 다양한 구두 표현의 장르를 고르게 평가할 수 없는 어려움도 있다.

이러한 대량 평가법은 현재 미국의 B.Y.U.를 중심으로 컴퓨터에 의한 구두 언어 평가용 소프트(CALT)의 시제품이 개발된 상태이므로 기술 발달의 속도를 감안할 때, 대량 평가도 머지 않은 장래에 해결될 수 있을 것으로 전망된다.

끝으로 시험관이 되기 위한 워크숍의 참가 비용이 비싸고 4년마다 자격을 갱신하지 않으면 안 되는 번거로움 등 자격 획득에 드는 비용이 과다한 점을 들 수 있다. 이러한 고비용은 자칫 일본어의 평가 자체가 상업화되어 교육을 오도할 위험성마저 있다. 이를 해결하기 위해서는 일본어를 위한 한국형 OPI 판정 기준을 독자적으로 개발하여 자생력을 갖춘 OPI 평가 및 시험관 양성 프로그램이 실시되어야 할 것이다.

일본어 교육과 문화
:확장적 일본어 교육의 일환으로서

1 확장적 일본어 교육
2 문화 이해 교육

🌀 확장적 일본어 교육

1. 시대적 요구

21세기에 들면서 한국과 일본의 일본어 교육계에서는 일본어 교육과 문화의 이야기가 활발하게 논의되고 있다. 21세기 초엽은 20세기 말에 시작된 정보화, 세계화, 지역화가 보다 심화되는 시대가 될 것으로 예상되는 데서 오는 움직임일 것이다. 한국 내 제2외국어 교육에서는 가장 빨리 이러한 움직임을 보인 바 있다. 1986년에 당시의 경제기획원에서 주관하여 국민 외국어 능력 활성화 방안을 협의하는 자리가 교육개발원에서 열렸다. 그 자리에는 외무부, 영어과 대표, 제2외국어과 대표, 전국 외국어학원 협회장과 부회장, 현대 연수원 어학 담당, 교육개발원 대표 등 8인이 참석하였다. 필자는 당시 제2외국어 분야 대표로 참석하여 각 언어권의 문화를 학습할 필요성을 주장하였고 이 주장은 그 이듬해에 교육 개발원에서 입안한 외국어 고등학교 교육 과정에 반영되어 외고에서 가르치는 모든 외국어에 문화 과목이 개설되었다. 실제로 교과서가 개발된 것은 6차 교육 과정 때로서 일본 문화라는 과목의 교과서가 1996년부터 사용되었다. 1998년에 입안된 제2외국어과 7차 교육 과정에는 외국어 학습 내용 부분에 문화 학습 항목이 신설되고, 1996년 말부터 전국 단위 시험으로 출발한 교원 임용고사에도 일본 문화 관련 문제가 15% 전후로 반영된다. 이어 2001학년도에 새롭게 대입 수능 과목에 편입된 제2외국어

과목 시험에도 언어 문화 관련 문제가 7.5% 출제되고 2001년 3월부터 사용되는 중학교 생활 일본어 교과서도 언어보다 문화 학습 내용이 주를 이루는 등 국내 제2외국어 분야의 언어 정책에서는 문화 관련 교육이 본격화되고 있다. 세계화의 시대에 적응할 수 있는 외국어 기능자를 양성하기 위해서 제2외국어 교육의 학습 목표와 방법을 그에 걸맞게 수정한 발빠른 대응이라고 할 수 있겠다.

정보화 시대의 외국어 수요는 정보의 폭주라는 새로운 국면을 맞게 되고, 세계화 및 지역화 시대의 언어 수요는 경제와 문화를 넘나드는 다양한 교류가 당면 과제로 떠오른다. 따라서 대량 정보의 검색과 분류, 이해를 바탕으로 한 교류 능력 등이 앞으로의 외국어 학습자에게 기대되는 주요 기능이라 하겠다. 이런 종류의 기능은 실용성 및 현장과 불가분의 관계에 있어서 현실적인 문제 해결 능력을 겸비하는 기능이기도 하다는 점을 감안하여 앞으로의 학습 이론이 설정되어야 할 것이다. 즉, 언어의 구사력뿐만 아니고 문제 해결 능력과 적극적인 교류 자세, 타문화에 대한 이해 등 포괄적인 능력을 필요로 하게 된 것이다. 이러한 시대에 필요한 외국어 교육의 이념과 목표는 평화와 인권과, 공생(共生)을 기반으로 하는 국제적 정의에 입각한 것이어야 하며 그러한 이념하에 배양된 능력 신장을 목표로 하여야 한다.

이러한 능력을 배양하기에 유리한 언어 교육의 이론 중에는 1970년대 후반부터 미국을 중심으로 조용히 확산되고 있는 총체적 언어 접근법(whole-language approach, 이성은(1994) 총체적 언어 교육. 서울:창지사 p. 97)이 있다. 총체적 언어 교육 이론은 주로 초등학교 학생을 위한 것으로서, s실제 언어를 학습자에게 제시한다는 원칙에는 공통점이 있으나 구체적 교수법에 있어서는 교사에 따라 일정하지 않아 특정 짓기가 쉽지 않다. 그러나 언어 자료를 총체적으로 제시하고 취급한다는 점에서 언어의 확대 영역인 문화 교육에 근접한다고 하겠다.

또 다른 학습 이론으로는 Yrjö Engeström이 1987년에 발표한 확장이

론(Learning by Expanding)이 있다. 이 확장 이론은 학습, 교육, 발달을 개인적 레벨의 것으로 보지 않고 문화 역사적 활동으로까지 확대하여 모델화하는 학습 이론이다. 특히 유리외는 인지 심리학에서 말하는 멘탈스페이스(mental space)적 사고 방식이 개인의 인지 과정으로서만 설명하는 것을 한계로 지적한다(Yrjö Engeström(山住勝広他訳) (1999)『拡張による学習』東京 ; 新曜社 p. 243f). 그리고 개인적 행위로서의 학습이 집단적 활동으로 이행되는 모델을 제시한다. 유리외의 확장 이론은 아직 학습 이론으로서 구체화된 것은 아니지만 개인의 인지와 행동을 역사와 문화에 바탕을 둔 것으로 보고 있다는 점에서 외국어 학습 이론에 효율적으로 적용할 수 있는 것으로 생각된다. 왜냐하면 언어 기능을 수행하기 위해서는 언어와 문화에 걸친 종합적인 학습이 필요하기 때문이다.

문화의 내부에는 주체로서의 인간이 존재함을 인식하는 것이 중요하다. 문화 이해 교육은 곧 인간 이해 교육 차원에서 이루어져야 할 것이다. 문화와 교육을 인간사적 측면에서 보면, 인간 문화의 발단은 자연에 대한 적응이었고, 문명은 문화에 대한 저항이기도 하였다. 교육은 그 문명의 발전을 추구해 온 수단이자 문화화의 수단이었는데 이제는 교육이 다문화(多文化)를 교육하기에 이르렀고 문화간 이해를 추구하게 된 것이다. 기술과 경제라는 문명의 두 축이 기술은 깊어지면서 자연의 위해 요소가 되면서 자연을 고려하지 않으면 안 되게 되었고, 경제의 시장 범위는 확대되어 세계화되면서 문화와 충돌하게 되어 문명의 충돌 시대가 도래한 것이다. 획일화의 상징인 맥도널드가 아시아 5개 지역에서 점포의 실내 장식을 각 문화에 맞춰 적응하면서 현지화에 힘쓰듯이 문명은 세계화의 흐름을 타면서 문화에 적응하지 않으면 안 되는 시대가 된 것이다. 즉 대립의 관계에서 공존의 시대로 전환한 셈이다.

따라서 문화 이해 교육에는 인간 사랑이 대전제가 되지 않으면 안 된다. 외국어 구사자가 소수였을 때는 기업이나 기관이 주체가 되고 외국어 기능자는 피사용자였으므로 인간을 고려할 필요가 적었다. 그러나 문화

간 교류가 활발하게 되고 외국어 사용량이 폭주함에 따라 외국어 사용자
는 주체로 변하였고, 자연히 인간을 생각하지 않을 수 없게 되었다. 따라
서, 문화 이해는 단순한 사정(事情)을 아는 호기심 레벨이어서는 안 된다.
호기심은 종국엔 문화에 대한 평가를 내리게 되고 기이한 부분만을 추구
하게 된다. 진정한 문화 이해는 그 문화와 소속 인간에 대한 애정을 갖는
것으로 출발하지 않으면 안 된다. 그러나 타문화에 대한 애정을 가르치는
일이 가능할까 하는 것이 앞으로 당면한 교육계의 과제라고 할 수 있다.

문화와 인간을 고려한 외국어 교육에 있어서는 특정 언어만을 강하게
만드는 차원이 아닐 것이며, 문화를 도입한 언어 교육의 차원도 아니고,
문화 그 자체를 중심으로 한 언어의 상호 학습이라는 형태로 국제 이해
교육이 전개되어야 할 것이다.

2. 외국어 학습을 위한 확장 이론 모델

1) 확장적 학습 이론의 필요성

확장적 학습 이론은 학습의 결과를 집단화의 단계까지 확장하는 데 있
다. 외국어 학습이 실용성을 전제로 한 것을 감안할 때 외국어 학습이야
말로 확장적 학습 이론을 적용하기에 가장 적합한 학습 분야라고 할 수
있다. 단 확장적 학습 이론에서는 학습 참가자의 확대를 통한 확대 집단
화에 중점이 주어져 있으나, 본고에서는 확장의 개념을 더욱 확장하여 학
습 내용의 확대까지 포함하고자 한다. 왜냐하면 외국어 학습의 경우 학습
결과의 효율적인 집단화와 사회화를 위해서는 언어가 갖는 종합적 정보
가 동시에 다루어져야 할 것이기 때문이다. 언어 정보의 종합성을 확인하
기 위하여 언어가 내포하는 정보의 구성을 보면 〈그림 10-1〉과 같이 정
리할 수 있다.

먼저 어학 관련 부분의 정보로서, 언어 형식 요소로서의 발음 문자(가

〈그림 10-1〉 언어 정보의 종합성

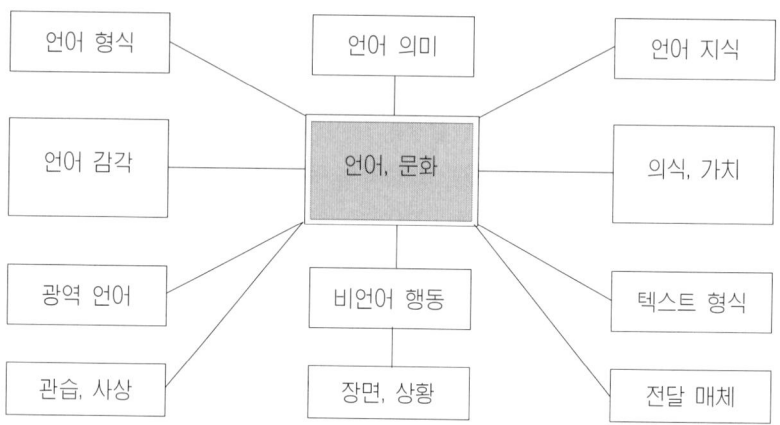

나, 한자), 문형, 문체 등을 들 수 있을 것이다. 이어서 의미 요소로서의 어휘적 의미, 문법적 의미(어스펙트, 모달리티), 문맥, 관용어구, 음성 상징 등이 있고, 언어 관련 지식으로서의 표기법, 문법 규칙, 음성학적 지식, 음운 이론과 의미 이론 등이 있다. 이러한 언어 지식을 넘어 행동 레벨의 정보로서는 언어 심리학적 정보, 언어 사회학적 정보, 비언어 행동, 언어 의식, 커뮤니케이션 스타일, 인간 관계 등이 있다. 더 나아가 장면, 상황과 관련된 정보로서는 대화 상대자와의 관계, 때와 장소, 화제 및 사건 등이 관여한다. 그 밖에도 문화 및 문학 관련 정보로서는 일상 생활 주변의 언어 자료를 비롯하여, 의식주 관련 용어와 행위, 통과 의례 관련 언어와 행동 양식, 연중 행사 관련 언어와 행동 양식, 기호나 상징의 의미 등도 빼놓을 수 없다. 그리고 문학 텍스트로서의 노래, 만화, 애니메이션, 게임, 영화, 소설, 시 등을 독해하는 능력 또한 중요한 언어 기능이 되겠다.

이어서 언어의 전달 매개체의 하나인 미디어로서의 신문, 전화, TV, 인터넷의 특징도 언어 정보에서 빼놓을 수 없는 요소이다.

이렇듯 언어에 내포된 정보에는 지식 레벨의 것에서부터 문화적·사회적 성격을 띤 것까지 다양하다. 즉, 언어 자체가 확장적 학습 이론의 필요 충분 조건인 것이다. 외국어는 감각을 익혀야 한다는 말을 흔히 듣는다. 그리고 산 외국어를 배워야 한다고도 한다. 이러한 말들은 언어의 다양한 정보를 종합적으로 습득한다는 의미로 해석할 수 있을 것이다. 해당 언어권에 가면 언어 습득이 빠르고 감각적 습득 또한 용이한 것도 이러한 종합적인 언어 정보를 습득할 수 있기 때문일 것이다.

따라서, 외국어 학습에 확장적 학습 이론을 적용하기 위해서는 학습 결과로서의 확장이 아니고 학습의 전 과정에 확장적 요소를 도입하는 것이 효율적일 것이다.

2) 확장적 학습 이론의 모델

Yrjö는 학습에 대한 인지 심리학적 접근에 대해 두 가지 측면에서 정적(靜的)임을 지적하고 있다(Yrjö Engeström(山住勝広他訳)(1999)『拡張による学習』東京 ; 新曜社 p. 243f).

하나는, 인지 심리학에서는 멘탈 모델이 개인의 머릿속에서 개인적 경험에 근거하여 발전해 가는 것처럼 취급하고 있다는 것이다. 그러나 이러한 모델이 외적·물질적·사회 문화적인 모델을 구성하고 있다는 점을 도외시하고 있음을 지적하고 있다.

또 하나는, 제기된 모델이 역사적 기초를 갖지 못하고 있어서 심리학자들의 개인적 착상에 의할 수밖에 없다는 것이다. Yrjö의 확장적 학습 이론에서는 이처럼 사회화 및 문화화에 이르는 과정을 매우 중시하고 있다. 이러한 사고 방식은 외국어 학습의 과정에 매우 적합한 것으로 사료된다. 왜냐하면, 외국어 기능이야말로 의미의 인지 과정에서 그치는 것이 아니고 집단 내지는 문화 속에서 재현되어야 하는 것이기 때문이다..

Yrjö가 설정한 기능면에서 본 이론적 사고의 3스텝은 다음과 같다.

· 제1스텝 : 대상의 구성
  이용 가능한 선행 지식과 관심 영역이 결합하여 관심의 대상을 구성하는 단계

· 제2스텝 : 모델의 구성

탐구 대상에 대한 아날로그적 관찰에 의해 모델을 구성하는 단계

· 제3스텝 : 구체화

모델을 기반으로 하여 구체적 이론과 룰을 구축하는 단계

제3스텝의 구체화 단계에 이른 개인적 행위 과정은 집단적 활동으로 이행하여 공동체의 룰을 형성하고 분업화하게 된다. 본고에서는 이 마지막 확장 단계를 학습 단계의 하나로 보고 제4스텝으로 명명하기로 하겠다. 즉 확장적 학습 이론을 이와 같은 4단계로 설명할 수 있는 것이다.

이러한 4단계의 과정을 언어 학습에 적용하여 보면, 제1스텝은 동기 유발에 해당되고, 제2스텝은 언어의 구조와 표현 관련 규칙의 발견, 제3스텝은 구체적 장면에 따른 표현을 학습하는 단계에 해당된다. 제4단계에 이르러 구체적인 사회와 대상에게 적용하게 되는 확장 단계에 이르게 된다.

3) 확장적 학습 단계

위에서 언급한 확장적 학습 단계를 외국어 학습 단계에 적용하여 학습 단계를 보다 구체화하면 다음과 같다.

외국어 학습의 확장적 학습 단계는 궁극적으로 인간화 교육으로서의 성격을 갖는다. 즉 타문화권과의 원활한 의사 소통과 교류를 달성함으로써 궁극적으로는 생활의 윤택과 평화 유지 등에 공헌하게 되기 때문이다. 생활화하고 문화화하는 확장적 목표를 달성하기 위해서는 부분적이고 구조적인 정보의 이해와 연습만으로는 달성하기 어렵고, 언어가 갖는 정보의 종합성을 학습에서 효과적으로 다루어야 할 것이다. 〈그림10-2〉에 도식화한 바와 같이 언어 정보의 종합성이란 언어 능력에 내포된 각종 내용과 기능을 가리킨다. 이러한 종합적 능력을 효과적으로 학습하기 위해서는 언어 사항 중심의 구조 중심의 연습과 지식 암기식 수업으로는 달성할 수 없고, 학습의 모든 단계를 종합적으로 확장하여 진행할 필요가

<그림 10-2> **확장적 외국어 학습의 단계**

타율적 선택			자율적 선택			체험적 선택		
제도	권유	입시	취업	교양	여행	게임, 음악	만화, 애니메이션	

발견 학습	체험 학습	토론 학습	내용 중심 학습	지식 중심 학습
Open Method				

이해 기능	표현 기능	전환 기능
청해 / 독해 / 검색	회화 / 작문 / 채팅	통역 / 번역 / 조작

난이도	흥미	적성	교사의 자세	주변 환경	장래성

진학	취업	유학	교양	교류 체험

생활화	전문화	문화화	역사화
인간화 교육으로서의 외국어 교육			

있다. 이러한 종합적 정보를 학습하기 위해서는 기존의 강의식이나 구조
주의적 학습법으로는 달성하기 어렵고 총체적 교재를 인지하는 학습법의
도입을 필요로 한다.

2 문화 이해 교육

1. 문화의 개념과 영역

확장적 일본어 교육에서 언급하였듯이 언어는 수많은 문화 정보와 깊이 연관되어 있다. 이러한 의미에서 언어는 문화의 그릇이며 교류의 수단이라고 할 수 있다.. 언어는 커뮤니케이션의 수단에 불과하고 커뮤니케이션은 문화 접촉의 과정이다. 따라서 언어의 알맹이는 문화라고 할 수 있다.

일반적으로 문화의 정의는 Tyler의 정의가 널리 알려져 있다. 타일러는 사회의 구성원에 의해서 습득된 지식, 신앙, 예술, 도덕, 법률, 관습과 능력 등의 복합으로 정의하고 있다. 종전의 문화에 대한 정의를 요약하면, 인간이 자연 및 사회 환경에 적응하는 폐쇄적 행동 형태이며, 집단내의 공통적인 행동 양식과 인간에 의해 형성된 유무형 산물을 포함하는 것이라고 할 수 있다.

외국어 교육에 있어서의 문화 교육은 국제 이해 교육이라고도 부를 수 있다. 국제 이해 교육이란 이문화에의 적응 교육이고 경험의 확대인 것이다. 여기서 말하는 적응이란 특정 사회에 동화되어 살아가는 것만이 아니고, 교류에 있어 자기와 상대편과의 상호 이해를 통한 상대에 대한 적응이며, 타문화 환경으로의 일시적인 적응까지 포함하는 개념이다. 이런 종류의 적응은 자문화와 타문화에 대한 이해와 애정을 전제로 한 조절의 과정이라고 할 수 있다. 본래 교육이란 자문화에 대한 적응력을 기르는 것이라고 볼 때, 외국어 교육 또한 타문화에 대한 적응의 과정이라고 할 수 있을 것이다.

德川厚子(1997:192)는 일본 사정 학습을 정의하여, 타문화 접촉과 같은 생활 주변의 체험이나 벌어진 일을 비롯하여, 인간이 삶(방법과 태도), 사고 방식(가치관, 신념), 그리고 이러한 것을 둘러싼 환경(사회 시스템, 문화적 배경)을 통해 일본(인) 및 자기는 무엇인가에 대해 생각하는 일이라 하였다.(異文化接触身近な体験や出来事を出発点とし、人間の生き方(態度)、考え方(価値観、信念)、及びそれらをとりまく環境(社会システムや文化的背景)を通して、日本(人)及び自己とは何かについてかんがえること。)

요즘 일본 문화 내지는 일본 사정 교육과 관련하여 일본 문화의 전형으로 일컬어지는 소위 스테레오 타입의 설정에 대해 일본의 교육 전문가들 사이에서 강한 비판이 일고 있다. 일본 문화를 가르칠 때 일본인과 일본 문화의 두드러지는 특징을 가르칠 것인가 아니면 인류 문화의 하나로서의 보편성을 가르칠 것인가가 중요한 문제점으로 부각된 것이다. 본래 모든 문화는 보편성과 특수성의 양면성이 있다. 그러므로, 보편성 쪽에서 보면 일본인과 일본 문화의 특수성 속에도 인류 문화의 보편성의 원리가 존재하고, 특수성 쪽에서 보면 일본 문화의 보편성 속에도 특수성이 존재한다고 할 수 있다. 따라서 문화 교육은 어느 쪽만을 보아야 한다고 양자택일할 수 있는 것이 아니고 문화에 대한 어떤 시각을 기를 것인가가 더 중요하다 하겠다. 스테레오 타입이란 대개가 타문화 체험의 초기 경험 단계에서 자문화와의 차이를 인식하는 과정에서 생기는 타문화에 대한 이미지인 것이다. 우리가 타인을 인식할 때에도 그 사람의 실질적인 모든 것을 인식하는 것이 아니고 자신이 갖고 있는 그 사람에 대한 이미지로서 인식하는 것와 같은 것이다. 따라서 이러한 스테레오 타입은 타문화에 대한 강한 흥미 유발을 가능하게 하는 좋은 소재라고 할 수 있겠다. 스테레오 타입을 갖지 않는 문화는 존재하지 않으므로 문화 교육에서 스테레오 타입을 배제할 수는 없는 것이다. 배제할 대상이 아니고 오히려 매우 중요한 학습 소재라고 할 수 있겠다. 문화 수업도 문법 수업과 마찬가지로 구조적인 골격만을 들어 스테레오 타입만을 학습하는 방식과 넓은 시각에서 문화의 전체를 보는 종합적 학습법이 있을 수 있다.

결국, 타문화 교육이란 스테레오 타입 형성의 배경과 그 허구성을 알고 그 안의 보편적 속성을 발견하는 능력을 기르는 과정인 것이다.

2. 문화의 다층적 속성

먼저 문화 교육에서 다룰 수 있는 문화의 구성 영역에는 다음과 같은 것들을 생각할 수 있다. 언어의 구조와 사용상의 관습, 의식주 생활에 관한 지식과 양식 관습, 통과 의례와 연중 행사에 관한 지식과 양식, 종교적 관습, 산업적 관습, 사회 시스템과 생활 방식, 문명적 지식과 사용 능력, 역사·예술적 유산, 자연 환경, 인종 및 성별에 따른 집단적 행동 특징 등이 되겠다. 이러한 횡적 레벨의 영역 이외에 다음과 같은 종적인 계층성도 생각할 수 있다.

① 원질 문화 : 인류의 보편적 행동 속성
② 스테레오 타입적 특성 : 국가 또는 민족적 집단 문화로서의
　　　　　　　　　　　　　 의식과 행동 양식
③ 다양성 : 소집단의 관습과 행동 양식
④ 개인 문화 : 개인의 가치관, 기호, 경험

따라서 문화 학습은 다양한 횡적 영역과 종적 계층성을 고려하여 학습 계획이 세워져야 할 것이므로 그 학습 내용 또한 방대하다 하겠다. 본고 필자는 별도의 출판을 통해 문화 교육에 필요한 구체적인 언어 정보를 소개하고자 한다.

3. 문화 이해 교육의 단계

문화 이해 교육은 크게 체험 이전 단계와 체험 단계로 나눌 수 있다.

1) 체험 전 단계
   a. 호기심 유발 : 이질성의 발견
   b. 이해의 이해 : 이질적 구조의 공통성 이해를 통한 보편성 발견,
                   대화
   c. 적응 방법의 터득 : 문화 지식의 수집 → 접근 방법 숙지 → 체험
                   을 통한 교류와 애정 이해를 넘어 적응력을 키우는
                   교육 → 타문화에 대한 관심과 애정과 존경심

2) 체험 단계
   a. 만남
   b. 거래와 흥정
   c. 갈등
   d. 대화
   e. 교재
   f. 의지
   g. 믿음
   h. 동화

이상에서 문화의 내용을 대략 살펴보았는데 이러한 문화 이해 교육은 궁극적으로 서로의 문화에 대한 이해를 넓혀 지역의 평화와 인류의 공영을 실현하고자 하는 거시적인 목표를 실현하기 위한 한 과정이라고 할 수 있다. 이러한 교육 활동의 실현이야말로 외국어 학습이 단순한 기능 훈련을 뛰어넘어 참다운 인간 교육으로서의 자격을 획득하는 길이 될 것이다.

에필로그

-21세기 일본어 교육의 전망-

··· 학교 교육의 위상 변화

이제까지의 학교 교육은 선진 정보를 집단 교육을 통해 암기시켜 최단 기간에 선진국을 따라잡을 수 있게 하는 데 중점을 두어 왔다. 그러나 현대 사회는 학교의 바깥쪽에 보다 많은 정보가 있어서, 학생들의 정보에 대한 안목과 수요가 다양해졌다. 따라서 종전의 획일적인 교육만으로는 무의미한 시간 낭비가 되어 버렸다. 이러한 학교의 역할 축소에 따라 현대의 교육은 교사 중심의 교육에서 소비자 중심으로 변해 가고 있다. 그 구체적인 실례로 중등학교의 7차 교육 과정과 학부제를 실시하는 대학에서는 선택 과목이 대폭 늘어서 학생들이 과목을 선택할 수 있도록 하고 있다. 중등학교는 국민 공통 과목 이외의 과목을, 대학에서는 한두 과목의 필수 과목 이외에는 모두 선택 과목으로 설정하게 된 것이다. 즉, 교사가 학생에 의해 선택을 받게 되는 것이며, 교사가 없는 과목은 순회 교사제로 해결하게 된다. 학습의 주체가 교사에서 학생으로 바뀌게 된 것이고 교사의 역할은 부성적 지도자의 입장에서 모성적 보조자의 자리로 바뀌게 된 것이다.

1986년 이래 초등학교를 중심으로 열린 교육이 빠르게 확산되고 있고 90년대에는 중학교에서도 열린 교육이 적용되고 있으며, 초·중등 영어 교육에서도 열린 학습이 적극적으로 도입되고 있다. 이러한 움직임 또한 학생들의 다양한 학습 의욕의 충족과 학습자 중심의 자율 학습을 확대하기 위한 움직임이라고 할 수 있겠다.

··· 교육 공학적 변화: 교육 미디어의 변화

〈표1〉에서 알 수 있듯이 교육에 대한 시대적 요구의 변화와 전달 수단의 변화, 교육 매체의 변화, 언어관의 변화는 항상 높은 관련성을 갖고 변화하여 왔고, 그에 따라 교육 내용과 방법 또한 규정되어 왔다. 현재 교육부에 의해 추진되고 있는 전국 초·중·고 교실의 멀티미디어화가 2000년까지는 완성되므로, 7차 교육 과정기는 〈표 1〉의 제4세대와 5세대에 해당된다고 하겠다.

언어 교육에서 시청각적 교육을 실시한다는 것은 여러 가지 면에서 효율적이다. 학생들의 흥미 유발은 물론이고, 언어가 갖는 추상성을 구상을 통해 인식을 돕고, 언어 음성의 다양한 요소를 감각을 통해 경험하며, 행동으로서의 언어가 갖는 종합적 정보를 장면을 통해 이해할 수 있는 등 시청각적 교육의 이점은 한두 가지가 아니다. 멀티미디어 언어 교육이란 이러한 시청각 교육의 가장 발달된 형태라는 점에서 더욱 주목할 만하다고 하겠다. 멀티미디어 언어 교육을 기존의 시청각적 교육을 이용하여 설명한다면, 이제까지 따로따로 활용되어 왔던 각종 시청각 교재를 컴퓨터에 의해 한 곳에 모아 동시에 활용하거나 조작하기 쉽게 한 것이 곧 멀티미디어 시스템이라고 할 수 있다. 컴퓨터를 수업에 이용할 수 있는 길은 매우 다양하여 컴퓨터의 성능이 향상될수록 수업 방법에 미치는 영향도 그 만큼 크다. 동시에 컴퓨터는 인간의 인지 능력에 한없이 접근하게 될 것이고 교사의 역할까지도 훌륭하게 소화해낼 수 있게 될 것이므로, 현재와 같은 교사의 역할은 계속해서 달라질 것이다. 교재 또한 CD-ROM에 의한 영상 교재가 다량으로 개발 보급되어 교재의 주류를 이룰

<표 1> 세대별 교육미디어 변천

세 대	교육 매체의 변천	전달 수단의 변천	시대 요구의 변천	언어관의 변천
1 세대	흑판, 노트, 카드, 데이라이트	편지, 문자	해독, 정복	해석의 수단, 기호와 문법의 체계
2 세대	라디오, 녹음기, 영사기, OHP, 환등기	전화, 음성	신속한 정보 수집, 진출	대화의 수단 음성의 총화
3 세대	TV, 비디오	만남, 교류, 체험, 컬러, 문화	이문화 이해, 교류	교류의 수단, 행위, 문화
4 세대	PC, CD-ROM, 실물화상기, LCD프로젝트	동화상, 행위, 영상	설득, 시장 개척	정보화 수단, 기계 번역
5 세대	VOD서버, 인터넷, 사이버스쿨	오타쿠, 검색, 접속 채팅, CMC	공유, 공존, 협력	정보

것이므로, 이러한 교재를 능숙하게 사용하지 못하는 교사는 도태될 것임에 틀림없다. 학교 네트워크화의 진전에 따라 국내외의 교육 기관과 교육 내용을 상호 교류할 수 있게 될 것이고, 학생들은 인터넷상에서 양질의 교육을 받게 될 것이다. 한 마디로 앞으로의 교사는 멀티미디어 교육에 적응하지 못하면 교육 행위에 참여하기 어렵다고 해도 과언이 아닐 것이다. 멀티미디어적 수업의 단점은 수업이 비인간화되는 것이다. 따라서 보다 인간적인 수업 활동을 창출해내는 것만이 미래의 교사가 스스로의 위상을 높이는 길이 될 것이다. 그러기 위해서는 **CMLT**를 효율적으로 활용하여 컴퓨터의 장점을 살리되, 학습자 중심의 활동을 확대시켜 인간이 주도권을 갖는 생동감 넘치는 언어 교육 현장을 실현하는 길이 최선일 것이다. 교육 공학의 발달은 앉아서 군림하던 교사상의 종언을 예고하고 있으므로, 현장의 교사들은 멀티미디어 시스템을 교사의 주도하에 활용할

수 있는 일본어 교수법의 연구와 교재 개발에 더욱 박차를 가해야 할 것이다.

특히 21세기의 특징은 통신의 혁명이라고 할 수 있는데, 이는 곧 교육의 네트워크화로 직결된다. 현재 전세계에 5백만 개가 넘는 DB에 수록된 정보는 20일 단위로 그 양이 두 배로 늘고 있다. 전국 학교의 네트워크와 정보 고속도로가 실현되는 21세기에는 네트워크를 활용하는 일본어 교육이 일반화될 것으로 생각된다. 그와 함께 일본어 홈페이지의 활용과 인터넷 채팅 시간의 활용 등으로 대표되는 CMC(Computer mediated communication) 방식이 주된 전달의 수단이 될 것이다.

··· 일본어과의 위상 변화

일제 시대에 일본어를 익힌 세대가 많았던 80년대까지는 일본어 전공 자체가 경시되었으나, 90년대 들어 제2외국어 세대가 활약할 시절이 되나 싶더니 인터넷의 등장으로 초등 영어의 붐과 더불어 영어 산업은 불황을 모르고 인터넷은 언어를 통일할 기세로 치닫고 있다. 학생들의 수업 부담 경감 추세에 따라 제2외국어를 입시 과목에서 배제하자는 의견이 압도적이었던 1996년에는 중등교육에서의 무용론까지 강렬하게 대두되어 제7차 교육 과정에서 자취를 감출 위기에까지 몰렸던 것을 모두 기억할 것이다. 다행히 각계의 노력에 힘입어 가까스로 명맥 유지와 함께 중학교에도 재량 선택 과목으로 편입되어 결과적으로는 과거 어느 때보다 강화된 셈이지만, 앞으로는 학생들의 선택에 의해 학습 과목이 결정된다는 점을 명심하여야 한다. 따라서, 제2외국어의 위상을 높이기 위해서는 학습자의 부담을 줄이고 열심히 재미있게 가르치도록 끊임없는 노력을 쏟아야 할 것이다. 영어 산업의 발달과 더불어 영어 교육의 수준은 날로 발전하고 있는 것과 달리 일본어 교육계는 5, 60년대 방식의 교육으로 일관하고 있고, 교수법상 개성이 없는 짜집기식 대학 교재들이 교재의 대부분을 차지하고 있는 실정이다. 이렇게 구태의연한 배경에는 대학의 일본어 교육자들이 연구에만 치중한 채 일본어 교육 자체를 경시하는 풍조가 커다란 원인을 제공하고 있다고 하겠다.

··· 기계 번역의 발달:인공 지능

90년대 들어 여러 기업에서 널리 활용되고 있는 한일·일한 기계 번역은 설명문의 번역에서는 90% 이상의 정확도를 보이고 있다. 번역의 수준은 자동 통역기로 직결된다는 점을 감안하면 중·고등학교나 대학 교양 과정 및 초·중급 수준의 외국어 교육은 조만간 그 필요성이 크게 줄 것으로 보인다. 따라서 앞으로의 일본어 교육은 기계 번역이 할 수 없는 부분을 담당할 수 있는 교육이 되어야 할 것이다. 즉, 기계 번역을 능가하는 전문가를 키우거나, 기계로서는 할 수 없는 교류 전문가로서의 지역 전문가를 양성하는 방향으로 나가야 할 것이다. 특히 중등교육에서는 타문화 이해 차원의 교육이 강화될 것이다. 그러한 교육이 가능하려면 교사는 일본어의 기능뿐만이 아니고 문화에 대한 폭넓은 지식을 갖추어야 할 것이다. 실제로 신설 학과의 경우 지역 연구 학과가 압도적으로 많은 것이 그것을 예고하고 있다고 할 수 있겠다.

··· 교육 정책의 방향

현재 추진되고 있는 대학 교육 개혁의 외형적 특징은 학부제로의 개편이라고 할 수 있다. 본래 학부제는 대학원 중심 대학을 위한 제도로서 출발한 것이지만, 한국의 경우 학부제를 도입함에 있어 대학원 중심의 학문 중심 대학과 학부 위주의 실용 중심 대학으로 나뉘어 도입하고 있는 것이 특징이다. 학부 교육에서는 대부분의 대학이 교육의 실용화에 치중하고 있어서 실용 중심의 학문, 간학문, 응용 학문 시대의 도래를 예고하고 있다. 강좌의 선택에서도 시장 경제의 논리가 적용되어 수강자가 자유롭게 강좌를 선택할 수 있게 된다. 교수 개인의 수업 내용의 여하에 따라 수강자가 결정되므로 쉽고 재미있는 강좌가 급증하게 되고 교수법에 대한 관심이 높아가고 있다. 이러한 움직임에 따라 일본어 교육 또한 어학 실기 중심의 강좌가 확대되고, 시청각 및 멀티미디어를 이용한 강좌가 늘고 있다.

고등학교의 제7차 교육 과정에서도 소비자 주도의 학습과 실용 중심 수업이 강조되고 있다. 따라서 자율 학습이 강화되고 멀티미디어 학습이 부각되며, 말하기 · 듣기 중심의 수업은 더욱 강조될 것이다. 중등학교에서의 외국어간 경쟁은 물론 같은 학교의 일본어 담당 교사간의 경쟁도 피할 수 없을 것이다.

··· 교과서의 변화

국내 학원가에서 30년간 독주해 오던 박성원의 『표준일본어』가 90년 대에 들어서 그 자취를 감춰 버렸고, 시사일본어사가 보급한 『문화일본어』 스타일이 그 자리를 대신하고 있다. 소비자의 요구에 민감한 사회 교육에서의 이러한 변화는 중요한 의미를 갖는다. 즉, 기존의 구조 분석 중심 교재에서 장면과 기능 중심 교재로, 문자 중심 교재에서 그림과 컬러 중심 교재로 바뀐 것이다. 실용 중심의 교육에 대한 수요와 함께 시청각적인 교육의 보급이 교재에도 같은 변화를 가져오게 된 결과라고 볼 수 있겠다. 현재의 고등학교 교과서는 듣기 수업부터 실시하도록 되어 있으나, 현장에서의 활용도는 그다지 높지 않다는 반응이다. 7차 교육 과정에서는 듣기와 말하기가 더욱 강조되고 현재와 같은 본문 위주의 교육은 크게 축소되므로, 앞으로의 교과서는 듣기·말하기 위주의 수업이 더욱 강조될 것이다. 중등학교의 발빠른 변화와는 달리 대학의 교재는 아직도 구태의연한 짜집기식 교재를 사용하고 있는 곳이 적지 않은 것 같다. 이제는 교재 개발의 자생력을 기른다는 차원에서도 교재에 대한 전문적 이론을 바탕으로 하여 영상 세대에 걸맞는 재미있는 교재의 개발에 대학이 앞장서야 할 때인 것이다.

··· 평가법의 변화

제2외국어 과목이 2001년의 수능부터 시험 과목에 편입되게 되었고, 대학마다 외국어 특기생 선발의 폭이 커지고 있다. 앞으로의 수능 평가 문항은 이제까지와는 다른 실용성 중심의 방향으로 나갈 것이고, 특기생의 경우 실기 경연이 많아질 것을 감안하면 앞으로는 실기 중심의 교육, 특기생 양성 교육이 곧 입시 교육이 될 것이다.

기존의 입시에서는 발음, 어휘, 문법 등에 관한 언어 사항과 독해 위주의 평가가 주된 내용이었으나, 앞으로의 각종 평가에서는 장면, 회화, 청해, 응용력 중심의 평가가 크게 강조될 것이다. 갈수록 회화 평가의 중요성은 높아질 것이고, 그에 따른 객관적 척도의 개발이 필요하게 될 것이다. 현 OPI 테스트나 컴퓨터에 의한 회화 평가 소프트인 CALT가 보급되면 입시를 위시한 어학 평가계에도 커다란 변화가 일 것으로 예측된다.

··· 통일 후의 일본어 교육

현재 북한의 일본어 교육은 전국의 각 도마다 외국어고등학교를 두고 있어 소위 엘리트 중심의 교육을 실시하고 있다. 따라서, 통일 후에는 일반인들의 일본어 학습 수요가 폭주할 것으로 예측된다. 물론 주된 수요

목적은 회화 중심이 될 것이므로 통일 후의 일본어 교육의 성격은 현재 우리가 개선하고자 하는 방향과 비슷한 양상으로 전개될 것으로 전망된다.

··· 교육자의 대응 방안

일본어 교육 관련 정책은 시대적 요구에 맞춰 적절하게 변해가고 있는데도 교육 현장은 변화에 대처하지 못하고 구태의연하게 남아 있다는 것이 우리가 가진 고질적인 문제이다. 가장 큰 이유는 변화에 대한 교육과 연수의 부족으로 일본어 교육에 대한 충분한 이해가 따르지 못했기 때문이다. 이러한 고질적인 문제를 해결하기 위해서는 일본어 교육에 대한 시각의 전환이 선행되어야 하겠다. 일본어를 할 수 있다고 하여 개인의 경험을 바탕으로 누구나 할 수 있는 분야가 아니고 응용 언어학으로서의 일본어 교육에 대한 전문적인 지식이 필요하다는 것을 알고, 그에 관한 연구와 학습이 진지하게 진행되어야 하겠다. 대학에서는 연구자 과정만 밟고 교사 교육을 경험한 적이 없는 교수가 일본어를 가르치는 교사를 겸하고 있는 지금의 현실이 일본어 교육의 발전에 커다란 걸림돌이 되고 있음을 간과해서는 안 될 것이다.

시대의 변화에 대처하기 위해서 교사는 「기능 쌓기」, 「책 보기」, 「더불어 하기」를 통해 해결할 것을 제안해 본다. 「기능 쌓기」는 언어 기능 외에 컴퓨터를 위시한 시청각 기기의 조작 기능을 포함하고 더 욕심을 낸다면 연기력과 표현력까지도 시도해 볼 필요가 있겠다. 「책 보기」는 교수 이론과 습득 이론에 관한 것과 언어의 문화성과 지역학적 소양을 높일 수 있는 것이면 좋을 것이다. 교사에 대한 연수가 태부족인 현재와 같은 상황에서는 혼자서 독학으로 하는 학습은 한계가 있다. 현재 국내에는 외국어 교육 관련 단체가 많이 있다. 그러한 단체를 통한 정보 교류는 매우 효율적일 것이다. 뜻이 맞는 교사끼리 소모임을 조직하여 더불어 연구하는 것이 가장 효율적이고 재미도 있을 것이다. 참고로 현재 일본어 교육에 관하여 일본어 전문 학회 이외에 이용할 수 있는 단체로서는 「한국외국 어교육학회」, 「한국멀티미디어언어교육학회」, 「한국커뮤니케이션학회」, 「한 국사회언어학회」, 「한국응용언어학회」 등의 다양한 학회가 있고, 경인 지역 교사들의 연구 모임인 「서울일본어교육연구회」도 적극적으로 연수 활동을 전개하고 있다. 그 밖에 일본어 교육 관련 인터넷 사이트의 활용도 도움이 될 것이다. 변화하는 시대에 적응하기 위해서는 더불어 하는 자율 연수보다 효과적인 방법은 없을 것이다.

부 록

🎯 일본어 교육 관련 기본 용어

■ **게임 (game)**

목표 언어인 일본어를 사용하여 개인이나 그룹별로 점수를 다투게 하여 학습 의욕을 높이는 방법으로, 학습하고자 하는 내용을 게임 소재로 하는 것이 효과적이다.

■ **교과서 (Textbook)**

교과서는 교재의 하나로 코스의 중심이 되는 주교재를 가리킨다. 교과서는 코스 디자인 그 자체로서 교사와 학습자는 교과서를 따라 학습을 진행하는 교과서 절대적인 사용 방법과, 코스의 축을 이루고 학습의 대강의 순서를 제시하는 수단 정도로서의 기능을 갖고 부교재를 함께 사용하는 방법이 있는데, 현대에는 다양한 학습자의 요구에 응하는 교육을 실시하기 위하여 후자의 사용법이 일반화되고 있다.

■ **교수법 (Teachig Method)**

교수법이란 교육을 효율적으로 수행하기 위한 방법론을 일컫는다. 외국어의 교수법은 세 가지 측면 즉, ① 언어의 본질을 검토하여 언어란 무엇인가라는 가설을 설정하고 그것을 어떻게 가르칠 것인가를 고찰하는 교수 이론, ② 인간이 언어를 습득하는 과정을 연구하여 보다 효과적인 학습 방법을 고찰하는 학습 이론, ③ 교재나 언어 사항을 어떻게 취급하고 어떠한 방법으로 가르칠 것인가를 결정하는 지도법에서 언급하는 것이 보통이다.

■ 교수 요목 (실러버스 : Syllabus)

가르칠 언어 재료와 제시 방법 순서 등을 일정한 원칙에 따라 정리한 것을 가리킨다. 실러버스 형식에는 문법을 중심으로 전개하는 문법 실러버스, 장면을 중심으로 전개하는 장면 실러버스, 개념을 중심으로 전개하는 개념 실러버스 등이 있다. 개념 실러버스에는 언어의 개념 체계를 중심으로 하는 것과 언어의 기능(Function)을 중심으로 전개하는 것이 있다. 후자는 기능(機能) 실러버스에 해당된다.

■ 교육 과정 (Curriculum)

교육 과정이란 교육 과정의 이론에 따라 교과 과정이라는 명칭으로 불리던 적도 있었으나, 한국의 경우 국가 교육 과정을 가리키며, 일본에서는 학습 지도 요령이라고 불리고 있다. 일반적으로 교육 과정이란 교육 기관이 가르치고자 하는 학습 목표, 학습 시기, 학습자의 수준, 학습 조건 등을 고려하여 기관의 방침에 따라 달성 목표와 교육 내용, 교재의 선택, 학습 속도와 수준 교육 방법, 평가 방법 등을 설정하여 작성하는 기관 주도의 교육 계획이다. 크게는 국가 교육 과정에서부터 작게는 학교 단위의 교육 과정과 각 코스 단위의 교육 과정까지 레벨의 폭이 다양하게 사용되는 용어이다.

■ 내추럴 어프로치 (Natural Approach)

내추럴 어프로치는 본래 루소의 자연주의 교육론의 영향을 받아 19세기에 미국의 Berlitz나 프랑스의 Guoin에 의해 제창된다. 그러나 현대의 내추럴 어프로치는 1980년대 초의 스테판 크라센의 제창에 의한 것으로, 습득과 학습을 구별하여 유아가 모어를 습득하는 과정을 모델로 하여 외국어의 습득을 설명한 것에 기초를 두고 전개된다. 내추럴 어프로치의 특징은 학습자를 편안한 상태에서 방대한 언어 정보를 제공하여 이해 중심의 습득을 유도한 다음에 표현은 학습자가 말할 준비가 되었다고 생각되는 단계에서 서서히 도입하게 되는 점이다. 이해가 선행되어야 표현할 수 있다는 가설에 근거하고 있기 때문이다. 현대의 내추럴 어프로치는 다음과 같은 5가지의 가설에 입각하여 학습 이론을 구축하고 있다.

① 습득-학습의 가설 : 언어 학습법에는 유아가 모어를 학습하는 경우와
   마찬가지로 전달 장면을 통해 무의식적으로 언어를 축적해 가는「습득」
   과, 교실에서 의식적으로 배우는「학습」이 있는데, 외국어의 능력은 습
   득에 의한 것으로 학습은 보조 수단에 불과하다.
② 자연 습득 순서의 가설 : 의식적으로 학습하지 않는 한 자연스럽게 획
   득되는 문법 항목의 예측이 가능하다.
③ 모니터 가설 : 문법 규칙은 학습에 의하여 습득되어 가는 것이 아니고
   형성된 언어 형식을 체크하거나 수정하는 모니터 기능을 갖으며, 일단
   습득된 기능은 체크할 필요가 없어진다.
④ 입력 가설 : 언어의 습득은 현재의 습득 수준보다 한 단계 높은 수준
   의 내용을 이해함으로써 이루어진다.
⑤ 정의적 필터 가설 : 가장 이상적인 외국어 학습자는 자신에 대하여 긍
   정적이고 목표 언어를 모어로 하는 사람과 적극적으로 교류하며, 주어
   진 입력 내용을 불안감이 없이 민감하게 수용하는 사람이다.

■ 롤플레이 (role play)

주어진 장면과 역할에 따라 학습자를 활동시키는 방법으로, 그 정도에는
다양한 레벨이 있다. 롤카드에 인물별로 장면 설정, 조건, 역할 등을 적어
주고 카드대로 따라서 하는 방법에서부터 대강의 역할과 주제만을 주고 학
습자의 임기 응변력에 따라 역할을 수행하도록 하는 레벨까지 다양하다.

■ 모듈형 교재 (modul)

모듈형 교재란, 체계적으로 구성된 교과서와 달리 상호 관련이 없이 독립
성을 가진 내용으로 구성된 교재로서 순서에 상관없이 선택하여 사용할 수
있도록 제작된 교재를 가리킨다. 제한된 학습 기간에 맞춰 선택적인 수업
을 운영하거나, 수업 참석자가 일정하지 않은 학습자를 대상으로 수업을
실시하는 경우에 유리하다.

■ 문법직역법 (Grammar-Translation Method)

고대에서 중세에 걸쳐 행해졌던 문법 지도 중심의 번역 교수법이다. 학습 대상 외국어의 문법 규칙, 어형 변화와 어휘를 암기하고, 외국어를 자국어로 번역하여 문의 의미를 이해하는 전통적인 교수법이다. 읽기·쓰기 위주의 교육에 유리한 교수법이라고 할 수 있으나, 말하기·듣기 위주의 교수법으로서는 적합하지 않다.

■ 방법 (메서드, method)

기초 학습 이론인 「어프로치」에 입각하여 개발된 구체적인 언어 교수법을 가리킨다. 예를 들면 오디오링걸 어프로치에 입각하여 모방과 암기 학습을 위해 개발된 Mim-Mem Method나 구두 문형 연습용으로 개발된 Pattern practice Method 등이 그것이다.

■ 부교재

주교재인 교과서에 맞춰 사용되는 보조 교재를 가리킨다. 교과서가 넓은 범위의 학습자를 대상으로 제작되는 것과 달리 부교재는 개개의 학습자의 학습 활동을 다양하게 제공하는 기능을 갖는다.

■ 비언어 행동 (non-verbal behavior)

최근의 외국어 교육에 있어서는 언어적 기능뿐만이 아니고 의사 소통 능력과 문화적 능력도 중시하고 있다. 비언어적 행동이란 문화적 능력에 해당되는 것으로 음성과 문자로 된 언어 이외의 행동을 통해 의사가 전달되는 것을 가리킨다. 비언어 행동 능력이란 얼굴 표정, 맞장구, 시선, 신체 접촉, 상대와의 거리, 제스처, 복장, 인사 방법, 악수, 각종 신체적 신호 등에 대한 습관을 이해하고 적절하게 행동하는 능력을 말한다.

■ 상담 학습 (Counseling Learning)

학습자끼리 조를 편성하여 교사가 제시한 과제에 대해 상호 협력하여 해결해 가는 학습 방법이다. 교사는 요청이 있을 때에만 가담하여 조언하고,

학습의 전 과정이 학습자 주도로 전개되는 것을 원칙으로 한다. 수업 후 반성 시간에도 학습자 중심으로 전개한다.

■ 암시식 교수법 (Suggestopedia)

정신 치료 이론을 언어 학습에 적용한 것으로, 암시와 정신 집중을 통해 학습 효과를 높이고자 요가 동작이나 호흡법을 시키기도 하고, 고전 음악을 들려주면서 편한 자세로 정보를 접하게 한다. 불안과 스트레스가 없는 상태에서는 기억력과 창조력이 높아져 놀랄 만큼의 진전이 있다고 한다.

■ 어프로치 (approach)

교수법의 용어 중에는 오디오링걸 어프로치, 커뮤니커티브 어프로치 등과 같이 어프로치라는 용어가 쓰이는 경우가 있는데, 이는 방법(methdo)과 구별되는 개념이다. 어프로치란 언어의 본질이나 습득, 학습, 교수법 등에 대한 가설에 따라 체계화시킨 언어 학습 이론이다. 즉, 오디오링걸 어프로치는 '언어는 본질적으로 음성이며 구조이다' 라는 가설에 입각한 것이며, 내추럴 어프로치는 '언어 능력은 선천적인 습득에 의해 달성되는 것이므로 학습은 보조적 역할에 불과하다' 는 가설에 입각하여 개발된 언어 이론인 것이다.

■ 오디오 링걸 어프로치 (Audiolingual Approach)

언어의 음성적 측면을 중시하여 듣기, 말하기 훈련에 중점을 두고 이어서 읽기와 쓰기를 학습하는 교수법이다. 일상 생활의 회화문 형식으로 기본 문형을 제시한 다음, 문형 연습에 의한 구두 연습을 시키고 읽기와 쓰기를 학습하는 교수법이다.

■ 오피니언 갭 (opinion gap)

화자와 청자간에 서로 다른 의견을 갖도록 하여 대화를 통해 그 갭을 메꾸어 가는 교수법으로 유창성의 신장에 유리하다.

■ 인포메이션 갭 (information gap)

화자와 청자간에 부분적으로 서로 다른 정보를 부여하여 그 차이를 대화를 통해 발견하게 하는 학습 방법이다.

■ 자료 교재

수업에 필요한 통계 자료, 신문 기사, 해설서, 사진집, 비디오 등 수업의 보조로 사용되는 자료의 총칭으로, 넓게는 인적 자원까지를 포함한다.

■ 직접법 (Direct Method)

19세기 말에서 20세기 초에 대두된 교수법으로, 학습 대상 언어만을 사용하여 지도하는 교수법이다. 음성면을 중시하되 읽고 해석하지 않으며 문법을 체계적으로 가르치지도 않는다. 그림이나 동작 등을 통해 학습자의 이해를 돕는 다양한 방법을 동원하는 부분이 특징이다.

■ 침묵식 교수법 (Silent Way)

이 교수법은 교사의 침묵에 의해 학습자 스스로가 발화하게 되고 학습자 상호간에 서로 돕게 되어 학습 효과를 높이는 방법이다. 가나가 적힌 색종이를 나열하여 짚어가며 읽기도 하고, 작은 막대를 사람이나 물건에 비유하여 단어나 문형을 가르친다. 학습자의 발언에 오류가 있어도 교정하거나 야단을 치지 않지만 동료들이 정정하는 것은 권장한다.

■ 커뮤니커티브 어프로치 (Communicative Approach)

70년대에 유럽을 중심으로 발전한 종합적 외국어 교수법으로, 언어에 의한 의사 전달에 중점을 두고 있다. 학습자에게 언어의 지식이 아닌 사용 장면과 결부된 실제 사용 능력을 가르치고자 하는 교수법이다.

■ 코스 디자인 (Course Design)

학습자가 해당 외국어를 학습하는 목적에 따라 학습 목적을 설정하여 그에 따른 적절한 학습 항목을 설정하고 교재와 교수법 등을 설계하는 것을 가리킨다. 코스의 설정에는 과학 일본어 · 상업 일본어 · 여행 일본어 등 학습자의 외국어 활용 분야별 코스, 회화 · 독해 · 문법 등 학습자의 중점 학습 항목별 코스, 초급 · 중급 · 고급 등 레벨별 코스 등 다양하다. 코스 디자인의 구체적인 순서는 다음과 같다.

① 학습 대상과 학습 목적, 교육 담당자를 구체화
② 교수 항목의 결정(실러버스)
③ 교수 항목에 대한 양, 순서, 시간 등을 결정(커리큘럼)
④ 교수법의 결정
⑤ 시험 실시 시기와 횟수, 평가 방법과 기준 등을 결정

■ 토론 학습

토론 학습이란 주어진 테마에 대한 자신의 의견을 서술하는 것이 일반적인데, 디베이트에서는 임의적으로 찬성파와 반대파로 나뉘어 상대편의 의견을 자기편의 의견으로 끌어드리는 편이 이기는 방법이다.

■ TPR (Total Physical Response Approach)

청해 활동을 신체적 동작과 연동시킴으로써 학습 효과를 높이는 교수법이다. 교사가 명령하면 학습자는 동작으로 반응하는 방법으로, 유아의 언어 습득 과정을 모방하여 발화 이전의 청해 활동을 우선하고 동작과 연동시킴으로써 청해 능력을 높여간다.

■ 학습 동기 (motivation)

외국어의 학습자에게는 그 언어를 학습하게 된 동기가 있기 마련이다. 대개의 경우, 해당 언어권에서 살기 위해서, 또는 해당 언어를 사용하는 직업을 갖기 위해서, 또는 해당 언어의 시험을 보기 위해서, 또는 정보 수집의 수단이나 교양을 위해서 등 갖가지 동기로 외국어를 학습하게 된다. 이러한 학습 동기가 절실한 것일수록 학습에 임하는 학습자의 자세가 달라지고 학습 효과 또한 달라지므로, 학습 효과를 높이기 위해서는 학습자의 학습 동기를 보다 확실히 하는 것이 필요하다.

② 일본어 교육 관련 참고 도서

アール W. ステヴィック　1988,『新しい外国語教育』　アルク

安場淳 外　1991,『体験学習法の試み』　凡人社

安秉坤 訳編　1985,『日本語教授法』　学文社

石田敏子　1988,『日本語教授法』　大修館書店

―――――　1992,『入門日本語テスト法』　大修館書店

伊藤嘉一　1984,『英語教授法のすべて』　大修館書店

今田寛　1996,『学習の心理学』　培風館

大浦猛　1990,『教育の方法・技術』　山文社

岡崎敏雄　1989,『日本語教育の教材』　アルク

―――――　1992,『ケーススタディ日本語教育』　桜楓社

―――――, 岡崎眸　1990,『日本語教育におけるコミュニカティブ・アプロ
　　　　　　　　　　ーチ』　凡人社

小川芳男 外編　1991,『英語教授法辞典』(4刷)　三省堂

海外技術者研修協会 編　1977,『日本語の基礎Ⅰ』(教師用指導参考書)
　　　　　　　　　　海外技術者研修調査会

片桐ユズル　1973,『意味論と外国語教育』　くろしお出版

加藤彰彦, 伊藤芳照　1988,『文字・表記の教育』(国立国語研究所, 日本語教
　　　　　　　　　　育指導参考書14)　大蔵省印刷局

加藤影彦, 佐治圭三, 森田良行 編　1989,『日本語概説』　桜楓社

鎌田修外　1996,『日本語教授法ワークショップ』　凡人社

北原保雄 外編　1981，『日本文法事典』　有精堂

木村宗男　1982，『日本語教授法』　凡人社

─────　1988，『教授法入門』(教師用日本語教育ハンドブック7)　国際交流
　　　　基金

教科研東京・国語部会・言語教育研究サークル　1963，『文法教育・その内容
　　　　　　　　　　　　　　　　　　　　　と方法』　むぎ書房

─────────────────────── 1964，『語彙教育・その内容
　　　　　　　　　　　　　　　　　　　　　と方法』　むぎ書房

草薙裕　1991，『日本語はおもしろい』　講談社

小出詞子 編　1989，『日本語教育の基礎知識』　アルク

国際基督教大学　1995，『日本語教育の課題』　東京堂出版

国際交流基金　1988，『教授法入門』　凡人社

国際交流基金，(財)日本国際教育協会 編　1994，『日本語能力試験出題基
　　　　　　　　　　　　　　　　　　　　準』　凡人社

国立国語研究所　1979，『日本語教育の評価法』(日本語教育指導参考書6)
　　　　大蔵省印刷局

─────　1980，『中・上級の教授法』(日本語教育指導参考書7)
　　　　大蔵省印刷局

─────　1984，『日本語教育のための基本語彙調査』(国立国語研究
　　　　所報告78)　秀英出版

─────── 監修　1985，『言語行動と日本語教育』　凡人社

─────　1984・1985，『語彙の研究と教育(上・下)』(日本語教育指導
　　　　参考書12・13)　大蔵省印刷局

─────　1986，『社会変化と敬語行動の標準』(国立国語研究所報告
　　　　86)　秀英出版

─────　1987，『映像教材による教育の現状と可能性－日本語教
　　　　育映画ワークショップ報告』　日本シネセル

─────　1987，『日本語教育映画基礎編 総合文型表』　日本シネ
　　　　セル

──────── 1988, 『文字・表記の教育』(日本語教育指導参考書14)
　　　　　　大蔵省印刷局

──────── 監修　1988, 『話しことばのコミュニケーション』(日本語教
　　　　　　師用参考書Ⅱ)　凡人社

小森法孝　1987, 『日本語アクセント教室』　新水社

塩田芳久　1979, 『学習指導心理学』　れいめい書房

塩見邦雄　1998, 『視聴覚教育の理論と方法』　ナカニシャ

シィー・ディー・アイ 編　1985, 『日本語教育および日本語普及活動の現状
　　　　　　　　　　と課題』　総合研究開発機構

柴田義松　1994, 『教育課程』　放送大学教育振興会

須田　清　1967, 『かな文字の教え方』　むぎ書房

ステビック, E. W.　1986, 『外国語の教え方－学習者中心のアプローチ』
　　　　　　　　サイマル出版会

J. B. ヒートン　1992, 『コミュニカティブ・テスティング』　研究社

J. ユング　1971, 『言語学習の心理』　明治図書

徐敏民　1996, 『戦前中国日本語教育』　エムティ出版

スティーブン, D. クラッシェン 外　1986, 『ナチュラル・アプローチのす
　　　　　　　　　　すめ』　大修館書店

関正昭　1997, 『日本語教育史研究序説』　スリーエーネットワーク

高木きよ子　1980, 「中・上級の読解教育」『中・上級の教授法』(国立国語研究
　　　　　　　　所, 日本語教育指導参考書7)　大蔵省印刷局

高見沢孟　1989, 『新しい外国語教授法と日本語教育』　アルク

高見沢孟 監修　1996, 『はじめての日本語教育1・2』　アスク講談社

武部良明　1989, 『漢子の教え方』　アルク

田中望　1988, 『日本語教育の方法』　大修館書店

────── 1988, 『プロジェクトワーク』　凡人社

────── 1989, 『ロールプレイとシミュレーション』　凡人社

田中望, 斉藤里美　1993, 『日本語教育の理論と実際』　大修館書店

W. M. リヴァース　1982, 『外国語習得のスキル』　研究社

王村文郎　1984・1985，『語彙の研究と教育(上・下)』(国立国語研究所,日本語
　　　　　教育指導参考書12・13)　大蔵省印刷局

辻村明　1968，『日本文化とコミュニケーション』　日本放送出版協会

辻村敏樹　1964，「面白かったです・面白いでした」『口語文法講座3 ゆれて
　　　　　いる文法』　明治書院

寺村秀夫　1982・1984，『日本語のシンタクスと意味(Ⅰ・Ⅱ)』　くろしお出
　　　　　版

富田隆行　1991，『文法の基礎知識とその教え方』　凡人社

―――――　1993，『教授法マニュアル70例(上・下)』　凡人社

長沢邦紘　1988，『コンプリヘンション・アプローチとは何か』　三友社

永保澄雄　1987，『日本語直接教授法』　創拓社

―――――　1995，『絵を書いて教える日本語』　創拓社

中西郁夫　1987，『日本語個人・教授法』　凡人社

名柄 外　1993，『外国語教育の理論と史的発展日本語教育』　アルク

西口光一　1995，『日本語教授法を理解する本：歴史と理論編』　バベル・
　　　　　プ・レス

日本語教育学会編　1982，『日本語教育事典』　大修館書店

―――――――――　1991，『日本語教育機関におけるコース・デザイン』
　　　　　　　　　　凡人社

―――――――――　1991，『日本語テストハンドブック』　大修館書店

―――――――――　1995，『タスク日本語教授法』　凡人社

『日本語教師読本』編集部　1989，『日本語教育入門用語集』　アルク

縫部義憲　1991，『日本語教育学入門』　創拓社

―――――　1994，『日本語教授学入門』　瀝瀝社

野地潤家　1980，『話しことば教育史研究』　共文社

芳賀純　1979，『二言語併用の心理』　朝倉書店

林大　1990，『日本語教育ハンドブック』　大修館書店

ベルダン田中幸子 外　1989，『ロールプレイとシミュレーション』　凡人社

樋口清之　1985，『日本語の常識事典』　昭文社

フィノキワーロ, M, ブラムフィット, C   1987, 『言語中心の英語教授法』
　　　　　　大修館書店

平沢洋一, 渉井二三 編   1992, 『日本CAIの研究』   桜楓社

福沢周亮   1991, 『言葉と教育』   放送大学教育振興会

ブロック, B.   1975, 『ブロック日本語論考』   研究社

文化庁   1972, 『日本語教授法の諸問題』   文化庁

Heidi Dulay 外   1984, 『第2言語の習得』   弓書房

松宮弥平   1936, 『日本語教授法』   日語文化学校

水谷信子   1989, 『日本語教育の内容と方法』   アルク

─────   1997, 『日本語教育概論』   放送大学教育振興会

宮島達夫   1968, 『単語指導ノート』   むぎ書房

宮地裕, 田中望   1988, 『日本語教授法』   放送大学教育振興会

宮地裕 外編   1989, 『講座日本語と日本語教育1-16』   明治書院

山岡俊比古   1997, 『第2言語習得研究』   桐原ユニ

山口喜一郎   1943, 『日本語教授法原論』   新紀元社

山田泉   1996, 『社会派日本語教育のすすめ』   凡人社

ラドー   1970, 『外国語教育』   明治図書

李德奉   1998, 『日本語教育의 理論과 方法』   時事日本語社

リヴァース, W. M.   1987, 『外国語習得のスキル―その教え方(第2版)』
　　　　　　研究社

3 제6·7차 고등학교 일본어 교육 과정

1. 제6차 교육 과정

① 일본어 I

1) 성격

「일본어 I」과목은 여러 분야에서 영향력이 날로 증가하고 있는 일본어를 익혀, 첨단 과학 기술 및 정치·경제면에서 점점 높아지고 있는 일본의 국제적 지위에 대응하고, 우리 나라와의 지리, 역사적 관계에서 요구되는 상호 협력 교류를 지속하는 데 도움을 주는 과목이다.

「일본어 I」과목은 단순한 이해 기능과 표현 기능을 고르게 기르되, 듣기와 말하기에 중점을 두어 의사 소통 능력을 신장하는 기초 과정이며, 이러한 과정을 통하여 학생들이 일본어와 일본에 흥미와 관심을 가질 수 있도록 도와줄 것이다.

「일본어 I」과목은 단순한 의사 소통 도구로만 가르치는 것이 아니라, 자신의 생각과 느낌 등을 일본어로 표현할 수 있는 기초 능력을 기르고, 동시에 건전한 사고 방식을 가진 성숙한 민주 시민으로 자라도록 탐구하고 사고하는 바탕을 배양하며, 나아가 일본 문화의 이해를 통하여 국제화 시대에 능동적으로 대처할 수 있는 기초적 역량을 기르도록 한다. 따라서, '일본어 I' 과목은 대학에 진학하여 학문을 연마할 학생에게는 물론, 실업계 학생에게도 선택 과목으로 권장하도록 한다.

2) 목표

가. 일상 생활과 관련된 쉬운 말과 글을 이해할 수 있게 한다.

나. 일상적인 화제와 관련된 내용을 간단하게 표현할 수 있게 한다.

다. 일본인의 일상 생활과 관습을 이해하게 한다.

3) 내용

가. 언어 기능

(1) 이해 기능

　(가) 소리와 문자의 관계를 이해하기

　(나) 간단한 말을 듣고 행동하기

　(다) 간단한 질문이나 대답을 이해하기

　(라) 간단한 대화의 내용을 이해하기

　(마) 쉬운 내용의 말과 글의 대의를 파악하기

(2) 표현 기능

　(가) 소리와 문자를 식별하여 발음하기

　(나) 학습한 내용을 간단한 말로 표현하기

　(다) 실물이나 그림을 보고 간단히 대화하기

　(라) 간단한 질문이나 대답하기

　(마) 일상 생활에 관하여 쉬운 말과 글로 표현하기

나. 의사 소통 기능

(1) 〔별표 1〕에 제시된 의사 소통 기능 항목을 참고로 한다.

(2) 문법에 관한 내용은 〔별표 1〕에 있는 예시문의 해당 사항을 참고한다.
　　다만, 다음 문법 사항은 다루지 않기로 한다.

　(가) 고어적인 표현 (예 べし, まい 등)

　(나) 사역 + 피동형 표현 (예 歌わせられる 등)

다. 언어 재료

(1) 소재

　(가) 일상 생활에 관한 소재를 위주로 선택하되, 의사 소통 기능 지도에 도

움이 되는 것으로 한다.

① 개인 생활과 인간 관계에 관한 것

② 교우 관계와 학교 생활에 관한 것

③ 취미, 오락, 운동, 여행 등 여가 선용에 관한 것

④ 건전한 사고와 협동 정신을 기르는 데 도움이 되는 것

⑤ 일본인의 일상 생활을 이해하는 데 도움이 되는 것

㈏ 내용 구성에 있어서는 다음 사항에 유의해야 한다.

① 학생들의 흥미, 필요, 지적 수준 등을 고려하여 학습 의욕을 유발할 수 있는 것으로 한다.

② 학습 활동을 통하여 학생들의 의사 소통 의욕을 유발할 수 있는 것으로 한다.

③ 내용은 실용적인 것으로 한다.

⑵ 발음

현대 일본어의 표준 발음으로 한다.

⑶ 문자

문자는 히라가나, 가타카나, 한자를 사용하되, 한자는 일본의 상용 한자 범위 내로 한다.

⑷ 어휘

〔별표 2〕에 제시된 어휘를 중심으로 하여 600낱말 내외를 사용한다.

4) 방법

가. 교수·학습 계획

⑴ 듣기와 말하기에 중점을 두어, 언어 기능의 자연스러운 습득이 가능하도록 수업을 계획한다.

⑵ 언어 기능을 효율적으로 기를 수 있도록 학습 지도 계획을 사전에 짜도록 한다.

⑶ 학생의 필요와 지적 발달을 고려하여, 언어 기능과 의사 소통 기능이 나선형으로 구성되게 한다.

⑷ 학생의 흥미와 동기를 유발할 수 있도록 학생 중심의 학습 활동이 되

도록 계획한다.

(5) 각종 시청각 자료 및 기구를 충분히 활용하여 학습 효과를 높이도록 수
업을 계획한다.

나. 교수 · 학습 방법

(1) 교사와 학생 및 학생과 학생 간의 활동을 전개하여, 의사 소통 기능을
이해하고 이를 적용할 수 있도록 한다.

(2) 듣기 지도는 반복 연습을 통하여 문장의 의미를 충분히 이해하도록 도
와준다.

(3) 말하기 지도는 개인별 및 분단별로 역할 놀이, 게임 등을 통하여 하되,
학생들에게 능동적으로 표현할 수 있는 기회를 많이 주도록 한다.

(4) 읽기 지도는 자연스러운 발화에 역점을 두어 낭독하게 하여 유창성을
기르도록 한다.

(5) 쓰기 지도는 통제 작문을 중심으로 지도한다.

(6) 문화에 관한 내용은 적절한 자료를 사용하여, 편협하지 않은 사고 방식
과 올바른 가치관을 기르도록 한다.

(7) 목표와 내용에 따라서는 일본어로 수업을 진행할 수 있게 한다.

(8) 개별 학습과 자율 학습이 가능하도록 도움 자료(테이프, 워크북)를 활용
한다.

(9) 교과용 도서의 내용은 학생의 수준과 지역 환경 및 상황에 따라 재구
성하여 지도할 수 있다.

(10) 학생의 의사 소통 의욕을 높이기 위하여 오류의 즉각적인 수정을 피하
도록 한다.

5) 평가

가. 평가 지침

(1) 학습한 내용을 중심으로 이해 기능과 표현 기능을 고루 평가한다.

(2) 이해 기능은 듣기와 읽기 능력을 평가한다.

(3) 표현 기능은 말하기와 쓰기 능력을 평가한다.

(4) 학습 과정과 단계별 목표의 성취도를 종합적으로 평가한다.

(5) 타당성, 신뢰성, 객관성을 갖춘 평가가 되도록 한다.

(6) 평가의 결과는 이해 기능과 표현 기능으로 구분하여 처리한다.

(7) 표현 기능의 평가는 5단계 정도로 나누어 처리한다.

나. 평가 목표

(1) 언어 기능

　㈎ 이해 기능

　　① 소리와 문자의 식별 능력

　　② 간단한 대화의 내용 이해

　　③ 간단한 질문이나 대답의 이해

　　④ 쉬운 대화의 내용, 목적, 상황 등에 대한 이해

　　⑤ 일본인의 일상 생활과 관습에 대한 이해

　㈏ 표현 기능

　　① 소리와 문자의 식별과 발음

　　② 간단한 질문이나 대답

　　③ 실물이나 그림을 이용한 간단한 대화

　　④ 상황에 따른 간단한 대화

　　⑤ 인사, 소개, 초청, 감사 등 의사 소통 기능의 적절한 표현

(2) 의사 소통 기능

　학습한 의사 소통 기능의 이해와 적용

다. 평가 방법

(1) 평가 목표에 따라 분리 평가와 통합 평가를 적절하게 실시하면서 통합 평가의 비중을 높여 간다.

(2) 언어 기능과 의사 소통 기능을 효과적으로 평가할 수 있는 방법을 사용하도록 한다.

(3) 단편적이고 지엽적인 문법 지식 중심의 평가를 피하고, 언어 능력을 종합적으로 평가할 수 있는 방법을 활용하도록 한다.

(4) 의사 소통 의욕과 의사 소통 활동의 참여도 등을 관찰하여 평가한다.

② 일본어 II

1) 성격

「일본어 II」 과목은, 여러 분야에서 영향력이 날로 증가하고 있는 일본어를 익혀, 첨단 과학 기술 및 정치 · 경제면에서 점점 높아지고 있는 일본의 국제적 지위에 대응하고, 우리 나라와의 지리, 역사적 관계에서 요구되는 상호 협력 교류를 지속하는 데 도움을 주는 과목이다.

「일본어 II」 과목은 「일본어 I」 과목의 심화 과정으로, 이해 기능과 표현 기능을 고르게 기르되, 읽기와 쓰기에 중점을 두어 의사 소통 능력을 신장하는 기초 과정이며, 이러한 과정을 통하여 학생들이 일본에 눈을 뜨고 일본을 새롭게 인식할 수 있도록 도와줄 것이다.

「일본어 II」 과목은 단순한 의사 소통 도구로만 가르치는 것이 아니라, 자신의 생각과 느낌 등을 일본어로 표현할 수 있는 기초 능력을 기르고, 동시에 건전한 사고 방식을 가진 성숙한 민주 시민으로 자라도록 탐구하고 사고하는 바탕을 배양하며, 나아가 일본 문화의 이해를 통하여 국제화 시대에 능동적으로 대처할 수 있는 기초적 역량을 기르도록 한다. 따라서, 「일본어 II」 과목은 대학에 진학하여 학문을 연마할 학생에게는 물론, 실업계 학생에게도 선택 과목으로 권장하도록 한다.

2) 목표

가. 일반적인 화제와 관련된 글을 이해할 수 있게 한다.

나. 일반적인 화제와 관련된 내용을 표현할 수 있게 한다.

다. 일본인의 생활과 문화를 이해하고 올바른 가치관 형성에 도움이 되게 한다.

3) 내용

가. 언어 기능

(1) 이해 기능

㈎ 소리와 문자의 관계를 추론하여 이해하기

   (내) 쉬운 내용의 말과 글을 이해하기

   (대) 쉬운 질문이나 대답을 이해하기

   (래) 쉬운 글의 대의를 파악하기

   (매) 내용이나 사건의 전개 과정을 이해하기

(2) 표현 기능

   (개) 간단한 말을 듣고 받아쓰기

   (내) 학습한 내용을 적용하여 간단하게 표현하기

   (대) 쉬운 우리말을 일본어로 옮겨쓰기

   (래) 실물이나 그림을 보고 간단히 대화하기

   (매) 일상 생활과 일반적인 화제에 관하여 간단하게 표현하기

나. 의사 소통 기능

「일본어Ⅰ」과목에 준한다.

다. 언어 재료

(1) 소재

   (개) 일반적인 화제를 위주로 선택하되, 의사 소통 기능 지도에 도움이 되
     는 것으로 한다.

     ① 사회 생활과 국가에 관한 것

     ② 취미, 오락, 운동, 여행 등 여가 선용에 관한 것

     ③ 공동 생활과 관련된 도덕과 질서 등 가치관 확립에 도움이 되는 것

     ④ 문화와 환경 문제 등을 이해하는 데 도움이 되는 것

     ⑤ 일본 문화와 우리 문화를 바르게 이해하는 데 도움이 되는 것

   (내) 내용 구성에 있어서는 다음 사항에 유의해야 한다.

     ① 「일본어Ⅰ」과목에서 배운 것을 응용하고 심화할 수 있도록 한다.

     ② 학생들의 흥미, 필요, 지적 수준 등을 고려하여 학습 의욕을 유발할
       수 있는 것으로 한다.

     ③ 학습 활동을 통하여 학생들의 의사 소통 의욕을 유발할 수 있는 것
       으로 한다.

     ④ 내용은 실질적이며 적합한 것으로 한다.

(2) 발음

「일본어Ⅰ」과목에 준한다.

(3) 문자

「일본어Ⅰ」과목에 준한다.

(4) 어휘

㉮「일본어Ⅰ」과목에서 사용된 어휘를 다시 사용할 수 있다.

㉯〔별표 2〕에 제시된 어휘를 중심으로 하여 800낱말 내외를 추가하여 사용한다.

4) 방법

가. 교수 · 학습 계획

(1)「일본어Ⅰ」과목에서 배운 내용을 심화하되, 읽기와 쓰기에 중점을 두어 수업을 하도록 계획한다.

(2) 기타 사항은「일본어Ⅰ」과목에 준한다.

나. 교수 · 학습 방법

(1) 듣기 지도는 반복 연습을 통해 문장의 의미를 충분히 이해하도록 한다.

(2) 말하기 지도는 상황에 따라 적절히 표현할 수 있게 한다.

(3) 읽기 지도는 구와 절, 문자의 구조 등의 문법적인 설명을 피하고 의미를 파악하도록 도와순다.

(4) 쓰기 지도는 점진적으로 쉬운 자유 작문을 할 수 있게 한다.

(5) 문화에 관한 내용은 적절한 자료를 사용하여, 편협하지 않은 사고 방식과 올바른 가치관을 기르도록 한다.

5) 평가

가. 평가 지침

「일본어Ⅰ」과목에 준한다.

나. 평가 목표

(1) 언어 기능

　㈎ 이해 기능

　　① 쉬운 글의 의미 파악

　　② 쉬운 글의 줄거리, 주제, 소재 등의 이해

　　③ 쉬운 작품의 독해

　　④ 일본 문화에 대한 이해

　㈏ 표현 기능

　　① 학습한 내용을 받아쓰기

　　② 주어진 낱말로 문장 만들기

　　③ 간단한 용건을 글로 쓰기

　　④ 생각이나 느낌, 경험 등을 간단히 표현하기

(2) 의사 소통 기능

　「일본어Ⅰ」 과목에 준한다.

다. 평가 방법

「일본어Ⅰ」 과목에 준한다.

■ 〔별표1〕 의사 소통 기능과 예시문

· 다음은 고등학교 일본어 교육 과정에서 우선적으로 이수하기를 권장하는 의사 소통 기능 항목이다. 그러나 여기에 제시되지 않은 항목도 필요에 따라 적절히 포함시킬 수 있다.

· 다음 예시문은 고등학교 일본어 교육 과정에 필요한 문자의 구조, 문장의 종류, 기타 어법에 관한 사항을 참고할 수 있도록 하였으며, 또 예시문에 나타나 있지 않은 사항도 필요에 따라 적절히 포함시킬 수 있다.

1) 개인의 생각

(1) 가능성　　　　あなたは運転ができますか。

　　　　　　　　雨が降りそうです。

(2) 소망과 의지　　　　カメラがほしいです。

私もぜひ行きたいです。

もっとがんばります。

(3) 확신　　　　　　あしたはきっと会えるでしょう。

急げば間に合うと思います。

(4) 추측　　　　　　吉田さんは来ないかも知れません。

彼も行くだろうと思います。

つかれているようですね。

2) 개인의 느낌

(1) 희로애락　　　　お会いできてうれしいです。

きのうの映画はとてもおもしろかったです。

(2) 감각적 느낌　　　これはおいしいですね。

とてもいいにおいです。

(3) 좋거나 싫음　　　夏はあつくてきらいです。

私は山にのぼるのが好きです。

(4) 정서적 느낌　　　ひとりでさびしかったでしょう。

道が暗くてこわかったです。

3) 친교 활동

(1) 인사　　　　　　お元気ですか。では、失礼します。

(2) 초대　　　　　　あしたあそびにいらっしゃいませんか。

あしたもぜひ来て下さい。

(3) 약속　　　　　　今度の日曜日はどうですか。

あしたの午後三時に郵便局の前で会いましょう。

(4) 칭찬이나 격려　　金さんは本当に歌が上手ですね。

がんばって下さい。

(5) 말의 중단이나 끝맺음　すみません、ちょっと待って下さい。

では、これで失礼します。

4) 일상적 대인 관계

(1) 소개　　　　　　はじめまして、ユンヒです。

どうぞよろしく。

(2) 전화　　　　　もしもし、山田先生いらっしゃいますか。

もしもし、山本ですが李さんお願いします。

(3) 감사　　　　　ありがとうございます。

いろいろお世話になりました。

(4) 사과나 변명　　遅くなってすみません。

試験があったので行けませんでした。

5) 권유와 의뢰

(1) 부탁과 요청　　金さんの住所を教えていただけませんか。

私に行かせてください。

(2) 승낙과 거절　　はい、いいですよ。

けっこうです。

それはちょっと困ります。

6) 지시와 명령

(1) 주의나 경고　　遅れないようにして下さい。

この水は飲まないで下さい。

(2) 허용　　　　　鉛筆で書いてもいいですか。

もう帰ってもいいです。

(3) 충고　　　　　人に迷惑をかけてはいけませんよ。

薬を飲んだほうがいいですよ。

(4) 제안과 설득　　先生に相談してみたらどうですか。

もう遅いから帰ったほうがいいんじゃありませんか。

(5) 의무　　　　　約束は守らなければなりません。

もう一度行かなければいけません。

7) 정보 교환

(1) 사실 확인　　きょうは水曜日ですね。

朴さんが先生にしかられたというのは本当ですか。

(2) 설명　　　　うちから学校まで歩いて30分です。

今度の旅行には山本さんも行くらしいです。

(3) 경험   あなたは日本に行ったことがありますが。
　　　　　　　　　　いいえ、私はまだ日本に行ったことがありません。
(4) 비교   バスと地下鉄とどちらが便利ですか。
　　　　　　　　　　地下鉄のほうが便利です。

8) 의견 교환

(1) 의사 표시   その問題は難しすぎると思います。
　　　　　　　　　　お名前を教えてもらいたいんですが。
(2) 동의나 반대   それでいいと思います。
　　　　　　　　　　そうですね。

9) 문제 해결

(1) 물건 사기   これはいくらですか。
　　　　　　　　　　もう少し大きいのはありませんか。
(2) 안내   駅へ行くにはどうしたらいいでしょうか。
　　　　　　　　　　3番バスに乗れば駅へ行けます。
(3) 보고   とても静かでいい所でした。
　　　　　　　　　　先生はもうお帰りになったそうです。

10) 창조적 활동

(1) 가설   もしだれもいなかったらどうしましょう。
　　　　　　　　　　安ければ、私も買います。
(2) 상상   あの子はいくつぐらいでしょう。
(3) 편지 쓰기   お元気でいらっしゃいますか。
　　　　　　　　　　では、お体に気をつけてください。

■ 〔별표2〕 기본 어휘표 (생략)

2. 제7차 교육 과정

① 일본어 Ⅰ

1) 성격

일본어는 조선 중엽의 사역원에서 통역관 양성용으로 일본어 교재가 간행된 사실에서 알 수 있듯이, 일찍부터 교육적 필요성이 높았던 언어이다. 현재의 한국과 일본은 정치, 경제, 사회, 문화적으로 긴밀한 상호 협력 관계에 있지만, 오랜 선린의 관계가 깨어진 바 있는 근대사의 영향으로 양국민의 감정의 골은 아직 깊다. 바야흐로 세계는 인접 국가간의 결속이 강화되어 지역 단위로 통합 또는 협력 체제를 구축하고 있으며, 문화간 교류를 통해 서로를 이해하고 협력하는 국제화 활동이 활발하게 전개되고 있다. 이러한 시대적 요구를 배경으로「일본어Ⅰ」과목은 한일간의 각종 교류 활동의 일익을 담당할 수 있는 인재를 기르기 위한 기초 과정으로서, 언어의 4기능을 기초적인 수준에서 모두 다루어 균형잡힌 의사 소통 능력을 기르는 기초적인 과목이다.

일본어는 경제력과 정보력면에서 언어 세력이 큰 대표적인 언어이다. 현대와 같은 정보의 대량 유통 시대에 있어서 인쇄 매체와 인터넷을 통한 신속한 정보의 수집은 일본의 이해는 물론이고 한국의 발전을 위해서 매우 유익하다. 따라서「일본어Ⅰ」과목은 정보 수집 능력의 바탕을 이루기 위하여 일본어에 대한 흥미와 관심을 높이고 일본어에 의한 정보 수집에 흥미를 가질 수 있도록 도움을 주는 과목이다.

「일본어Ⅰ」과목은 일본어를 통해 일본 문화의 특징을 이해하고 한국의 문화를 일본에 소개하여 한일 양국민의 상호 이해를 돈독히 하며, 양국간의 정치, 경제, 사회, 문화적 교류에 긍정적이고 적극적으로 참여할 수 있는 기초적 역량을 기르는 데에 역점을 두고 있는 과목이다.

2) 목표

일상 생활에서 사용되는 쉬운 일본어를 이해하고, 쉬운 일본어로 의사 소통을 할 수 있는 기초적인 능력을 기른다. 일본어의 말하기 능력의 신장과 일본어에 의한 정보 검색에 적극적이며, 일본인의 일상 언어 생활과 문화에 대한 관심과 이해를 깊게 하여 일본인과의 의사 소통에 능동적으로 참여하는 태도를 기른다.

가. 일상의 의사 소통 기능의 수행 과정에서 사용되는 쉬운 일본어를 알아들을 수 있고, 일본어 듣기 학습의 중요성을 깨달아 듣기 학습 활동에 능동적으로 참여하는 태도를 갖는다.

나. 일상의 의사 소통 기능 수행 과정에서 사용되는 쉬운 일본어를 원어민이 알아들을 수 있도록 말할 수 있고, 일본어 말하기 학습의 필요성을 깨달아 말하기 학습 활동에 적극적으로 참여하는 태도를 갖는다.

다. 일상의 의사 소통 기능 수행 과정에서 사용되는 쉬운 일본어를 읽어 그 뜻을 알 수 있고, 일본어 읽기 학습의 중요성을 깨달아 읽기 학습을 위해 스스로 노력하는 태도를 갖는다.

라. 일상의 의사 소통 기능 수행 과정에서 사용되는 쉽고 간단한 일본어를 글로 쓸 수 있고, 일본어 쓰기 학습의 필요성을 깨달아 쓰기 학습 활동에 스스로 참여하는 태도를 갖는다.

마. 인터넷을 통하여 일본어에 의한 정보 검색의 기초적인 방법을 알고, 정보 검색에 흥미를 갖는다.

바. 일본의 일상 생활 문화에 대해 깊은 관심을 갖고, 일본 문화를 이해하고자 하는 자세를 기르며, 일본과의 국제 교류에 적극적으로 참여하는 태도를 갖는다.

3) 내용

일본어에 의한 의사 소통 능력과 대화에 적극적으로 임하는 태도를 기르기 위하여 다음과 같은 언어 활동을 전개한다.

가. 의사 소통 활동

(1) 듣기 활동

(가) 간단한 어구나 문장을 듣고 그 뜻을 알아본다.

(나) 짧은 말이나 글을 듣고 그 뜻을 알아본다.

㈐ 의사 소통 기능에 관한 표현을 듣고 그 뜻을 알아본다.

㈑ 의사 소통 기능에 관한 표현을 듣고 그대로 행동하여 본다.

㈒ 상대편의 말을 바른 태도로 듣는다.

⑵ 말하기 활동

㈎ 간단한 어구나 문장을 자연스럽게 말하여 본다.

㈏ 모범 대화의 어조를 따라서 말하여 본다.

㈐ 의사 소통 기능에 관한 표현을 자연스럽게 말하여 본다.

㈑ 일상의 대화와 관련된 언어 행동을 알고 말하여 본다.

㈒ 여러 사람 앞에서 자신의 생각을 자신있게 말하여 본다.

⑶ 읽기 활동

㈎ 가나와 한자로 된 간단한 어구나 문장을 낭독하여 본다.

㈏ 글을 보며 말하듯이 낭독하여 본다.

㈐ 간단한 설명을 읽고 그 뜻과 요점을 알아본다.

㈑ 의사 소통 기능에 관한 표현을 읽고 그 뜻을 알아본다.

㈒ 영상 문자로 된 글을 읽고 그 뜻을 알아본다.

㈓ 인터넷을 통하여 일본어로 간단한 정보를 검색하여 본다.

⑷ 쓰기 활동

㈎ 가나와 한자를 바르게 써 본다.

㈏ 간단한 어구나 문장을 듣고 그대로 적어 본다.

㈐ 간단한 의사 소통 기능에 관한 표현을 쉬운 글로 적어 본다.

㈑ 자신의 생각을 영상 문자로 전달하여 본다.

㈒ 일상 생활과 자신의 생각을 기록하는 습관을 기른다.

나. 언어 재료

⑴ 의사 소통 기능

다음과 같은 의사 소통 기능 중에서 「일본어Ⅰ」의 수준에 맞는 언어 능력을 효율적으로 기른다. 보다 자세한 내용은 〔별표 1〕에 제시된 의사 소통 기능 및 예시문을 참조한다.

㈎ 인사 기능 : 인사, 소개, 안부, 칭찬, 격려, 축하, 감사, 위로를 위한 표현

㈏ 정보 전달의 기능 : 설명, 정보 전달, 제안, 조언, 안심, 사과, 대답, 추측, 주장 등의 표현

㈐ 요구의 기능 : 질문, 허가, 확인, 선택, 설명, 의뢰, 지시 등의 표현

㈑ 의사 및 태도의 전달 기능 : 반론, 의문 제기, 부정, 비난, 놀람, 희노애락, 반문, 유감 등의 표현.

㈒ 담화의 전개 기능 : 담화의 시작, 전개, 전환, 종결과 관련된 표현

(2) 발음

현대 일본어의 공통어 발음으로 한다.

(3) 문자

문자는 기본적으로 히라가나, 가타카나, 한자를 사용하되, 한자는 일본어의 상용한자용 글자체를 사용하며, 〔별표 3〕에 제시한 표기 한자의 범위 내에서 사용한다. 단 고유명사에 사용되는 한자는 예외로 하며, 〔별표 3〕에 제시된 한자는 학습량을 고려하여 읽기와 쓰기를 구분하여 적절히 선택하여 사용하도록 한다.

(4) 어휘

〔별표 2〕에 제시된 어휘를 중심으로 하여 500낱말 내외를 사용하도록 한다.

(5) 문법

문법에 관한 사항은 〔별표 1〕에 제시된 예시문의 해당 사항을 참고한다. 다만, 다음 문법 사항은 다루지 않기로 한다.

㈎ 고어적인 표현 (예 べし, まい)

㈏ 지나치게 복잡한 문법 사항 (예 사역+수동인 歌わせられる, ださせていただく)

㈐ 지나친 존비어 (예 さようでございますか)

㈑ 지나치게 격식 차린 구어 표현 (예 ほんじつは, ～であります)

(6) 문체

문장체와 구어체 및 남성어와 여성어, 공손한 표현을 고르게 사용한다.

(7) 문화

㈎ 일상적인 생활 문화를 소재로 선택하되, 의사 소통 능력 습득에 도움

이 되는 것으로 한다.

① 개인 생활과 일상적인 인간 관계에 관한 것

② 교우 관계와 학교 생활에 관한 것

③ 기본적인 사회 생활에 관한 것

④ 취미, 오락, 관광 등 여가 선용에 관한 것

⑤ 일본인의 언어 행동을 이해하는 데 도움이 되는 것

⑥ 일본인의 일상 생활을 이해하는 데 도움이 되는 것

⑦ 우리 문화에 관한 것

(나) 내용 구성에 있어서는 다음 사항에 유의한다.

① 학생의 흥미, 필요, 지적 수준 등을 고려하여 의사 소통 의욕을 유발할 수 있는 것으로 한다.

② 내용은 실제 생활에서 사용될 수 있는 것으로 한다.

③ 듣기, 말하기, 읽기, 쓰기는 연계성을 갖도록 구성한다.

4) 교수·학습 방법

가. 수업의 전 과정을 의사 소통 기능의 습득을 중심으로 구성한다.

나. 의사 소통 기능별로 듣기, 말하기, 읽기, 쓰기의 네 기능이 상호 연계성을 갖도록 수업을 구성한다.

다. 듣기와 말하기 활동은 따로 분리하지 말고 통합 기능으로 진행될 수 있도록 수업을 계획한다.

라. 수업의 전 과정을 통해 청각 인지에 의한 일본어 습득에 역점을 두어 구두 언어 습득의 효율성을 높이는 수업이 되도록 구성한다.

마. 창의력 신장을 위하여 학생의 자율성을 최대로 반영할 수 있도록 수업을 계획한다.

바. 학생의 흥미와 욕구를 충분히 반영하여 학습 의욕을 높이는 수업이 되도록 구성한다.

사. 일본어 자료를 통하여 표현 형식과 사용상의 특징을 학습자 스스로가 발견하고 학습 계획을 세워가는 학생 중심의 수업을 계획한다.

아. 학생의 동작과 체험을 통하여 습득 효과를 높일 수 있도록 수업을 계

획한다.

자. 학생 개개인의 습득 수준에 맞는 학습을 전개하도록 한다.

차. 소집단의 구성원끼리 협력 학습이 가능한 수업이 되도록 구성한다.

카. 각종 시청각 자료와 멀티미디어 교수·학습 자료를 활용하여 학습 효과를 높일 수 있는 수업을 구성한다.

타. 실제 장면의 체험을 통하여 의사 소통 기능의 현장 적용력을 키운다.

파. 듣기 지도는 반복 시행을 통하여 많은 학생이 이해할 수 있도록 한다.

하. 문자 단위의 발음보다 문장 전체의 음조를 중시한다.

갸. 말하기 지도는 교사와 학생간의 대화만이 아니고, 학생 상호간의 대화를 활성화하여 학생 개인의 대화량을 늘리도록 한다.

냐. 읽기 지도는 문장 전체의 의미를 요약하는 능력을 키울 수 있게 한다.

댜. 쓰기 지도는 간단한 문장을 통제 작문을 중심으로 실시한다.

랴. 학생의 학습 의욕을 높이기 위하여 즉각적인 오류의 수정은 피하도록 한다.

먀. 목표와 내용에 따라서는 일본어로 수업을 진행한다.

뱌. 개별 학습과 자율 학습이 가능하도록 개별화된 자료를 적극 활용한다.

샤. 교과용 도서의 내용은 학생의 능력과 지역 환경 및 상황에 따라 재구성하여 지도할 수 있다.

야. 일본인의 행동 양식에 대한 이해를 깊게 할 수 있는 영상 장면을 적극 활용한다.

5) 평가

가. 평가 지침

일상 생활에서 사용되는 일본어의 의사 소통 기능을 중심으로 언어의 4기능을 모두 평가하되 말하기와 듣기에 중점을 두고 요점 파악 능력과 능동적 태도를 중심으로 평가한다.

나. 평가 내용

(1) 듣기

　㈎ 간단한 어구나 문장을 듣고 그 뜻을 이해하는 능력

　㈏ 짧은 말과 글을 듣고 그 뜻을 이해하는 능력

　㈐ 의사 소통 기능에 관한 표현을 듣고 그 뜻을 이해하는 능력

　㈑ 의사 소통 기능에 관한 표현을 듣고 그대로 행할 수 있는 능력

　㈒ 상대편의 말을 바른 태도로 듣는 자세

(2) 말하기

　㈎ 간단한 어구나 문장을 자연스럽게 말하는 능력

　㈏ 의사 소통 기능에 관한 표현을 자연스럽게 말하는 능력

　㈐ 일상의 대화와 관련된 언어 행동을 알고 말하는 능력

　㈑ 여러 사람 앞에서 자신의 생각을 자신있게 말하는 능력

　㈒ 일본어 대화에 적극적으로 참여하는 자세

(3) 읽기

　㈎ 가나와 한자가 섞인 간단한 어구나 문장을 자연스럽게 낭독하는 능력

　㈏ 인쇄 문자와 영상 문자를 말하듯이 낭독하는 능력

　㈐ 간단한 글을 읽고 그 뜻과 요점을 이해하는 능력

　㈑ 의사 소통 기능에 관한 표현을 읽고 그 뜻을 이해하는 능력

　㈒ 영상 문자로 된 글을 읽고 그 뜻을 이해하는 능력

　㈓ 일본어에 의한 정보 검색의 기초적인 능력

(4) 쓰기

　㈎ 가나와 한자를 바르게 쓰는 능력

　㈏ 간단한 어구나 문장을 듣고 그대로 적는 능력

　㈐ 간단한 의사 소통 기능에 관한 표현을 글로 적는 능력

　㈑ 자신의 생각을 영상 문자로 전달하는 능력

　㈒ 일상 생활과 자신의 생각을 기록하는 습관

다. 평가 방법

(1) 학습자를 서열화하는 평가보다 학습 진단을 위한 평가가 되도록 한다.

(2) 객관성, 타당성, 신뢰성을 갖춘 평가가 되도록 한다.

(3) 평가 목표와 내용에 따라 분리식 평가와 통합식 평가를 실시하되 특히 말하기, 듣기를 중심으로 한 통합식 평가에 비중을 두도록 한다.

(4) 말하기 평가에 있어서는 필답식 평가를 지양하고 면접법에 비중을 두어 실제의 의사 소통 능력을 효과적으로 평가하도록 한다.

(5) 의사 소통 활동과 문화 이해에 대한 적극적인 참여도를 평가하도록 한다.

(6) 일본어에 의한 정보 검색 및 통신과 같은 언어 능력의 응용력을 평가에 반영하도록 한다.

(7) 모든 평가의 결과는 질적 결과와 양적 결과를 분석하여 다음 단계의 학습 및 개별 학습 지도에 반영하도록 한다.

② 일본어 II

1) 성격

일본어는 조선 중엽의 사역원에서 통역관 양성용으로 일본어 교재가 간행된 사실에서 알 수 있듯이, 일찍부터 교육적 필요성이 높았던 언어이다. 현재의 한국과 일본은 정치, 경제, 사회, 문화적으로 긴밀한 상호 협력 관계에 있지만, 오랜 선린의 관계가 깨어진 바 있는 근대사의 영향으로 양국민의 감정의 골은 아직 깊다. 바야흐로 세계는 인접 국가간의 결속이 강화되어 지역 단위로 통합 또는 협력 체제를 구축하고 있으며, 문화간 교류를 통해 서로를 이해하고 협력하는 국제화 활동이 활발하게 전개되고 있다. 이러한 시대적 요구를 배경으로「일본어 II」과목은 일본인의 행동 양식과 일본의 문화를 이해하여 한일간의 각종 교류 활동의 일익을 담당할 수 있는 인재를 기르기 위한 과목이며,「일본어 I」의 심화 과정으로,「일본어 I」보다 다양하고 높은 수준의 의사 소통 능력을 기르는 과정이다.

일본어는 경제력과 정보력면에서 언어 세력이 큰 대표적인 언어이다. 현대와 같은 정보의 대량 유통 시대에 있어서 인쇄 매체와 인터넷을 통한 신속한 정보의 수집은 일본의 이해는 물론이고 한국의 발전을 위해서도 매우 유익하다.「일본어 II」과목은 정보 수집 능력의 바탕을 이루기 위하여 일본어에 대한 흥미를 높이고 일본어에 의한 정보의 수집과 통신에 흥미와 관심을 가질 수 있도록 도움을 주는 과목이다.

「일본어Ⅱ」과목은 일본어를 통해 일본 문화의 특징을 이해하고 한국의 문화를 일본에 소개하여 한일 양국민의 상호 이해를 돈독히 하며, 국제 관계의 이해를 바탕으로 정치, 경제, 사회, 문화 분야의 한일 교류에 능동적이고 적극적으로 참여하는 태도를 기르는 데 중점을 두고 있다.

2) 목표

일상 생활에서 사용되는 일본어를 이해하고, 일본어로 의사 소통을 하고 정보를 검색할 수 있는 능력을 기르며, 일본어 학습의 필요성을 깨달아 일본어에 의한 의사 소통 능력과 정보 검색 능력 신장에 적극적이며, 일본의 언어와 문화에 대한 관심과 이해를 깊게 하여 국제 교류에 능동적으로 참여하는 태도를 갖는다.

가. 일상의 의사 소통 기능 수행에 따른 일본어를 소음이 수반된 상태에서도 알아들을 수 있고, 일본어 듣기 능력의 중요성을 깨달아 듣기 학습 활동에 능동적으로 참여하는 태도를 갖는다.

나. 일상의 의사 소통 기능 수행에 따른 일본어를 원어민이 알아들을 수 있도록 자연스럽게 말할 수 있고, 일본어 말하기 학습의 필요성을 깨달아, 말하기 학습 활동에 적극적으로 참여하는 태도를 갖는다.

다. 일상의 의사 소통 기능 수행시 흔히 접하게 되는 일본어를 읽어 알 수 있고, 일본어 읽기 학습의 중요성을 깨달아 읽기 학습을 위해 스스로 노력하는 태도를 갖는다.

라. 일상의 의사 소통 기능 수행시 흔히 사용되는 쉬운 일본어를 글로 쓸 수 있고, 일본어 쓰기 학습의 필요성을 깨달아 쓰기 활동에 능동적으로 참여하는 태도를 갖는다.

마. 인터넷을 통하여 일본어에 의한 정보 검색의 방법을 알고, 정보의 수집과 통신에 능동적인 태도를 갖는다.

바. 일본 문화에 대하여 깊은 관심을 갖고, 일본인의 행동 양식을 이해하며, 일본과의 국제 교류에 능동적으로 참여하는 태도를 갖는다.

3) 내용

가. 의사 소통 활동

일본어에 의한 전반적인 의사 소통 기능을 함양하고, 대화에 참여하는 적극적인 태도와 일본 문화에 대한 관심을 높이기 위하여 다음과 같은 의사 소통 활동을 전개한다.

(1) 듣기 활동

　(가) 긴 말과 글을 듣고 그 요점을 알아본다.

　(나) 대화 장면을 시청하여 그 뜻을 알아본다.

　(다) 의사 소통 기능에 관한 표현을 듣고 그 뜻을 알아본다.

　(라) 의사 소통 기능에 관한 표현을 듣고 그대로 행동하여 본다.

　(마) 보도를 듣고 중요한 내용을 알아본다.

　(바) 상대편의 말을 바른 태도로 듣는다.

　(사) 현장의 소음이 섞인 말을 들어 본다.

(2) 말하기 활동

　(가) 모범 대화 장면을 따라 함께 말하여 본다.

　(나) 의사 소통 기능에 관한 표현을 말하여 본다.

　(다) 자신의 생각을 논리적으로 말한다.

　(라) 여러 사람 앞에서 자신의 생각을 말하여 본다.

　(마) 여러 사람과 하나의 주제에 대하여 토론하여 본다.

　(바) 일본인의 언어 행동을 말하여 본다.

(3) 읽기 활동

　(가) 문자와 발음의 관계를 알고 말하듯이 낭독하여 본다.

　(나) 긴 글을 읽고 그 요점을 알아본다.

　(다) 의사 소통 기능에 관한 표현을 읽고 그 뜻을 알아본다.

　(라) 문장체와 구어체의 글을 읽고 그 뜻을 알아본다.

　(마) 인터넷을 통하여 일본어의 정보를 검색하고 그 뜻을 알아본다.

　(바) 일본 문화에 관한 글을 읽고 그 뜻을 알아본다.

(4) 쓰기 활동

　(가) 의사 소통 기능에 관한 표현을 짧은 글로 적어 본다.

(내) 실용문을 양식에 맞게 작성하여 본다.

(대) 자신의 생각을 영상 문자로 전달하여 본다.

(래) 일상 생활과 자신의 생각을 일본어로 적어 본다.

(매) 문장체와 구어체의 특징을 알고 적어 본다.

나. 언어 재료

(1) 의사 소통 기능

(개)「일본어Ⅰ」에 제시되어 있는 기능 중에서「일본어Ⅰ」에서 다루지 않은 의사 소통 기능(불필요, 자청, 의무와 금지, 보류 및 회피, 유감 등)을 추가하여 다루되「일본어Ⅰ」과목에서 사용한 기능과 예시문을 다시 사용할 수 있다.

(내) 〔별표 1〕의 예시문에 제시되지 않은 것도 추가하여 사용할 수 있다.

(2) 발음

「일본어Ⅰ」과목과 같다.

(3) 문자

「일본어Ⅰ」과목과 같다.

(4) 어휘

(개)「일본어Ⅰ」과목에서 사용한 낱말을 다시 사용할 수 있다.

(내) 〔별표 2〕의 기본 어휘를 중심으로 하여 400낱말 내외를 추가하여 사용한다.

(5) 문법

「일본어Ⅰ」과목과 같다.

(6) 문체

「일본어Ⅰ」과목과 같다.

(7) 문화

(개) 일상적인 생활 문화를 소재로 선택하되, 의사 소통 능력 습득에 도움이 되는 것으로 한다.

① 의사 표현에 관한 것

② 인간 관계와 학교 생활에 관한 것

③ 사회 생활과 국가에 관한 것

④ 취미, 오락, 관광 등 여가 선용에 관한 것

⑤ 일본인의 생활 문화를 이해하는 데 도움이 되는 것

⑥ 일본인의 문화와 환경을 이해하는 데 도움이 되는 것

⑦ 우리 문화에 관한 것

㈏ 내용 구성에 있어서는 다음 사항에 유의 한다.

① 학생의 흥미, 필요, 지적 수준 등을 고려하여 의사 소통 의욕을 유발할 수 있는 것으로 한다.

② 내용은 실제 생활에서 사용될 수 있는 것으로 한다.

③ 듣기, 말하기, 읽기, 쓰기는 연계성을 갖도록 구성한다.

4) 교수 · 학습 방법

가. 수업의 전 과정을 의사 소통 기능의 습득을 중심으로 구성한다.

나. 의사 소통 기능별로 듣기, 말하기, 읽기, 쓰기의 네 기능이 상호 연계성을 갖도록 수업을 구성한다.

다. 듣기와 말하기 활동은 따로 분리하지 말고 통합 기능으로 진행될 수 있도록 수업을 계획한다.

라. 수업의 전 과정을 통해 청각 인지에 의한 일본어 습득에 역점을 두어 구두 언어 습득의 효율성을 높이는 수업이 되도록 구성한다.

마. 창의력 신장을 위하여 학생의 자율성을 최대로 반영할 수 있도록 수업을 계획한다.

바. 학생의 흥미와 욕구를 충분히 반영하여 학습 의욕을 높이는 수업이 되도록 구성한다.

사. 일본어 자료를 통하여 표현 형식과 사용상의 특징을 학습자 스스로가 발견하고 학습 계획을 세워가는 학생 중심의 수업을 계획한다.

아. 학생의 동작과 체험을 통하여 습득 효과를 높일 수 있도록 수업을 계획한다.

자. 학생 개개인의 습득 수준에 맞는 학습을 전개하도록 한다.

차. 집단의 구성원끼리 협력 학습이 가능한 수업이 되도록 구성한다.

카. 각종 시청각 자료와 멀티미디어 교수 · 학습 자료를 활용하여 학습 효

과를 높일 수 있는 수업을 구성한다.

타. 실제 장면의 체험을 통하여 의사 소통 기능의 현장 적용력을 키운다.

파. 긴 말의 듣기 지도는 반복 청취를 통하여 많은 학생이 이해할 수 있도록 한다.

하. 부분적인 발음 사항보다 문장 전체의 음조를 중시한다.

갸. 말하기 지도는 학생 상호간의 대화를 활성화하여 학생 개인의 대화량을 늘리도록 한다.

냐. 읽기 지도는 문장 전체의 의미를 요약하는 능력을 키우도록 한다.

댜. 쓰기 지도는 통제 작문과 자유 작문을 병행하여 지도한다.

랴. 학생의 학습 의욕을 높이기 위하여 즉각적인 오류의 수정은 피하도록 한다.

먀. 수업의 전 과정을 가급적 일본어로 진행하도록 한다.

뱌. 개별 학습과 자율 학습이 가능하도록 개별화된 자료를 활용한다.

샤. 교과용 도서의 내용은 학생의 능력과 지역 환경 및 상황에 따라 재구성하여 지도할 수 있다.

야. 일본인의 행동 양식에 대한 이해를 깊게 할 수 있는 장면을 활용할 수 있도록 수업을 구성한다.

쟈. 습득한 일본어의 능력을 활용하여 정보 검색과 PC통신 등 직접적인 체험을 통한 문제 해결의 성취감을 맛볼 수 있도록 한다.

5) 평가

가. 평가 지침

일상 생활에서 사용되는 일본어의 의사 소통 기능을 중심으로 언어의 4기능을 모두 평가하되 말하기와 듣기에 중점을 두고 요점 파악 능력과 능동적 태도를 중심으로 평가한다.

나. 평가 내용

(1) 듣기

㈎ 긴 말과 글을 듣고 그 요점을 파악하는 능력

㈏ 대화 장면을 시청하여 그 뜻을 파악하는 능력

㈐ 의사 소통 기능에 관한 표현을 듣고 그 뜻을 파악하는 능력

㈑ 의사 소통 기능에 관한 표현을 듣고 그대로 행할 수 있는 능력

㈒ 보도를 듣고 중요한 내용을 파악하는 능력

㈓ 상대편의 말을 듣고 그 의도를 파악하는 능력

(2) 말하기

㈎ 축하, 칭찬, 격려, 위로 등의 인사 표현을 말하는 능력

㈏ 의사 소통 기능에 관한 표현을 말하는 능력

㈐ 자신의 생각을 논리적으로 말하는 능력

㈑ 여러 사람 앞에서 자신의 생각을 말하는 능력

㈒ 여러 사람과 하나의 주제에 대하여 토론하는 능력

㈓ 일본인의 언어 행동상의 특징을 알고 말하는 능력

(3) 읽기

㈎ 글을 보며 말하듯이 낭독하는 능력

㈏ 긴 글을 읽고 그 요점을 파악하는 능력

㈐ 의사 소통 기능에 관한 표현을 읽고 그 뜻을 파악하는 능력

㈑ 문장체와 대화체의 글을 읽고 그 뜻을 파악하는 능력

㈒ 인터넷을 통하여 일본어의 정보를 검색하고 그 뜻을 파악하는 능력

㈓ 일본 문화에 관한 글을 읽고 그 뜻을 파악하는 능력

(4) 쓰기

㈎ 의사 소통 기능에 관한 표현을 짧은 글로 적는 능력

㈏ 간단한 실용문을 양식에 맞게 작성하는 능력

㈐ 자신의 생각을 영상 문자로 전달하는 능력(정보 통신 능력)

㈑ 일상 생활과 자신의 생각을 일본어로 적는 능력

㈒ 문장체와 구어체의 특징을 아는 능력

다. 평가 방법

(1) 학생을 서열화하기 위한 평가보다 학습 진단을 위한 평가가 되도록 한
다.

(2) 객관성, 타당성, 신뢰성을 갖춘 평가가 되도록 한다.

(3) 평가 목표와 내용에 따라 분리식 평가와 통합식 평가를 실시하되 특히

말하기, 듣기를 중심으로 한 통합식 평가에 비중을 두도록 한다.

(4) 말하기 평가에 있어서는 필답식 평가를 지양하고 면접법에 비중을 두어 실제의 의사 소통 활동을 효과적으로 평가하도록 한다.

(5) 의사 소통 활동과 문화 이해에 대한 적극적인 참여도를 평가하도록 한다.

(6) 일본어에 의한 정보 검색 및 통선과 같은 언어 능력의 응용력을 평가에 반영하도록 한다.

(7) 모든 평가의 결과는 질적 결과와 양적 결과를 분석하여 다음 단계의 학습 및 개별 학습 지도에 반영하도록 한다.

■ 〔별표1〕 의사 소통 기능과 예시문

· 다음은 고등학교 일본어 교육 과정에서 우선적으로 이수하기를 권장하는 의사
  소통 기능 항목이다. 기능 항목을 크게 나누어 인사 기능, 정보 전달의 기능, 의
  사·태도 전달의 기능, 요구 기능, 담화의 전개 기능으로 나누고 각각의 항목에
  하위 항목을 설정하였다. 여기에 명기되지 않은 기능도 필요에 따라 첨가하여 사
  용할 수 있다.
· 다음 예시문은 고등학교 일본어 교육 과정에 필요한 문자의 구조, 문장의 종류,
  기타 어법에 관한 사항을 참고할 수 있도록 의사 소통 기능별로 제시한 것이다.
  예시문에 제시되지 않은 문장도 필요에 따라 포함시킬 수 있다.

1) 인사 기능

(1) 일상의 인사

　　① 만남　　　　　　おはようございます。
　　　　　　　　　　　こんにちは。
　　　　　　　　　　　こんばんは。
　　　　　　　　　　　おひさしぶりですね。
　　② 헤어짐　　　　　さようなら。
　　　　　　　　　　　おやすみなさい。
　　　　　　　　　　　おきをつけて。
　　　　　　　　　　　失礼します。
　　　　　　　　　　　じゃ、また。
　　③ 자기 소개　　　　南山高校のキムです。
　　　　　　　　　　　私、韓国のイと申します。
　　④ 타인 소개　　　　田中さん、友だちのパクさんです。
　　　　　　　　　　　こちらは、東京高校の田中さんです。
　　⑤ 초면 인사　　　　はじめまして。キムです。どうぞよろしく。
(2) 안부　　　　　　　　お元気ですか。
(3) 칭찬　　　　　　　　キムさんは歌がお上手ですね。
　　　　　　　　　　　よくできました。
(4) 격려　　　　　　　　がんばってください。
(5) 축하　　　　　　　　たんじょうび、おめでとうございます。
(6) 감사　　　　　　　　ありがとうございます。

　　　　　　　　　　　おかげさまで。

　　　　　　　　　　　先日はどうもありがとうございました。

　　　　　　　　　　　いろいろお世話になりました。

(7) 사과　　　　　　　おそくなってすみません。

　　　　　　　　　　　おそれいりますが、〜

(8) 위로　　　　　　　お気の毒に。

　　　　　　　　　　　おだいじに。

2) 정보 전달의 기능

(1) 설명

① 안내　　　　　　　ここは図書館です。

② 보고　　　　　　　きのうは学校で野球をしました。

③ 사정・형편　　　　水曜日は都合が悪いです。

④ 행동　　　　　　　日曜日には映画を見たりテニスをしたりしています。

　　　　　　　　　　　テープを聞きながら会話を練習しています。

⑤ 상태　　　　　　　少しむずかしいですが、たのしいです。

⑥ 증상　　　　　　　おなかが痛いんです。

⑦ 예정　　　　　　　大学で日本語を専攻する予定です。

⑧ 시간　　　　　　　バスで30分ぐらいかかります。

⑨ 행위의 완료　　　会議は今始まったところです。

⑩ 위치　　　　　　　学校のとなりに郵便局があります。

　　　　　　　　　　　電話は階段の近くにあります。

⑪ 대비　　　　　　　見ることはすきですが、やることはあまりすきでは

　　　　　　　　　　　ありません。

⑫ 사정　　　　　　　急に体の具合が悪くなってしまいまして。

⑬ 이유　　　　　　　かぜをひいたので病院へ行きます。

(2) 정보 전달

① 전갈　　　　　　　田中さんも来るんだそうです。

　　　　　　　　　　　今日はおそくなると言っていました。

② 희망・의향　　　　ワープロを習おうと思っています。

　　　　　　　　　　　できるだけ行ってみるつもりです。

　　　　　　　　　　　田中さんに会いたいですね。

(3) 제안　　　　　　先生に相談してみるのはどうですか。

(4) 조언   はやく帰ったほうがいいですよ。

日光にしたらどうですか。

電車のほうがバスより速いと思います。

(5) 안심   だいじょうぶだから、心配する必要はありませんよ。

(6) 불필요   そんなに考えることはありませんよ。

(7) 자청   先生、それお持ちしましょうか。

(8) 대답

   ① 승낙   はい、わかりました。

   ② 거절   いいです。

もうけっこうです。

あいにく5時に約束があるんです。

(9) 추측   田中さんは来ないかもしれません。

雨が降りそうもないですね。

(10) 의사 표시   その問題はむずかしいんじゃないでしょうか。

その問題はむずかしすぎると思います。

3) 의사·태도 전달의 기능

(1) 반론, 의문 제기   広いことは広いですが、すこしきたないですね。

こちらのほうがいいと思いますけどね。

(2) 부정, 비난   そんなことはないですよ。

(3) 태도 보류, 판정 회피   来るとは思うんですが。

(4) 놀람, 의외의 기분   8月なのに、わりにすずしいですね。

1つしかないんですか。

(5) 희로애락   おあいできてうれしいです。

きのうの映画は、とてもおもしろかったです。

(6) 반문   大阪へですか。

(7) 유감   せっかく作ったのにもったいないですね。

4) 요구 기능

(1) 질문   ゆうびんきょくは、どこですか。

(2) 허가   えんぴつで書いてもいいですか。

(3) 확인   いいお天気ですね。

田中さんの帰国は来週でしたね。

日本は物価が高いと聞きましたが。

電話しなくてもいいんですね。

(4) 선택 　　　 コーヒーとジュースがありますが、どちらがいいですか。

(5) 설명 　　　 お読みになりましたか。

どこか近くに安い店はありませんか。

郵便局へ行くにはどう行ったらいいでしょう。

ワープロって何ですか。

この漢字、何て読むんですか。

(6) 의뢰 　　　 もうすこし大きいのはありませんか。

日本の新聞をお願いできますか。

教えていただきたいんですが。

明日来るように言ってください。

少し手伝ってくれませんか。

(7) 지시 　　　 本は明るいところで読んでください。

ちょっと待ってください。

(8) 의무 　　　 約束は守らなければなりません。

(9) 금지 　　　 夜はおふろに入らないでください。

ここではたばこを吸ってはいけません。

5) 담화 전개 기능

(1) 담화의 시작

　① 서두(주의 환기) 　　　 あの、ちょっとよろしいですか。

ちょっとお伺いしたいことがあるんですが。

　② 화제 제시 　　　 実は、かんげいかいをしたいと思いましてね。

勉強のことで相談があるんですが。

試験のことなんですが。

(2) 담화의 전개

　① 구어체 　　　 ところで、

　② 문장체 　　　 さて、

(3) 화제의 전환 　　　 話しはかわりますが、

(4) 담화의 종결 　　　 それじゃ失礼します。

どうも失礼しました。

■〔별표2〕 기본 어휘표

· 이 표에 제시된 823개의 낱말을 위주로 이수하도록 한다.
· 활용하는 낱말은 기본형을 제시하였다. 낱말은 가나로 표기하되, 외래어의 경우에는 가타카나로 표기하였다.
· 의미의 구별이 필요한 경우에는 괄호 속에 한자를 적되, 표기용 한자(별표3) 이내에서 사용하도록 제한하였다.
· 조사, 조동사, 접사류도 교육상의 편의를 도모하기 위하여 기본 어휘 항목에 포함시켰다. 조사, 조동사, 조수사에는 「〜」 표시를, 접사에는 「-」 표시를 하였다.
· 같은 낱말이 품사 또는 발음상 다른 형태를 취하더라도 같은 항목으로 취급하였다.
· 형태는 같으나 의미가 다른 낱말은 독립된 항목으로 취급하였다.
· 두 가지 이상의 품사로 사용되는 항목에는 [ ] 표시를 붙였다.
· ( ),〈 〉안의 한자는 표기용이 아니고 의미 변별을 위하여 필요한 경우에만 적어두었다.
· 〈 〉안의 한자는 〔별표3〕에 제시한 표기용 한자 이외의 한자를 가리킨다.
· 인명, 지명, 시설명 등의 고유 명사는 제시하지 않았다.
· 수사와 때를 나타내는 명사는 「一」, 「一つ」, 「ついたち」, 「日曜日」 등과 같이 첫번째 오는 명칭만을 제시하였다.

【ア】	あける (明)	あつい (厚)	ある (有)
ああ	あげる (上)	あつい (熱)	ある〈或〉
あいさつ	あさ (朝)	あつまる	あるく
あいだ (間)	あさって	あと	[あれ]
合う (合)	あし (足)	あなた	あんな
会う (会)	あじ (味)	あに	あんない
あおい (青)	あした	あね	【イ】
あかい (赤)	あそこ	[あの]	いい／よい
あがる (上)	あそぶ	あぶない	いいえ／いえ
あかるい (明)	あたたかい	あまい	E・メール
あき (秋)	あたま	[あまり]	いう／ゆう
あく (開)	あたらしい	あめ (雨)	いえ
アクセス	あちら／あっち	あらう	いきる
あける (開)	あつい (暑)	ありがとう(ございます)	いく／ゆく

いくつ	うすい	おくさま	【カ】
いくら	うそ	おくる（送）	～か
いけない	うた	おくる（贈）	～が
いしゃ	うたう	おくれる	がいこく
いす	うち	おこる（起）	がいこくご
いそがしい	うつ	おじいさん／じいさん	かいしゃ
いそぐ	うつくしい	おしえる	かいもの
いた（板）	うつす（写）	おす＜押＞	かいわ
いたい	うつる（移）	おそい	かう（買）
いたす	うで	おたく（宅）	かえる
いただく	うまい	おちゃ	かお
いち（一）	うまれる	おちる	かかる
いつ	うみ	おっしゃる	かく（書）
いっしょ	うら	おと	がくせい
いっしょうけんめい	うる	おとうさん／さま	かける＜掛＞
いっぱい	うるさい	おとうと	かさ
いつも	うれしい	おとこ	かじ（火事）
いと（糸）	うんてん	おとす	かしゅ
いぬ	うんどう	おととい	かす（貸）
［いま］	【エ】	おとな	かぜ（風）
いみ（意味）	え（絵）	おなか	かぜ＜風邪＞
いもうと	えいが	おなじ	かぞえる
いや＜嫌＞	えいせいほうそう	おばあさん／ばあさん	かぞく
いや＜否＞	えい	おはよう（ございます）	かた（方）
いらっしゃる	えき（駅）	おぼえる	かた＜肩＞
いる（居）	えらぶ	おめでとう（ございます）	かたい
いれる	えん（円）		かたかな
いろ	えんぴつ	おもい（重）	かたち
いろいろ	【オ】	おもう	かつ（勝）
インターネット	お／おん－	おもしろい	～がつ（月）
【ウ】	おいしい	おやすみ（なさい）	がっこう
～う／よう	おおい	およぐ	かならず
うえ（上）	おおきい	おりる	かね
うかがう	おかあさん／さま	おる	かのじょ
うける	おかしい	おわる	かばん
うごく	おきる	おんがく	かべ
うしろ	おく（置）	おんな	かみ（紙）

かみ＜髪＞	きもの	ゲーム	ごはん
かむ	きゃく（客）	けが	コピー
カメラ	きゅう（急）	けさ	こまかい
～かも	ぎゅうにゅう	けしき	こまる
かゆい	きょう	けす	コミュニケーション
かよう	きょうしつ	−げつ	こむ
～から	きょうだい	けっこう	ごめん
からい	きょねん	けっこん（結婚）	これ
カラオケ	きらい	～けど／けれど	これから
からだ	きる（着）	ける	～ころ／ごろ
かりる	きる（切）	けれども	こわい
かるい	きれい	げんかん	こんげつ
かれ	ぎんこう	げんき	こんしゅう
かわ（川）	**【ク】**	けんきゅう	こんど
かわいい	くうき	**【コ】**	こんな
かわる	くうこう	こ（子）	こんにちは
かんがえる	くすり	ご（語）	こんばんは
かんじ（漢字）	くださる	ご−	コンピューター
かんたん	くだもの	こい＜濃＞	**【サ】**
がんばる	くち	こうえん（公園）	−さい＜歳＞
【キ】	くつ	こうこう（高校）	さがす
き（木）	くに	こうじょう	さかな
き（気）	くばる	こえ	さがる
きいろい	くび	コーヒー	さき
きえる	くもる	こくばん	さく＜咲＞
きく（聞）	くらい（暗）	ここ	～させる／せる
きこえる	～くらい／ぐらい	ごご	～さつ（冊）
きせつ	くらべる	こころ	サッカー
きた	くる	ごぜん	ざっし
きたない	くるしい	こたえる	さとう
きって	くるま	こちら／こっち	さびしい
きっと	くれる	コップ	−さま／さん
きっぷ	くわしい	こと	さむい
きのう	−くん（君）	ことし	さようなら／＊さよ
きみ	**【ケ】**	ことば	なら
きめる	けいざい	こども	さら
きもち	けいたいでんわ	この	ざんねん

さんぽ	じゆう	すもう	〜だ／です／でしょう
【シ】	-しゅうかん（週間）	する	〜たい
〜し	じゅうしょ	すわる	だいがく
〜じ（時）	じゅぎょう	ズボン	だいじょうぶ
じ（字）	しゅっぱつ	**【セ】**	たいせつ
しお（塩）	しょうかい	せい／せ（背）	だいたい
〜しか	しょうがつ	せいかつ	たいてい
しかし	じょうず	せいと	だいぶ
しかる＜叱＞	しょくじ	せかい	たいへん
じかん	しょくどう	せき（席）	たかい
しけん	しらべる	せつめい	〜たがる
しごと	しる	せなか	たくさん
じしょ	しろい	ぜひ	タクシー
じしん＜地震＞	-じん（人）	せまい	〜だけ
しずか	しんせつ	せわ	たす
しぜん	しんぱい	せんせい	だす
した（下）	しんぶん	ぜんぜん	たすける
したく	**【ス】**	**【ソ】**	たずねる
しっかり	すう（吸）	そう	ただしい
しっぱい	スーパー	そうじ	-たち
しつもん	スカート	そうして／そして	たつ
しつれい	すき（好）	〜そうだ	たてもの
じてんしゃ	すぎる	そうだん	たてる
じどうしゃ	すく（空）	そこ	たとえば
じどうはんばい	すぐ（に）	そこ（底）	たね
しぬ	すくない	そつぎょう	たのしい
しばらく	すこし	そちら／そっち	たのむ
じぶん	すずしい	そと	タバコ
しま	すすむ	その	たぶん
しまう	すっかり	そば（側）	たべもの
しまる	ずっと	そら	たべる
しめる（閉）	すっぱい	それ	たまご
しめる＜締＞	すてる	それから	ため
しゃしん	すばらしい	それでは	だめ
シャツ	スポーツ	そんな	〜たら
ジャズ	すみません	**【タ】**	〜たり／だり
じゃま	すむ（住）	〜た	だれ

たんじょうび

【チ】

ち（血）

ちいさい

ちかい

ちがう

ちかてつ

ちから

ちず

ちち（父）

ちょうど

［ちょっと］

【ツ】

ついたち

つうしん

つかう

つかれる

つき

［つぎ］

つく（付）

つく（着）

つく（点）

つく（就）

つくえ

つくる

つける

つごう

つたえる

つづく

つとめる

つまらない

つめ＜爪＞

つめたい

つもり

つよい

つれる

だんだん

【テ】

て（手）

～て／で

～で

データー

テーブル

でかける

てがみ

できる

てつだう

デパート

～ても／でも

～でも

でる

テレビ

てん（点）

てんき

でんき

でんしゃ

でんわ

【ト】

と（戸）

～と

－ど（度）

ドア

どう

とうがらし

どうぞ

どうも

とおい

とおる

とき

とけい

どこ

ところ

とし

としょかん

どちら／どっち

とても

どなた

となり

どの

とぶ

とまる（泊）

ともだち

とり（鳥）

とる（取）

どれ

どんな

【ナ】

ない（無）

～ない

なおす

なおる

なか

ながい

なかなか

～ながら

ながれる

なく（泣，鳴）

なげる

なさる

なぜ

なつ

なつやすみ

～など

なに／なん

なまえ

ならう

ならぶ（並）

ならべる

なる（成）

【ニ】

～に

にいさん／おにいさん

におい

にぎやか

にく

にし

－にち

にちようび

にっき

にもつ

ニュース

にわ

にんぎょう

【ヌ】

ぬう

ぬぐ

ぬる

【ネ】

～ね

ねえさん／おねえさん

ねがう

ネクタイ

ねこ

ねだん

ねつ

ねる（寝）

ねん（年）

【ノ】

～の

ノート

のこる

～ので

のど

～のに

のぼる

のむ

のる

【ハ】
～は
は（葉）
は（歯）
～ば
はい
はいる
はかる
はく＜掃＞
はく＜履＞
はこ
はこぶ
はさみ
はし（橋）
はし＜箸＞
はし＜端＞
はじまる
はじめて
はじめる
はしる
バス
パソコン
はたけ
はたらく
はっきり
はな（花）
はな（鼻）
はなし
はなす（話）
はなび
はは（母）
はやい（早）
はやい（速）
はらう
はる（春）
はれる（晴）
ばん（晩）

パン
ハンカチ
［はんたい］
【ヒ】
ひ（日）
ひ（火）
ひ（灯）
ひがし
ひく（引）
ひく＜弾＞
ひくい
ひこうき
ひざ
ひだり
ひつよう
ひと
ひとつ
ひま
びょういん
びょうき
ひらがな
ひらく
ひる（昼）
ひろい
ひろう
【フ】
ファン
ふえる
ふかい
ふく＜吹＞
ふく＜拭＞
ふつう
ふとい
ふね
ふべん
ふむ
ふゆ

ふる（降）
ふるい
ふろ
ふん／ぷん（分）
ぶんか
【ヘ】
～へ
へた
へや
べんきょう
へんじ
べんとう
べんり
【ホ】
ほう
ぼうし
ホーム・ページ
ほか
ぼく
ポケベル
ほし
ほしい
ほそい
～ほど
ほとんど
ほめる
ほん（本）
－ほん／ぼん／ぽん
ほんとう
【マ】
まいる
まえ
まがる
まじめ
～ます
まず
まずい

［また］
まだ
まち
まつ（待）
まっすぐ
まつり
～まで
まど
まにあう
まもる
まるい
まわり
【ミ】
みえる
みがく
みぎ
みじかい
みず
みせ
みせる
～みたいだ
みち
みどり
［みな／みんな］
みなみ
みみ
みやげ
みる
【ム】
むかし
むずかしい
むすこ
むすぶ
むすめ
むね
むら

【メ】
め（目）
め（芽）
めがね
めずらしい

【モ】
～も
もう
もうす
もし
もつ
もっと
もどる
もの（物）
もらう
もんだい

【ヤ】
－や（屋）
～や
やく（焼）
やくそく
やさい

やさしい（優）
やさしい＜易＞
やすい（安）
やすむ
やはり／やっぱり
やま
やめる
やる
やわらかな

【ユ】
ゆうびんきょく
ゆうべ
ゆうめい
ゆき（雪）
ゆしゅつ
ゆっくり
ゆにゅう
ゆび
ゆるす

【ヨ】
～よ
ようじ（用事）

ようす
～ようだ
ようふく
よく
よこ
よぶ
よむ
より
よる（夜）
よろこぶ
よろしい／よこしく

【ラ】
らいねん
ラジオ
ラップ
～られる／れる

【リ】
りっぱ
りょうしん
りょうり
りょこう

【ル】
るす（留守）

【レ】
れきし
れんしゅう

【ロ】
ろうか
ロック

【ワ】
ワープロ
わかい
わかる
わすれる
わたし／わたくし
わたる
わらう
わる＜割＞
わるい

【ヲ】
～を

■ 〔별표3〕 표기용 한자

「일본어ⅠⅡ」과목의 교재의 표기에 사용할 수 있는 한자를 다음과 같이 902자 이내로 제한한다. 표기용 한자는 모두 사용해야 하는 것은 아니며, 표기상의 필요에 따라 학습 단계와 학습 분량을 고려하여 사용 글자 수를 조정하되, 학습량이 과다하지 않도록 유의한다. 표기상의 이유로 이 표에 제시되지 않은 한자를 부득이 사용하지 않으면 안 될 경우에는 일본어의 상용 한자 범위 내에서 사용할 수 있다. 단, 고유 명사에 사용되는 한자는 예외로 하며, 고유 명사의 표기는 「국어의 가나 문자 표기법」(편수 자료 Ⅱ-3)에 따른다.

【ア】	雨	【カ】	械	観	旧	鏡	型
愛	運	下	絵	丸	休	競	計
悪	雲	化	開	岸	求	業	経
安	【エ】	火	階	岩	究	曲	景
案	永	加	貝	眼	泣	局	軽
暗	泳	仮	外	顔	急	極	芸
【イ】	英	何	害	願	級	玉	欠
以	栄	花	街	【キ】	宮	均	血
衣	営	価	各	気	救	近	決
位	衛	果	角	希	球	金	結
囲	駅	科	覚	汽	給	銀	月
医	円	夏	学	季	牛	【ク】	犬
委	園	家	活	紀	去	区	件
胃	遠	荷	株	記	居	句	見
移	塩	貨	刊	起	挙	苦	建
意	【オ】	過	甘	帰	許	具	研
育	王	歌	完	喜	魚	空	県
一	央	課	官	期	御	君	健
引	応	画	寒	旗	漁	訓	験
印	桜	苛	間	器	共	軍	元
員	横	介	感	機	京	郡	玄
院	屋	回	漢	技	供	【ケ】	言
飲	億	会	管	議	協	兄	原
【ウ】	音	改	関	客	強	形	現
右	恩	海	館	九	教	怪	【コ】
羽	温	界		弓	橋	係	戸

太対体待帯隊大代台第題宅達単炭短団男段談【チ】地池知置竹茶着中仲虫注昼柱貯丁

船戦線選全前然【ソ】祖組早争走相送倉巣窓想増束足息速側測族卒存村孫【タ】他多打

【ス】図水数【セ】世正生成西声制性青政星省清晴静整税夕赤昔席積切折雪節説舌千川先浅

暑女助小少招松消笑唱商章紹勝焼象照覚上乗城場色食植心申臣信神真深進森新親人

写社車者借若手主守取首酒種受授収州周宗拾秋終習週集十住重祝宿出春順初所書

仕史司四市矢死糸私使始姉思指師紙歯試詩資字次耳自児事治持時辞式七失室質実

婚【サ】左差座才再祭細菜最際在材財罪作昨冊札刷殺察雑皿二山参産散算【シ】土子支止氏

古固個庫湖五午後語口工功広光向好考孝厚候校航高康黄港号合告国黒今根

連
練
【ロ】
路
老
労
郎
六
録
論
【ワ】
和
話

葉
陽
様
養
曜
浴
【ラ】
来
落
【リ】
利
里
理
陸
立
律
流
留
旅
両
良
料
量
領
力
録
林
輪
【ル】
類
【レ】
令
礼
冷
例
歴
列

務
無
【メ】
名
命
明
鳴
面
【モ】
毛
目
門
問
【ヤ】
夜
野
役
約
訳
薬
【ユ】
由
油
輸
友
有
勇
郵
遊
【ヨ】
予
幼
用
羊
洋
要
容

平
兵
米
別
辺
返
変
便
勉
【ホ】
歩
保
母
方
包
奉
宝
放
法
訪
望
貿
北
木
牧
本
【マ】
毎
妹
枚
末
万
【ミ】
味
脈
民
【ム】

飛
悲
費
美
鼻
必
筆
百
氷
表
票
評
標
秒
病
猫
品
貧
【フ】
不
夫
父
付
府
負
富
部
風
服
副
仏
物
粉
分
文
聞
【ヘ】

年
念
【ノ】
納*
農
【ハ】
波
馬
配
敗
売
倍
梅
買
白
泊
博
薄
麦
箱
畑
八
発
反
半
犯
判
坂
板
班
飯
番
【ヒ】
比
皮
彼
非

度
刀
冬
灯
当
投
豆
東
島
湯
登
答
等
統
頭
同
洞
動
堂
童
道
働
特
得
毒
読
届
【ナ】
内
南
【ニ】
二
肉
日
入
【ネ】
熱

庁
兆
町
長
帳
鳥
朝
腸
調
直
賃
【ツ】
追
通
【テ】
低
第
定
底
庭
停
的
笛
鉄
天
典
店
点
転
田
伝
電
【ト】
徒
都
土
努

일본어 교사 임용 고사
기출 문제 및 모범 답안

1. 97년도 시험(96. 12 시행)

【1】 이 지구상에는 3000 혹은 6000여 개의 언어가 사용되고 있는 것으로 알려져 있다. 이 많은 언어 중에서 UN의 공용어(Official language)는 영어, 중국어, 러시아어, 프랑스어, 스페인어, 아랍어 등 6개 언어뿐이고, 세계 여러 나라에서 외국어로 학습되고 있는 언어 또한 소수에 불과하다. 학습 대상 외국어를 선정하는 기준은 언어의 국제적 위상과 깊은 관련이 있다. 언어의 위상은 시대에 따라, 국가에 따라, 또는 개인에 따라 달라질 수 있다. 한국인 일본어 학습자가 일본어를 학습 대상으로 선정함에 있어, 그 기준으로 삼을 수 있는 일본어의 위상을 설명하시오.
(400자 이내) (7점)

<모범답안>

언어의 위상은 사용 인구, 경제력, 정치력, 정보력, 교류 정도 등에 의해 결정되는 것이 일반적이다. 일본어의 경우 사용 인구에 있어서 1억 2천만으로 세계 10위에 해당되나, 제2언어로서의 보급 정도가 낮은 것이 특징이다. 언어 경제력에 있어서는 세계 2위의 GNP 점유율을 기록하고 있으며, 언어 정치력에 있어서는 UN의 상임이사국으로의 진출을 앞두고 있을 만큼 정치적 위상도 빠른 속도로 높아지고 있는 언어이다. 언어 정보력에 있어서는 전자, 토목, 경영, 농업 분야 등에 있어서 풍부한 정보력을 보유하고 있는 언어이다. 문화 및 인적 교류 등의 빈도에 따라서도 위상을 정할 수 있는데, 일본어는 인접 국가의 언어라는 점에 있어서도 학습 대상 언어로서의 위상은 높다 하겠다.

【2】 요즘 들어 한국의 외국어 교육 분야에도 멀티미디어 시스템이 빠른 속도로 보급되고 있다. 멀티미디어 시스템이 언어 교육에 활용될 때 무엇이라고 부르는지 그 명칭을 적고, 그 내용과 일본어 교육에 활용될 때의 장단점에 대하여 약술하시오. (300자 이내) (7점)

<모범답안>

CALL 또는 CAI라고 한다.

멀티미디어 시스템(또는 CALL, CAI)의 내용은 CD-ROM이나 LD를 컴퓨터에 연동시킴으로써 문자 외에 음성, 정지 화면, 동상(動像) 등을 제어할 수 있게 되고, 어휘나 한자의 데이터 베이스 등을 자유롭게 검색할 수 있는 종합적인 장치이다. 이를 일본어 교육에 활용하면 동상 및 문화 관련 자료 활용에 편리하고, 자율 학습에 유리한 반면, 비용이 많이 들고 조작법을 익혀야 하는 불편함이 있다.

【3】 언어의 본질, 언어 습득, 학습, 교수법 등에 대한 가설을 설정하여, 그에 따라 체계화한 언어 학습 이론을 어프로치(approach)라는 용어로 표현한다. 예를 들면, 오디어 링구얼 어프로치(Audio lingual approach)는 언어는 본질적으로 음성 및 구조라는 가설에 입각한 것이며, 내추럴 어프로치(Natural approach)는 외국어의 능력은 습득에 의해 이루어진 것으로, 학습은 그것을 보충·수정하는 종속적 역할에 불과하다는 가설에 입각하여 이론을 형성한 것이다. 요즈음의 일본어 교육계에 널리 알려져 있는 커뮤니커티브 어프로치(Communicative approach)에 대해 그 이론적 기초를 설명하고, 지도 과정상의 특징이 되는 항목을 드시오. (200자 이내) (7점)

＜모범답안＞

커뮤니커티브 어프로치는 언어의 의사 소통 기능에 중점을 둔 교수법이다. 언어를 행위로서 파악하여 언어의 지식뿐 아니라 언어 사용의 장면과 관련된 실제적인 체험을 통해 전달 능력을 신장시키는 종합적 교수법이다. 지도상의 특징으로는 학습자에게 과제를 부여하여 그 과제를 해결하는 체험을 통해 전달 기능을 습득하도록 하는 점을 들 수 있다.

【4】 일본어의 음성적 특징 중에는 본래 유성음이어야 할 모음이 무성음이 되는 현상이 있는데, 이를 일컬어 「모음의 무성화」라고 한다. 일본어 모음의 무성화는 어떠한 음성적 환경에서 일어나는지 예를 들어 설명하시오. (7점)

＜모범답안＞

일본어의 경우 모음의 무성화가 관찰되는 것은 다음과 같은 경우이다.

a) 무성자음에 둘러싸인 협모음 [i]와 [ɯ]

きしゃ [kiʃa]   くち [kɯtʃi]

b) 무성자음에 이어지는 어말 문말의 [i]와 [ɯ]

です [desɯ]   ます [masɯ]

c) 기타

① 어두에서 무성자음의 앞에 오는 [i]와 [ɯ]에도 무성화가 관찰된다.

いきます[ikimasɯ]   うつる[ɯtsɯrɯ]

② 무성자음에 둘러싸인 모음이 연속되는 경우, 무성화하는 것과 하지 않는 것이 교대로 나타난다.

くつした [kɯtsɯʃita]

③ 무성자음에 둘러싸인 [a], [o]는 협모음이 아님에도 불구하고 무성화하는 경우가 있다.

こころ[kokoro]   かかし[kakaʃi]

【5】 다음 글은 한국인 일본어 학습자의 작문이다. 잘못된 표현을 있는대로
　　 골라내어 바르게 고치시오. (7점)

> 　あしたは私の誕生日です。それでお姉さんといっしょに近いデパトへ
> 行って、買物をしました。果物はもう買ってあります。
> 　友だちにはあした6時まで来るように言っておきましたが、花子だけが
> 来ません。どうして来ないかと聞いて見たら、かぜのために学校も決席し
> たと言いました。

<모범답안>
① お姉さん → 姉(あね)
② 近い → 近くの(近所の)
③ ケーク → ケーキ
④ 菓物 → 果物
⑤ 6時まで → 6時までに
⑥ 来ないか → 来ないのか
⑦ 見たら → みたら
⑧ 決席 → 欠席

【6】 다음은 志賀直哉의 『城の崎にて』의 일부분이다. 다음 글의 특성을 고려하
　　 여 물음에 답하시오. (7점)

> 　ある朝の事、自分は一疋の蜂が玄関の屋根で死んでいるのを見つけた。
> 足を腹の下にぴったりとつけ、触覚はだらしなく顔へたれ下がっていた。
> ほかの蜂は一向に冷淡だった。巣の出入りに忙しくそのわきを這いまわる
> が全く拘泥する様子はなかった。忙しく立ち働いている蜂はいかにも生き
> ている物という感じを与えた。そのそばに一疋、朝も昼も夕も、見る度に
> 一つ所に全く動かずにうつむきに転がっているのを見ると、それが又いか
> にも死んだものという感じを与えるのだ。それは三日程その侭になってい
> た。それは見ていて、いかにも静かな感じを与えた。淋しかった。ほかの
> 蜂がみんな巣へ入ってしまった日暮冷めたい瓦の上に一つ残った死骸を見
> る事は淋しかった。しかし、それはいかにも静かだった。

1. 이 글에서와 같이 일본 근대 문학에 있어서 자신을 소재로 한 소설을 무슨 소설이라고 부르는지 그 명칭을 적고, 그 이유를 문장 중의 귀절을 인용하여 설명하시오. (3점)
2. 이 작가가 속해 있던 문단의 類派名을 적고, 그 유파가 등장하게 된 사회적 배경과 그 유파의 성격을 설명하시오. (4점)

<모범답안>

1. 心境小説 또는 넓은 의미로서의 私小説. 이러한 명칭은 작자의 생활 보고의 객관성에 요점을 두기보다 작자 나름의 심경과 감개의 토로에 포인트가 있기 때문에 붙여진 것이다. 즉, '静かな感じを与えた', '淋しかった'처럼 신변에서 느끼는 자신의 심경을 주된 기조로 표현하고 있는 데에서 연유한다.

2. '白樺派'. 노일 전쟁 후의 자아중심적 사회 풍조의 대두하에 당시 주류를 이루었던 자기 고백, 자기 폭로적 자연주의 문학과, 탐미파 등의 사상적 결함에 반기를 들고, 개성의 신장과 向日的 성장 의욕을 표출하고자 등장하였다. 그 특질은 자기의 개성을 살리는 것이 최대의 목표이고, 이상주의와 인도주의를 표방하고, 지식 계급 일반의 현세적인 입신출세주의와는 질적으로 다른 예술가 개념을 확립하려는 反俗的 엘리트의식(귀족신분)을 가지고 있었다. 톨스토이와 內村鑑三(우치무라 간조) 등의 기독교적 영향을 받았으며 후기낭만파 미술의 소개와 이상향(예: 武者小路實篤의 아타라시키무라〈新しき村〉)의 건설 등을 그 특질로 꼽을 수 있다.

【7】 일본의 근대시와 현대시는 전통 운문 문학과 그 형식에 있어 상당한 차이가 있다. 그러나 다음에 열거한 고전 詩歌는 형식면에서 오늘날에도 일본 운문 문학의 주요한 기조를 이루고 있는 것들이다. 다음 詩歌 ①, ② ③의 형태명을 각각 적고 형식상의 특징을 비교 설명하시오. (7점)

① 春の野の霞たなびきうら悲し夕かげに鶯鳴くも
② 古池や蛙飛びこむ水の音

③ 役人の子はにぎにぎをよく覚え

<모범답안>

①은 '和歌'(短歌도 가능)로서 5·7·5·7·7의 음수율과 '春、霞、鶯' 등의 계절을 나타내는 '季語'(季題도 가능)를 가지고 있다.

②는 '俳句'(俳諧도 가능)로서 5·7·5의 17字로 된 最短詩의 형태를 취하고 있으며, 'や'와 같은 '切(れ)字'와 '蛙'와 같은 '季語'를 갖고 있는 점에서는 ①과 상통한다.

③은 '川柳'로서 ①, ②와 같은 '季語'나 '切(れ)字'는 없으나 음수율이 5·7·5인 점에서 ①, ②와 같다.

【8】다음 글을 읽고 물음에 답하시오. (7점)

> 炎暑の夏が到来すれば、疫病退散(a) と健康を確保するための夏祭りが行なわれるが、京都の祇園(b) 祭りなどが、代表的な例になる。
>
> 秋には各地で豊年を祝って秋祭りを行う。
>
> 冬には海の幸・山の幸・野の幸 ① を神前に供えて感謝の祭りを催し、来年の豊作を祈る。12月には世話になった人 ② に歳暮 ③ を贈ったり、年末になると職場や友人の間で忘年会が開かれる。大晦日 (c) の夜は除夜の鐘を聞きながら新年を迎える。この時、年越そばを食べる風習がある。

1. 밑줄(—) 그은 (a), (b), (c)의 한자어 발음을 히라가나로 적으시오. (3점)
2. 밑줄(—) 그은 ①, ②, ③의 의미를 히라가나로 적으시오. (4점)

<모범답안>

1. a. やくびょう(えきびょう)たいさん

   b. ぎおん

   c. おおみそか

2. ① 온갖 수확물, 추수, 산, 바다, 들의 산물

   ② 신세를 진 사람

   ③ 연말에 보내는 선물

【9】다음 글을 읽고 물음에 답하시오. (7점)

共催を日韓の未来への糧に 　　　　　　(朝日新聞 1996.2)

　歴史には、思いがけず希望と試練が一緒にやってくるときがある。サッカーの2002年ワールドカップは、日本と韓国との共催と決まった。

　この決定を歓迎する。障害を乗り越えつつ大会を成功させ、日韓のきずなを強めてこそ、共催を本当に喜べる ① 。両国の未来につながる道はこれから始まる。

　国際サッカー連盟(FIFA)の共催方針を受け入れるにあたって、日本の招致関係者は戸惑いを隠せなかった。単独開催を目指してきたのだからもっともだが、新しい日韓関係をつくるチャンスと前向きに受け止めるべきだ。

　日韓間では、過去の植民地支配を背景とした、ぎくしゃくした関係が折折に頭をもたげる ② 。日本側には韓国経済の追い上げがもたらす警戒感もあろう。こうした双方の国民感情が共催の壁になってきた。今後は、準備作業を通じて、両国のさまざまなレベルで、溝を埋める努力をしたい。

　W杯の共催は前例がない。決勝戦をどちらで開くのか。日韓とも開催国として、予選抜きで出場できるのか。三十二チームが参加する試合を、両国にどう割り振るのか。FIFAは今後、ワーキンググループで、こうした共催の具体策をまとめる。

　しかし、大がかりな施設の整備や運営を求められる大会の共催問題を、FIFAや両国のサッカー組織だけで解決することはできない。橋本龍太郎首相と金泳三大統領は、一日に電話で、両国が協力して大会を成功させることを確認した。

　共催となれば、チームや観客を安全でスムーズに運ぶ方法、物価や通貨の違いの調整、査証の発給などで、政府間の協力が欠かせない。開幕、閉幕のイベントへの天皇と韓国大統領の相互訪問が、論議の的になるかもしれない。いろいろな面で、政府間の緊密な協議が必要となる。「政治」の責任は重い。

　共催までに、両国とも、国内的に難題を抱えつつ、折衝に望むことになる。もしも両国が鋭く対立するようなことになれば、韓国側からは日本の歴史認識への批判や反日感情が噴き出し、日本側からは嫌韓感情が再燃するおそれがある。

そうなれば、せっかくの共催が、日韓関係にマイナスとなってしまう。こうした事態を避けるためには、相手の事情を配慮する気持ちや、譲り合いの精神が大切だ。

W杯の日韓共催は六年後のことである。その間、両国の相互理解と協力が進むことは、アジアの平和と安定に少なからず寄与することだろう。

1. 밑줄 친 ①과 ②를 우리말로 옮기시오. (3점)
2. 월드컵 공동 개최를 위한 한일 양국간의 불가피한 협력 사항을 본문에서 찾아 우리말로 쓰시오. (2점)
3. 월드컵 공동 개최에 임하는 양국의 바람직한 정신 자세를 본문에서 찾아 우리말로 쓰시오. (2점)

<모범답안>

1. ① 장애를 극복해 가면서 대회를 성공시켜 한일 양국의 유대가 돈독히 되어야만 공동 개최를 참으로 기뻐할 수 있다.
   ② 껄끄러운(매끄럽지 못한) 관계가 때마다 대두되곤 한다.
2. 팀(선수단)이나 관객의 수송 문제, 물가와 통화의 차이 조정, 비자 발급
3. 상대방의 사정을 배려하는 마음과 서로 양보하는 호양(互讓)의 정신

【10】 다음 글을 읽고 물음에 답하시오. (7점)

普通の日本人は生まれてから死ぬまで、人生という長い道を一歩一歩歩んでゆく過程で、それぞれの節目に応じた儀礼を行なう。

子供が生まれると誕生を祝うことを始めとして、成年になったら成人式を、そして結婚式を行い、人が死ぬと葬式を、その後は祭祀を行なう。このような成長段階での行事や冠婚葬祭など、人生の各段階に行なう儀礼を「人生儀礼」あるいは「　①　」という。

生後、3日目から14日目あたりには、子供に名前をつける儀式が行なわれる。名前を紙に書いて神棚とか、床の間 (a) の柱に貼りつけて祝い、まわりの人にも知らせるのである。

　一般的には子供が生まれて100日目には<u>食い染め</u>(b) の祝いをする。初めて飯を食べるという意味の食い初めは、飯粒をわざわざ食べさせ、無事な成長を祈るのである。

　11月15日には、<u>七五三</u> ② という祝いの行事を行なう。

　子供が成長し大きくなって、一人の大人として活動することができる年齢になると、成人式を行い、社会的にも成人として認めてもらうことになる。(즉, 어엿한 (한 사람 몫의) 사회인으로서 대접받게 되었던 것이다.) ③

　現代では、1月15日は成人の日といい、祝日になっている。その年に20歳になる男女の青年に各地域ごとに成人式が行なわれ祝福される。

　大人になった青年男女は心身の成長に伴い、相手を求め、結婚することになる。現代の結婚式は、いろいろな形式で行なわれている。神社での神前結婚式、寺での仏前結婚式、教会でのキリスト教式、結婚式場の利用などがある。

　年をとるに従って<u>厄年</u>(c) には厄ばらいをして無事に過ごそうとしたり、年祝いをすることもある。

1. (①)에 들어갈 적당한 용어를 漢字로 적으시오. (1점)

2. 밑줄 그은 (a) ~ (c)의 한자어 발음을 가타카나로 적으시오. (1점)

3. ② 七五三을 설명하시오. (2점)

4. ③ 의 부분을 일본어로 옮기시오. (2점)

5. 위의 결혼식 중 가장 일본적인 결혼식을 적으시오. (1점)

<모범답안>

1. 通過儀礼

2. トコノマ、クイゾメ、ヤクドシ

3. 남자아이가 3, 5세, 여자아이가 3, 7세가 되는 해(11월 15일)에 성장(盛装)하고 신사(神社)에 참배하는 행사

4. 생략

5. 神前結婚式

2. 98년도 시험(97. 12 시행)

하위 내용 영역 및 배점

하위 내용 영역 및 구분	등급	문항 수
일본어 교육학 분야	30%	3
일본 어학 분야	20%	3
일본 문학 분야	10%	1
일본 문화 분야	10%	1
일반 일본어 분야	30%	3
계	100%	10문항

【1】次の対話文を読んで、あとの問いに答えなさい。(7점)

> A : あああ、絶望的!
> B : どうしたの?
> A : 数学のこの点数、(a) サ・イ・テ・イ!
> B : (b) なにいってんのよ。 わたしなんか、 もっと悪くのに。
> A : ((c))、なぐさめてくれて。

1. 話者A, Bの性別として考えられる答えをすべて、韓国語で書きなさい。
   (2점)
2. 下線部(a)「サ・イ・テ・イ」の、文中における意味を韓国語で書きなさい。
   (2점)
3. 下線部(b)をフォーマルなかたちに書きなおしなさい。 (1점)
4. ((c))に最も適当なことばを書きいれなさい。 (2점)

<모범답안>

1. A : 남자, 여자　B : 여자
2. 망쳤어, 너무 낮아, 형편 없어, 말도 안 돼 등과 같은 의미
3. なにをいっているの
4. ありがと(う)

【2】次の問いに答えなさい。(7점)

[1~3]次の文から敬語の使い方がまちがっている所をとりだし、書きなお
しなさい。

1. お客さまが全部お降りしてからお乗りください。(1점)
2. 母が先生によろしくとおっしゃいました。(1점)
3. それでは、あすにでもお宅へいただきにいきます。(1점)
4. 次の文の(　　　)の中に「뚱뚱해지기 시작했다」という意味にあたる日本
   語を書きいれなさい。(1점)
   「中年になってちょっと(　　　)ような気がするんだ。
5. 「手をぬく」という慣用句の意味を韓国語で書きなさい。(1점)
6. 次の対話文を発音する際、番号のついているところの音節が高く発音さ
   れる所と、上昇調イントネーションの所をすべて並び、書きなさい。(2점)

①②　　　③④　　　　　　　　⑤
A : このあめ(雨)、午後にはあがるそうですよ。
⑥⑦　　　⑧　⑨⑩
B : あ、そうですか。じゃあ、午後からでかけます。

<모범답안>

1. お降りしてから → おりてから
2. おっしゃいました → もうしました
3. いきます → まいります 또는 うかがいます
4. 太りだした 또는 ふとりだした

5. 겉날리다, 빼먹다, 부실하다, 적당히 하다, 무성의하다, 건성으로 하다,
   대충하다, 불완전하다 등과 같은 의미

6. ①, ③, ⑤, ⑥, ⑨

【3】次の文は、日本の行事について書いてあります。それぞれに当たる行事の
    名称を書きなさい。(和漢混交文、または、ひらがなで書くこと) (7점)

1. お世話になった人に感謝の気持ちをあらわす7月行事。(1점)
2. 自然や季節の移り変わりを楽しむ3月の代表的なの行事。(1점)
3. 子供が健康に育つことを願う (a) 3月、(b) 5月、(c) 11月の行事。(3점)
4. 悪い鬼を追い出して家内安全を願う春の行事。(1점)
5. 先祖を供養する7月(地方によっては8月)の行事。(1점)

<모범답안>

1. (お)中元 [おちゅうげん]
2. (お)花見 [おはなみ]
3. ⓐ ひな祭り [ひなまつり]、ⓑ 端午(の節句) [たんご(のせっく)]、
   ⓒ 七五三 [しちごさん]
4. 節分 [せつぶん]
5. お盆 [おぼん]

【4】次の文を読んで、あとの問いに答えなさい。(7점)

オーバードクターの身で全共闘運動に積極的に加担し、大学当局に (a)
執拗な異議の申したてをくりかえしたのが、かれこれ三十年近くも前のこ
と。「大学解体」というまぶしいばかりのスローガンまでかかげた運動に義
理立てするのもわるくなかろうという思いと、大学というところ、どうや
らあまり上質の知性のすみかではないらしいとの判断が重なって、(b) 既
定のコースたる大学教師の職を生業とすることだけはよそうと心に誓っ
た。思想的決断なのだと (c) 気負うところもないではなかったが、後から
考えると、生来の意地っぱりが顔をだしたというのが真相に近かった。

（　(d)　）、大きい教室の(e)きょうだんに立って何十人、何百人を相手に(f)こうぎをする、という役まわりからは解放された。(g)多勢の人の前で話すのが苦手で、話しおわったあとは自己嫌悪に陥いることのみ多い身としては、文字どおり肩の荷をおろす思いだった。大学に勤めるかわりに、近所の子どもたちを相手にした小さな学習塾をはじめたから、(h)(가르치는 일임에는 변함이 없었지만)十人前後の子どもを相手の授業には、多人数相手の(i)こうぎの堅苦しさがまったくない。日常のことばから授業のことばへ、授業のことばから日常のことばへ、ごく自然に行き来できるのだった。が、都会の片隅の零細塾の経営には浮き沈みがあって、(j)塾の上がりだけではどうやりくりしても一家六人の家計を支えきれない時期もあった。で、週一日だけ予備交で教えるころになり、多人数を相手の(k)きょうだんに立つことになった。

1. 次のことばに当てはまる漢字を書きなさい。（1점）
   (e), (k) きょうだん　　　　(f), (i) こうぎ

2. 次の漢字熟語の読み方をカタカナで書きなさい。（1점）
   (a) 執拗　　(b) 多勢

3. （　(d)　）に当てはまる最も適当なつなぎのことばを書きなさい。（1점）

4. (j)「塾の上がり」の意味を韓国語で書きなさい。（1점）

5. (c)「気負うところもないではなかったが」を韓国語に訳しなさい。（1점）

6. (h)「가르치는 일임에는 변함이 없었지만」を日本語に訳しなさい。（1점）

7. (b) 既定のコースたる大学教師の職を生業とするころだけはよそうと心に誓った、性格的理由に当たる表現を本文の中から選び、原文どおり書きなさい。（1점）

<모범답안>

1. ⓔ, ⓚ 教壇　　　ⓕ, ⓘ 講義
2. ⓐ しつよう　　　ⓖ たぜい
3. ともあれ
4. 학원 수입, 또는 보습 학원 수입
5. 안간힘을 쓴 면도 없진 않았지만

6. 考えることに変わりはなかったが

7. ① 多勢の人の前で話すのが苦手で(話しおわったあとは自己嫌悪に陥
ることのみ多い身

② 生来の意地っぱい

【5】「창의성」은 각급 학교의 교육 과정에서 한결같이 강조되어 온 학교 교
육의 중점 테마이다. 제6차 일본어과 교육 과정에서 정확성보다 유창성
을 강조하고 있는 것과 관련하여, 창의성과 유창성의 관계를 설명하고,
일본어 교육을 통해 창의성을 신장시키고자 할 때 교사가 유의해야 할
점을 적으시오. (300자 이내) (7점)

<모범답안>

창의성의 요인에는 민감성, 유창성, 독창성, 유연성, 치밀성, 재정의성 등
이 있는데, 특히 유창성에는 연상적 유창성, 언어적 유창성, 표현적 유창
성, 관념적 유창성 등이 있어서, 유창성은 언어 표현 기능의 중요한 구성
요소라고 할 수 있다.

일본어 교육에 있어서 창의성을 키우기 위해서 교사는 다양한 언어 표
현과 장면 등에 대한 경험의 폭을 넓히고, 응용력과 자발성을 장려하며,
학생의 독창성과 개성을 존중해 주어야 한다. 아울러 반추할 수 있는 시
간과 창의적 행동 모형을 제시하는 등 창의적 행동을 유도하여야 한다.

【6】 평가에는 양적으로 파악하는 방식과 질적으로 파악하는 방식이 있다.
대상의 질적 파악이란 교육 목표에 비추어 대상의 가치를 판단하는 것
이다. 제6차 일본어과 교육 과정에서 의사 소통 기능을 강조하고 있는
것과 관련하여, 바람직한 구두 언어 능력 평가법의 개발과 적용의 문제
는 일본어 교육계가 당면한 중요 과제 중의 하나이다. 일본어의 구두 언
어 능력 평가법에는 응답 테스트, 인터뷰 테스트, 통역 테스트 등이 있다.
이 중에서 인터뷰 테스트법이란 무엇인가를 간단히 설명하고, 장점과 문
제점 및 문제점을 최소화하기 위한 방안을 적으시오. (300자 이내) (7점)

<모범답안>

인터뷰 테스트란 교사와 학생이 일정 시간 동안 1대 1로 직접 대화하는 방법으로, 구두 언어 능력 평가 방법으로서는 타당도가 높은 반면 객관성, 효율성, 신뢰성이 부족한 점이 문제이다. 문제점을 최소화하기 위해서는 평가 기준과 단계를 정해 두고, 면접 장면을 녹음 또는 녹화하여 복수의 채점자가 채점하여 평균을 내는 방법이 바람직하다. 장기적으로는 면접법 평가자로서의 자격증을 획득한 평가 전문가의 양성이 바람직한 해결책이 될 것이다.

【7】 일본어 학습에 사용될 수 있는 시청각 교육 기기(전기를 사용하는 기기로 한정)의 명칭을 아는 대로 나열하고, 시청각 교재를 이용한 일본어 교육의 특성을 적으시오. (300자 이내) (7점)

<모범답안>

기기의 종류 : 환등기, O.H.P(투영기, 투사기), 실물 환등기, 전축, 라디오, 녹음기(어학 학습기), 비디오(VTR, VCR, VCP), 비디오 카메라(캠코더), 영사기, TV, 컴퓨터, 멀티미디어 시스템

특성 : ① 학습 의욕을 높인다.
② 학습 동기를 강화한다.
③ 경험의 한계를 확대한다.(경험을 확대한다)
④ 현실을 재구성한다.
⑤ 많은 사람에게 공통의 경험을 제시한다.
⑥ 반복 이용이 가능하다.
⑦ 추상적인 사항을 구체적으로 인식할 수 있다.
　(이해하기 쉽다)
⑧ 언어의 종합적인 정보를 감각 기관을 통해 인지할 수 있다.

【8】 언어에 따라 의사 표현 방식, 경어법, 인사법, 대화 자세와 같은 언어 행동에는 차이가 있다. 일본인의 언어 행동 특징 중 일본어 교육의 관점에

서 가장 중요하다고 생각되는 사항 한 가지를 들고 그 이유를 적으시오.
(200자 이내) (7점)

<모범답안>

① 직접적인 말을 피하고 간접적이고 우회적으로 말한다.(자기 생각을
잘 나타내지 않는다)

> 이유 간접적인 화법이 두드러지는 명령 및 요구 표현에서 알 수
> 있듯이 일본어는 직접적인 화법을 피하는 경향이 있다.

② 다테마에와 혼네를 구별한다.

> 이유 일본인은 공적이거나 소속 집단 이외의 사람과 이야기할
> 때는 집단 논리에 의한 다테마에를 이야기하고, 동일 집단
> 내의 가까운 사이에서는 혼네를 이야기하는 특징이 있다.

③ 인사말을 즐겨 쓴다.

> 이유 상대방에게 폐를 끼치지 않는 것을 중요한 행동 규범으로
> 삼고 있는 일본인으로서는 '고맙다', '미안하다' 등의 인사
> 말을 자주 사용한다.

④ 상대 경어를 사용한다.

> 이유 일본어는 자기쪽의 사람은 낮추고 상대쪽의 사람은 높이
> 는 등 친소 관계에 의해 경어 형태가 결정되는 것이 일반
> 적이다.

⑤ 맞장구를 자주 사용한다.

> 이유 일본인의 언어 행동 중에 맞장구를 치는 횟수가 한국인이
> 나 중국인에 비해 많은 것으로 알려져 있다.

⑥ 말할 때 시선을 피하는 경향이 있다.

> 이유 말할 때 마주 보는 것은 공격적인 느낌이 들기 때문에 시선
> 을 고정하여 주시하는 행동은 선호하지 않는 경향이 있다.

【9】 일본어 동사의 기본형에 접속되는 문말 표현 「ようだ」와 「らしい」에 관하여, 다음 용례 ①, ②를 참고로 하여, 의미상의 차이점을 설명하시오. (200자 이내) (7점)

　① 彼女は確かに、ここに来たことは来たようだ。
　② 彼女は、来年、卒業論文を出すらしい。

<모범답안>

　a) ①의 「~ようだ」는 말하는 이의 주체적인 판단을 직접 나타내는 불확실한 단정의 표현임에 비해서,

　　②의 「~らしい」는 말하는 이가 객관적인 정보에 근거해서 추정, 판단을 내리는 표현이다.

　b) ①의 「~ようだ」는 화제의 대상이 어떤 상태에 있는가를 서술함에 중점을 두고,

　　②의 「~らしい」는 말하는 이의 판단 자체에 중점을 둔 표현이다.

【10】 일본 문학의 시대 분류는 고대, 중고, 중세, 근세, 근대, 현대로 분류하는 것이 일반적인데, 중세 수필 문학에 「東斎随筆」, 「寝覚」, 「歎異抄」, 「立正安国論」, 「正法眼蔵」 「一遍上人語録」 등이 있다. 이들 작품 외에 일본 중세 수필 문학을 대표하는 두 작품을 들고, 작자명과 작품의 특징을 적으시오. (단, 작자와 작품명은 한자(漢字) 또는 ひらがな로 적을 것) (300자 이내) (7점)

<모범답안>

　① 일본 중세의 대표적인 수필 문학인 方丈記(ほうじょうき)의 작자는 鴨長明(かものちょうめい)이며, 이 수필은 중국풍의 「記」体를 본받아 쓴 「和漢混交文」의 격조 높은 수필로, 중세적 교양을 지닌 성실한 인간의 생활 기록이다. 무상관과 영혼의 고뇌, 속세와 단절할 수 없는 불안이 오히려 인간적 공감대를 불러 일으키는 중세적 특색을 지닌 작품이다.

② 일본 중세의 대표적인 수필 문학인 徒然草(つれづれぐさ)의 작자는 吉田兼好(よしだけんこう) 또는 卜部兼好(うらべかねよし)이다. 현실 부정, 무상의 세계관인 중세적 불교 사상으로, 공상과 현실, 염세관과 인생 긍정, 유미주의와 번뇌로부터 해탈하여, 무상이야말로 찰나를 중시하는 사상으로 파악하여 한정된 현실의 영원성의 부정으로 현실의 절대 가치를 설파하고 있으며, 내면성을 지닌 인간 비평의 지적 정신에도 개성적 특색이 있는 작품이다.

3. 99년도 시험(98. 12 시행)

하위 내용 영역 및 배점

하위 내용 영역 구분		배점	문항 수
교과 교육학	일본어 교육학 분야	15%	3
교과 내용학	일본 어학 분야	12%	1
	일본 문학 분야	10%	2
	일본 문화 분야	10%	2
	일반 일본어 분야	23%	8
계		70점	16문항

【1】日本語辞典では、次の五つの言葉は、どんな順番でならべられているかを記号で書きなさい。(1점)

① 抗争　　　② 交渉　　　③ 更生　　　④ 故障　　　⑤ 恒常

<모범답안>

② → ⑤ → ③ → ① → ④

【2】次の文の(　　　　)に入れるのに最も適当なものを選びなさい。(1점)

赤ちゃんが　(　　　　)　寝ている。

① ほやほや　　② もやもや　　③ すやすや　　④ どやどや　　⑤ さやさや

<모범답안>

③

【3】次の文の中で敬語に直せる言葉を全部敬語にして、なるべく丁寧な言い方に書き直しなさい。(2점)

さあ、遠慮しないで、ゆっくり見ろ。

<모범답안>

さあ、(どうぞ)ご遠慮なさらないで、ごゆっくりご覧下さい。

【4】次の文を口語(現代日本語)に訳しなさい。(2점)

人の心すなほならねば、偽りなきにしもあらず。

<모범답안>

人の心はすなおなものではないから、虚偽(偽り)がないわけではない(ないとは言えない)。

【5】次を韓国語訳しなさい。(2점)

> ① 買おうと思っているうちに、つい買いそこねてしまった。(1점)
> ② 泣きつらにはち　(1점)

＜모범답안＞

① 사려고 생각하고 있는 동안에 그만 살 기회를 놓치고 말았다
(놓쳐 버렸다).
② 설상가상(엎친 데 덮치기).

【6】次の語句の解釈が下に書いてある。　当てはまる記号を書き入れなさい。
(2.5점)

> ① 鼻にかける　（　　　）　(0.5점)
> ② 寝耳に水　（　　　）　(0.5점)
> ③ 目にあまる　（　　　）　(0.5점)
> ④ 合点がいかない　（　　　）　(0.5점)
> ⑤ 油を売る　（　　　）　(0.5점)

ア. しゃくにさわる。　　　　　　イ. 無道で、だまってみていられない。
ウ. しんとして、静かなようす。　エ. 自慢する。
オ. 怒ったり、驚いたりした目を大きく見開く。　カ. むだ話をし、なまける。
キ. なんとなく好きではない。　　ク. 納得できない。
ケ. 不意の出来事におどろく。　　コ. 一生懸命に働く。

＜모범답안＞
①（　エ　）②（　ケ　）③（　イ　）④（　ク　）⑤（　カ　）

【7】次の文の中から表現のしかたにあやまったところを抜き出し、正しく書き
なさい。(2점)

(1) 湯気を噴出する口を求めて釜の蓋をゆるぐように、
　　数分の間を置いては大地を震わしていた。(1점)
(2) 彼は今日こそは彼女に結婚申し込むべき彼女の家へと
　　むかった。(1점)

<모범답안>

(1) ゆるぐ → ゆるがす
(2) べき → べく

【8】次の事項について日本語で説明しなさい。
　　(但し、(1)(2)は例を三つ以上あげること)　(11점)

(1) 湯桶読み　(2점)
(2) 連声　(3점)
(3) 係り結び　(3점)
(4) 日本語アクセントの特徴　(3점)

<모범답안>

(1) 湯桶読み：熟語の読み方は原則として音読み、或いは訓読みに統一
　　すべきものであるが、この原則にはずれる熟語の読み方で、上の字
　　を訓で、下の字を音で読む場合をいう。
　　〔例〕合図　身分　見本　手本　湯気　株式　荷物　結納　火鉢　夕刊
(2) 連声：唇内・舌内の発音尾と舌内の入声音の次に、ア・ヤ・ワ三行
　　の音が来た場合、それがマ・ナ・タ三行の音に転化する現象をいう。
　　〔例〕三位(サンヰ → サンミ)、音陽師(オンヤウジ → オンミョウジ)
　　　　　因録(インエン → インネン)、天皇(テンワウ → テンオウ)
　　　　　観音(カンオン → カンノン)、安穏(アンオン → アンノン)
　　　　　雪隠(セツイン → セッチン)、屈或(クツワク → クッタク)
　　　　　万葉(マンニョウ)、今日は(コンニッタ)、分別を(フンベット)

(3) 係り結び：文中に係助詞が来たときに、文の術語を一定に形で結ぶことを係り結びという。つまり、文の述語を活用語で終わるときは、終止形で結ばれるのが普通である。ところが(特に文語で)、文中に係助詞「ぞ」「なむ」「や」「か」が用いられた場合は、文末の活用形は連体形で結ばれ、「こそ」が用いられた場合は、文末の活用形は已然形で結ばれる。このような決まりを係り結びという。

(4) 日本語のアクセントの特徴

1. 高低(高さ・単語高さ)のアクセントである。

2. 第一音節と第二音節とは必ず高さが異なる。

3. 高から低に移るところ、すなわち「アクセントの滝」があるものとないものがある。

4. 「アクセントの滝」があったとしても一つの単語の中に一つしか存在しない。

5. 「アクセントの滝」のあるものを起伏式、ないものを平板式と呼ぶが、一拍語の場合は、助詞をつけてみて、助詞の高くなる方を平板式、低くなる方を起伏式と呼ぶ。このようにまず大きく二つに分けられるが、さらに起伏式は「滝」がどこに存在するかによって三種類に分けられる。すなわち、

① 「滝」が語頭の拍の直後にある …「頭高型」

② 「滝」が語中にある …「中高型」

③ 「滝」が語尾にある …「尾高型」

の三種類である。これに「滝」のない「平板型」を加えると「アクセントの型」は四種類あるということになる。

6. 単語の拍数がいろいろであるから、「滝」は単語によっていろいろなところに現れうる(英語やロシア語の場合と同様「自由アクセント(移動アクセント)」と呼ぶことがある)。

【9】次の文章を読んで、あとの問いに答えなさい。(11.5점)

思想が何であるかは、これを生活に対して考えてみると@メイリョウになるであろう。生活は事実である。何処までも経験的なものである。それに対して思想にはつねに仮説的なところがある。仮説なところのないような思想は(①)とは言われないであろう。思想が⑥ジュンスイに思想としてもっている力は(②)の力である。思想はその仮説の大きさに従って偉大である。《 A 》思想に仮説的なところがないとすれば、いかにしてそれは生活から区別され得るであろうか。考えるということもそれ自身としては明らかに我々の生活の一部分であって、これと別のものではない。しかるに、(Ⅰ)そのものがなお生活から区別されるのは、考えるということが本質的には仮説的に考えることであるためである。

考えるということは過程的に考えることである。過程的な思考であっても方法的であることができる。しかるに(③)が過程的であるのは仮説的に考えるからである。《 B 》仮説的な思考であって方法的であることができる。懐疑にしても方法的であるためには仮説によらなければならぬことは、デカルトの(④)において模範的に示されている。

仮説的に考えるということは論理的に考えるということと単純に同じではない。仮説はある意味で論理よりも根源的であり、論理はむしろ(Ⅱ)そこから出てくる。論理そのものが一つの仮説であるということもできるであろう。仮説は自己自身から論理を作り出す力をさえもっている。論理よりも不確実なものから論理が出てくるのである。論理も仮説を作り出すものと考えられる限りそれ自身(⑤)的なものと考えねばならぬ。

すべて確実なものは不確実なものから出てくるのであって、その逆でないということは、考えるべきである。つまり確実なものは与えられたものでなくて形成である。(Ⅲ)精神は芸術家であり、鏡ではない。

《 C 》思想のみが仮説的であって、人生は仮説的でないのであ

ろうか。人生もある仮説的なものである。それが仮説的であるの
は、(Ⅳ)それが©キョムにつながるためである。各人はいわば一つ
の仮説を説明するために生まれている。生きていることは、ただ生
きているということを証明するためではないであろう。―そのよう
な証明はおよそ不要である。―実に、一つの仮説を証明するためで
ある。《　D　》人生は実験であると考えられる。もとよりそれは、
何でも勝手にやって見ることではなく、自分がそれを証明するため
である。《　D　》人生は実験であると考えられる。―仮説なしに実
験というものはあり得ない。―もとよりそれは、何でも勝手にやっ
て見ることではなく、自分がそれを証明するために生まれた@コユ
ウの仮説を追求することである。

1. ①～⑤の(　　　　)に適切な一語(漢字二字)を、本文の中からさがし
　て答えなさい。(2.5점)
2. 下線部@～@のカタカナを漢字に改め記しなさい。(2점)
3. 「しかるに」の類義語を書きなさい。(1점)
4. A～Dの《　　》に 前後の文の連接関係を示す適当な言葉を下記のな
　かから選んで書き入れなさい。(2점)

> だから　　そして　　すると　　しかし　　それでは
> すなわち　　なお　　ところで　　もし　　もしかすると

5. 下線部(Ⅰ)「そのもの」が指す語を本文の中からさがし、記しなさい。
　(1점)
6. 下線部(Ⅱ)「そこ」が指す語を本文の中からさがし、記しなさい。(1점)
7. 下線部(Ⅲ)は何を比喩しているか。本文の中でその意味を述べている
　最も適当な文を選んで、その文の始めの部分と終わりの部分を三字ず
　つ記しなさい。(1점)
8. 下線部(Ⅳ)「それ」が指す語を本文の中からさがし、記しなさい。
　(0.5점)

9. この文章の主題として最も適当なものを選びなさい。 (0.5점)

　　① 思想について　　　② 懐疑について　　　③ 論理について

　　④ 仮説について　　　⑤ 人生について

<모범답안>

1. ① 思想　② 仮説　③ 思考　④ 懐疑　⑤ 仮説

2. ① 明瞭　② 純粋　③ 虚無　④ 固有

3. それなのに。　そうであるが。　ところが。

4. A → もし　B → すなわち　C → しかし　D → だから

5. 考えるということ

6. 仮説

7. 認識は～である

8. 人生

9. ④

【10】　日本は春・夏・秋・冬の四季がはっきりしていて、年中行事にも季節感がよく現われている。春先には農業の豊作と農民の平安などを祈って正月の行事をはじめ、春祭り・春祈祷などの行事が行われる。特に正月にはさまざまな行事が行われる。1月1日は新しい年の初日で（　①　）といい、この日の朝には神社や寺に訪れ（　②　）をする人が多く、家族そろって（　③　）を飲み、（　④　）を食べる習慣がある。家の前に（　⑤　）が降りてくるときの目印のになる物として（　⑥　）を立て、玄関に（　⑦　）を飾る。立春の前日は（　⑧　）といい、【A. 福を招くための行事】が行われる。

1. (①～⑧)のなかに適当な言葉を書き入れなさい。（漢字または平仮名で）　(2점)

2. 「年中行事」の多くは、農耕の儀式や日本古来の宗教観・季節感と深く結び付いていた。日本の「年中行事」の本来の姿と意義を韓国語で述べなさい。（50字 程度）　(2점)

3. Aの行事の内容について韓国語で書きなさい。(20字 程度) (1점)

<모범답안>

1. ① 元旦(がんたん) 또는 元日(がんじつ)   ② 初詣(はつもうで)
   ③ 御屠蘇(おとそ)   ④ 雑煮(ぞうに)   ⑤ 年神(としがみ)
   ⑥ 門松(かどまつ)   ⑦ しめ飾り(しめかざり)   ⑧ 節分(せつぶん)

2. 각 가정에서 조용히 건강이나 나날의 안전, 풍성한 수확 등을 신에게 빌고, 계절의 수확물을 신에게 올리며, 다른 사람들과 나누어 먹는데 그 의의가 있다.

3. 신사나 가정에서 콩을 뿌리며(豆まき) 악신을 쫓고, 복신을 불러들이는 행사

【11】 日本語の教育上、もっとも問題になるのは教師の音声言語に対する意識と教科書、教材の取り扱いである。特に話し言葉を使用してコミュニケーション活動をするとき、音声上のどんな要素(形)が心の態度と情報の伝達に関与するのかを明らかにすることは音声研究上の重要な課題である。日本語の教育においてコミュニケーションの観点から考えられる日本語の文音調の種類をあげ、その特徴を簡単に韓国語で説明しなさい。(200字 程度) (5점)

<모범답안>

① 악센트(Accent) : 일본어 음절 간에 존재하는 음의 상대적인 높낮이 〈고저악센트(pitch accent)〉의 차이이다.

② 억양(Internation) : 어나 문말에서 작용하는 음의 높이 변화를 말하며, 사항에 대한 판단을 구별하는 논리적인 차를 나내내는 기능을 가지고 있다. (상승조는 질문이나 다짐을, 하강조는 단정이나 힐문을 나타낸다.)

③ 탁립(Prominence 혹은 取り立て) : 문 중의 일부분을 두드러지게 표현하여 강조하는 것을 말하며, 사항에 대한 논리적인 판단이나 화자의 심리적인 감정을 나타낸다.

④ 휴지(Pause): 말의 표현 도중에 생리적, 언어적 원인에 의해 발생
　하는 숨의 멈춤 현상을 말하며 화자의 표현 의도를 명확하게
　하는 기능이 있다.

⑤ 박자(Rhythm): 모라(mora)라고도 하며, 일정한 간격을 두고 일어
　나는 음의 강약, 고저 등의 반복 현상을 말한다.

【12】次の文を読んで下の質問に答えなさい。

　科学用語としての「文化」は時代により定義が変わり、それに伴っ
て言語教育も変化してきた。この変化を整理すると次の3つの段階
になる。

　A. 文化の定義は、かつては「人間が社会の成員として獲得した能
力や習性の複合的全体」とされ、「国家・民俗・国民を成り立たせ、
脈々と連続させているもの」は何かを追及し、それを教育の対象に
していたのが「文明学」と呼ばれる方法である。

　私たちが、外国語の文法を習い、文学や古典・歴史や文明が記載
された原書を読んだのは、このような枠組みの中での学習であっ
て、この時代の外国語の教育法には学習者の母語を使って教える
「文法訳読法(対訳法：Grammer-Translation-Method)」であった。

　B. 続いて、第2次大戦中からの「地域研究」を中核とする時代が
あり、「現代一般人の行動様式・生活様式とはどのようなのか、そ
れを支える組織・制度はどのような形態か」を追及し、教育の対象
とした。「社会科」はこのような考え方の上に成り立っている教育で
ある。

　この時代の外国語の教育法に「① オーディオ・リンガル・メソッ
ド(Audio-Lingual Method)」がある。これは、一方で文型を中心に言葉
の仕組み(構造)を教え、もう一方で地域研究の成果を教えながら会
話能力を付けようというものだが、② 異文化のコミュニケーショ
ン・ギャップの問題は解決できたとは言えなかった。

C. 今日では、文化は「対人相互の作用の型」としてとらえられて
いることが多いと言える。言語教育に関する興味も「各個人が言
語・非言語行為を媒介にして、対人相互作用の型を個人の内部に獲
得していく過程」に移ってきている。現在、異文化トレーニング
は、個人の成長と異文化についての訓練や教育を明確に分け、「③
体験学習」を中心に「知識学習」も合わせ持つ アプローチが志向され
ている。

1. ①「オーディオ・リンガル・メソッド(A-L教授法)」の背景になる主要
   学説二つを書きなさい。(1点)
2. ②「異文化のコミュニケーション・ギャップ」の問題が起る要因(相違
   点)を韓国語で簡単に説明しなさい。(100字 程度) (2点)
3. 「体験学習」の特徴及び有意点を韓国語で簡単に述べなさい。
   (200字 程度) (2点)

<모범답안>

1. 행동주의 심리학(behavioral psychology)과 구조주의 언어학(structural
   linguistics)
2. 어떤 특정 집단의 성원에 의해 후천적으로 형성・축적되어 온 지식・
   가치관・생활 양식 등의 문화적 배경이 다른 사람들 간의 커뮤니케이
   션에는 다음과 같은 요인에 의한 장해(갭)가 발생한다.
   ① 각 문화별로 존재하는 언어의 사회・문화적 의미의 차이
   ② 각 언어가 갖는 역할의 차이(언어 중시형 문화권과 언어 경시형
      문화권간의 장해)
   ③ 커뮤니케이션의 양식이나 사고 방법의 차이(논지의 직접 표현
      과 간접 표현)
   ④ 비언어적 요소의 차이(표정 언어)
   ⑤ 대화 내용의 근저에 흐르는 각 문화 고유의 세계관・가치관・신
      념・시스템(인간 관계・교육・정치・경제・의료 등)의 차이

3. (A) 최근 유행하고 있는 교수법에는 경험과 체험을 중시하는 존 듀이
　　 의 경험주의 교육 이론의 원리가 채택되어 있는데, 외국어 학습은
　　 단순한 지식의 습득이 아니고 새로운 언어 환경 및 새로운 문화
　　 환경에 대한 적응력을 기르는 것이기 때문에 상황 중심의 체험을
　　 통한 학습은 매우 중요하다. 성공적인 체험 학습이 되도록 하기
　　 위해서는 다음과 같은 점에 유의하여야 한다.

　 (B)　① 학습자 개개인이 직접 체험을 통해 배울 수 있다는 확신이
　　　　 있어야 하고, (학습동기 및 목적에 대한 명확한 의식)
　　　　② 학습자 자신이 자율적으로 학습 목표를 설계하고 실행하여야
　　　　 하며,
　　　　③ 체험의 필요성에 대한 충분한 이해가 선행되어야 한다.

【13】次にあげた日本文学文作品を参考にして下の質問に答えなさい。

A.

① つれづれなるままに、日ぐらし硯にむかひて心にうつりゆくよ
　 しなしごとを、そこはかとなく書きつくれば、あやしうこそも
　 のぐるほしけれ。「徒然草」

② 男もすなる日記といふものを、女もしてみむとてするなり。
　「土佐日記」

③ 月日は百代の過客にして、行かふ年もまた旅人なり。舟の上に
　 生涯を浮かべ、馬の口とらへて老いを迎ふる者は、日々旅にし
　 て旅をすみかとす。「奥の細道」

④ 春は、あけぼの。やうやうしろくなりゆく山ぎは、すこしあ
　 かりて、紫だちたる雲のほそくたなびきたる。「枕草子」

⑤ 祇園精舎の鐘の声、諸行無常の響きあり。羅双樹の花の色、盛
　 者必衰のことわりをあらはす。おごれる人も久しからず、ただ
　 春の夜の夢のごとし。猛き者もつひには滅びぬ。ひとへに風の
　 前の塵におなじ。「平家物語」

---

⑥ いづれの御時にか、女御・更衣あまたさぶらひたまひける中に、いとやむごとなき際にはあらぬが、すぐれて時めきたまふありけり。「源氏物語」

⑦ ゆく川の流れは絶えずして、しかももとの水にあらず。よどみに浮かぶうたかたは、かつ消えかつ結びて、久しくとどまりたるためしなし。「方丈記」

B. 山路を登りながら、かう考へた。⑧ <u>智に働けば角が立つ。情に棹させば流される。意地を通せば窮屈だ。兎角に人の世は住みにくい。</u>住みにくさが高じると、安い所へ引き越したくなる。どこへ越しても住みにくいと悟つた時、詩が生まれて、絵が出来る。（夏目漱石『草枕』より）

(1) 日本の中古時代に書かれた作品を探し、その成立順序に従って作品名を提示しなさい。(1점)

(2)「古今和歌集」の仮名序文を書いた人が作った作品名をあげ、その作品の文学的な意義を簡単に述べなさい。(50字程度)　(1점)

(3) ⑧の所を韓国語訳しなさい。(1점)

(4) 夏目漱石の門下生として「千鳥」「桑の実」の作者であり、児童文学誌『赤い鳥』を創刊、当時の日本語教育に大きく貢献した人の名前を書きなさい。(漢字または平仮名)　(1점)

(5) 日本近代浪漫主義運動の中心となった「明星」の主な詩人として「いのちなき砂のかなしさよ／さらさらと／握れば指のあひだより落つ」(『一握の砂』)の短歌を作った人の名前を書きなさい。(漢字または平仮名)　(1점)

<모범답안>

(1) 土佐日記 → 枕草子 → 源氏物語(순서대로 제시하여야 함)

(2) ・作品名 : 土佐日記
　　・문학적 의의 : 작자가 토사(土佐)国司의 임기를 끝내고 京都로

돌아올 때까지의 사건이나 심정을 여성에 가탁하여 쓴 가
나로 쓰여진 일본 최초의 일기 문학이다.

(3) 이지적으로 행동하면 모가 난다. 인정을 앞세우면 그 정에 빠져
버린다. 고집을 내세우면 거북스럽다. 이래저래 세상은 살기 힘들다.

(4) 鈴木三重吉(すずきみえきち)

(5) 石川啄木(いしかわたくぼく)

【14】次の文を読んで質問に答えなさい。

> 既に自然主義に積極的態度を許せば、その積極的思念の行止まり
> はなんであらうかといふ問題が、必ず起らざるを得ない。即ち自然
> 主義の目的論が生じる。思ふに ① 自然主義が ② 理想主義 乃至 ③
> 写実主義と違ふ根本は実にここに存する。写実主義は現実を写すを
> 目的とするといひ理想主義は理想を写すを目的とするといふ。然る
> に自然主義はひとり真(Truth)を写すといふ。真といふ語は自然主義
> の生命でありモットーである。自然主義から言はすれば、理想とい
> ひ現実といふ語はまだ浅い、第二義の役にしか立たぬ。
>
> (島村抱月「文芸上の自然主義」)

1. ①〜③の文芸思潮を日本近代文学の展開順序に従って提示しなさい。
   (1점)

2. 文章の言葉づかいを話し言葉に一致させようと工夫した作者たちの属
   した文芸思潮をあげ、その傾向について韓国語で簡単に説明しなさい。
   (50字 以内) (2점)

3. 自然主義文学があまりにも人生の醜悪な面を暴露する傾向がはなはだ
   しいために、文学の意義を改めて考える人たちが出て活躍した反自然
   主義文学に属する類派名を書きなさい。 (2점)

<모범답안>

1. ③사실주의 → ①자연주의 → ②이상주의

2. 사실주의(事實主義)는 에도(江戸)시대의 희작문학(戲作文學)을 권
   선징악을 수단으로 하는 태도를 부정, 작자의 주관을 배제하여 인
   생과 사회의 현실을 있는 그대로 묘사하였다.

3. 탐미파(耽美派) : 실사회의 공리에 관계없이 관능, 감각을 중시하여
   　　　　　　　　미의 창조와 그 세계에 정착하려는 것을 목적으
   　　　　　　　　로 함.

   여유파(高踏派) : 인생을 여유를 가지고 바라보며 논리적・이지적
   　　　　　　　　인 비평의 안목을 가진 문학

   백화파(白樺派;시라카바하) : 인간 내부의 생명력을 믿어, 이상주의,
   　　　　　　　　　　　　　　인도주의의 입장을 취하였다.

【15】次の文を読んで下の質問に答えなさい。

　　万葉の時代から「言挙げぬ国」とされた日本には、口論や反抗はよ
しとしない風土があったようです。また、俳諧や和歌という短詩型
文学が伝統的に存在し、「以心伝心」「不立文字」等の仏教用語も知ら
れています。現在では①「腹芸」が時折使われることもあります。こ
うしたところから、「語らぬ文化」という表現が生まれたものと思わ
れますが、ここには大きく分けて二つの側面があると思われます。
　　それは②短詩型文学の達成に関わる日本人の言語運用の意識と、
③日本語自体の構造に関わるとらえ方です。
　　　　　　　　（「語らぬ文化と日本語」、実践日本事情入門、大修館）
　　A.「天の原ふりさけ見れば春日なる三笠の山に出でし月かも」
　　　　　　　　　　　　　　　　　　　　　（古今、阿部仲麻呂）
　　「奈良七十七堂伽藍八重桜」（芭蕉）
　　B.「春はあけぼの。やうやうしろくなり行く山ぎはすこしあかり
　　　　て、むらさきだちたる雲のほそくたなびきたる」
　　　　　　　　　　　　　　　　　　　　（「枕草子」の冒頭文）
　　「国境の長いトンネルを抜けると雪国であった。夜の底が白く

なった。信号所に汽車が止まった。」

(川端康成の「雪国」(1947)の書き出しの所)

C.「In spring it is the dawn that is most beautiful. As the light
creeps over the hills, their outlines are dyed a faint red and
wisps of purplish cloud trail over them.」

(春で最も美しいのはあけぼのである。光が山の上にしのび
よると、その輪郭が少し赤くそめられ、紫がかった雲のいく
筋かが山のうえにたなびく。)

「The train came out of the long tunnel into the snow country.
The earth lay white under the night sky. The train pulled up at
a signal stop.」

(汽車は長いトンネルを出て雪国へ入った。地面は夜空のもと
白く横たわっていた。汽車は信号所で止まった。)

1. ①「腹芸」を韓国語で簡単に説明しなさい。(1점)
2. ②「短詩型文学の達成に関わる日本人の言語運用の意識」についてAを参
   考にして韓国語で説明しなさい。(100字 程度) (2점)
3. ③「日本語自体の構造に関わるとらえ方」の具体的な例をBとCの文を比
   較して韓国語で説明しなさい。(100字 以内) (2점)

<모범답안>

1. 연극에서 배우가 대사나 동작에 의하지 않고 무언으로 심정을 나
   타내어 그 역의 기분을 살리는 일(직접 표현을 하지 않고 상대의
   생각을 살피는 것)

2. ① 한정된 언어 공간 중에서 필요한 것을 최대한의 효과에 의해서
   표현해 가는 언어 운용의 의식과 기술로써, 의사의 표현에 다변
   을 필요로 하지 않는다.

   ② 정서적인 표현에는 뛰어나나 논리적인 구성에 약하다.

   ③ 동일 문화를 향수하고 생활 감정을 함께해 온 온정주의적인 사
   회여서 인화를 소중히 여기기 때문에 자기 주장을 강하게 표현

하지 않는다.

3. ① 술어 중심의 묘사문(구체적인 장면이나 감정을 술어 중심의 언어 구조 속에서 표현한다.)

② 생략형의 언어 구조(발화의 장면이나 맥락에 의존하여 상황으로 알 수 있는 것은 표출하지 않는 특징을 가지기 때문에 문에 있어서 주어나 조사, 술어 등이 생략되는 표현이 많다.)

③ 명사적 표현과 리듬감 중시(화자 중심의 정서적 표현이 많다.)

【16】다음의 글을 읽고 밑줄 친 물음에 대하여 서술하시오.

교수 이론은 언어관의 변천과 시대적 요구에 따라 끊임없이 새로운 교수 이론이 등장하게 된다. 80년대 이후의 대표적인 교수법으로는 내추럴 어프로치(Natural Approach), 커뮤니커티브 어프로치(Communicative Approach), 내용 중심 교수 이론(CBI:Content Based Instruction)을 들 수 있다.

기존의 오디오링걸 메서드(Audio-Lingual Method)에서는 학습자의 오용을 모어(제1언어)의 영향에 의한 것으로 해석하였으나, 내추럴 어프로치에서는 모어나 목적 언어에 상관없이 발달상의 현상으로 취급하고, 문법구조의 습득 또한 언어의 종류에 상관없는 보편적인 것으로 보았다. 제6차 교육 과정에서 이해 과정을 우선으로 한 것은 이러한 내추럴 어프로치의 이론을 근간으로 한 것이다.

<u>일본어 교육에 있어서 초급 학습자를 위한 효과적인 내추럴 어프로치의 교수법의 주요 목적을 들고, 교수 방법상의 유의점(Guide Line)을 구체적으로 제시해 보시오.</u> (400자 정도) (5점)

<모범답안>

(1) 외국어 교수법은 학습자의 모어 사용 여부에 따라 대역법(Grammer-Translation)과 직접법(Direct Method)으로 나눈다. 직접법은 몇 개의 원류가 있는데 Krashen과 Terrell이 고안하여 80년대 초부터 주목을 받은 내추럴 어프로치(Natural Approach)는 언어의 음

성과 관념을 직접 결합시켜 학습자가 편안한 상태에서 외국어 이
해 활동만을 시키다 보면 자연히 표현 활동도 하게 된다는 교수법
으로서 제2언어 습득 이론에 이론적 근거를 둔다.

(2) 내추럴 어프로치(Natural Approach)는 초급 학습자를 위한 교수법
으로서, 학습자 개인의 구두 언어와 문자 언어의 기본적인 커뮤니
케이션 배양에 목적을 두고 있는 점이 특징이다.

(3) 내추럴 어프로치를 교수법으로 채용할 경우 지도자의 가이드 라인
으로서 고려되는 점은 다음과 같다.

　　① 전달 기능의 양성을 목표로 한다.

　　② 이해가 생성보다 우선되어야 한다.

　　③ 생성은 자연적으로 표출된다.

　　④ 학습 활동이 중심이다.

　　⑤ 정의필타(affective filter)를 저하시켜 자기방어적 심리 상태
　　　가 되지 않도록 한다.

(4) 따라서 내추럴 어프로치 교육 방법에 있어서 고려해야 할 점은 도
입 단계에서 학습자에게는 교사의 지시에 따라 듣고 움직이는 활
동을 통해 이해 활동만을 시키고, 말하는 연습이 가능할 때 이해
가능한 상위 단계의 언어 정보를 대량 제공하게 되는데, 이때 구
체적인 문법 사항의 지도는 고려하지 않는다. 무엇보다도 습득이
순조롭게 될 수 있도록 학습자의 학습 목표, 지식 수준, 연령, 학습
스타일, 흥미 등에 따라 학습 내용을 효과적으로 선정하는 것이 중
요하다. 또한 교사가 학습자의 발화를 강요하거나 오류에 대한 즉
각적인 정정을 하지 않도록 하여 학습자가 편안한 심리 상태에서
학습에 임할 수 있도록 하여야 한다. 또한 목표 언어의 음운 체계
에 대한 내재화가 이루어지지 않은 상태에서는 문자 학습을 시도
하지 않도록 하는 점도 고려되어야 한다.

4. 2000년도 시험(99. 12 시행)

하위 내용 영역 및 배점

내용 영역		문항 내용	배점	문항 번호
대영역	하위 영역			
교과 교육학	일본어 교육학	교수법을 수업에의 응용 방법	5	12
		제7차 교육 과정	6	13-1 13-2
		일본어 교수 학습 방법	5	14
교과 내용학	일본어학 분야	일본어 통사론	6	9-1 9-2
		일본어 음운론	5	10
		일본어 의미론	4	11
	일반 일본어 분야	일본어 문법	6	1-1 1-2 1-3
		일본어 경어	4	2-1 2-2
		일본어 독해	7	3-1 3-2 3-3
		일본어 문자 및 어휘	6	4-1 4-2 4-3
	일본 문학 분야	일본 고전 문학의 이해	4	5-1 5-2
		일본 근대 문학의 이해	4	6-1 6-2
	일본 문화 분야	일본의 연중 행사	4	7-1 7-2
		일본의 대중 문화	4	8-1 8-2
계			70	

※문항 번호는 번호 순서대로 쓴다.

【1】 次の文章を読んで、あとの問いに答えなさい。(총 6점)

1-1. (①, ②)の中に「この、その、あの」のうち、適当なものを入れなさい。
(2점)

> Ａ：鈴木先生が今度学会で発表なさった論文、もう読みましたか。
> Ｂ：ええ、ゆうべ一気に読み上げました。
> Ａ：(①)結論どう思いましたか。
> Ｂ：そうですね。今図書館から借りてきた(②)本の結論とは大
>   分違いますね。

1-2. (①, ②)の中に「しかし、そうすると、そこで、ただし、そして」の
うち、適当なものを入れなさい。(2점)

> 　大金持ちになった杜子春はすぐ立派な家を買って、玄宗皇帝にも
> 負けないくらいぜいたくな暮らしをしはじめました。(①)、
> いくら大金持ちでもお金には際限がありますから、さすがのぜいた
> くやの杜子春も一年、二年とたつうちにはだんだん貧乏になりだし
> ました。そうすると人間は薄情なものできのうまでは毎日来ていた
> 友達も、きょうは門の前を通ってさえ、挨拶ひとつしていきませ
> ん。(②)とうとう三年目の春、また杜子春が以前のとおり、
> 一文なしになってみると、広い洛陽の都の中にも、彼に宿を貸そう
> という家は一軒もなくなってしまいました。いや、宿を貸すどころ
> か、いまでは碗に一杯の水も恵んでくれるものはないのです。
> 　そこで彼はある日の夕方、もう一度あの洛陽の西の門の下に行っ
> て、ぼんやり空を眺めながら、途方にくれて立っていました。
>
> 　　　　　　　　　　　　　　　　（芥川竜之介　『杜子春』）

1-3. (①, ②)に最も適切な言葉を漢字または平仮名で書き入れなさい。
(2점)

拝啓　　当社の製品「電子伝言板」について詳しく知りたいというお問い合わせに対し、お答えいたします。当社の「電子伝言板」はお宅の電話をできる限り有効に利用して(　①　)ために開発された伝言電話ツールです。あなたがメッセージを伝えられたい相手の方がお留守の時でも、「電子伝言板」を使われると、あなたのメッセージは当社のコンピュータに保存され、コンピュータからメッセージが相手の方に自動的に伝えられます。伝言を希望する時刻の設定など、伝言のために必要と思われる機能も全て備えており、それらが極めて簡単に使えるように工夫されております。さらに一対一の伝言以外にも、複数の相手や不特定のメンバーへの伝言も可能です。また、相手の方も「電子伝言板」をお持ちであれば、あなたからのメッセージを聞きたい時に聞くことができます。…。

(　②　)

<모범답안>

1-1. ① あの　　　　② この

1-2. ① しかし　　　② そして

1-3. ① いただく　　② 敬具(けいぐ)

【2】次の文の下線部(①, ②)を「目上の人」に言う表現にしなさい。(총 4점)

2-1. 風邪で頭痛が①しますので、②休みます。(2점)

　　　　　→

2-2. 都合の①いい日を②言ってください。(2점)

　　　　　→

<모범답안>

2-1. ① いたしますので　　② 休(やす)ませていただきたいんですが。

2-2. ① よろしい日　　　　② おっしゃってください。

【3】次の文章を読んで、あとの問いに答えなさい。(총 7점)

　科学技術の進歩がそのまま人間の幸福を増大する、と考える人は
いまやごく少数だ。だが科学研究自体は真理の探究として保護され
るべきで、問題はその利用方法にあると考える人は多いように思
う。そんな考えを支えているのは純粋で①無垢な科学者というイ
メージではないだろうか。

　本書では、職業としての科学者と学会という名の科学者共同体
の誕生に始まり、技術と密接に結び付くことで、科学がほかの学問
とは比較にならないほど大きな社会的影響力をもつに至った経緯が
語られる。そこからさらに、(a)自らの影響力に目をつぶり、学会内
部だけに目を向けて研究する科学者の現状とその現状に潜む危険
が、エピソードを交えて浮き彫りにされる。

　学会内での高い評価を求めて熾烈な競争に熱中する科学者の姿
を、「ブレーキのない車」と著者は呼ぶ。科学技術の及ぼす影響を考
えれば、全人類がその車に同乗していると考えるべきだろう。それ
でも科学抜きの社会に戻れない以上、この危険な車を制御するすべ
を探るしかない。

　核エネルギーや遺伝子の発見が及ぼす影響を考えて社会に対する
責任を訴える科学者は、科学者間の倫理基準では、自由な研究を②
阻害する者と見なされるという。そこには、真理探究に名を借り
た、科学者の無責任さが如実に現れている。他方その無責任さを容
認し、いわば科学に隷属しつつ貪欲に利用してきた社会の対応も問
題だ。

　無責任な科学者とそれを利用する社会という構図の問題点は、環境
問題に凝縮されていると著者は言う。そこで環境問題への対処がその
構図の転換につながるという立場から、(b)著者の提案が示される。

<『現代』1995年2月号 講談社>

3-1. 下線部①と②の読み方をカタカナで書きなさい。(2점)

3-2. 下線部(a)の意味を韓国語に訳しなさい。(2점)

3-3. 下線部(b)は具体的にどのような提案になるだろうと思われますか。
韓国語で書きなさい。(3줄 이내) (3점)

<모범답안>

3-1. ① ムク   ② ソガイ

3-2. 자신의 영향력을 모르는 체하고

3-3. ① 과학자가 사회와 인류에 대한 책임을 염두에 두고 사회와 인
류의 행복을 위한 연구가 이루어져야 한다.

② 과학을 위한 과학이 아니라 인류를 위한 방향으로 나아가야
한다.

③ 사회 속에서 과학 기술의 존재 방식을 연구하는 인재를 양성
하여 세분화된 학문으로 재편하여야 한다.

【4】次の文章を読んで、あとの問いに答えなさい。(총 6점)

(A) ただ、突然やってくる災害と違って、(a)ゴサドウが発生するタ
イミングは特定されている。大事なのは、最後まで気を抜かず
に手を打ち続けることである。

企業や(b)ギョウセイは時間が許す限り、あきらめずに対応をや
り切る。とりわけ、対策の遅れが指摘される医療機関や、中小
企業、地方自治体にこの点を強く求めたい。併せて、万一の事
態に備えた危機管理計画を整備し、連絡体制や人の配置など、
周到な打ち合わせも欠かせない。

(B) 2000年問題の予行演習となったカーナビゲーションのトラブル
問題を思い起こしたい。鳴り物入りで行われた事前の注意喚起
にもかかわらず、当日はメーカーに問い合わせの電話が殺到し
た。幸い深刻な事故はなかったが、情報周知の難しさや、無関
心の壁の厚さを示した。

対応は着実に進んでいる。だからといってすべての分野で終わったことを確認するのは不可能だ。プログラム対応を済ませても、手落ちが残ることもある。この機会を狙って、システムに悪質な仕掛けが組み込まれる恐れを指摘する専門家もいる。先進国では着々と対応が進むが、十分に(c)손이 미치지 않는 途上国もある。

(C) 重要なのは、消費者や関係者が適切な対応を取りやすくする積極的な情報提供と、行き届いた相談に力を入れることだ。年末ぎりぎりになって、懸念される事態が新たに判明した場合でも、情報開示に二の足を踏むことだけは避けたい。

相手がソフトウェアーという目に見えない存在だけに、個人にはたしかにとっつきにくい。「対策は企業やギョウセイの責任」という受け身の思いも、個人の関心を薄める要因になっている。しかし、災害や事故に対するのと同様、自ら積極的に関心をもって万一に備えるという姿勢は社会生活の基本でもある。

(D) コンピューターが西暦年号を読み違えゴサドウを引き起こす2000年問題で、政府が初めて国民に11項目の具体的な留意点を呼び掛けた。

2000年まであと2カ月。企業やギョウセイの取り組みは最終段階を迎え、かつてのような過剰な不安感は和らぎつつある。だが、完全に安心とは決して言い切れないところに、この問題の難しさがある。政府の呼び掛けは、行き過ぎた不安は無用だが、侮ってはならないというメッセージと受け止めるべきだろう。

4-1. 下線部(a)と(b)のカタカナを漢字に書き改めなさい。(2점)

4-2. 下線部(c)の韓国語を日本語に書き改めなさい。(2점)

4-3. 上の (A)〜(D)は順序が違っています。正しい順序に直しなさい。(2점)

<모범답안>

4-1. (a) 誤作動　(b) 行政

4-2. 「手(て)が回(まわ)らない」 또는 「手(て)が届(とど)かない」

4-3. (D) → (B) → (A) → (C)

【5】 次の文章を読んで、あとの問いに答えなさい。 (총 4점)

> 明治37年から38年にかけて行われた日露戦争によって、日本国民の視野は世界的に拡がり、西洋近代精神の特色である個人主義的な自我意識と現実感は、従来の半封建的な因習や道徳を揺り動かし、また、資本主義も、その地歩を固めるにつれて、その内にひそむ矛盾は、日本国民の前に露呈され、深刻な現実問題として取り上げられるに至った。こうした社会情勢を背景として登場した新しい文芸思潮は後の日本近代文学の展開に長くその影響を及ぼした。

5-1. 上記の文の中に出ている新しい文芸思潮の名を漢字で書き、島崎藤村と田山花袋の作品としてこの新しい文芸思潮の成立と関わっている作品名を一つだけ選んで漢字または平仮名で書きなさい。 (2점)

5-2. この新しい思潮の暴露的な傾向に反発して官能の美を追求する耽美派が登場するが、当時そのいずれにも属さないで、独自で倫理的、理知的な作品を発表して次の時代の理想主義、理知主義の人々に深い影響を与えた二人の作家がいる。二人の名前を漢字または平仮名で書きなさい。 (2점)

<모범답안>

5-1. 문예사조:自然主義
　　　작품명:破戒, はかい, 蒲団, ふとん 중의 하나

5-2. 夏目漱石(なつめそうせき), 森鴎外(もりおうがい)

【6】次にあげた四つの作品名を参考にして、あとの問いに答えなさい。

(총 4점)

A. 須磨には、いとど心づくしの秋風に、海はすこし遠けれど、行平の中納言の関吹き越ゆると言ひけむ浦波、夜々はげにいと近く聞こえて、またなくあはれなるものは、かかる所の秋なりけり。＜源氏物語＞

B. 夏は夜。月のころはさらなり。闇もなほ、蛍のおほく飛びちがいたる。＜枕草子＞

C. なほものはかなきを思へば、あるかなきかの心ちする、かげろふの日記といふべし。＜蜻蛉日記＞

D. あづまぢの道のはてよりも、なほ奥つかたにおひ出でたる人、いかばかりかはあやしかりけむを、いかに思ひはじめけることにか、… ＜更級日記＞

6-1. 上記の四つの作品はすべてが平安時代に書かれたものという共通点を持っているが、四人の作者が持っているもう一つの**共通点**を指摘し、『源氏物語』の作者の名前を漢字または平仮名で書きなさい。

(2점)

6-2. 四人の作者が持っている共通点に留意しながら、そのような人々の文学活動を可能にした背景を韓国語で書きなさい。(3줄 이내) (2점)

＜모범답안＞

6-1. 공통점 : 여류작가

작자명 : 紫式部(むらさきしきぶ)

6-2. ① 후지와라(藤原)氏의 **摂関政治**의 실시와 그에 따른 중류 귀족 출신의 여성들을 중심으로 하는 후궁 문학이 등장함.

② 남성 위주의 결혼 풍습(**訪妻婚**) 등으로 인한 여성들의 불안한 지위와 그에 따른 내면세계의 표현욕구가 증대됨.

③ 국풍 문화의 등장과 히라가나(**平仮名**)의 발달에 따른 창작

활동이 용이함.

【7】次の文章を読んで、あとの問いに答えなさい。 (총 4점)

7-1. 下記の①と②に当たる年中行事の名称を日本語で書きなさい。(2점)

> ① 七月にある星のお祭りです。
>   紙に願いごとを書いて、笹に飾ります。
> ②8月13日から15日まで全国で行われる。これは古い伝統のある仏
>   教の行事で、この日、先祖の魂が戻ってくるというので花や食
>   べ物を供えて祭る。

7-2. 江戸時代初期に生まれ、江戸時代に完成した古典演劇です。女優を
   使わず、おやまと称する男優が女性の役割をつとめます。この演劇
   の名を日本語で書きなさい。(2점)

<모범답안>

   7-1. ① 七夕   ② お盆
   7-2. 歌舞伎

【8】다음 글을 읽고 물음에 답하시오. (총 4점)

8-1. 최근 우리 나라는 일본 대중 문화를 적극적으로 이해하고 수용
   하기 위한 가시적인 조치의 하나로 1988년 10월 20일 '문화의
   날'을 맞아 일본 대중 문화에 대한 제한적인 개방을 하게 되었
   다. 아직 모든 분야에서 개방이 이루진 것은 아니지만 영상 분
   야 등이 일차적으로 개방되었다. 이에 따라 수 편의 일본 영화
   가 일반 극장에서 상영된 바 있다. 개방 조치 이후 우리 나라
   의 일반 극장에서 상영되었거나 상영되고 있는 영화의 제목을
   일본어로 2 개만 쓰시오. (2점)

8-2. 우리 나라의 행정 구역은 특별시, 광역시, 도 단위의 광역 자치
단체와 시, 군, 구의 기초 자치단체로 나뉘어진다. 일본은 「1道,
1道, 2府, 43県」의 광역 자치단체와 「市, 町, 村」의 기초 자치단
체로 되어 있다. 「1都, 1道, 2府」는 각각 어디를 가리키는지 그 이
름을 <u>한자로</u> 쓰시오. (2점)

<모범답안>

8-1. 花火(또는 はなび), 鰻(또는 うなぎ), 影武者(또는 かげむしゃ),
ラブレター, 楢山節考(또는 ならやまぶしこう), リング

8-2. 東京都, 北海道, 大阪府, 京都府

【9】 다음 물음에 대해 답하시오. (총 6점)

9-1. 다음 문장 속에 쓰인 밑줄 친 「た」는 각각 서로 다른 의미 용
법으로 쓰이고 있다. ①, ②, ③에 해당하는 같은 의미의 용법을
(a)~(f) 중에서 두 개씩 골라 쓰시오. (3점)

① 机の上に飾っ<u>た</u>花がとても美しい。

② あっ、汽車が来<u>た</u>。

③ 今朝は五時に起き<u>た</u>。

(a) 見つけた時には届け出なさい。

(b) 心配していたことがついにやってきた。

(c) よく似た兄弟だ。

(d) ぼくも東京へ行ってきたことがある。

(e) 彼が来た時はたしか十二時だった。

(f) 南側に面した部屋は暖かい。

---

①　　　　　②　　　　　③

9-2. 다음 (a)와 (b)의 문장에서 밑줄 친 「を」의 의미와 용법 차이
를 「よむ」와 「とおる」의 동사의 성격과 관련지어 설명하시오.

(3줄 이내) (3점)

  (a) 本を<u>よむ</u>。

  (b) 道を<u>とおる</u>。

<모범답안>

9-1. ① (c) (f)   ② (a) (b)   ③ (d) (e)

9-2. (a)의 「を」는 타동사 「よむ」의 목적 대상을 의미하며, (b)의 「を」는 자동사 「とおる」의 통과(경과) 장소를 의미한다.

【10】 한국어는 평음(平音 : ㄱ・ㄷ・ㅂ・ㅅ), 경음(硬音 : ㄲ・ㄸ・ㅃ・ㅉ), 기음(気音 : ㅊ・ㅋ・ㅌ・ㅍ)의 세 가지로 말의 뜻이 구별되는 언어이지만, 일본어는 영어처럼 무성음과 유성음이라는 두 가지로 말의 뜻이 구별되는 언어이다. 따라서 일본어의 음성 교육에서 가장 중요한 것은 무성음과 유성음을 구분하여 발음하는 일이다. 예를 들면 「だいがく」[daigaku]는 '大学'이지만 「たいがく」[taigaku]는 '退学'으로써 서로 전혀 다른 뜻이 된다. 일본어의 <u>오십음도(五十音図)에 나타나는 46개의 음절 중에서 무성자음이 포함되는 음절을 행(行)으로 구분하여 쓰시오.</u> (5줄 이내) (5점)

<모범답안>

・か行 (또는 か, き, く, け, こ)

・さ行 (또는 さ, し, す, せ, そ)

・た行 (또는 た, ち, つ, て, と)

・は行 (또는 は, ひ, ふ, へ, ほ)

【11】 다음의 밑줄 친 부분은 크게 두 가지 의미로 나눌 수 있다. 두 가지 의미를 쓰고, 그 용법에 따라 (a)~(f)를 나누어 쓰시오. (4점)

> (a) さじがなかったので、食べにくかったそうです。
>
> (b) なんだか元気が出そうな曲ですね。

> ⒞ 日本の秋はきれいそうなので、いつか行きたいと思います。
>
> ⒟ ミンホさんは一人で行ってみたいそうです。
>
> ⒠ 韓国語の先生は親切でやさしそうな女の先生です。
>
> ⒡ 上手になるには練習しかいい方法がなさそうです。

 ①

 ②

<모범답안>

① 전문(伝聞, ~라고 한다, ~라고 하더라) : ⒜, ⒝

② 양태(様態, ~인 것 같다, ~인 듯하다) : ⒝, ⒞, ⒠, ⒡

【12】 커뮤니케이티브 어프로치(Communicative Approach)는 1970년대부터 학습자에게 언어를 지식이 아닌 사용 장면과 결부된 실제 사용 능력으로 가르치고자 하는 외국어 교수법이다. 이러한 커뮤니케이티브 어프로치 교수법을 일본어 교수-학습 현장에 적용하고자 할 때 사용할 수 있는 방법 중에서 다섯 가지를 쓰시오. (5줄 이내) (5점)

<모범답안>

① 타스크(Task)

② 인포메이션 갭(Information gap)

③ 역할놀이(Role play)

④ 게임(Game)

⑤ 시뮬레이션(simulation)

⑥ 프로젝트 워크(project work)

⑦ 드라마(drama)

⑧ 페어(pair) 학습

【13】 현재 고등학교 학생들에게 적용되고 있는 제6차 교육 과정의 가장
두드러진 특징은 학생의 자율 학습을 중시한 점과 정확성보다 유창
성을 중시한 점이라고 할 수 있다. 고등학교 제7차 교육 과정은 제
6차 교육 과정의 기본 정신을 계승·강화하여 2002학년도부터 시
행하게 된다. 제7차 일본어과 교육 과정은 제6차의 경우와 비교해
보면 특히 내용 체제, 어휘, 교수 학습 방법, 평가 방법 등에서 많은
변화를 보이고 있다. 이 중 어휘와 평가 방법 면에서 어떤 변화가 있
는지 기술하시오. (6줄 이내) (총 6점)

　　13-1. 어휘 (4점)　　　13-2. 평가 방법 (2점)

<모범답안>
13-1. 어휘
① 제6차 일본어과 교육 과정(이하 제6차)의 경우 어휘 수가 일본어
Ⅰ이 600어, 일본어Ⅱ가 800어로 총 1400어로 제한하고 있으며,
제7차의 경우는 일본어Ⅰ이 500어, 일본어Ⅱ가 400어로 총 900
어로 감소하였다.
② 기본 어휘는 제6차에서는 771어인데 비하여, 제7차에서는 823
어로 증가하였다.
③ 교육 과정상 최초로 표기용 한자를 733자 이내로 제한하는 변화
가 주목할 만하다.
13-2. 평가 방법
① 제7차 교육 과정은 제6차에 비해 좀더 구체적인 평가 방법을
제시하고 있다.
② 학생의 서열화된 평가보다는 학습 진단을 위한 평가
③ 말하기 평가를 중시하고 문화 이해와 학습 참여도를 평가에 반영
④ 정보 검색 및 언어 능력의 응용력을 평가에 반영

【14】 1997학년도부터 초·중등학교에 교육정보화 기반이 구축되면서 멀
티미디어 매체를 일본어 교수-학습에도 활용하고 있다. 멀티미디

어 매체는 질 높은 음향과 영상 그리고 방대한 자료를 저장할 수 있다는 일반적인 장점을 가지고 있으므로 다른 교과에 비해 외국어교과인 일본어 교육에서도 보다 효과적으로 활용할 수 있을 것이다. 이러한 멀티미디어 매체를 일본어 교육 현장에 적용했을 때의 장점을 기술하시오. (5줄 이내) (5점)

<모범답안>

① 언어 학습에서 가장 필요한 반복 학습이 용이하고 학습하고자 하는 곳으로 쉽게 이동이 가능하다.

② 학생들로 하여금 흥미를 유발하고 학습 동기를 부여하여 학습자의 능동적인 참여를 유도할 수 있다.

③ 풍부한 학습 환경을 제공한다. 인터넷을 이용할 경우 학습 장소가 세계로까지 연결되어 풍부한 학습 환경이 마련되어 있다.

④ 상호 작용 학습이 가능하다. 기존의 교수 매체들은 단방향으로 학습자의 수동적인 자세로 학습에 임하게 된 것과 달리 멀티미디어 프로그램과 학습자간의 양방향의 상호 작용이 가능하게 된다.

⑤ 개인차를 고려한 개별화 학습이 가능하다. 속도가 빠른 학습자와 보충 학습이 필요한 학습자의 능력에 맞게 학습의 수준과 진도를 조절할 수 있다.

⑥ 자기 주도적 학습(자율 학습)이 가능하다. 교실에서 정해진 시간에 학습하는 것을 뛰어넘어 컴퓨터만 있으면 학습자가 원하는 시간에 자기 주도적 학습이 가능하다.

5. 2001년도 시험(2000. 12 시행)

하위 내용 영역 및 배점

내용 영역		문항 내용	배점	문항 번호
대영역	하위 영역			
교과 교육학	일본어 교육학	일본어 교수-학습법(7차 교육 과정)	3	19
		문법 교육	7	17, 18
		음성 교육	4	16
		문자 및 어휘 교육	4	6
교과 내용학	일반 일본어	일어 회화	2	2
		독해	7	7, 9
	일본 어학	문법	6	4
		음성 및 음운	4	8
		문자 및 어휘	5	1, 5
		경어	4	3
	일본 문학	고전 문학	6	13, 14
		근대 문학	9	15
	일본 문화	일본 사회	2	11
		일본 역사	2	12
		한일 관계사	5	10
계			70	19

【1】下の説明を読み、パズルA〜Jに当てはまる<u>ひらがな(一字ずつ)</u>を書きなさい。 (3점)

1) A	2)	3)	4)			8)
5)			B	6)		C
				7)		
10)		G		D		
F			9)		E	
11)	H	12)				
		13)		14)		
		I		J		

＊ヨコのカギ

1) 人と会ったとき、礼儀としていうことばや行う動作

5) 人の言ったことに対して、だまっていないで、こちらからも反対するようなことを言う

7) よわいものをわざと苦しめたり、こまらせたりすること

9) (虫が食ったように)、穴があいたり、欠けたりしている歯

10) 少ない、少し、ちょっと

11) あたま

13) からだ全体に毛がはえていて4本の足で歩く動物

＊タテのカギ

1) 前と同じように、いつものとおり

2) よい

3) 一方が高く、もう一方がひくくかたむいている道

4) 木・竹などで作り、これを手に持って歩くときの助けにするもの

6) 吸って中のほうまで入れる

8) 女の子、年がわかい、まだ結婚していない女の人

12) 自分のほうにきた物を手に取る

14) 屋号などを染め抜いて店頭にたらす布など

【2】A)～D)に入る最も適当なものを下の例から選び、書きなさい。(2점)

> A：ねえ、ねえ、今日映画見に行かない。
> B：ごめん。今日はちょっと。
> 　　3時に打ち合わせがあるんだよ。(　　A　　)5時には新宿で約
> 　　束があるし。
> A：ひさしぶりに一緒に行こうとしたのに。
> B：邦子さんと行ったら。(　　B　　)尚子さんと行く？
> A：いやなの。邦子はおしゃべりだし(　　C　　)二人ともけち
> 　　じゃ。
> B：そうなの。ぼくはそうは思わないけど。
> A：(　　D　　)、あんたが一緒に行けば。

> (例)　・それから　・それとも　・それなら　・それこそ　・それに

【3】次の問いに答えなさい。(총 4점)

3-1. (　)の中に入る最も適当な言葉を選び、その記号を書きなさい。(1점)

1)　銭湯は夜10時(ⓐまで ⓑまでに)ですが、

2)　9時(ⓐまで ⓑまでに)入らなければなりません。

3) 君が寝ている(ⓐあいだ ⓑあいだに)地震が3回もあったよ。

3-2. 下線部「れ」の文法的意味を下の例ⓐ〜ⓓから選び、その記号を書き
　　なさい。(1점)

　　1) この絵はあの方がかかれました。

　　2) この子は、父に死なれて、学校へも行けなくなりました。

　　3) まだ若いのに気の毒に思われてならない。

（例） ⓐ 可能　　ⓑ 自発　　ⓒ 受身　　ⓓ 尊敬

3-3. 下の会話の場面を考えた上で、下線部A〜Dの間違った敬語表現を書
　　き直しなさい。(2점)

金	「金ですが、先生A)いますか。」
先生の妻	「ええ、B)待っていました。どうぞ、お入りください。」
金	「失礼致します。仙台へC)行ってきましたので、これお菓子、少しばかりですが。
	D)食べていただこうと思いまして……。
先生の妻	「それはありがとうございます。さっそく今晩いただきます。

【4】次の問いに答えなさい。 (총 6점)

4-1. (　)に接頭語「お・ご」を付けなさい。ただし、両方とも付けにくい
　　のは(×)にしなさい。(2점)

　　1)(　)料理　　　　　2)(　)学校　　　　　3)(　)希望

　　4)(　)味噌　　　　　5)(　)ゆっくり

4-2. 次の下線部のところをひらがなで書きなさい。(2점)

　　1) 커피 4잔　　　　　2) 자동차 2대　　　　　3) 소 1마리

　　4) 비둘기 3마리　　　　5) 볼펜 3자루

4-3. 下線部の品詞名を書きなさい。ただし、学校文法として認められて
　　 いる10品詞の中で答えなさい。(답은 한글 또는 漢字로 쓸 것) (2점)

　　 1)彼女はまたふられたね。　　 2)あの男はおかしな人だわ。
　　 3)うん、私も行くよ。　　　　 4)雨は降らないだろう。
　　 5)さっぱりきれいになった。

【5】次の下線部A〜Eのカタカナを漢字に書きなおしなさい。(2점)

> 　極めて残念なことであるが、学校において、いまだに児童生徒へ
> の体罰が跡を絶たない。文部省の調査においても平成9年度に体罰
> ではないかとして問題とされ、学校において調査した事件は989件
> に上っている。
> 　体罰については、学校教育法により厳にA)キンシされているもの
> であるが、もとより体罰による懲戒は、児童生徒のB)ジンケンの尊
> 重という観点からも許されるものではない。また、教師と児童生徒
> とのC)シンライ関係を損なう原因ともなり、教育的なD)コウカも
> 期待されないと考えられる。
> 　文部省では、従来から、各種通知や各種会議等を通じて体罰の根
> 絶について指導を行ってきたが、今後ともそのE)テッテイを図って
> いくこととしている。

【6】次の問いに答えなさい。(총 4점)

6-1. 1)〜4)の意味に当てはまるものを選び、その記号を書きなさい。(2점)

　　 1) 一点に集中しない　　　　 2) 雨が静かに降る
　　 3) 油気なくて、ざらざらする　 4) 勢いよく伸びる

> (例)　ⓐ しとしとと　　ⓑ ぼんやりと　　ⓒ がさがさ
> 　　　ⓓ もぐもぐと　　ⓔ すくすくと

6-2. 1)~5)의 意味に当てはまるものを選び、その記号を書きなさい。(2점)

    1) 口をすべらす　　　2) 腰がひくい　　　　3) ほらを吹く

    4) 歯がたたない　　　5) 帯に短かし、たすきに長し

> (例) ⓐ お世辞がうまい　　ⓑ 相手が強すぎる　　ⓒ 中途半端である
>
> 　　　ⓓ つい言ってしまう　ⓔ 大体程度が分かっている
>
> 　　　ⓕ 謙虚な態度を示す　ⓖ おおげさなでたらめを言う

【7】次のA~Cに入る最も適当なものを選び、書きなさい。 (2점)

> 　　一定の年齢以上の人が口にする言葉に、「近ごろの若い者はもの
> を知らない」というのがあります。私もそう思っています。しか
> し、だからといって「近ごろの若い者は知るべきことを知らない」と
> 思っているわけではありません。（　A　）、「近ごろの若い者はもの
> を知らない」というのは、「高齢者が知っていることを知らない」とい
> うことに過ぎないからです。（　B　）、「若者が知っていることを高
> 齢者は知らない」という意味では、「近ごろの高齢者はものを知らな
> い」とも言えるのです。（　C　）、若者と高齢者とでは、知っている
> ことが違うというだけのことなのです。

> 　(例)　・それで　・なぜなら　・要するに　・たとえば　・逆に

【8】次の問いに答えなさい。 (총 4점)

8-1. 同音異意語(ミニマルペア)になっている語の中で1拍(mora)目が高
く発音される語をⓐ~ⓗから選び、その記号を書きなさい。 (2점)

    ⓐ ハシ(橋)　　ⓒ アサ(朝)　　ⓕ キル(切る)　　ⓖ カウ(買う)

    ⓑ ハシ(箸)　　ⓓ アサ(麻)　　ⓔ キル(着る)　　ⓗ カウ(飼う)

8-2. 次の単語の音節数と拍(mora)数を書きなさい。(1점)

1) センセイ(先生)	(音節、 拍)
2) イッタイ(一体)	(音節、 拍)

8-3. 元々はアイ[ai]、オイ[oi]、アエ[ae]の発音が東京方言でエー[e:]に発音
される現象(例えば「いたい」が「イテー」になること)を何というの
か、書きなさい。(1점)

【9】次の文章を読み、あとの問いに答えなさい。(총 5점)

> ルース・ベネディクトの『菊と刀』は、もうA)押しも押されもせぬ
> 古典である。それを疑うものは誰もいないだろう。アメリカでのこ
> とは知らないが、日本におけるこの古典の売れ行きは群を抜いてい
> た。古典となることとベストセラーになることはかならずしも重な
> らないが、ただ、私の手元にある長谷川松治氏の日本語訳(教養文庫
> 版)はすでに百刷を超えている。もっとも古典のなかには、ときにそ
> れを取り巻く賞賛の声とはうらはらに、どこかいかがわしさの影を
> 引きずっているものがないではない。だから、いつしか辛口の批評
> のB)槍玉にあげられることにもなる。ひょっとすると『菊と刀』の出
> 来栄えが鮮やかだっただけに、それにたいする論難の調子もつい熱
> を帯びたということだったのかもしれない。歴史の無視、資料操作
> の恣意的偏向、「罪の文化」(西欧)と(   )(日本)というあまりに
> もナイーブにすぎる二元論…、挙げていけばきりもない。おまけに
> ベネディクトは一度も来日したことがなかった。日本と日本人をじ
> かに体験していなかった。そのいわば文化研究のルール違反が、必
> 要以上の反発を招いたのであったのかもしれない。むろん、反発や
> 論難は日本の国内から発せられただけではなかった。やがて当のア
> メリカからもC)火の手が上がりはじめる。

9-1. 例文の（　）の中に入る言葉を、漢字またはひらがなで書きなさい。
(1점)

9-2. 下線部A), B), C)の部分を韓国語に訳しなさい。 (2점)

9-3. ルース・ベネディクトの『菊と刀』とともに戦後、日本人の書いた日
本論の中では、土居健朗と中根千枝の書いた日本論が一番よく知ら
れている。二人の書いた日本論の一番代表的な書名を一つずつ漢字
またはひらがなで書きなさい。 (2점)

【10】次の文章を読み、あとの問いに答えなさい。 (총 5점)

現在、世界のどの民族においても、自らの社会の歴史を通史の教
科書として叙述しようとするとき、国際的視野をもって自らの社会
や文化の歩みへの理解を深め、世界に開かれた自己の社会の現在と
将来に、自主的な指針をA)示唆できるよう努力することは、B)立
場や視点を超えた共通の課題となってきている。ところで、この
三・四年の間に論壇に積極的に登場するようになった「自由主義史
観」論者は、一様に戦後、とりわけ一九九〇年代に入ってからの中
学義務教育の歴史の教科書が、上の理解やC)指針を全面否定する
「自虐史観」で貫かれていると、批判・糾弾している。「自虐史観」と
は、同論者の定義を俟つまでもなく、必要以上に自らを責め苛め、
他者のいいなりに媚び諂う悪者として描き上げる史観であるから、
現行の中学の日本史教科書、すなわち『歴史』のほとんどが、この「自
虐史　観」で日本の歴史を叙述しているのだとすれば、たんに史実
でないというのみならず、国民的歴史D)認識の形成という観点から
も、不問に付すわけにはゆかない。

10-1. 下線部A)～D)の漢字の読み方をひらがなで書きなさい。 (2점)

10-2. 최근, 일본 우익 세력이 연계된 역사 교과서 왜곡 움직임 중에서도,
「自由主義史観研究会」를 조직한 藤岡信勝는 이 문제가 일본의 중

학교 역사 교과서에 실리는 것을 '노예 범죄에는 위안소 같은 것이 들어있지 않다'고 반대하였고, 2000년 12월 8일부터 12일까지 일본 東京에서 개최된 '일본군 성노예 전국 국제법정'에서도 중요한 안건이었던 이 문제는 무엇인지 그 답을 한글 또는 漢字로 쓰시오. (1점)

10-3. 일본의 역사 교과서 왜곡 사건과 함께, 한일 양국간의 「古代史論爭」은 항상 중요한 쟁점으로 인식되어져 왔다. 예를 들어 「任那日本府説」도 그 중의 하나이다. 한일간의 「古代史論爭」 중에서 고대 유물이나 유적으로 인해 논쟁이 되고 있는 것 2개를 漢字 또는 한글로 쓰시오. (1점)

【11】次のA～Dに入るものを漢字またはひらがなで書きなさい。 (2점)

1) 日本の国旗は日章旗または（　A　）といわれている。

2) 日本の国歌として歌われてきた（　B　）の歌詞は古今和歌集に収録されている和歌であるが、作者は不明である。

3) 日本では昔から桜が国を代表する花と考えられている。また、皇室の紋章が（　C　）であるため、これも日本を代表する花とされている。

4) 神話や昔話にしばしば登場する（　D　）が1947年日本鳥学会で国鳥に指定された。

【12】次は日本歴史の流れである。A～Dに入るものを漢字またはひらがなで書き入れなさい。 (2점)

弥生時代 ― 古墳時代 ― （　A　）― 奈良時代 ― （　B　）― 鎌倉時代 ― 南北朝時代 ― （　C　）― 戦国時代 ― 安土桃山時代 ― 江戸時代 ― 明治時代 ― （　D　）― 昭和時代

【13】次の文章を読み、あとの問いに答えなさい。(총 2점)

> 『今昔物語集』は、天竺、震旦、本朝の三部を立て、更に仏法部と世俗部を区分するなど、細部まで整然とした組織によって、一千余の説話を集める。殊に、武士・庶民・盗賊等の貴族の目に隠されていた世界を描き出した功績は高く評価され、漢字仮名交じりの簡潔な独特の文体は、(　　　)等の和漢混交文を準備するものである。

13-1. 下線部はそれぞれその国を指す言葉である。その国名を順番どおりに漢字またはひらがなで書きなさい。(1점)

13-2. 例文の(　)に入る作品は、軍記物語の一つで、「祇園精舎の鐘の声、諸行無常の響きあり。」という文から始まる。この作品名を漢字またはひらがなで書きなさい。(1점)

【14】次の文章を読み、あとの問いに答えなさい。(총 4점)

> A) 海暮れて鴨の声ほのかに白し　(野ざらし紀行)
> 　荒海や佐渡に横たふ天の河　(奥の細道)
> B) 時に一人の祖母涙をこぼし「ただ今のありがたいことを承りまして、さてもさてもわが心底の恥づかしうございます。今夜のこと、信心にて参りましたではござらぬ。」(『世間胸算用』)

14-1. 例文A)からも味わえるように、芭蕉の文学理念で、「閑寂枯淡の境地、自然と一体化した内面の情調」を指す言葉を漢字またはひらがなで書きなさい。(1점)

14-2. 例文B)の作家は、大阪の町人出身で、近世散文を代表する浮世草子を創始し、それを代表する人である。作家名を漢字またはひらがなで書きなさい。(1점)

14-3. 例文B)の作家の書いた「町人物」の中で、例文以外の一番代表的な作品名を一つ漢字またはひらがなで書きなさい。(1점)

14-4. 例文B)のような浮世草子には、「共同社会を営む他人に対して果たさな
ければならない道徳理念」と「人間の封建社会から拘束されない自然の心
情」との矛盾と葛藤が文学理念として取り上げられている。この文学理
念を指す言葉を漢字またはひらがなで書きなさい。(1점)

【15】次の例文は日本の近・現代小説の代表的作品である。よく読み、あとの
問いに答えなさい。(총 9점)

A) こんな夢を見た。
　　腕組をして枕元に坐っていると、仰向に寝た女が、静かな声でも
　　う死にますという。
　　女は長い髪を枕に敷いて、輪廓の柔らかな瓜実顔をその中に横た
　　えている。 —「夢十夜」—

B) 私は、その男の写真を三葉、見たことがある。
　　一葉は、その男の、幼年時代、とでも言うべきであろうか、十歳
　　前後かと推定される頃の写真であって、 —「人間失格」—

C) それはまだ人々が「愚か」という貴い徳を 持っていて、世の中が
　　今のように激しく軋み合わない時分であった。 —「刺青」—

D) 堀川の大殿様のような方は、これまでは固より、後の世には恐ら
　　く二人とはいらっしゃいますまい。噂に聞きますと、あの方の御
　　誕生になる前には、大威徳明王の御姿が御母君の夢枕にお立ちに
　　なったとか申すことでございますが、 —「地獄変」—

E) 山登りの連れというのは大阪の会社員達で、大社詣での帰途、此
　　山に寄った連中だった。謙作は二三時間昼寝で睡気の方はよかっ
　　たが、昼飯に食った鯛にあたったらしく、 —「暗夜行路」—

F) 張述伊が没したのは、日本の長い戦争がもう十ヶ月もすると終り
　　を告げる冬のある日のことだった。その日のことを僕は鮮明に憶
　　えている。もう九ツになっていたからである。—「砧をうつ女」—

G) 死者たちは、濃褐色の液に浸って、腕を絡みあい、頭を押しつけ

あって、ぎっしり浮かび、また半ば沈みかかっている。
――「死者の奢り」――
H)国境の長いトンネルを抜けると雪国であった。夜の底が白くなった。信号所に汽車が止まった。 ――「雪国」――

15-1. 例文の作家の中で、耽美派や白樺派の作家の名前を一人ずつ漢字またはひらがなで順番どおり書きなさい。(2점)

15-2. 例文Cの作品を書いた作家の代表的長編小説の作品名を漢字またはひらがなで書きなさい。(1점)

15-3. 例文の作家の中で、自殺した三人の作家の名前を漢字またはひらがなで書きなさい。(2점)

15-4. 例文Hの作家の書いた作品の中で、1926年『文芸時代』に連載し、「旅芸人と行をともにするなかでの哀歓を美しく描いた青春小説」の作品名を漢字またはひらがなで書きなさい。(1점)

15-5. 例文Fは在日韓国人作家としては、はじめて芥川賞を受賞した作品である。Fの作家名とともに芥川賞を受賞した、在日僑胞出身の三人の作家の名前を(合わせて四人)漢字または韓国語で書きなさい。(2점)

15-6. 例文Gの作家がノーベル文学賞の受賞式で行った講演の題目を漢字またはひらがなで書きなさい。(1점)

【16】다음 질문에 답하시오. (총 4점)

16-1. 일본어 音調 중에서, 악센트・인터네이션과 함께 음성 교육상 중요한 위치를 차지하고 있는 「프로미넨스(プロミネンス)」에 대하여 설명하시오. (한글로 답할 것, 50字 내외) (2점)

16-2. 일본어 음성 교육의 현장에서 50音圖의 「ア行」과 「カ行」을 지도할 경우, 특히 주의해야 할 점을 쓰시오.
(각각 50字 내외의 한글로 답할 것) (2점)

【17】다음 물음에 답하시오. (총 4점)

17-1.「思う」와「考える」의 意味上 주된 차이점을 예를 들어 설명하
　　　시오. (한글로 답할 것, 100字 내외) (2점)

17-2. A)〜C)의「ようだ」의 文法上의 用法을 それぞれ漢字 또는 韓国語
　　　で書きなさい. (2점)

　　　　A) 彼はまるで白痴のようだ。
　　　　B) 君のようなのを怠け者というのだ。
　　　　C) とても助からないようだ。

【18】다음 글을 읽고 물음에 답하시오. (3점)

　　일본어 문법에서 文語와 口語를 비교하면, 文의 구조, 품사의 종
류, 작용 등의 문법상 기본적인 것은 비슷하나, 「用言의 活用이 다
르다」라는 등의 차이가 있다. 이외의 주된 차이점을 3가지 더 쓰
시오.

【19】다음 글을 읽고 물음에 답하시오. (3점)

　　고등학교 7차 일본어 교육 과정 일본어Ⅰ에서, 우선적으로 이수
하기를 권장하는 의사 소통 기능 항목은 크게 나누어 나섯 가지로
분류된다. 그 다섯 가지 항목을 기술하시오.(하위 개념의 항목은
쓰지 말 것)

❖ 저자 소개

李 德奉

쓰쿠바대학 대학원 석박사 과정 수료(언어학 박사)
동덕여자대학교 외국어 학부 교수
1, 2회 중등교원 임용고사 출제 일본어과 대표위원
2001년 대입 수능 일본어과 출제 팀장
(현) 한국 일본학회 회장
(현) 한국 외국어교육학회 수석 부회장
(현) 한국 번역 학회 부회장
(현) 국제교류기금 시행 일본어능력시험 운영위원

주요 저서: メタフォーの心理学(誠信書房), 比喩の認知意味論的研究(筑波大学),
고등학교 교육과정 해설(외국어Ⅱ-제6차 교육과정. 교육부),
외국어고등학교 국정교과서 9권(대한교과서주식회사)
중학 생활 일본어(국정) 개발 책임자
ふれあい日本語1, 2, 3(시사일본어사) 개발 기획
E-mail: dbyi@dongduk.ac.kr
URL: http://dongduk.ac.kr/~dbyi/main.html

日本語教育의 理論과 方法

초 판 발 행 : 1998 년 10 월 17 일
개정판발행 : 2001 년 3 월 15 일
개정 3 쇄 : 2003 년 9 월 20 일
저 자 : 이덕봉
펴 낸 이 : 엄호열
펴 낸 곳 : (주)시사일본어사
등 록 일 자 : 1977 년 12 월 24 일
등 록 번 호 : 제 300-1977-31 호
주 소 : 서울 종로구 원남동 31
TEL. 1588-1582 FAX. (02) 3671-0500
URL http://www.sisabook.com
E-mail tltk@chol.com

ⓒ 2001